인연 그리고 게임이론

책을 시작하며

경제학의 아버지라 불리는 애덤 스미스는 『국부론』에서 "우리가 편안하고 안락하게 저녁 식사를 향유 할 수 있는 것은 정육점 주인, 양조업자, 제빵업자의 자비가 아니라 그들의 이기심 덕분이다."라고 했다. 애덤 스미스는 각 개인이 이기심을 추구하면 재화의 잉여(剩餘)를 창출하게 되고, 그 잉여는 시장이라는 '보이지 않는 손'에 의하여 합리적으로 배분되어 사회 구성원 모두 그 잉여를 값싸게 향유 할 수 있다는 것이다. 그러므로 이기심에 따라 행동하는 각 개인은 공동선에 관심이 없더라도 결국 공동선에 기여하게 된다고 주장하며 이기심을 정당화했는데 이 사상은 자본주의와 자유시장의 철학적 토대가 되었다.

이기심은 '내가 세상의 중심'이라는 생각을 바탕으로 생겨나고 '내가 세상의 중심이라는 생각'은 다시 이기심을 불러오게 되는데 이는 '너와 나는 둘'이라는 이분법적 사상을 원천으로 하고 있다. 이분법적 사상의 철학적 배경은 "나는 생각한다, 고로 존재한다."라는 명제로 유명한 데카르트로부터 시작되는데 그는 오로지 인간만을 사고하는 주체로 규정하였다. 이로부터 서양의 근대철학은 인간과 세계를 주체와 객체, 정신과 육체, 인간과 자연이라는 이분법적 틀로 구분하는 사고방식을 발전시켜 왔다.

데카르트는 몸과 마음, 이성과 감정도 이분법적으로 분리하여 이성을 우위에 두고, 몸과 감정은 하위에 두어 열등한 것으로 취급하였다. 결국 그의 이분법은 '나'와 '너'는 상호 의존의 관계가 아니라, '나'와 '너'는 독립적으로 분리된 것으로 설정하고, '나' 그리고 '내가 속한 집단' 이외의 대상은 '다름'이 아니라 양립할 수 없는 '틀림'으로 생각하고 경쟁을 통하여 극복하여야만 하는 대상으로 삼았다. 이러한 사고는 인종 및 종교 차별, 남녀 차별, 제국 식민주의 등 각종 갈등 및 전쟁의 근원이 되었는데 이를 잘못된 것으로 인식하기보다는 나의 '옳음' 혹은 '바름'을 널리 펴는 것으로 오히려 정당화하기도 했다.

데카르트는 자연도 기계처럼 분해하고 조정이 가능한 대상으로 보아 인간이 자연을 정복하고 통제할 수 있다고 생각했다. 이러한 사고는 과학의 발전을 가져왔는데 뉴턴 역학의 영향 아래 있던 18-19세기 과학자들은 모든 존재는 독립적으로 존재하며, 그 존재들은 자연의 법칙에 따라 정확하고 결정론적으로 운행되고 있는 것이며, 인간은 과학을 통하여 모든 자연의 법칙을 알아낼 수 있다고 확신했다. 나아가 과학은 우주의 신비까지 모두 벗길 수 있을 것으로 생각했고 심지어 철학, 윤리, 인간 의식과 사회문제까지 모두 해결할 수 있을 것으로 믿었다.

뉴턴을 지나 패러데이에 이르면 모든 존재는 독립적으로 존재하는 게 아니라 장(場)을 가지고 있으며 이 장(場)들이 상호작용한다는 것을, 아인슈타인은 시간과 공간 그리고 물질이 독립적인 것이 아니라 상호 의존하며 서로 연결되어 있다는 것을 밝혔다. 즉 아인슈타인은 시간이 지연되고 공간이 축소되는 사실 및 시공간이 물질들과 뒤엉켜 해파리와 같은 형태로 존재한다는 사실을 수학으로 정확히 풀어냈다. 여기까지만 해도 어렵지만 인간은 과학과 수학 등을 통하여 자연의 법칙을 정확하게 이해하고 설명할 수 있다고 믿었다.

그러나 20세기 초 미시 세계를 들여다보기 시작하면서 인간이 자연의 법칙을 이해하고 설명할 수 있다는 믿음은 근본부터 무너져 내린다. 미시 세계에서는 존재 자체를 규정할 수 없게 된다. 전자는 관측하기 전까지는 입자가 아닌 파동함수의 상태로 있게 되므로 존재한다고 할 수 없고, 존재의 위치도 정확히는 알 수 없고 다만 확률로만 알 수 있다. 이를 존재한다고 해야 하나, 존재하지 않는다고 해야 하나. 붓다는 이를 말과 문자로 정확히 표현할 방법이 없어 비유비무(非有非無), 공(空), 중도(中道), 불이(不二) 등으로 설명했다.

양자론은 의식을 가진 존재가 관측하지 않는다면 존재란 없는 것이라고 한다. 즉 관찰자가 개입함으로써 하나의 '존재'가 생겨나는 것이다. 이에 대하여 아인슈타인은 "우리가 달을 보지 않는다면 달은 존재하지 않는 것인가."하고 묻는다. 양자론은 존재하지 않는다고 한다. 천재 물리학자조차 미시 세계의 현상을 이해하지 못한 것이다.

이처럼 미시 세계 현상을 이해할 수 없어 모두가 합의할 수 있는 해석은 없지만, 양자론 해석에서 가장 많이 받아들여지고 있는 해석은 코펜하겐 해석이다. 코펜하겐 해석은 미시 세계를 관계성, 불확정성, 상보성, 비국소성 등으로 설명한다. 이는 불교의 연기법과 일치하는 해석이다. 실제로 일부 양자론 학자들은 미시 세계의 현상을 이해할 수 없고 너무 혼란스러워 붓다의 연기법에서 철학적 이해를 구하기도 한다.

연기법과 양자론은 시간과 공간적으로 너무 멀리 떨어져 있고 방법도 서로 다른 길을 걸어왔다. 그러나 오늘날 우리는 점점 더 많은 영역에서 이 둘이 놀랍도록 서로 일치하고 있음을 발견하게 된다. 양자론이 없었다면 인류는 영원히 연기법을 이해하지 못했을 것이라는 견해도 있다. 연기법은 "이것이 있으므로 저것이 있다"라는 한 구절로 정의할 수 있다.

즉 우주에 독립적으로 존재하는 것은 단 하나도 없다는 것이다. 모든 존재는 본질적이고 궁극적인 실체를 가지고 존재하는 것이 아니라 조건의 인드라망 속에서 잠시 나타나는 현상을 우리는 '존재'라고 착각한다는 것이다. 이탈리아 양자론 학자 카를로 로벨리는 "이 세계가 속성을 지닌 실체로 이루어져 있다는 생각을 뛰어넘어, 모든 것을 관계의 관점에서 생각해야 한다."라고 하고 있다. 관계는 존재의 실체가 될 수 없다. 관계의 다른 표현은 사건 혹은 조건이고 상호작용이며 연기법이다.

내 몸은 우주와 독립적으로 존재하는 것이 아니라 내 몸을 구성하고 있는 원자들은 양자얽힘(비국소성) 현상에 의하여 우주의 원자들과 서로 얽혀 있다. 연기법과 양자론은 결국 나를 포함한 모든 존재는 홀로 독립적으로 존재하는 것이 아니라 관계의 그물망 속에서 존재하게 된다는 것이므로 자기중심적 사고에서 벗어나게 하는 과학적 그리고 철학적 당위성 및 근거를 제공하는 것이다.

데카르트로부터 시작된 이분법적 사고는 과학, 철학, 사회 전반에 지대한 영향을 끼치며 문명의 발전을 가져오기도 하였지만 그 이면에는 인간과 인간의 갈등을 필연적으로 불러오고, 인간과 자연을 단절시켜 지구의 생태 문제를 발생시키는 등 심각한 부정적 결과도 일으킨다. 우리가 직면한 인류의 다양한 위기는 이러한 이분법적 세계관에 근본적 원인이 있다. 이를 극복하기 위해서는 이분법적 세계관에서 탈피하여 모든 존재는 상호 의존한다는 관계 중심의 세계관으로 옮겨가는 것이 절실히 필요하다.

연기법과 양자론에 근거하여 상호 의존한다는 관계 중심의 세계관은 나를 너와 연결된 존재 즉 공동체의 일원임을 깨닫게 한다. 이 깨달음은 단순한 관점의 변화가 아니라 너의 고통과 지구의 미래도 나와 상관이 없는 것이 아니라 나와 연결된 관계이므로 공동선을 추구하고 지구의 미래를 걱정하는 책임과 윤리를 갖게 한다. 이 깨달음은 이기심이 공동선에 보탬이 되도록 하기 위하여 꼭 필요한 도덕, 신뢰, 사랑의 흔들림 없는 토대가 된다.

또한 포용과 공존의 중요성을 인식하고 나와 '다름'을 '틀림'으로 받아들이지 않고 더 넓은 세상에 대한 이해와 발전의 계기로 삼으며 인류의 평화와 안녕을 위한 협력의 기반이 되는 것이다. 인간은 고립되어 홀로 존재하는 것이 아니라 관계의 그물망 속에서 자신을 인식하고 실현하는 존재이며, 사회는 경쟁보다 협력, 효율보다 의미와 책임이 중심이 되어야 지속 가능할 것이다. 따라서 인류는 이분법적 세계관에서 벗어나 모두가 공존할 수 있는 관계 중심의 세계관으로 방향을 전환해야 한다.

관계 중심의 세계관으로 전환한 후 실제 삶에서 실천하기 위해서는 인간 행위의 상호작용 원리에 대한 이해가 필요할 것이다. 삶의 과정에서 이를 제공하는 것이 게임이론이다. 게임이론은 나의 행위가 너의 행위와 상호작용 된 결과가 어떻게 나타나는지를 분석하는 것이다. 즉 게임이론은 나의 행위가 너의 행위에 영향을 미치고, 반대로 너의 행위도 나의 행위에 영향을 미친다는 것이므로 너와 함께 살아가면서 어떻게 하면 공동선을 이룰 수 있는가에 대한 답을 제공하는 것이다.

모든 존재가 독립적으로 존재할 수 없듯이 모든 행위 또한 독립된 행위로 존재할 수 없다. 모든 행위는 다른 행위와 상호작용을 거친 후 그 결과가 나타날 수밖에 없는데 이는 "모든 것은 서로를 조건으로 삼아 생겨난다."라는 연기법의 원리와 닮아있는 것이다. 특히 내쉬 균형은 한 행위가 다른 행위의 결과에 직접적인 영향을 미친다는 점에서 연기법과 공명하는 것이다.

죄수의 딜레마는 나와 네가 각자의 이기심만을 추구한다면 공동선에 이를 수 없다는 것을 밝힌다. 따라서 내쉬 균형을 발견한 존 내쉬는 애덤 스미스는 틀렸다고 외쳤다. 게임이론은 경제학과 수학에서 시작되었으나 점차 심리학, 군사학, 정치학, 생물학 등 거의 모든 학문 분야에서 연구되고 활용되고 있다.

연기법은 상호작용의 원리로 세상의 근본 진리를 설명하고, 양자론은 상호작용의 원리로 모든 존재의 근원인 미시 세계를 설명하고, 게임이론은 상호작용 원리로 나와 너의 행위가 공동선에 이르는 방법을 설명하는 것이다. 연기법, 양자론, 그리고 게임이론은 겉보기에 무관해 보이지만, 이 셋은 '사건', '관계', '상호작용', '상호의존'이라는 연기법의 핵심 개념을 공유한다. 그 핵심 개념의 종착점은 결국 사랑이고 자비이다.

앞에서 언급한 바와 같이 21세기의 가장 큰 위기는 모든 것을 둘로 나누는 이분법적 사고에서 비롯된다. 너와 나, 인간과 자연, 개인과 사회, 주체와 객체를 분리하여 바라보는 시각은 차별과 양극화를 가져와 각종 사회적 위기, 정치적 갈등을 심화시킨다. 이러한 문제점을 근본적으로 극복하기 위해서는 이분법적 세계관에서 탈피하는 게 필요한데, 연기법, 양자론, 게임이론은 고대와 현대, 과학과 철학, 이론과 실제의 분야에서 이분법적 세계관이 옳은 것이 아니라 관계론적 세계관이 옳다는 진리를 웅변하는 것이다.

중세 시대 지구가 태양 주위를 돌고 있다는 걸 확인하는 게 두려워 망원경 들여다보는 것을 거부하는 사례가 있었다고 한다. 이와 마찬가지로 너와 내가 둘이라는 뿌리 깊은 이분법적 세계관에서 벗어난다는 것은 지독히 어려운 일일 것이다.

그러나 시간이 가면서 지동설이 자연스럽게 받아들여졌듯이 연기법, 양자론, 게임이론도 시간이 가면서 거부할 수 없는 진리로 인정되어 모든 사람이 이분법적 세계관을 극복하고 모든 인류가 지구를 아름답게 가꾸면서 서로 사랑하며 살아가야 한다는 당위성을 형성하는 주춧돌이 될 것이라고 믿으며 이 책을 쓴다.

2025년 8월
김용강

차 례

I 인연(因緣)

1. 인연과 깨달음 • 14
   가. 인연 — 14
   나. 깨달음 — 15

2. 붓다의 깨달음 • 20
   가. 초기불교 — 20
     1) 연기법(緣起法) …… 21
       가) 심심난견(深甚難見) / 40
       나) 연기(緣起)와 인과(因果) / 47
       다) 붓다의 침묵 : 무기(無記) / 53
         (1) 전유경(箭喩經) / 54
         (2) 깔라마경(伽藍經) / 62
         (3) 앙굴마경(鴦掘摩經) / 66
     2) 연기법과 동의어 및 수행법 …… 70
       가) 동의어 / 71
         (1) 삼법인(三法印) / 71
           (가) 제행무상(諸行無常) : 우주는 어떻게 생겼는가? / 71
           (나) 제법무아(諸法無我) : 나(我)는 누구인가? / 74
           (다) 일체개고(一切皆苦) : 우주와 나는 무상(無常)하다 / 80
         (2) 공(空) / 85
         (3) 불이(不二) / 93

나) 수행법 / 102
   (1) 12연기(十二緣起) / 102
   (2) 중도(中道) / 109
   (3) 사성제(四聖諦) / 118
다) 업보(業報) / 123

나. 중국 선종(中國 禪宗) —————————————— 137
1) 보리달마(達摩達摩) ·································· 141
2) 조계혜능(曹溪慧能) ·································· 149
3) 마조도일(馬祖導一) ·································· 157
4) 임제의현(臨濟義玄) ·································· 166
5) 대혜종고(大慧宗杲) ·································· 174

다. 한국불교 ——————————————————— 182
1) 간화선(看話禪) ·· 183
2) 깨달음 논쟁 ·· 189
3) 향후 한국불교의 방향 ································ 194
   가) 연기법을 다시 세워야 한다 / 195
   나) 과학지식을 적극 활용해야 한다 / 201
   다) 연기법의 사랑과 자비를 일깨워야 한다 / 207

3. 과학과 연기법 • 209

가. 양자론과 연기법 ———————————————— 209
나. 과학의 발전과 연기법 —————————————— 216
1) 그리스 사상 ·· 218
2) 뉴턴 ⇨ 공간, 시간, 입자 ···························· 221
3) 페러데이 · 맥스웰 ⇨ 공간, 시간, 장, 입자 ········ 226
4) 특수상대성이론 ⇨ 시공, 장, 입자 ·················· 229
5) 일반상대성이론 ⇨ 공변장, 입자 ···················· 236
6) 양자역학 ⇨ 시공, 양자장 ···························· 243
   (가) 관계성 / 248

(나) 불확정성 / 259
　　　(다) 상보성 / 266
　　　(라) 비국소성(양자얽힘) / 271
　7) 양자중력이론 ⇨ 공변 양자장 ·· 277

Ⅱ 게임이론(Game Theory)

1. 게임이론 • 284

2. 게임이론과 이기심(Self-Interest) • 293
　가. 애덤 스미스(Adam Smith) ─────────────── 293
　나. 존 내쉬(John Nash F.) ──────────────── 295

3. 게임이론의 주요 모델 • 301
　가. 죄수의 딜레마(Prisoner's dilemma) 및 사례 ─────── 303
　　1) 죄수의 딜레마 ·· 303
　　2) 죄수의 딜레마 사례 ·· 308
　　　가) 뻔뻔한 저녁 식사의 딜레마 / 308
　　　나) 공갈 협박범의 역설 / 309
　　　다) 중고차 거래 / 311
　　　라) 공유지의 비극 / 312
　　　마) 무기경쟁 / 316
　나. 사슴사냥 게임(Stag Hunt Game) ─────────────── 318
　다. 성 대결 게임(Battle of the Sex Game) ──────────── 324
　라. 매 비둘기 게임(Hawk-Dove Game) ──────────── 328
　마. 치킨게임(Chicken Game) ──────────────── 332

4. 게임이론과 팃포탯(Tit-for-Tat, TFT) • 338

　가. 유한 반복게임 ──────────────────── 339

　나. 무한 반복게임 ──────────────────── 342

　다. 팃포탯(Tit-for-Tat, TFT) ─────────────── 342

　　1) 죄수의 딜레마 해결 방안 ·················· 342

　　2) 다른 전략과의 비교 ······················ 347

　　3) 시사점 ······························· 350

　○ 참고문헌 ─────────────────────── 354

I

인연
(因緣)

1. 인연과 깨달음
2. 붓다의 깨달음
3. 과학과 연기법

1 인연과 깨달음

가. 인연

옷깃만 스쳐도 전생의 인연이라는 말이 있다. 옷깃을 스치는 인연을 포함하여 우리는 셀 수 없을 만큼 많은 인연과 함께 살아간다. 깊고 깊은 인연도 있지만 옷깃만 살짝 스치는 사소하고 사소한 인연도 있다. 옷깃만 스치는 그 사소하고 사소함마저 인연인가 하는 생각이 들 수 있다. 천문학자 칼세이건은 그의 저서 『코스모스』를 다음과 같이 시작한다.

> 공간의 광막함과 시간의 영겁에서 행성 하나와 찰나의 순간을 앤과 공유할 수 있었음은 나에게는 하나의 기쁨이었다.

시작도 없고 끝도 알 수 없는 영원한 시간 속에서 내가 존재하는 이 순간에, 무한히 펼쳐진 우주 속에서 내가 존재하는 이 조그만 별에, 앤 당신이 그와 함께 존재하는 것만으로도 그의 기쁨이라면, 나와 옷깃을 스치는 무수한 당신도 나의 인연이고 나의 기쁨이 아닐 수 없을 것이다.

삶은 인연(因緣)이고 인연이 삶이다. 혼자서는 존재할 수도, 살아갈 수도 없다. 우리는 무량한 인연의 사슬 속에 얽히고설켜 세상을 살아간다. 우리는 오늘도 어제처럼 수없이 많은 사람을 만나기도 하고, 스치며 지나가기도 한다. 옷깃을 스치는 사소한 인연이 깊은 인연이 되기도 하고, 깊었던 인연이 사소한 인연이 되기도 한다. 그리워하는데 못 만나기도 하고, 미워하면서도 만나게 된다.

그렇지만 왜 나는 당신과 옷깃을 스쳤는지 그리고 당신과 나는 다시 옷깃을 스칠지 알 수 없다. 인연이란 무엇인가? 신(神)과 같은 어떤 절대자에 의하여 잘 구성된 각본처럼 이미 정해진 것인지, 아니면 무작위로 생겨나는 우연이라는 단어가 어울리는 것인지 여전히 그 누구도 그 정확한 답을 내놓을 수는 없다.

나는 당신이 걸어온 길을 알지 못하고 당신이 가는 길도 알 수 없다. 나는 내가 가는 길도 알 수 없다. 그리고 나는 내가 누구인지도 알 수 없다. 다만 무한한 우주 속 지구라는 이 조그만 별에, 지금 이 순간에 당신이 존재하고 내가 존재한다는 것 자체가 알 수 없는 인연이고 알 수 없는 신비로움이고 기쁨이다.

나. 깨달음

인연이란 무엇인가를 비롯하여 우리는 궁금한 것이 너무 많다. 그래서 인간은 본성상 앎을 추구한다. 앎은 궁금증에 대한 답이다. 앎은 특정한 물건이나 사람, 혹은 추상적인 궁금증에 대하여 어떠한 것을 이해하거나 그에 대한 지식이 있다는 것을 의미한다. 참된 앎은 진리라 불리고, 진리를 근거로 우리는 생각하고 행동하며 살아간다.

우리의 삶은 의지의 표현인데, 의지는 참된 앎인 진리로부터 비롯된다. 앎은 크게 형이상학적 앎과 형이하학적 앎으로 나눌 수 있다. 형이상학적 앎은 종교와 철학과 같은 주관적이고 추상적인 것으로 보편적인 합의는 없으나 어떠한 형이상학적 앎을 받아들이는가에 따라 삶의 목적이나 의미 그리고 삶의 방법 등은 크게 달라진다.

이에 반하여 과학적 앎은 관찰과 실험을 통하여 객관적으로 증명된 것으로 인류의 보편적 합의가 가능하나 과학이 발전하면서 변화될 수 있으며 형이상학적 진리에도 영향을 미친다. 앞으로 형이상학적 앎은 '철학'으로 형이하학적 앎은 '과학'으로 통칭한다.

과학이 철학에 영향을 미치게 한 대표적인 인물은 17세기 뉴턴이다. 뉴턴으로부터 시작된 과학혁명은 우주의 질서와 신비로운 자연현상에 대한 과학적 앎의 범위를 넓히며 신(神) 중심의 세계관을 점차 인간 중심의 세계관으로 변화시켰다. 이처럼 과학적 앎은 객관적이고 실체적인 사실을 바탕으로 실체가 없는 철학적 앎의 영역으로 확장되기도 한다.

뉴턴 이후 과학은 비약적으로 발전하여 과학은 나와 우주의 신비를 밝혀 인류의 모든 문제를 해결할 수 있는 가장 합리적인 수단으로까지 인식되기도 한다. 그러나 이탈리아 물리학자 카를로 로벨리의 저서『모든 순간의 물리학』'추천의 글'에 카이스트 김대식 교수는 아래와 같이 적는다.

> 동의한 적도, 계약서에 사인한 적도 없이 태어나는 곳, 바로 지금 이순간 우리가 살고 있는 '세상'이라는 낯선 곳이다. 나와 조금만 다르게 생겨도 서로가 차별하고, 나와 다른 신을 믿는다는 이유로 서로를 죽이려 하는 세상, 태어나기 전 누군가 귀띔만 해주었다면 우리 모두 강력하게 거부했을 것이다. '괜찮습니다'라고. 굳이 태어나고 싶지 않습니다. 어차피 우연과 행운에 따라 정해지는 운명, 확률적으로 재벌 2세보다는 언젠가 구조조정 당해 치킨집을 열어야 하는 미래, 알렉산더 대왕도, 나폴레옹도 아닌, 숨 멈추고 몇 년 후면 나라는 자아가 존재했었다는 사실조차도 기억하지 못할 평범한 인생, 태어나지 않아도 괜찮습니다. 물론 우리는 모두 태어났다. 그리고 놀랐다. 아무 준비도 없이 태어났기에, 모든 것이 새롭고 신기하다. 세상이란 무엇일까? 우리는 어디서 왔을까? 그리고 어디로 가는 것일까?

나는 나도 모르게 낯선 곳, 지구라는 조그만 별에 태어났다. 그리고 내가 태어난 이곳에서 지금 당신과 내가 함께 존재하는 것만으로도 큰 기쁨이고 행복이라는 칼 세이건 말과는 다르게, 나와 다른 신(神)을 믿는다는 이유 등으로 서로 차별하고 죽이려고 하는 세상이다. 이러한 세상에 태어남을 선택할 수 있었다면 태어나지 않았을 것이나 내 선택과 상관없이 태어나 대부분 힘겹고 가여운 삶을 살다가 초라하게 마무리하게 되고 그 후에는 내가 존재했다는 흔적소자 보누의 기억 속에서 사라지게 된다. 그런데 왜 그런지는 아무도 모른다. 과학이 과거에 비해 비약적으로 발전하였고 지금도 엄청난 속도로 발전하고 있음에도 위의 인용문에서 던지는 궁금증과 같은 것에 대한 앎은 조금도 진전이 없는 것이다.

과학은 나 자신이 아니라 나 이외의 대상에 대한 앎만 추구한다. 과학이 발전하면서 나를 제외한 우주와 자연의 신비로움에 관련해서는 객관적이고 사실적인 앎을 많이 찾아내어 궁금증을 해소해 가고 있다.

그러나 그 궁금증을 나 이외의 대상이 아닌 '나' 자신에게로 돌린다면 현재도 과거와 다를 게 하나도 없는 것이다. 문명이 발전하면서 과학이 중요해지고 비중이 높아지면서 철학은 과거에 비하여 오히려 퇴보되었다고도 할 수 있을 것이다.

과학은 나 이외의 궁금증에 대한 앎은 넓혀갈 수 있을지라도 나 자신의 문제와 관련된 앎은 넓혀갈 수 없는 것이다. 지구상에 존재하는 모든 과학 서적을 탐독한다고 하여도 '나는 누구인가?'와 같은 나 자신과 관련된 궁금증에 대한 앎은 찾아낼 수는 없을 것이나, 인간은 누구나 이러한 근본적인 궁금증들을 가슴에 품고 살아갈 것이다.

그러나 치열하게 살아내야 하는 현대인은 이러한 궁금증에 곁눈을 줄 여유가 없다. 치열한 삶이 나와 관련된 궁금증에서 잠시 멀어지게 할 수는 있겠으나 인류는 역사 이래 "나는 누구인가?" "이 세상은 어떠한가?" "그렇다면 나는 어떻게, 왜 살아야 하는가?"와 같은 근본적 궁금증들을 가지고 있고 그에 대한 앎을 찾으려 하는 것이다. 즉 알고 싶어 하고 알게 되면 기뻐한다. 그리스 철학자 아리스토텔레스도 『형이상학』에서 "사람들은 앎의 즐거움을 원한다."라고 했다.

앎은 어떻게 구해질까. 우선 학습을 생각할 수 있다. 역사 이래 인류는 수많은 지식을 축적하고 있다. 학습을 통하여 인류가 살아오면서 축적한 지식을 습득하며 '앎'을 추구할 수 있다. 그렇지만 학습을 통한 '앎'은 분명 한계가 있다. 학습은 이전에 축적된 지식을 습득하는 것이다. 지금까지 축적된 지식만 가지고는 '나는 누구인가'에 대한 합의된 답은 찾을 수 없다. 따라서 위와 같은 궁금증을 해결하기 위해서는 학습 이외의 다른 방법을 택해야만 한다. 우리가 앎을 구하는 방법으로 학습 이외에 깨달음을 생각할 수 있다.

깨달음은 학습을 통하여 이루어지지 않는다. 학습을 통하지 않고 직관으로 또는 저절로 알게 된다. 그리스 플라톤에 의하면 진리는 우리의 사고로 알 수 있는 것이 아니라 우리는 영혼이 태어나기 전 이미 진리를 알고 있었으나 우리가 살아가면서 잊은 것이고 우리는 살아가면서 진리와 유사한 것을 통한 연상 작용을 이용하며 이미 주어진 진리 혹은 잊어버린 진리를 상기(想起, 그리스어 anamnesis), 즉 기억을 되살릴 뿐이라 하였고 뉴턴은 학습을 통해서가 아니라 사과가 떨어지는 걸 보고 만유인력의 법칙을 깨달았고 붓다는 샛별을 보고 진리를 깨달았다.

이처럼 앎은 학습만으로는 이루어지지 않는다. 동물들은 학습을 거의 하지 않는다. 그렇지만 생존을 위한 수단에 대한 앎은 많다. 동물 중에는 인간들의 상상을 뛰어넘는 정도의 능력이 있는 경우도 많은 걸로 알려져 있다. 따라서 깨달음도 학습과 함께 앎을 위한 주요한 방법이다. 이처럼 우리가 학습으로 얻을 수 있는 '앎' 이외의 앎은 '깨달음'을 통해서 이루어진다고 할 수 있다.

학습된 앎은 과학적 진리와 같이 객관적으로 합의된 앎이고 언어와 문자를 통하여 타인에게 전달할 수 있으나, 깨달음은 직관적이고 주관적인 앎이라서 합의된 것이 아니고 언어와 문자로 전달하는 데도 어려움이 있다. 즉 학습은 그동안 축적된 객관적이고 논리적인 지식에 대한 앎을 가능하게 하고, 깨달음은 주관적 인식과 통찰, 감성적 경험을 통한 앎을 가능하게 하는 것이다.

현재까지 축적된 인간의 지식으로는 '나는 누구인가'와 같은 궁금증에 대한 진리는 찾을 수가 없으므로 위의 인용문과 같은 철학적 궁금증을 해결하기 위해서는 학습보다는 깨달음의 방법이 우선되어야 할 것이다. 동서고금의 다양한 종교에서 각자의 방식으로 이러한 철학적 궁금증에 대하여 명확한 답을 내놓는다.

불교는 명확한 답을 내놓지 않는다. 불교는 깨달음의 종교라고 한다. 즉 불교는 깨달음을 통하여 나 스스로 답을 찾아야만 한다. 깨달음을 얻으면 위와 같은 질문들에 대한 답을 얻게 된다고 믿고 있다. 그렇지만 깨달음이 무엇인가? 깨달음에 어떻게 다다를 수 있는가? 라는 질문에는 깨달은 사람도, 깨닫지 못한 사람도 답하기 쉽지 않다. 누가 깨달은 사람인지도 알 수 없다. 붓다 이후로 깨달은 자가 나타나 위와 같은 질문들에 대하여 속 시원히 말한 바가 없다. 따라서 붓다의 깨달음이 무엇인지 우선 알아볼 필요가 있다.

깨달음은 팔리어로 '보디(bodhi)'인데 의미는 '깨달음', '지혜' 등의 뜻을 가진 것으로 붓다(buddha), 즉 깨달은 사람이 가지고 있는 지혜를 의미하는 것이다. 붓다의 깨달음은 궁극적 진리를 뜻하고 언어와 문자로 표현할 수 있는 한계를 넘어서는 것으로 알려져 있다. 특히 중국을 비롯한 대승 불교권에서 이러한 인식이 더욱 강하다.

그러나 깨달음을 표현한 경전은 수없이 존재한다. 언어와 문자로 표현하고 전달할 수 없다면 깨달음은 그 자체로 존재할 뿐 중생에게 이로운 깨달음은 되기는 어려울 것이다. 깨달음이 중생과 인연을 맺을 때 그리고 깨달음이 중생과 이로운 인연이 될 때 그 깨달음은 가치와 그 의미가 있는 것이다. 깨달음도 인연 없이 스스로 존재할 수는 없다. 붓다가 왕위를 버리고 출가한 이유는 깨달음을 얻은 후 중생들을 괴로움에서 벗어나게 하고자 함이었다.

과연 붓다의 깨달음은 무엇일까? 붓다의 깨달음에 대하여 합의된 정의는 없다. 현재 한국에서는 특히 그렇다. 다시 말해 현재 한국불교에서는 깨달음이 무엇인지 아무도 모른다. 따라서 붓다의 깨달음이 무엇인가를 알기 위해서는 우선 붓다가 깨달음을 얻은 후 중생들에게 설법한 초기 경전을 중심으로 붓다의 깨달음을 알아보고 그 깨달음이 중국과 한국에서 어떻게 이해되고 받아들여졌는지 그리고 초기 경전과는 어떠한 차이가 있는지 살펴볼 필요가 있을 것이다.

2 붓다의 깨달음

가. 초기불교

초기불교는 초기경전을 통하여 알아볼 수 있을 것인데 초기경전이라고 하면 『니까야(nikàya)』와 『아함경(阿含經)』을 들 수 있다. 인도 아쇼카왕의 아들이 빨리어로 된 초기경전을 스리랑카에 전했고 그 경전이 유일하게 완전히 보존되었으며 『니까야(nikàya)』로 불린다. 『니까야』는 스리랑카에서 2,000여 년 동안 세상의 관심 밖에 머물며 햇빛도 보지 못한 채 먼지 속에 파묻혀 있다가 영국이 인도를 지배하면서 발견하게 된 것이다.

이 『니까야』를 서양학자들이 해석하였고, 이를 중국의 『아함경』과 비교해 보니 그 내용이 똑같아 세상을 놀라게 했다. 따라서 『니까야』와 『아함경』을 붓다의 깨달음과 가장 가까운 것이라고 하는 데는 이견이 없다.

한국불교는 중국 선불교의 영향으로 화두(話頭)를 깊이 생각하며 참선하는 간화선(看話禪)이 깨달음에 이르는 방법의 중심에 서 있고, 경전 또한 초기경전 보다는 『금강경(金剛經)』을 중심으로 한 대승불교 경전과 중국 선사들의 선문답이 중요시되나 그 내용들이 추상적이고 주관적이어서 일반 중생들은 이해하기가 쉽지 않다. 그래서 불교는 어렵고 신비롭다는 인식이 강하다. 특히 『금강경』 등 중국 경전은 한문을 모르는 한국 사람에게 다가가기 어려운 것이다.

불교가 중국을 통하여 전파되어 중국의 한문 경전 이외의 경전은 접하기 쉽지 않았으나 요즘에는 인도 빨리어나 산스크리트어 경전 등 다양한 붓다의 가르침에 대한 접근이 가능하다. 즉 붓다의 깨달음이 무엇인가에 대한 합의된 의견이 없는 상황에서 중국 선종 이외의 경전 등에서도 붓다의 깨달음을 찾아볼 수 있게 된 것이다. 초기 불교를 바르게 알고 바르게 이해해야 그를 바탕으로 성립된 대승 불교 그리고 중국 선종(禪宗)과 한국불교 또한 바르게 이해할 수 있음은 당연하다. 우선 초기 경전에서 붓다의 깨달음 찾아보자.

1) 연기법(緣起法)

선종을 중심으로 하는 중국과 한국에서는 깨달음이 무엇인지 명확히 말하고 있지 않으나 초기 경전에는 『우다나』를 비롯하여 여러 경전에서 붓다의 깨달음은 연기법임을 분명히 밝히고 있다. 『우다나』는 『쿳다까니까야』에 속하는 경전으로 붓다가 깨달음의 기쁨을 혼자서 흥얼거린 내용으로 『자설경(自說經)』으로 불린다.

　『우다나』는 감흥 어린 시구를 통해 붓다의 바르고 원만한 깨달음의 내용을 직접적으로 전달하고 거기에 이르는 데 필수 불가결한 마음가짐을 노래하고 있다는 점에서 『니까야』의 어떤 다른 모음집보다 탁월한 선집으로 볼 수 있다.[1]

　『우다나』의 첫 페이지 깨달음의 경에는 깨달음에 대하여 다음과 같이 말한다.

> 한때 세존께서 우루벨라의 네란자라 강 언덕 보리수 아래에서 비로소 바르고 원만한 깨달음을 얻었다. 그때 세존께서는 가부좌를 하고 해탈의 지복을 체험하면서 이레 동안을 앉아계셨다. 마침내 세존께서는 이레가 지나자마자 그 삼매에서 일어나 밤의 초야에 조건적 발생의 법칙인 연기에 대하여 순관으로 이치에 맞게 정신활동을 기울였다. [세존] '이것이 있을 때 저것이 있다. 이것이 생겨나므로 저것이 생겨난다. 곧 무명을 조건으로 형성이 생겨나고, 형성을 조건으로 의식이 생겨나며, 의식을 조건으로 명색이 생겨나며, 명색을 조건으로 여섯 감역이 생겨나며, 여섯 감역을 조건으로 접촉이 생겨나고, 접촉을 조건으로 느낌이 생겨나며, 느낌을 조건으로 갈애가 생겨나고, 갈애를 조건으로 집착이 생겨나며, 집착을 조건으로 존재가 생겨나고, 존재를 조건으로 태어남이 생겨나며, 태어남을 조건으로 늙음과 죽음, 우울, 슬픔, 고통, 불쾌 절망이 생겨난다. 이와 같이 해서 모든 괴로움의 다발들이 생겨난다.' 그리고 세존께서는 그 뜻을 헤아려, 때맞춰 이와 같은 감흥어린

---

[1] 『우다나』, 전재성 역주(2021), 20.

> 시구를 읊었다. [세존] "참으로 열심히 노력을 기울여 선정을 닦는 님에게 진리가 나타나면 사실들이 원인을 갖는다는 것을 분명히 알므로, 그 거룩한 님에게 모든 의혹이 사라진다."[2]

위의 인용구에 나타나 있는 것과 같이 붓다는 붓다의 깨달음이 연기법임을 분명히 하고 있다. 연기법은 "이것이 있을 때 저것이 있다. 이것이 생겨나므로 저것이 생겨난다."로 표현한다. 이 표현은 쉽고 간단해 보이기는 하나 연기법의 원리를 잘 설명하는 것으로 연기법의 공식과 같은 것이다. 나의 생노병사도 연기법에 의하여 이루어지는 것인데 중생들이 연기법의 진리를 모르는 것이 무명이고 그 무명을 조건으로 형성[行]이 생겨나고 계속하여 12 연기가 순환된다는 것이다.

'연기'의 팔리어는 'Paticcasamuppada'로 '조건에 말미암은 발생'이라는 뜻이 된다. 즉 나를 포함한 우주 삼라만상 모든 존재는 모두가 '이것이 생겨나므로 저것이 생겨난다.'라는 원리, 즉 그럴 만한 조건에 의해 생겨났다는 것이다. 따라서 아무 조건 없이 스스로 또는 우연히 존재하는 것은 이 우주에 단 하나도 없다는 것이다.

또 그것을 뒤집어서 말한다면 모든 존재는 그것을 성립시킨 조건이 없어질 때 그 존재 또한 없어져 버린다는 것, 따라서 독립적으로 영원하여 불변하는 그 무엇도, 단 하나도 이 우주 어디에도 존재할 수 없다는 것, 이것이 인연이고 연기법이다. 그것을 하나의 철학적 원리로 표현한다면 '조건에 의한 발생'이라고 할 수 있고, 현대적 의미로 말하면 '상호작용', '상호의존', '관계', '사건', 더 나아가 '시스템' '복잡계' 등이 될 것이다. 이처럼 연기법은 우리의 철학부터 과학에 이르는 모든 분야를 설명하는 것이다.

인연은 우리와 친숙한 단어이지만 연기법은 생소하고 어렵게 느껴지는 단어이다. 그렇지만 인연(因緣)이 곧 연기법(緣起法)이다. 즉 우리가 흔히 쓰는 인연(因緣)은 인연생기(因緣生起)의 줄임말이다. 인연(因緣)에

---

[2] 『우다나』, 전재성 역주(2021), 57.

서 인(因)은 직접적 원인이 되고, 연(緣)은 간접적 원인이 된다. 연기법(緣起法)은 인연생기(因緣生起)에서 두 글자 연기(緣起)를 따고 그 뒤에 원리를 뜻하는 법(法)을 붙인 것이다. 따라서 인연과 연기법은 동의어이다.

길거리에서 옷깃을 스치는 인연은 어떻게 이루어지는 것일까. 옷깃을 스치는 것은 이미 정해져 있는 숙명인가? 신(神)의 뜻인가? 아니면 완전한 우연인가? 길거리에서 옷깃을 스치는 것이 위의 세 가지 원리 중 어느 하나의 원리에 의하여 이루어진다고 생각하듯이 알 수 없는 우리의 삶도 크게 위의 세 가지 중 하나의 원리에 의하여 이루어지고 있다고 생각한다.

현재를 살아가는 사람들은 대부분 자신은 철학을 알지도 못하고 관심도 없다고 생각한다. 그렇지만 길거리에서 옷깃을 스치는 근본적 원인이 무엇인가와 비슷하게 나와 세상이 존재하는 근본적 원인과 그 세상에서 내가 살아가는 근본적 원리에 대해 한 번도 생각하지 않고 살아가는 사람은 없을 것이다.

위와 같은 원인과 원리에 대하여 궁금해하고 생각하는 것이 곧 철학이다. 따라서 철학과 상관없는 사람은 아무도 없다. 일반 사람들이 생각하는 옷깃을 스치는 근본적 원인은 위의 세 가지 원리에서 크게 벗어나지 않을 것이다. 이는 아주 단순하고 별로 중요하지 않은 사실 같으나 위의 세 가지 근본적 원인 중 어느 것을 선택하느냐에 따라 근본적인 인생관과 가치관이 형성되고 나아가 삶 전체에 크게 영향을 미치게 된다.

붓다는 위의 세 가지 중 어느 것이 진리라고 했을까. 『중아함경(中阿含經)』의 「도경(度經)」을 보면 붓다는 강력한 어조로 위의 세 가지 원리를 모두 부정한다. 세상일은 숙명적으로 미리 결정된 것이 아니고, 신(神)의 섭리에 따라 이루어지는 것도 아니고, 우연에 의한 것도 아니라고 설법한다.

> 어떤 것이 셋인가. 어떤 사문이나 바라문은 이와 같이 보고 이와 같이 말한다. '사람이 하는 것은 일체가 다 숙명(宿命)에 의해 지어진다.' 어떤 사문이나 바

라문은 이와 같이 보고 이와 같이 말한다. '사람이 하는 것은 일체가 다 존우(尊祐 : 神)에 의해 지어진다.' 어떤 사문이나 바라문은 이와 같이 보고 이와 같이 말한다. '사람이 하는 것은 일체가 다 인(因)도 없고 연(緣)도 없다.'3)

    붓다는 위의 세 가지 견해 모두 진리가 아니어서 헛된 것이고 삶의 괴로움을 해결하는 데 전혀 도움이 되지 않는다고 하면서 그 이유를 다음과 같이 설명한다. 숙명론(宿命論)은 인간의 모든 행위와 사건이 전생의 행위나 운명과 같은 것을 원인으로 하여 모든 것이 결정되고 미리 정해져 있다고 믿는 것이다. 붓다는 숙명론에 대해 숙명론이 진리라면 내가 살생하고 도둑질하는 등 어떠한 악행을 저질러도 이미 그 악행마저 숙명으로 이미 정해져 있다면 '나는 내가 의지대로 해야 할 일과 하지 않아야 할 일에 대하여 어떠한 의욕도 없고 노력도 없을 것이다'라고 말한다.
    어차피 정해진 운명이라면 노력해도 소용이 없을 것이고 나아가 노력하고자 하는 의지조차도 운명으로 생각할 수 있다. 이처럼 숙명론은 이미 정해진 운명은 바꿀 수가 없다고 믿는 것으로 이는 인간의 자유의지와 자율성이 부정되며 나아가 사람들이 자신의 어떤 행위에 대하여도 책임감을 느끼지 않게 될 수 있다.
    예를 들어 범죄를 저지른 사람이 운명을 탓할 수도 있고 부정적인 상황에 놓인 사람들이 절망에서 벗어나지 못할 수도 있다. 그래서 해야 할 일과 하지 말아야 할 일에 대하여 알지 못한다면 '바른 생각을 할 수 없어서 지혜를 얻을 수 없다'라고 하고 있다. 숙명론은 때때로 인생의 불가피성을 강조하며 위안을 줄 수도 있지만, 인간의 자유의지와 책임, 변화 등의 가능성을 부정하는 문제점을 지니게 된다.
    다음으로 존우(尊祐) 즉 신(神)을 믿는 것에 대하여 말한다. 붓다 당시에도 인도에는 많은 사람이 브라만교 즉 신을 믿고 있었다. 브라만교는 베다의 가르침만이 진리이고 나머지 모든 가르침은 진리가 아니라고 주장하는 매우 독선적이고 배타적인 종교이다. 그들은 베다를 누가

---

3) 『中阿含經』(T1, 435a)

썼는지는 크게 문제 삼지 않는다. '단 하나의 유일한 존재'가 '브라만과 같이 선택받은 사람에게만 계시'해 주었기 때문이라고 돌린다. 브라만교와 마찬가지로 신(神)을 믿는 종교는 모두 자신의 종교 안에서 이야기되는 단 하나의 유일한 신만이 참된 존재이고 다른 종교에서 이야기하는 신은 참된 신이 아니라고 말한다. 그렇지만 여러 유일신의 종교 가운데 과연 어느 신이 '단 하나의 유일한 신'인지 모를 일이다.

그렇지만 상대성을 인정하면 곧바로 자신의 절대성이 부정된다. 절대적인 존재로서 창조주를 이야기하는 신 중심 종교의 비극은 바로 여기에 있다. 상대성을 부정하고 자신의 절대성만을 강조하려다 보니 자연히 배타적으로 되고 결국 반목과 대립의 형국으로 나아간다. 이는 사소하고 당연한 것으로 생각할 수 있으나 그 사회의 종교적 신념을 인정하지 않고 부정한다는 게 얼마나 위험하고 큰일인지는 종교의 전파 과정에서 수많은 희생이 있었다는 역사적 사실이 말해주고 있다.

다른 유일신 종교에서와 마찬가지로 브라만교에서도 베다만이 길이요 진리요 생명이라는 것이다. 인간은 물론 우주까지도 신적인 존재에 의해 창조되었고 신이 우주와 나의 삶을 결정한다고 한 것이다. 브라만교는 인간의 길흉화복을 위해 신에게 찬송하고 기도하고 제사를 지냈다. 브라만교에 따르면 세상의 모든 일은 우리의 의지나 노력으로 좌우되는 것이 아니고, 신의 의지대로 움직이기 때문에 인간의 자유의지가 인정되지 않는다.

또한 거기에는 인간의 완성을 위한 교육이나 수행도 불필요하다고 한다. 자유의지가 없기 때문에 선악의 행위에 대한 행위자의 책임도 물을 수가 없게 된다. 모든 것은 신의 뜻에 달려 있다고 보기 때문이다. 신도 사람과 같이 단백질이 풍부한 고기를 좋아할 것이라는 생각에 많은 동물을 죽여 신의 제물로 올렸다. 이 브라만교의 창조설을 전변설(轉變說)이라 한다.

하지만 붓다는 창조주와 같은 신은 없다고 천명한다. 신이 창조한 것은 아니지만 생명은 그 자체로 우열을 떠나 하나하나 모두 고귀하다고 한다. 왜냐하면 모든 존재는 연기법으로 존재하기 때문이다. 연기법은 너와 나를 둘로 보지 않는다. 너와 내가 둘이 아니니 내가 고귀한 만큼 너도 고귀한 것이다. 붓다는 소와 같은 생명들이 희생되는 제사는 큰 죄악을 짓는 것으로 비판한다.

붓다는 연기법에 근거하여 브라만 신에게 바치려고 기둥에 묶어두었던 생명들을 모두 풀어주어 마음껏 풀을 뜯고 깨끗한 물을 마시게 하라고 설법한다. 붓다는 동물을 학대하지 말라는 현대의 '동물 행복권'을 2,600년 전에 이미 가르친 것이다. 붓다는 브라만교의 독선적이고 배타적인 주장이 진리가 아님을 역설하기 위하여 매우 직접적인 어조로 그들의 세계관을 비판한 것이다.

대부분의 유신론 종교에서는 인간은 인간 이외의 자연을 정복할 수 있는 권한을 신으로부터 부여받았다는 우월의식이 있다. 따라서 인간에 대한 사랑은 말하지만 인간 이외의 동물에 대한 사랑은 말하지 않고 때때로 무자비하게 대하기도 하였다.

이와 같은 생각은 동물을 넘어 이교도나 이민족에게까지 확대되기도 한다. 그래서 과거 유럽에서 '백인 우월주의'에 따라 다른 인종을 노예로 삼고, 종교전쟁에 주저함이 없었으며 나치 독일인이 유대인을 무자비한 방법으로 죽일 수 있었을 것이다. 이처럼 유일신 중심의 세계관이 결과적으로 어떠한 심각한 문제를 일으킬 수 있는지는 역사를 통해서 알 수 있는 것이다.

붓다의 연기법은 다른 어떤 것과도 관계없이 홀로 존재하는 '신(神)과 같이 유일한 그 어떤 존재도 있을 수 없다'라는 것이다. 신(神)과 같은 근본 실체에 대한 믿음이 어느 정도 인간에게 희망을 주고 괴로움을 달래 줄 수 있을지는 모르지만, 근본적으로 인간의 문제를 해결할 수는 없다는 것이다. 붓다는 나와 우주 삼라만상 그리고 인간의 길흉화복은 연기법에 따라 원인과 조건에 따라 생성되기도 하고 사라지기도 한다고 한 것이다.

다음으로 우연론(偶然論)은 숙명론과 정반대로, 모든 것이 필연적이지 않고 우연에 의해 이루어진다고 주장한다. 우연론에 따르면, 인간의 운명은 인과의 법칙으로 결정되는 것이 아니며, 또 신의 은총이나 징벌로 결정되는 것도 아니라는 것이다. 세상에는 선한 일을 해도 불행하게 되고, 악한 일을 해도 행복하게 사는 사람이 있듯이, 인간의 길흉화복은 일정한 조건이나 원인에 따라 일어나는 것이 아니고 완전히 우연히 일어나는 일시적인 것에 지나지 않는다는 주장이다.

이러한 주장에 대해 붓다는 인(因)도 없고 연(緣)도 없다는 유물론적 사고에 대하여 '만일 세상에 인(因)도 없고 연(緣)도 없다면 살생을 할 수 있고, 도둑질과 거짓말도 할 수 있을 것이다'라고 하며 숙명론의 문제점과 비슷하게 말한다. 우연론은 사건과 결과 사이의 인과관계를 부정하기 때문에 어떤 일이 왜 일어났는가? 라는 질문에 전혀 답을 할 수 없다.

모든 것이 우연이라면, 인간의 삶이나 우주의 존재에 목적이나 의미를 부여하기 어렵고 개인과 사회가 삶의 방향성을 잃고 쾌락주의 혹은 허무주의에 빠질 가능성이 높다. 모두가 우연이라면 노력의 결과도 기대할 수 없어 노력할 이유도 없으며 인간의 선택과 행동을 무작위로 간주하므로 도덕적 판단과 책임의 근거도 약화 된다. 인간은 삶의 의미를 추구하나 세상의 모든 일이 원인과 결과에서 벗어난 완전한 우연이라면 삶의 의미마저도 노력으로 추구할 수 있는 것이 아니다.

그렇지만 연기법에 따르면 어떠한 결과도 원인 없이 생겨날 수 없으므로 우연론은 성립될 수 없다. 붓다는 이러한 이유로 위의 세계관 모두를 근본적으로 부정한 것이다. 대신 연기법에 따라 모든 존재는 상호 의존하며 존재하게 되는 것으로 너와 나, 우주 삼라만상은 수직적 주종이 아니라 수평적 평등 관계에 있음을 말한다. 연기법을 통하여 붓다가 왜 일체 생명의 소중함과 존엄성을 강조하고 사람 간의 평등과 사랑을 강조하는 이유가 무엇인지를 알 수 있다.

연기법의 진리를 모르는 중생들은 앞에서 말한 세 가지 세계관 중 하나를 택하여 자신의 세계관을 형성하고 자신의 세계관만이 유일한 진리라고 생각하는 '우월주의'에 빠져 있고 이 우월의식으로 인해 다른 세계관을 부정하며 갈등과 반목 나아가 전쟁과 같은 세상의 모든 괴로움과 고통을 발생시키는 것이다.

붓다는 그들의 세 가지 주장이 모두 잘못되었고 연기법이 옳다는 증거로 사람들이 살아가면서 겪는 경험을 예로 들어 설명했다. 붓다는 우리의 감각기관만 인정하고 우리의 감각기관을 벗어나 있어 우리가 확인할 수 없는 주장들은 그 어떤 주장도 인정하지 않는다. 현재 인간이 겪고 있는 즐거운 느낌이나 괴로운 느낌이나 괴롭지도 즐겁지도 않은 느낌을 경험하는 것은 신의 뜻도 아니고, 이미 정해진 것도 아니며, 우연히 생긴 것도 아니라는 것이다.

인간이 경험하는 느낌은 어떤 원인과 조건, 즉 연기법에 따라 생겨나기도 하고 사라지기도 한다는 것이다. 우리의 삶은 경험이 조건이 된다. 경험에서 생겨나는 느낌에 따라 생각하고 행동하는 것이 우리의 삶이다. 경험에 따라 괴로움이 생길 수 있는 생각과 행동을 하면 괴로움이 생기는 것이고 즐거움이 생길 수 있는 생각과 행동을 하면 즐거움이 생기는 것이다.

물리학에서도 관찰자가 기술하는 객관적 운동 상태는 관찰자의 운동 상태에 따라 규정되므로 관찰자가 객관적 운동 상태라고 생각하는 운동 상태는 실제로 객관적 운동 상태는 아니다. 그 관찰자의 관점에서만 객관적 운동 상태인 것이다. 이와 비슷하게 나의 감각기관이 감각대상을 만나는 감각작용인 경험을 바탕으로 내가 객관적 세상이라고 믿는 세상도 실제로는 객관적 세상이 아니다. 감각 주체인 내가 감각대상인 세상을 어떻게 감각하고 어떻게 받아들이느냐에 따라 나의 의식이 그려내는 나만의 세상이고 나만의 우주인 것이다.

내가 객관적 세상이라고 생각하는 세상이 실제로는 객관적인 세상이 아니고 나만의 세상, 즉 내가 그려낸 주관적 세상이라는 것이다. 그래서 모두에게 객관적인 그러한 세상은 존재할 수 없는 것이다. 즉 나는 나만의 세상을 만들고, 나만의 세상에서 살아가게 되는데 나만의 세상은 신(神)이 만들어 주어 존재하거나, 우연히 생겨나 존재하는 것이 아니라 나의 감각기관이 감각대상을 경험하면서 나의 의식 혹은 마음이 만들 낸 세상인 것이다.

우주엔 많은 존재가 있다. 나를 비롯하여 은하, 태양과 달, 동물과 식물, 생물과 무생물 등 삼라만상이 존재한다. 우리는 우리 눈앞에 존재하는 모든 것들은 근본 실체가 있고 독립적으로 존재한다고 믿는다.

우리는 세상의 '존재'에 대해 의심해 본 적이 없다. 그걸 의심한다는 자체가 어불성설이라 할 수 있다.

왜냐하면 나와 네가 그리고 지구와 태양이 이렇게 분명히 내 눈앞에 존재하고 있고 그 이외에 무량한 존재들도 언제나 여기에 그리고 저기에 내 눈과 네 눈앞에 분명하게 존재하고 있기 때문이다. 그리고 모든 존재는 다른 존재와 상관없이 독립적으로 존재한다고 생각한다. 이것이 보통 사람들이 생각하는 사물 중심, 즉 존재 중심의 세계관이다.

불교 이외의 모든 종교나 사상, 과학까지 아우르는 '실재론'은 우리 앞에 존재하는 독립적인 개체들은 존재하는 것, 즉 실재하는 것으로 그 근본 실체가 있다고 믿는다. 서양은 이 세상을 이루고 있는 근본적인 그 무엇인가가 있다고 생각하고 믿으며 그 실체를 찾으려 한 것이다. 물질, 신, 정신, 원자와 허공, 플라톤적 형상, 선험적 인식 형식, 주체, 절대정신, 의식의 원초적 계기, 현상, 에너지, 경험, 감각, 언어, 검증 가능한 명제, 과학적 데이터, 반증 가능한 이론, 해석학적 순환, 구조… 근본적인 것에 대한 목록은 길지만, 모든 사람에게 받아들여진 것은 없었다.4) 우주나 자연 등이 실제로 존재한다고 믿으며 그 존재의 실체를 연구하는 것을 실재론이라 할 수 있다.

그렇지만 과학이 발전한 현재에 이르기까지 그 실재를 찾을 수 없어 다양한 의견만 생겨났다. 실재론은 객관적 실재론, 주관적 실재론, 일원론적 실재론, 이원론적 실재론, 다원론적 실재론, 물질적 실재론, 정신적 실재론, 구조적 실재론, 과학적 실재론 등 온갖 종류가 있으나 합의된 실재론은 없는 것이다. 서양에서는 그리스부터 과학 및 철학을 통하여 궁극적 실체를 찾으려 시도했고 그 근본 '실체'를 세상의 시작이며 중심이라고 믿었다. 서양 철학의 역사는 근본적인 것이 무엇인가 하는 질문에 답하기 위한 시도였다고 할 수 있다.5)

불교 이외의 모든 사상이나 종교, 과학까지도 존재(存在)의 실체(實體)를 규명하고자 하나 여전히 규명할 수 없어 혼란스러워지는 것이다.

---

4) 카를로 로벨리(2023), 175.
5) 위의 책, 175.

혼란스러운 가운데 서양의 과학은 양자론에 이르면 존재의 실체는 없다는 결론에 다다른다. 이 세계가 속성을 지닌 실체로 이루어져 있다는 생각을 뛰어넘어, 모든 것을 관계의 관점에서 생각해만 한다.6) 라는 사실을 확인하는 것이다. 일반적으로 나와 우주가 따로 존재하고 내가 우주를 바라본다고 생각한다. 그러나 나와 우주는 분리될 수 없다. 외부에서 바라보는 관점은 존재하지 않는 관점이다. 세계에 대한 모든 묘사는 내부로부터 이루어지는 것이다.7)

우주 삼라만상이 존재로 구성되어 있다는 환상은 고전역학을 구성하는 바탕이 되었다. 그러나 양자론은 우리의 우주는 실체를 가지고 존재하는 것이 아니라 관계 혹은 사건으로 이루어진 과정들의 역사라고 하고 있다. '존재의 실체는 없다. 다만 관계만 있을 뿐이라고 양자론은 말하는 것이다'. 사건들의 관계라는 것은 세상은 실체가 있는 사물로 이루어진 게 아니라는 것이다.

사건이라는 것은 혼자서는 일어날 수 없다. 둘 이상의 상호작용이 있어야 사건이 일어날 수 있는 것이다. 이는 연기법의 원리와 같은 것이다. 다만 인연을 사건으로 표현한 것뿐이다. 붓다가 연기법을 깨달은 이후에도 서양에서는 존재의 실체를 찾았으나 찾지 못하고 헤매다가 상대성이론과 양자론에 이르러서야 세상은 사물이 아니라 사건으로 구성되어 있다고 이제야 밝히는 것이다.

> 우주가 사물로 구성되어 있다는 환상은 많은 고전 과학을 구성하는 바탕이 되었다. … 그러나 상대성이론과 양자이론은 모두 우리에게 이것은 우리 우주가 존재하는 방식이 아니라고 말하고 있다. 그 이론들은 우리 우주가 과정들의 역사라는 사실을 소리쳐 말하고 있다. 운동과 변화가 주된 것이다. 매우 근사적이고 임시적인 뜻으로 말하는 것이 아니라면, 사실 세상에는 존재하는 것은 아무것도 없다. 무엇인가 어떤 상태에 있다는 것은 환상이다. 경우에 따라서 유용한 착각일 수도 있지만, 근본적으로 생각하려 한다면 우리

---

6) 카를로 로벨리(2023), 168.
7) 위의 책, 213.

> 는 '존재한다.'는 것 자체가 환상이라는 중요한 사실을 간과해서는 안 된다. … 이러한 새로운 관점에서 본다면 우주는 많은 '사건'들로 구성된다. 한 사건은 과정의 가장 작은 부분 또는 변화의 가장 작은 단위로 간주 될 수 있다. 그러나 사건을 어떤 정지해 있던 물체에 일어나는 변화로 생각해서는 안 된다. 그것은 단지 변화일 뿐 그 이상 아무것도 아니다. 사건들의 우주는 관계론적인 우주다. 모든 성질은 사건들 사이의 관련성을 통해서 기술된다. 두 사건이 가질 수 있는 가장 중요한 관계는 '인과관계'이다.[8]

존재의 실체를 찾아 헤매던 서양의 물리학자들은 세상에 존재하는 것은 아무것도 없다고 이제야 말하고 있다. 과학이 이제야 연기법을 보는 것이다. 고정된 상태는 없다. 있다고 한다면 환상이라고 하고 있다. 즉 우주에 존재란 없고 사건만 있다는 뜻이다. 한 사건은 과정이나 변화의 가장 작은 단위가 된다. 사건이 연기 관계를 맺고 일정 시간 동안 진행될 때, 이 사건들은 하나의 흐름을 형성하게 된다.

사람들은 이 '사건의 흐름'을 보면서 무언가 존재하는 것이라는 착각을 하게 된다. 세상에는 무엇이 존재하는 것처럼 보인다. 그러나 그것은 착각이다. '어떤 것'이란 존재하지 않으며 단지 서서히 변하는 것과 빨리 변하는 것의 차이가 있을 뿐이다. 따라서 우주에는 물체와 과정이 존재하는 것이 아니다. 빠른 과정과 느린 과정이 있을 뿐이다. 이 '사건의 흐름'이 바로 리 스몰린이 말한 '과정'이다

이 사건들은 하나의 흐름을 형성하게 되는데 사람들은 이 '사건의 흐름'을 존재로 인식하고 착각하는 것이다. 세상에는 무엇이 존재하는 것처럼 보이나, 그것은 착각이라고 물리학자들이 이제야 밝히는 것이다. 이와 같은 원리로 나는 존재한다고 착각하는 것이다. 붓다는 이미 무아(無我)라 했다. 나도 예외 없이 나의 실체가 있는 게 아니라 사건들이 흘러가는 과정으로 존재하게 되는 것이다. 연기법의 원리는 우주에 시간이 지나도 변하지 않는 존재는 단 하나도 없다는 것으로 인류가 우주에서 변하지 않는 단 하나의 존재라도 찾아낸다면 연기법은 당연히 폐기 되어야 한다.

---

8) 리 스몰린(2007), 110-112.

나를 포함하여 우주에 존재하는 삼라만상 모두는 실체로서 존재하는 게 아니라 사건들의 과정이다. 번갯불과 장작불, 조약돌과 다이아몬드는 다 같은 하나의 사건으로써 존재하는 것이다. 다른 것처럼 보인다면 하나는 빨리, 다른 하나는 천천히 변하는 것뿐이다. 이처럼 현대 과학자들이 말하는 것과 같이 붓다가 깨달은 연기법에 따르면 나[我]를 포함하여 신(神), 물질, 정신, 개념 등 일체(一切)의 어떠한 존재도 그 변함없는 실체를 인정받지 못한다. 상호 인과관계는 연기법의 근본원리이지만 과학적 관점에서도 어긋남이 없으며 시간이 흐르거나 시대가 바뀐다고 해서 바뀌는 것이 아니다.

오히려 과학이 발전하면서 양자론뿐만 아니라 생물학, 화학 등 많은 과학 분야에서 연기법의 원리로 세상을 이해하려는 많은 시도가 이루어지고 있다. 뉴턴은 시간과 공간은 독립적으로 존재한다고 믿었다. 그렇지만 아인슈타인의 상대성이론은 모든 물리적 존재와 그 운동을 관계와 사건 중심으로 기술한다. 특수상대성이론에 의하면 시간과 공간이, 에너지와 질량이 그리고 일반상대성이론에 의하면 시공간의 모양과 물질의 운동은 상호 의존적 관계로 서로가 원인이자 결과가 되기도 하는 것이다.

현대 생물학에서도 다윈의 진화론을 다르게 해석하려는 시도가 보인다. 진화 역시 생명체와 환경과의 상호작용 즉 연기법에 따라 발생한다. 나를 포함하여 모든 생물은 서로 먹이사슬에 의해 얽혀 있다. 그리고 생물은 암석이나 광물 등 모든 자연에 영향을 주게 된다. 그리고 생물은 태양이 방출하는 에너지와 자연환경의 영향을 받는다. 진화도 생명체와 환경과의 상호 의존적 관계에서 일어난다.

유전자도 마찬가지다. 유전자가 생명체의 특질을 결정하기는 하지만 일방적으로 결정하지는 않는다. 둘이 서로 영향을 주고받는다. 긴 시간을 놓고 보면 생명체와 유전자도 서로가 서로에게 원인이자 결과라고 할 수 있다. 이것이 후성유전학(epigenetics)이라는 학문이 탄생하게 된 배경이다. 진화가 직선적, 개별적으로 진행된다는 다윈의 시각으로 보지 않고, 상호적이고 집단적 공생으로 보려고 하는 것이다. 또한 진화가 우연히 발생하는 돌연변이에 의해 진행된다는 주장에 반대한다.

> 생물은 임의적인 유전자 변화에 의해 진화했고, 더욱이 그러한 변화는 불리한 경우가 훨씬 많았다는 것이 일반적인 견해이다. 맹목적이고 우연한 돌연변이가 새로운 진화를 이끈다는 것이다. 우리는 이러한 생각에 전적으로 동의할 수 없다. 지금까지의 진화에서 나타난 커다란 격차는 별개의 진화 계통을 통해 이미 갈고 닦아져 있던 정교한 구성 요소들 간의 공생적(共生的) 합병에 의해 달성된 것이다. 새로운 생물 형태가 등장할 때마다 매번 다시 진화가 시작되는 것은 아니다. 이미 돌연변이로 생겨나서 자연선택에 의해 유지되어 온 기존의 모듈modul(주로 박테리아로 밝혀진)들이 함께 협력하는 것이다. 이들이 연합하거나 합병하여 새로운 생물, 자연선택에 의해 작용하고 작용 받는 전혀 새로운 복합체를 만들어낸다. 그러나 찰스 다윈도 잘 인식하고 있었듯이 자연선택만으로는 어떤 진화적 혁신도 창출할 수 없다.9)

    모든 생물은 독립된 실체가 있어 따로 진화한 것이 아니라 박테리아로부터 원생생물 세포가 생겨나고 그러한 세포들로부터 동물이 생겨나는 데에는 시너지가 작용하는 것이므로 진화의 원리는 우리가 알고 있는 것과는 다르게 적자생존의 경쟁이 아니라 공생이라는 것이다.
    경쟁이 아니라 공생에 의해서 진화하는 생명은 그 자체도 화학 성분에 의해서가 아니라 그 화학 물질들의 상호작용에 따라 구별되는 것이다. 화학 물질이 생명이 아니고 화학 물질의 화학작용 자체가 생명이기 때문에 생명이란 무엇인가에 대하여 대답하려면 어떻게 생명은 화학작용을 하고 있는가에 대한 설명이 되어야 할 것이다.
    생명이란 무엇인가에 대한 답은 없다. 생명은 명사가 아니고 화학작용을 하는 동사이기 때문이다. 그래서 생명이란 무엇인가라는 질문은 언어적 모순이라고 하고 있다. 동사는 명사적으로 무엇이라고 규정할 수 없는 것이다. 나는 생명이고 생명은 변화한다. 붓다도 연기법에 따라 모든 것이 변한다는 것을 언어로 규정할 수 없어 가장 근접한 표현으로 무상(無常), 공(空) 등으로 표현한 것이다. 무상과 공 등은 '없다[無]'가 아니라 '변화한다는 것[無常]'이다. 나도 쉼 없이 변화하므로 명사로 규정

---

9) 린 마굴리스·도리언 세이건(1999), 25.

할 수 없다. 붓다는 그것을 무아(無我)라 한 것이다. 나를 포함한 모든 생명은 화학작용이고 화학작용은 상호작용이고 변화이고 연기법이다.

> 이를테면 해변의 모래는 대개 이산화규소이다. 컴퓨터의 내부 구조 역시 그러하다. 그러나 컴퓨터는 모래더미가 아니다. 생명은 화학 성분에 의해서가 아니라 그 화학 물질들의 작용에 따라 구별되는 것이다. 따라서 "생명이란 무엇인가"라는 질문은 언어적 모순이다. 문법에 맞게 대답하려면 명사, 즉 구체적인 사물을 들어야 할 것이다. 그러나 지구상의 생명은 오히려 동사에 더욱 가깝다. 생명은 자신을 수선하고, 유지하며 다시 만들고 자신을 능가한다. 세포와 동물뿐만 아니라 지구 대기 전체에도 적용되는 이와 같은 활동은 가장 유명한 2개의 과학 법칙-열역학 법칙-과 긴밀하게 연관되어 있다.10)

이렇게 생명은 동사적 의미의 자기 생산적인 것이기는 하나 자기 생산의 과정에서 환경과 불가분의 관계로 얽힘을 강조한다. 이러한 얽힘의 관계를 통해 생물은 지구에 생명을 부여하고 생명의 현상은 지구 대기 전체에도 적용되는 것으로 진정한 의미에서 지구는 살아있다고 주장한다. 지구가 살아있어야 그 속에서 생명들도 살아갈 수 있는 것이다. 지구와 생명은 둘이 될 수 없으나 우리는 둘이라고 생각하고 믿으며 살아가고 있다. 이를 붓다는 무명(無明)이라 한 것이다. 연기법을 모른다는 의미이다.

> 생물은 자기 완결적이고 자율적인 개체라기보다는 오히려 다른 생물과 물질과 에너지, 그리고 정보를 교환하는 공동체이다. 숨 쉴 때마다 우리는, 비록 느리기는 하지만 역시 호흡하는 생물권의 나머지 생물들과 연결된다. 생물권의 숨결은 매일 지구상의 밤인 쪽에서는 이산화탄소의 농도가 증가하고 낮인 쪽에서는 감소하는 것으로 표시된다. 일 년의 숨결은 계절의 변화로 나타난다. 북반구에서 광합성 활동이 활발해지면 남반구에서는 서서히 감소한다. 최대한의 생리학적 범위에서 보면 생명은 지구 표면 그 자체이다. 여러분의 몸이 세포들로 우글거리는 해골이 아닌 것과 마찬가지로, 지구는 단순히 생물들이 살고 있는 거대한 바윗덩어리가 아니다.11)

---

10) 린 마굴리스 · 도리언 세이건(1999), 33-34.

나를 포함한 모든 생물은 스스로 완성되어 혼자 살아갈 수 있는 자율적인 개체라기보다는 오히려 다른 생물과 물질과 에너지, 그리고 정보를 교환하는 공동체이다. 나는 숨 쉴 때마다 미세하게나마 우주와 나머지 생물들과 연결된다. 나의 숨결과 나의 행동은 지구 그리고 나아가 우주에 영향을 미친다. 지구와 우주는 생명 그 자체이다. 우리의 몸이 단순한 세포들로만 이루어진 것이 아닌 것처럼, 지구는 단순히 생물들이 살아가는 거대한 바윗덩어리와 같은 것이 아니다. 모든 생명과 물질이 서로 인연이 되어 공존하는 가운데 진화하는 공동체로서 크게 보면 한 생명체이다.

연기법의 상호인과율은 시스템이론의 관점과도 일치한다. 시스템이론은 연기법과 같이 홀로 존재하는 것은 없고 전체를 이루는 관계로써의 존재만 있다는 것으로 기존의 과학 이론으로 설명되지 않는 자연현상을 설명하기 위해 나온 것이다. '시스템(system)'이란 상호 의존하는 각 구성요소가 복잡하게 얽혀서 하나의 집합체를 이룬 것을 말한다. 여기에는 다양한 이론이 존재하며, 주로 컴퓨터 과학과 조직 관리에 응용되는 것으로 널리 알려져 있다.

하지만 그 연관성은 심리학, 정치학, 생태학과 같은 분야에서도 활용될 만큼 광범위하다. 이렇게 다양한 시스템이론에서 공통점을 추출한 이론이 바로 일반시스템 이론인데 핵심 내용은 연기법과 같은 상호 의존, 상호작용으로 자연현상을 설명하고자 하는 것이다. 즉 시스템이론은 전체는 부분의 집합으로 이루어진 것이라는 과거 기계론적 세계관에서 벗어나 부분이란 전체에서 따로 분리할 수 없는 관계의 그물망 속에 나타난 일시적 현상이라고 보는 것이다. 따라서 세상을 존재 중심이 아니고 관계 중심으로 이해하려는 것으로 존재를 부정하고 관계를 중시하며 부분보다는 전체를 중시한다는 관점에서 연기법과 같은 것이다. 카프라는 다음과 같이 이야기한다.

---

11) 린 마굴리스·도리언 세이건(1999), 46.

> 궁극적으로 – 양자물리학이 입증해 주었듯이 – 부분이란 결코 존재하지 않는다. 우리가 부분이라고 부르는 것은 단지 분리할 수 없는 관계의 직물 속에 나타난 하나의 패턴일 뿐이다. 따라서 부분에서 전체로의 전환은 대상에서 관계로의 전환이라고 볼 수 있다. … 시스템적 관점에서 우리는 대상들 자체가 보다 큰 연결망 속에 묻혀있는 관계들의 연결망이라는 사실을 깨닫게 된다. 시스템 사상가에게 있어서 이 관계는 일차적이며 가장 중요한 것이다.[12]

일반적으로 사물을 이해하기 위해서는 그 사물이 무엇으로 구성되어 있는지 구성요소를 알면 그 사물을 이해할 수 있다고 생각했다. 그렇지만 시스템이론에서는 궁극적으로 부분이란 존재하지 않는다고 하고 있다. 우리가 부분이라고 부르는 것은 관계 속에만 의미가 있는 것으로 따로 떼어낼 수 없는 것이다. 따라서 부분에서 전체로의 전환은 존재에서 관계로의 전환이라고 볼 수 있다. 시스템적 관점에서 존재는 그 자체로 존재할 수 없고 관계로써만 존재하게 된다는 사실을 깨닫게 되는 것이다. 시스템에서 관계는 일차적이며 가장 중요한 것이다.

초기 불교와 현대의 시스템이론은 그 기원과 목적의 명백한 차이에도 불구하고, 각기 양편의 이야기를 하고 있다는 것을 해명할 수 있는 것이다.[13] 연기법은 고대 동양에서 나왔고, 시스템이론은 현대 서양에서 나왔는데 이들 두 사상 체계는 상호인과율에 대한 보완적 관점들을 제공하고 있을 뿐만 아니라, 서로를 이해하고 해석하는 방법을 제공하고 있다. 기원, 방법, 그리고 목적이 다름에도 불구하고 그것들 사이에는 유용하면서도 상호 보완적인 해석이 가능한 것이다.[14] 시스템이론은 연기법 원리가 현상세계에 두루 작용하고 있다는 것을 보여주는 폭넓은 자료를 제공하는 것이다.

연기법은 우리 사회를 설명하는 데도 사용되고 있다. 쿼크-모델의 창안자인 물리학자 머리 겔만(Murray Gell-Mann)이 말한 대로 복잡

---

12) 프리초프 카프라(1998), 60.
13) 조애너 메이시(2020), 9.
14) 위의 책, 28.

계 이론은 그 자체가 연기법이다.[15] 복잡계 이론은 21세기 디지털 네트워크 시대의 우리 사회를 설명하고 그 변화와 진전의 방향을 예측할 수 있게 하는 이론적 기반이 된다. 복잡계 이론은 이미 자연과학의 유력한 한 이론적 경향이 되었다.

이와 같은 원리로 우리가 살아가는 우리 사회도 복잡하고 역동적이어서 그 미래를 예측하기 힘들다. 그렇다고 우연이나 무작위성을 의미하지는 않는다. 즉 예측할 수 없다고 우리의 사회 현상이 완전한 무작위가 아니고 원인과 결과는 있으나 너무 복잡하여 인과적으로 밝히는 게 어렵다는 의미다.

이처럼 현재에 이르러 과학 및 사회적 현상을 설명하는데 상호인과적 패러다임이 생겨나고 있는데 이는 붓다의 연기법과 뚜렷한 일치를 보이는 것이다. 우리 시대에 일어나고 있는 주요한 변화 가운데 하나는 선형적이며 단일 방향적인 것으로 생각되던 인과율 현상들이, 호혜적 또는 상호적 방식으로 서로 간에 영향을 주는 역동적 상호의존성으로 파악하게 된 것이다.[16] 시간과 공간적으로 서로 멀리 떨어져 있지만 세상을 같은 이치로 설명하는 것이다.

이처럼 현대의 지식과 연기법에 따르면 모든 존재는 다른 존재와 상호 의존하며 상호작용하는 관계로 너와 나를 독립적으로 분리하고 구분할 수 없다. 상호 인과가 세상 원리의 근본이므로 우리 시대의 철학적 토대와 도덕적 근거도 상호 인과가 되어야 한다. 상호인과를 바탕으로 한 철학이나 도덕적 가치는 근본적으로 우리 모두는 그리고 나아가 우주는 모두 서로 연결되어 있다는 사실에 근거하는 것이다.

우주와 나를 포함한 모든 생명이 서로 연결되어 있다면 우리는 모든 생명을 나의 생명처럼 사랑해야 할 윤리적 의무를 갖지 않을 수 없는 것이다. 이러한 상황에서 연기법의 견해를 바탕으로 우리의 윤리적 토대를 강화해야 한다. 연기법의 견해를 따르면 너와 나, 인간과 자연은 분리된 것이 아니다. 너와 나와 우주가 모두 연결되어 있다면, 너와 내가

---

15) 김성구(2021), 146.
16) 조애너 메이시(2020), 26.

그리고 자연과 우주가 분리된 것이 아니라면 너와 자연을 나 자신처럼 생각하는 인류 공영 나아가 자연과 온 우주에 대한 사랑을 실천하지 않을 수 없는 것이다. 우리의 적극적인 의지와 노력으로 우리의 삶과 자연은 물론 우주까지도 아주 미세하게나마 바꾸어 갈 수 있는 것이다.

연기법은 인간 사이의 윤리뿐만 아니라 자연에 대한 윤리, 즉 환경윤리의 근거가 된다. 이러한 사실을 이해하고 받아들이고 믿고 실천해 나간다면 문명이 발전한 시대에 우리 모두의 인식의 대전환도 이룰 수 있을 것이다. 너와 나는 절대 싸우지 않고 사랑하고 아끼며 함께 살아갈 수 있는 근거가 될 수 있는 것이다. 상호인과율로 맺어진 세상이라면 나와 너의 인간의 적극적인 의지와 노력이 필요하고 삶은 큰 의미를 갖게 된다.17)

연기법은 신(神)의 계시도 아니고 영감도 아니며 붓다가 만들어낸 원리는 더욱 아니라는 것을 붓다는 스스로 밝히고 있다. 연기법은 붓다의 존재 여부와는 관계없이 엄연히 정해져 있는 법칙이라는 것이다. 붓다는 나와 우주의 존재와 운행 원리가 연기법이라는 것을 찾아낸 것이지 연기법을 만든 게 아니다. 그래서 연기법은 하나의 원리로 누구나 깨달을 수 있다는 것이다. 그래서 누구나 붓다가 될 수 있다는 것이다.

> "연기법은 내가 만든 것도 아니요, 또한 다른 사람이 만든 것도 아니다. 그러므로 그것은 여래가 세상에 출현하시거나 세상에 출현하시지 않거나 법계에 항상 머물러 있다."18)

붓다는 말한다. 연기법은 붓다가 만든 것이 아니라고. 연기법은 뉴턴이 만유인력을 발견하고 아인슈타인이 상대성이론을 발견한 것과 같이 이미 세상에 존재하는 근본원리를 붓다가 발견한 것이다. 붓다가 깨달은 연기법은 '모든 존재는 실체가 있는 게 아니라 관계 혹은 사건으로 잠시 존재하는 것'이라는 우주의 근본원리를 설명하면서도 인간들의 삶

---

17) 김성구(2021), 158.
18) 『雜阿含經』(T2, 85b)

에서 생겨나는 괴로움의 생성과 소멸의 원리까지 설명하는 것이다.

만유인력의 뉴턴이나 상대성이론의 아인슈타인이 나의 삶을 책임질 수 없듯이 연기법의 붓다도 나의 삶을 책임질 수 없다. 뉴턴이 우리 삶을 책임질 수 없지만 만유인력의 법칙을 우리 삶에서 유용하게 활용하듯이 붓다가 발견한 연기법의 원리를 바탕으로 내가 살아가는 이유와 방법은 나 스스로 찾아야 하는 것이다. 그래서 붓다는 붓다를 믿고 따르라 하지 않고 중생 각자가 오직 자기 자신을 등불로 삼아 의지하고 연기법을 등불로 삼아 의지하라고 가르친 것이다. 초월적인 대상이 아닌 자기 자신을 신앙의 대상으로 삼으며 연기법의 원리대로 세상을 이해하고 살아갈 것을 제시하는 붓다의 가르침은 세상의 어떤 종교나 철학과는 다른 것이다. 연기법을 이해하면 자기 자신을 신앙으로 삼아도 독단적인 사상이나 오도된 신념에 이를 수는 없다.

'이것이 있으므로 저것이 있다'라는 연기법은 간단해 보인다. 그렇지만 붓다가 연기법을 깨달은 후 설법을 주저하게 할 정도로, 또 현대의 과학도 설명하지 못하는 부분까지 설명할 수 있을 정도로 심오하다. 중국의 선종이 붓다의 깨달음을 다양하게 표현할지라도 그것은 결국 연기법을 쉽고 빠르게 중생들에게 전달하기 위한 수단이었고, 한국에서 여전히 간화선 수행법을 통하여 깨달음을 구하고 있지만 결국 붓다의 연기법에 대한 깨달음을 체득하기 위한 것이라고 할 수 있다.

그렇지만 연기법은 알기 어렵기 때문에 연기법이 특정 교파의 주장이라거나, 사성제(四聖諦)나 중도(中道)가 붓다의 깨달음이라는 의견도 존재하는 게 사실이다. 붓다의 깨달음을 상의성(相依性)의 연기법(緣起法)이라고 하는 것은 대승의 진리관[空觀]에 근거한 해석으로, 이는 시간과 공간 속에서 이루어진 역사를 무시한 특정의 교파 혹은 특정 지역의 불교를 중심으로 한 종학(宗學)이라고 밖에 말할 수 없다.[19] 붓다의 가르침을 시대와 환경에 따라 다양하게 받아들이고 실천할 수는 있지만 붓다의 근본적인 깨달음은 연기법이라는 건 명확히 할 필요가 있다.

연기법이 붓다의 깨달음임에도 불구하고 이처럼 지역과 시대에 따라

---

19) 권오민(2007), 9.

붓다의 깨달음이 무엇인가에 대하여 많은 이견과 오해가 있어 왔다. 또한 붓다를 신성시하여 기복을 바라는 초월적 존재로 믿는 경우가 생겨나기도 하였다. 이는 아마도 정신과 물질을 이분법으로 나누고 인과관계를 선형적이고 단일 방향으로 보는 계층적 실재관 때문일 것이다. 그래서 계층적 실재관이 붓다의 초기 가르침의 진실이 아니라는 것을 내가 깨닫기까지는 상당 기간의 고집스러운 초기경전 연구가 필요했다.[20] 연기법은 계층적 실재관을 낳게 하는 선형인과율이 아니라 상호인과율인 것이다.

상호인과율인 연기법은 인간의 말과 글로써 설명하기 쉽지 않다. 연기법의 표현은 간단하게 보인다. 그러나 구체적으로 설명하려면 팔만대장경으로도 모자랄 정도로 그 의미가 깊고 오묘하다고 할 수 있다. 반대로 팔만대장경을 한마디로 줄인다면 그것은 인연이고 연기법이다. 불교에 '연기' 이론보다 더 본질적인 것으로 여겨지는 이론은 없다. … 불경들 속에서 그 이상 자주 언급되고 당연하게 여겨지는 것은 없으며, 불교의 '신조(credo)'로서 그 이상 정당하게 인정받은 것으로 명시될 수 있는 것은 없다.[21] 연기법은 불교의 모든 것이다.[22]

가) 심심난견(深甚難見)

이처럼 연기법은 붓다의 깨달음이다. 그런데 불교경전에는 '심심(深甚)'이니 '미묘(微妙)'니 '난견(難見)'이니 하는 어휘가 많이 등장한다. 붓다 자신도 깨달음을 얻은 후 연기법은 매우 기이하고 지극히 미묘해서 이해하기 어렵다고 했다. 그런데 붓다의 제자 아난이 연기법은 얕고도 얕다고 하자 붓다는 아난을 꾸짖는다. 붓다는 연기법이 지극히 깊고 통달하기 어렵다고 한다.

> "그때 존자 아난은 한가히 홀로 지내면서 연좌(宴座)하여 깊이 생각하다가 마음 속에 문득 이런 생각이 떠올랐다. 이 연기는 매우 기이하고 지극히 깊

---

20) 조애너 메이시(2020), 8.
21) 위의 책, 70.
22) 김성구(2021), 146.

> 으며 이해하기도 매우 어렵다고 한다. 그런데 내가 관찰하여 본 바로는 지극히 얕고도 얕다." 세존께서 말씀하셨다. "아난아, 너는 '이 연기가 지극히 얕고도 얕다.' 그런 생각을 하지 마라. 무슨 까닭인가? 이 연기는 지극히 깊고 이해하기도 또한 매우 어렵다. 아난아, 이 연기를 참답게 알지도 못하고 제대로 보지도 못하며 깨닫지 못하고 통달하지 못하기 때문에 저 중생들은 베틀이 서로 얽매는 것 같고 넝쿨 풀이 어지러운 것 같으며 바쁘고 부산하게 이 세상에서 저세상으로 가고 저세상에서 이 세상으로 오며 왔다 갔다 하면서 생사(生死)를 뛰어넘지 못하게 되는 것이다. 아난아, 그러므로 이 연기는 지극히 깊고 이해하기 또한 매우 어려운 줄 알아야 한다."23)

현대인들도 불교를 이해하려 들다가 그것이 너무 난해함을 탓하는 수가 많다. 붓다가 입멸한 후, 지금까지 불교 사상은 공허하다고 하는 의견이 있을 정도로 난해한 것으로 여겨지고 있다. 불교의 교리들 가운데 연기, 즉 모든 존재 현상은 의존하여 발생한다는 교리보다 더 큰 오해와 반론과 터무니없는 공론과 해석을 야기한 교리는 없었다.24) 이렇게 연기법에 대하여 오해와 반론이 많은 것은 연기법은 현실적으로 이해하기 어려운 개념이기 때문이다.

모든 사물은 존재하는 것이며 나도 그와 같이 존재한다는 관념에 고정되어 있으나 연기법은 한마디로 '나를 포함하여 존재하는 모든 것의 실체는 없다'라는 것이어서 우리의 일반적 상식이나 관념으로는 이해되거나 파악될 수 없고 말로도 설명하기 쉽지 않기 때문이다. 이분법과 실재론 중심의 서양 철학과 그 개념에 물들어 있는 현대인들에게 연기법의 다른 표현인 색즉시공(色卽是空), 오온개공(五蘊皆空), 불생불멸(不生不滅), 자타불이(自他不二) 등의 개념은 이해하기 어려운 것이다.

또한 붓다도 깨달음을 얻은 후 연기법을 도저히 말로 설명할 방법이 없어 설법을 주저하였다. 즉 내용이 너무나 심오해서 설법하여도 중생들이 이해하지 못할 것을 염려하며 차라리 침묵하는 것을 생각한 것이다. 뒤에

---

23) 『中阿含經』(T1, 578b)
24) 조애너 메이시(2020), 102.

서 살펴보겠지만 실제로 붓다는 제자들의 형이상학적 질문에는 침묵한다.

> 그때 세존께서는 도(道)를 얻은 지 오래되지 않았는데, 이렇게 생각하셨다. '내가 얻은 매우 깊은 이 법은 밝히기 어렵고 알기 어려우며, 깨달아 알기 어렵고 생각하기도 어려운 것이다. 번뇌가 끊어진 미묘한 지혜를 가진 사람만이 깨달아 알 수 있는 것이다. 그 이치를 분별하여 익히기를 게을리하지 않으면, 곧 기쁨을 얻을 것이다. 설령 내가 남을 위해 이 묘한 법을 연설하더라도 사람들이 그것을 믿고 받아주지 않거나 또 받들어 실천하지 않으면, 부질없이 수고롭고 손해만 있을 것이다. 나는 이제 차라리 침묵을 지키는 것이 좋겠다. 어찌 꼭 설법할 필요가 있겠는가?'[25]

붓다가 난해하다는 이유는 무엇일까. 가장 큰 이유로는 모든 존재를 인정하지 않기 때문일 것이다. 모든 존재는 실제로는 존재하지 않는 것이고 인연 따라 잠시 나타나는 사건 혹은 현상이라는 것이다. 결국 연기법은 우리가 경험하며 살아가는 세상과는 다른 근본적인 원리이기 때문에 당시 인도의 몇몇 붓다의 제자들은 연기법의 진리를 이해할 수 있는 사람도 있었겠으나 대부분의 사람은 이해하기 어려웠을 것이다. 따라서 연기법을 "미묘"하다든지 "사람들의 생각을 초월한 것"이라든지, 또는 "지혜로운 사람만이 능히 알 수 있다."라고 했을 것이다.

연기법이 왜 이해하기 어려운지 장작불의 비유를 들어보자. 장작불을 포함하여 세상의 모든 존재는 연기법으로 생겨났다가 사라지는 것이다. 존재는 무엇인가? 단순한 것 같지만 말로 설명하고 이해하기에는 부족함이 있다. '장작불은 존재하는 것인가'라는 질문을 받는다면 어떻게 답해야 하는가. 장작불은 어디에서 와서 존재하고 있으며 장작불이 꺼지면 어디로 가는가라는 질문을 던져 보자. 붓다는 다음과 같이 설명한다.

> 마치 나무를 비벼 불을 구할 때 앞의 대상이 있는 뒤에야 불이 생기는 것과 같다. 그러나 불은 나무에서 나온 것도 아니요, 또 나무를 떠나 생기는 것도

---

[25] 『增一阿含經』(T2, 593a)

> 아니다. 설사 어떤 사람이 나무를 쪼개어 불을 찾더라도 불을 얻지는 못하리니, 그것은 모두 인연이 모인 뒤에야 불이 있기 때문이다.26)

　우선 존재부터 생각해 보자. 장작불은 존재하는 것인가 라고 물으면 내 눈앞에서 활활 타오르는 장작불은 분명 존재한다고 할 것이다. 그렇다면 순간 생겨났다 사라지는 번갯불은 존재하는 것인가 하고 물으면 존재한다고 할 수 있겠는가. 장작불과 번갯불의 생겨남과 사라짐은 같은 원리이다. 다만 존재하는 시간의 차이만 있을 뿐이다.

　그리고 장작불은 무엇인가? 달리 장작불을 설명할 방법이 없다. 장작불이 생겨나기 위해서는 앞의 대상이 있어야 한다. 앞의 대상은 장작불이 생겨날 이전의 조건을 말한다. 앞의 대상은 장작이 마른 상태를 비롯하여 날씨 등 여러 가지 간접적 조건을 포함하여 장작을 마찰시키는 직접적 행위가 있어야 장작불이 생겨난다. 장작을 마찰시키는 행위 또한 수많은 인연(因緣)이 선행되어야 가능한 것이다.

　이처럼 수많은 인연이 모여야만 장작불이 생기는 것이고, 수많은 인연이 모여야만 장작불이 탈 수 있으며 장작불을 타게 하는 인연들이 다하면 장작불은 사라지는 것이다. 장작불이 본래 있어서 생겨난 게 아니고 다만 생겨날 조건이 마련되어 생겨난 것이다. 장작불은 장작에서 생겨났으나 장작불을 찾기 위하여 장작을 쪼개도 장작불은 나오지 않는다. 그렇다고 장작불이 장작과 상관없이 생겨난 것은 아니다. 장작불도 결국 근본 실체가 있어서 존재하는 것이 아니라 본래 없었던 것에서 연기법으로 생겨나고 연기법으로 소멸하는 것이다.

　나를 포함하여 우리가 존재라고 하는 모든 것은 장작불처럼 실제로 존재하는 게 아니라 연기법으로 생겨나 잠시 존재하는 것이다. 잠시 존재한다고 하는데 잠시는 얼마의 시간인가. 즉 장작불의 수명은 얼마인가라는 질문을 받는다면 또 어떻게 답하여야 할까.

　빛의 속도가 상대의 속도와 상관없이 항상 일정하듯이 영원 앞에서

---

26) 『增一阿含經』(T2, 713c)

우리의 시간은 항상 잠시일 수 있다. 그렇지만 일반적으로 우리의 관념상 장작불이 존재하는 시간은 몇 시간 혹은 길어야 며칠이 될 것이다. 그러나 인도 갠지스강 언덕의 화장터에서 타고 있는 장작불의 수명은 붓다 이전부터 지금까지 수천 년 동안 한 번도 꺼지지 않고 계속해서 타고 있으니, 장작불의 수명도 쉽게 말할 수 없는 것이다.

갠지스강 언덕에서 지금까지 타고 있는 장작불은 수천 년 전의 장작불과 같은 것인가, 다른 것인가. 장작불의 수명이 정해져 있지 않은 것과 마찬가지로 조건에 의하여 생성되는 모든 존재는 언제까지 존재할지 알 수는 없으나, 영원히 존재할 수는 없으며 인연 따라 연기법에 따라 변화해 가다가 결국에는 사라지는 것이다. 장작불을 포함하여 이 우주에 존재하는 것은 단 하나의 예외도 없이 연기법에 따른다는 것이다. 모든 존재를 임시로 존재하게 하는 유일한 원리 혹은 진리는 연기법뿐이다. 붓다는 내 몸도 장작불과 똑같이 인연으로 생겨난다고 설명한다.

"비구들아, 마땅히 알아야 한다. 인연이 모여 곧 이 몸도 이루어진 것이니라. 또 비구들아, 한 사람의 몸에는 360개의 뼈가 있고, 9만 9천 개의 털구멍이 있으며, 5백 개의 맥(脈)이 있고, 5백 개의 근육이 있으며, 8만 종의 벌레가 산다. 비구들아, 알아야 한다. 6입으로 된 이 몸에는 이런 재앙이 있느니라. 비구들아, '누가 이 뼈를 만들었는가? 누가 이 근육과 맥을 붙였는가? 누가 이 8만 종의 벌레를 만들었는가.'라고 생각하고 사유해 보아라. 그 비구가 이렇게 생각하고 사유해 본다면 그는 곧 두 가지 과보를 얻게 되리니, 아나함(阿那含)이 되거나 혹은 아라한(阿羅漢)이 될 것이다. 비구들아, 이것이 이른바 첫째가는 가장 공한 법이니라. 나는 여래께서 말씀하신 법을 너희들에게 설명하였다. 나는 이제 사랑하고 가엾이 여기는 마음으로 할 일을 다하였다. 너희들은 그 법을 수행하기를 항상 생각하고, 한적한 곳에서 좌선하며 사유하기를 게을리 하지 말라. 지금 수행하지 않는다면 나중에 후회하더라도 이익이 없을 것이다. 이것이 나의 교훈이다. 이와 같나니 비구들아, 꼭 이와 같이 공부해야 하느니라."[27]

---

27) 『增一阿含經』(T2, 714a)

존재와 생멸의 관점에서 보면 장작불과 나는 다름이 없다. 장작불이 생겨나는 원리와 똑같은 원리로 나의 몸도 생겨난다고 설명하고 있다. 장작불이 본래 있어 장작에서 생겨난 것이 아니듯, 내가 본래 있어 어머니의 자궁으로 들어간 것이 아니다. 장작불이 본래 없는 것에서 생겨난 것처럼 나라는 존재도 본래 없었던 것에서 인연이 모여 생겨나고 잠시 존재하게 된 것이다.

이처럼 우주의 모든 존재는 모두가 그럴 만한 조건이 있어서 생겨났다는 것, 홀연히 또는 우연히 또는 조건 없이 존재하는 것은 이 세상에 단 하나도 없다고 하는 것이 연기법이다. 또 그것을 뒤집어서 말한다면 모든 존재는 그것을 성립시킨 조건이 없어질 때 그 존재 또한 사라져 버린다는 것, 따라서 홀로 독립하여 존재하거나, 영원히 불변하는 것이란 이 세상 어디에도 존재할 수 없다는 것이다.

인연은 나의 몸에 9만 9천 개의 털구멍, 5백 개의 맥과 근육, 8만 가지의 벌레를 만들었다. 우리 눈에는 보이지 않는 털구멍 숫자와 우리가 깨끗하다고 믿고 있는 나의 몸에 8만 가지의 벌레가 산다는 것은 붓다의 대단한 통찰이 아닐 수 없다. 우리 눈에는 보이지 않는 세균과 바이러스의 존재를 이미 알았던 것일까.

이러한 것을 누가 만들었는지 잘 생각해 보라는 것이다. 즉 나의 존재와 나의 몸에 있는 벌레들의 존재에 대하여 잘 사유해 보면 그 존재들이 존재하게 되는 이치를 알게 될 것이고 그 이치는 연기법이고 그 연기법을 이해하고 깨달으면 아라한과 같은 깨달음의 경지에 이를 것이라고 하고 있으며 이를 공(空)한 법이라고 하고 있다. 공(空)한 법은 나의 몸이 생겨남은 숙명적인 것도, 신의 뜻도, 무작위의 우연도 아닌 연기법으로 생겨나는 것이라는 것이다. 연기법이 공(空)한 법이라는 것이다. 인간의 생노병사를 포함하여 우주의 성주괴공의 원리는 장작불의 원리와 같이 연기법, 즉 인연인 것이다. 이처럼 붓다의 모든 설법의 근본 내용은 연기법이다.

다만 설법 대상이나 상황에 따라 다양하게 설명했을 뿐이다. 붓다는 연기법을 이해시키기 위하여 다양한 방편과 비유 등을 통하여 설명한 것이다. 이것을 차제설법과 대기설법이라 한다. 붓다가 다양한 방법과 사례를 들어 연기법을 설명했으나 연기법은 이해되기 어려워 불교는 어려운 것으로 인식되는 것이다. 내 눈앞에 분명히 있는 장작불조차 어디에서 왔다가 어디로 가는지 명확히 설명할 수 없는 것이 연기법이다.

연기법은 그 자체로 원리를 이해하고 깨닫기도 어렵지만 그 연기법을 깨닫는다고 해도 바로 받아들이기는 어려운 것이다. 왜냐하면 사람들이 이미 가지고 있는 종교나 사상을 버리는 것은 쉽지 않기 때문이다. 연기법의 원리는 이해할 수 있겠으나 자신은 그것에 의해 살아갈 의지가 없다고 한다면 결국 연기법과의 인연은 끊어지고 지혜를 얻을 수 없게 되는 것이다.

붓다 당시 브라만교를 믿는 사람들이 연기법을 이해한다고 해서 자신들이 믿던 신을 버린다는 것은 거의 불가능한 일이었을 것이고, 연기법에 따라 사람들은 누구나 존귀하고 평등하다는 것을 깨달았다고 하여도 카스트 계급제도를 부정할 수는 없었을 것이다. 서양의 중세에도 지구가 태양의 주위를 공전한다는 사실은 망원경을 통하여 확인할 수 있었으나 지구가 돈다는 사실을 확인하기 두려워 망원경으로 하늘을 보는 자체를 거부한 사람도 있었다고 한다. 이처럼 붓다가 설법을 주저한 또 하나의 이유는 연기법이 진리라고 하여도 그들에 의해 받아들여질 가능성이 거의 없다고 생각했기 때문이다.

이러한 점은 현대에 사는 우리도 과거의 사람들과 비교하여 조금도 나아진 것은 없을 것이다. 오히려 발전된 자본주의에 살고 있는 우리는 수많은 세계관을 접하고 더 많은 욕망을 즐기고, 욕망에 빠지고, 욕망에 사로잡혀 살아가는 것이다. 눈앞의 부와 명예와 같은 욕망 이외의 것에 관심조차 두지 않는다고 하여도 과언이 아닐 것이다.

결국 연기법은 대부분 고대 인도에서와 마찬가지로 현대인에게도 이해하기 어렵고 받아들여지지 않는 소외된 진리가 되는 것이다. 소외된 진리라 하여도 연기법이 사라지는 것은 아니다. 소외되어도 상관없이 우주는 연기법에 따라 성주괴공(成住壞空)하고 모든 존재는 생주이멸(生住異滅) 하는 것이다. 소외되고 이해하기 어려운 연기법은 서로 다른 해석을 낳았으며 많은 왜곡된 결과를 가져왔다. 현재에도 여전히 연기법에 대한 오해와 반론과 터무니없는 공론과 해석들이 쏟아지고 있다.

나) 연기(緣起)와 인과(因果)

'콩 심은 데 콩 나고 팥 심은 데 팥 난다'는 속담이 있는 것처럼 우리는 원인에 따라 그 결과가 뒤따르는 것을 당연한 것으로 여긴다. 그렇지만 우리 삶은 일반적인 상식과 어긋나는 경우가 많다. 중국의 역사가 사마천(司馬遷)은 역사를 기술하다가 악인이 잘되고 어진 이가 고난을 겪는 일이 너무 많음을 보고『사기(史記)』에서 이렇게 외쳤다. "천도란 있는 것인가 없는 것인가?" 아마도 사마천은 착한 일을 하면 상을 받고, 악한 일을 하면 벌을 받는다는 식의 선형인과율을 생각했을 것이다.[28]

우리는 인과관계에 대한 믿음으로 살아간다. 우리는 결과를 예측하고 모든 행위를 하게 된다. 우리가 묻는 '왜 그리고 어떻게'라는 질문 자체가 인과론의 본질이며 그 질문들은 사물은 왜 지금처럼 존재하며 그리고 그것들은 어떻게 변화하는가를 알고자 하는 근원적인 인간의 욕구에서 나온 것이다. 그러나 우리의 삶은 선형인과율이 아닌 영겁의 세월 동안 상호인과율로 얽히고설킨 그리고 설키고 얽힌 중중무진(重重無盡) 연기로 이루어져 있어 사마천의 탄식처럼 삶의 과정에서 오는 불합리하고 상식적으로 이해되지 않는 일들에 대한 원인과 결과가 우리 앞에 쉽게 드러나지 않아 삶을 더 이해하기 어렵게 하는 것이다.

우리의 삶은 인과관계로 이루어지지 않는다. 상호인과율에 의하여 이루어진다. 원인과 결과가 서로 작용하는 상호인과율은 예측이 불가능하고 너무나 추상적이기 때문에 어떤 일이 '왜, 그리고 어떻게 해서 그렇게 되었을까'와 같은 의문에 답하기 어렵다. 상호인과율은 연기법의 원리이다. 우리는 연기법에 대한 이해가 부족하고 연기법은 이해하기 어려워 연기는 인과와 같거나 최소한 비슷한 걸로 생각하고 있다. 즉 연기와 인과는 원인이 있으면 결과가 있다는 걸 설명하는 것으로 같은 의미로 이해하는 경우가 많다.

---

28) 김성구(2021), 157.

사실 철학이든 과학이든 우리가 연구하고 사색하는 건 이 인과관계이다. 인과관계는 단순한 선형적 관계에서는 설명이 가능할 것이나 복잡한 관계에서는 인과관계를 바르게 이해하고 엄밀하게 정의하는 것은 극히 어려운 일이다. 인과관계를 정의하는 것이 어려운 문제이긴 하지만 이 문제에 관한 많은 논의 중 오랫동안 철학과 과학에서 인정받는 것은 선형인과율이다.[29]

일반적으로 우리는 장작불이 존재하게 되는 연기법의 원리를 정확하게 인지하지 못하고 선형인과율에 따른 사고를 통해 장작불은 선행하는 장작불이 있어야 한다고 생각하는 것이다. 그러나 장작불은 선행하는 장작불이 존재하고 있어서 생겨난 게 아니고 연기법에 따라 '없는 것[無]'에서 생겨나 잠시 '존재[有]'하다가 다시 '없는 것[無]'으로 돌아가니 '존재[有]'한다고 할 수 없는 것이다. 이처럼 나 자체의 존재와 내 눈앞의 존재를 존재하는 것으로 인정하지 않는 연기법은 근본적으로 이해되기 어려운 것이다.

선형인과율은 항상 원인이 먼저이고 결과는 뒤이기 때문에 결과가 거꾸로 원인에 영향을 줄 수는 없다. 시간도 과거에서 현재로, 현재에서 미래로 한 방향으로만 흐르는 것으로 믿는다. 그래서 현재는 과거에 영향을 줄 수가 없다. 우리는 선형인과율의 관점에서 세상을 이해하고 믿으며 살아가는 것이다. 그래서 열심히 하면 좋은 결과가 따라올 것이라고 기대하기도 하고 지금의 상황이 어렵지만 참고 견디면서 더 좋은 미래를 기대하기도 한다. 이처럼 선형인과율에서는 결과가 나타나기 위해서는 반드시 앞에 원인인 그 무엇이 존재해야 하다

선형인과율의 관점에서 지금 내 눈앞에서 활활 타오르는 장작불을 보면, 장작불이 생겨날 수 있는 나무는 어디서 왔는가 하는 의문이 생길 것이고, 식물은 어떻게 생겼는가, 나아가 생명은 어떻게 생겼는가 하는 의문을 가질 수 있다. 이러한 의문을 끝까지 밀어붙이면 궁극적으로 처음의 시작은 어디인가 하는 의문에 다다를 수밖에 없다.

---

29) 조애너 메이시(2020), 141.

이렇게 의문을 거슬러 올라가다 보면 인식의 한계에서는 궁극적 실재를 찾을 수 없게 되고 결국 인식할 수 없는 곳에서 궁극적 실재를 찾게 된다. 단일 방향으로 작용하는 인과율의 개념을 가진 종교와 철학에서는 모든 것의 원인인 제1 원인을 찾게 되고 모든 것이 그것으로 이루어지는 궁극적인 실재를 생각하게 된다.[30] 궁극적 실재는 어떻게 조직되어 있을까? 나와 우리는 서로 간에, 그리고 모든 존재들과 어떻게 연결되어 있을까? 이때 궁극적 실재는 신이나 영혼 혹은 근본 물질과 같은 것으로 변하지 않는 그것만의 고유한 성질을 가진 독립적인 실체이어야 한다.

왜냐하면 변하지 않고 독립적으로 존재하는 궁극적 실재에서 다른 모든 것들이 생겨나 존재하기 때문이다. 선형적이고 단일 방향으로 보는 관점에서 실재를 찾다 보면 우리의 감각기관으로는 찾을 수 없어 감각기관 너머에 있는 절대자를 궁극적 실재 즉 제1 원인으로 한다. 선형적 사고는 계층적 사고를 하게 한다. 절대자에 대한 믿음이 침식되더라도 단일 방향의 시각에서 자라난 사고의 습관들은 힘은 위에서 아래로 작용한다는 가정과 함께 여전히 유지된다는 것을 밝혔다.[31]

이러한 생각은 전 세계적으로 갈등과 분열이 증가하고 있는 시대에 특히 위험스러운 것이며 세상의 질서는 위로부터 부과되어야만 한다고 믿도록 강요하게 된다. 실제로 우리 시대의 정치적 열광과 종교적 근본주의는 특별한 지도자나 신에게 복종할 것을 요구하는 것이다. 이처럼 궁극적 실재를 무엇으로 보느냐에 따라 유신론(有神論), 관념론(觀念論), 유물론(唯物論), 이원론(二元論) 등이 생긴다. 인간의 행불행이 원인 없이 일어난다면 모르되 원인이 있다면 행불행은 궁극적 실재가 무엇이냐 하는 것과 깊은 관련이 있을 것이다.[32]

신이 궁극적 실재라면 신의 뜻에 맞는 삶을 살아야 할 것이다. 궁극적 실재가 물질이라면 아무래도 사람들은 마음을 닦는 일보다는 물질

---

30) 김성구(2021), 158.
31) 조애서 메이시(2020), 11.
32) 김성구(2021), 159.

을 소유하고 남을 지배하는 일이 더 큰 의미가 있다고 생각할 것이다. 이들은 세속적인 행복을 위해 부귀영화를 추구하게 될 것이다. 그런데 행불행의 근원을 선형적 인과관계에서 찾는다면 유신론이든 유물론이든 실재론은 모두 논리적 모순이 발생하여 설명할 수 없는 단계에 쉽게 이르게 된다.

　　과학은 원인과 결과를 밝히는 학문이기 때문에 과학이 발달한 시대를 살아가는 우리는 인과적으로 사고 하는 것을 자연스럽고 당연한 것으로 생각한다. 즉 인과가 증명되어야 객관적 사실로 받아들여지기 때문에 인과적 사고를 하게 되고 거기에서 벗어나기 쉽지 않다. 따라서 선형인과율에서는 과학실험에서와 같이 결과를 만드는 원인을 정확히 찾아낼 수 있고 같은 조건에서는 항상 같은 결과가 나와야 한다.

　　붓다의 연기법은 선형인과율을 뛰어넘는 상호인과율이다. 연기법은 표현도 간단 하지만 그 뜻도 사물의 상호 의존성이라는 한 마디로 나타낼 수 있어서 얼핏 생각하면 연기법에 무슨 큰 이치가 담겨있을 것 같지도 않고 이해하기 어려울 것 같지도 않다.[33] 그러나 붓다의 깨달음은 연기법이다. 연기법은 원인과 결과의 관계를 직선적이고 한 방향으로 보는 기존의 선형인과율에서 벗어나 상호적 관계로 본 것이다. 연기와 인과를 간단히 비교해 보면 아래와 같다.

연기와 인과

	연 기	인 과	비 고
작용방향	상호적(양방향)	선형적(한방향)	
원인과 결과	예측 불가능	예측 가능	
관점	사건중심	사물중심	
과학분야	미시세계(양자론)	거시세계(고전역학)	
제1원인	존재하지 않음	존재	

---

33) 김성구(2021), 145.

사람들은 인생의 문제를 선형인과율로 해석하는 것에는 어려움이 있다는 것을 일찍부터 알고 있었지만 자연과학에서는 오랫동안 학자들이 선형인과율을 절대적 진리로 여겨왔다.[34] 선형인과율의 개념을 바탕으로 세상일을 가장 성공적으로 기술한 이론은 뉴턴의 고전역학이다. 뉴턴 역학은 선형인과율을 바탕으로 물리현상을 너무나 잘 설명하였다. 뉴턴 역학은 거의 완벽하다고 할 정도로 천체의 운동을 잘 기술하였기 때문에 어느 순간 우주에 있는 입자들의 위치와 속도를 알면 우주의 과거 현재 미래를 다 알 수 있다고 할 정도였다.

이 우주에 태양과 지구만 있다면 뉴턴의 만유인력 법칙으로 지구의 운동을 끝없는 과거로부터 아득한 미래에 이르기까지 완벽하게 설명할 수 있다. 이때 우주는 하나의 톱니바퀴에 맞물린 것처럼 정확히 움직이기 때문에 우리는 과거도 알 수 있고 미래도 알 수 있는 것이다.

그러나 입자가 3개만 있어도 물리학 이론에는, 고전역학이든 현대물리학이든, 이 3개의 입자로 구성된 계(system)의 운동을 정확하게 기술할 방법이 없고, 3개의 입자로 이루어진 이 간단한 시스템은 카오스(chaos)상태에 이를 수도 있다.[35] 어떤 계가 카오스 상태에 이르면 이 계가 인과에 따른 결정론적 법칙을 따르더라도 이 계의 행동을 예측할 수 없게 된다. 카오스는 하나의 작은 예일 뿐이고 우주에 있는 대부분의 물질계는 복잡계로서 선형인과율로는 설명할 수 없는 복잡한 행동을 보인다. 이 복잡한 행동을 설명할 수 있는 것이 연기법이 말하는 상호인과이다.[36]

연기법은 어떤 원인이 일방적으로 어떤 결과를 초래하는 것이 아니라 원인과 결과가 서로 영향을 주고받아 서로가 원인이기도 하고 결과이기도 하다는 것이다. 원인과 결과가 서로 영향을 주고받아 서로의 관계가 그물망처럼 얽힌 이러한 인과율을 상호인과율이라고 한다. 상호인과율을 받아들이면 닭이 먼저냐 알이 먼저냐 하는 것과 같은 종류의 논

---

[34] 김성구(2021), 161.
[35] 위의 책, 161.
[36] 위의 책, 161.

쟁은 일어나지 않는다.37)

　연기법에 따르면 아인슈타인이 상대성이론에서 밝혔듯이 시·공간과 물질도 어느 쪽이 먼저 존재하는 것이 아니라 상호 인과관계에 있다. 즉 시·공간과 물질은 서로가 원인이자 결과가 된다. 따라서 시간과 공간 그리고 물질은 존재에 있어 선과 후가 있을 수 없다.

　붓다 당시에도 많은 종교와 사상이 대립하고 있었으나 붓다는 모든 종교와 사상이 연기법이 설명하는 상호인과율에 도달하지 못하고 선형인과율 사고에 머물러 있는 견해를 희론(戱論)38)이라 한 것이다. 희론 이외에도 연기법을 이해하지 못한 이분법적 견해를 '변견(邊見)', 그릇된 견해를 '사견(邪見)'으로 표현했다. 연기법에는 제1 원인이 존재하지 않는다. 이 세상 모든 것이 서로의 원인이자 또한 결과이기 때문에 연기법에서는 제1 원인이란 있을 수 없다. 다른 종교에서처럼 신(神)을 상정하지도 않는다. 붓다는 오직 연기법만을 인정하고 연기법에 따라 우주 삼라만상이 실체로서 존재하는 게 아니라 일종의 사건으로 존재한다고 한 것이다.

　연기법이 진리이고 상호인과율을 말한다고 해서 선형인과율이 폐기되어야 할 개념은 결코 아니다.39) 불교도 인과응보와 같이 단순한 사건을 말할 때는 선형인과율로 세상의 이치를 설명하기도 한다. 세상의 이치를 단순하게 보면 오히려 선형인과율이 진리인 것처럼 보일 때가 많다. 오랜 시간에 걸쳐 전체적으로 볼 때는 상호인과율에 의해 움직이지만 짧은 시간 부분적으로 볼 때는 선형인과율에 의해 원인과 결과가 뚜렷하게 나타날 수도 있다.

　그렇지만 세상에는 많은 원인이 있고 이 많은 원인들이 서로 영향을 주고받으면서 복합적으로 작용하기 때문에 이것이 저것에 미치는 영

---

37) 김성구(2021), 143.
38) 산스크리트어로 '쁘라빤자(prapaña)'인데 한자어의 희론은 '희롱의 담론'이라는 부정적인 뜻이 담겨있으나, 본뜻은 진실을 제대로 가르치지 못한다는 것으로 언어는 무력하고 오히려 궤변을 초래하는 측면이 있다는 것이다. 특히 종교적이고 철학적인 말들과 관련해서는 내용이 없는 헛된 논의라는 의미이다.
39) 김성구(2021), 143.

향은 직접적일 때도 있지만, 대부분 다른 것들과 많은 영향을 주고받고 난 후 발생한다. 이처럼 상호인과율의 결과는 오랜 시간에 걸쳐 복잡하게 얽히고설켜 되돌아오는 경우가 많아서 그 원인을 거의 파악할 수 없다. 그래서 대부분 우리는 선형인과율만 이해할 수 있기 때문에 세상은 선형인과율에 의해 움직이는 것처럼 보인다.

상호인과율이 진리라고 하더라도 선형인과율 역시 세상을 이해하기 위해서 꼭 필요한 개념이다.[40] 이는 마치 지구가 둥그나 우리가 살아가는 땅은 평평한 것과 같은 이치이다. 상호인과율로만 세상의 이치를 설명하려면 설명하기 어렵고, 이치에 맞게 설명하더라도 이해하기 쉽지 않은 것이다.

그렇다고 해서 선형인과율만으로 세상사를 설명하려고 들면 카오스나 복잡계와 같은 것을 설명할 방법이 없는 것이다. 따라서 선형인과율과 상호인과율은 세상의 이치를 설명하고 이해하는 데 상호보완적 성격이 있는 것이다. 즉 연기법은 원인과 결과가 일대일 대응인 선형 인과를 포함하여 일대다, 다대일, 다대다 대응을 모두 포함하는 것이다. 달리 표현하면 중중무진 연기 혹은 인드라망인 것이다.

다) 붓다의 침묵 : 무기(無記)

20세기를 대표하는 철학사상에 포함되는 『논리 철학 논고』의 마지막에 비트겐슈타인은 "말할 수 없는 것에 대해서는 침묵해야 한다."라고 적었다. 우리는 말할 수 없는 것에 대하여 너무 많은 말을 하고 있지 않는가? 말은 말을 낳고 또 말을 낳고 갈등을 낳고 증오를 낳고 폭력을 낳고 전쟁을 낳지 않는가.

불교의 수행법 중 하나인 간화선에서는 말하지 않고 화두를 참구하면 깨달음을 얻을 수 있다고 한다. 깨달음은 모든 의문이 은산철벽(銀山鐵壁)이 무너지는 것과 같이 무너져 내려 확철대오(廓徹大悟) 하는 경지로 깨달음을 얻으면 그동안 궁금했던 모든 걸 훤히 알게 된다고 한다. 간화선을 주창한 대혜는 『서장(書狀)』에서 깨달음의 세계를 다음과 같이 말한다.

---

[40] 김성구(2021), 143.

> "확철대오(廓徹大悟)하면 가슴속 밝음이 백, 천 개의 해와 달 같아 시방세계를 한 생각으로 밝게 통달하되 한 털끝만큼도 분별심이 없으니 비로소 구경에 이르게 될 것이다. 과연 능히 이와 같으면 어찌 단지 생사의 길 위에서만 힘을 얻겠는가? 다른 날에 다시 권력을 잡아 임금을 요순의 지위에 올리기를 손바닥 가리키는 것과 같이 할 것이다."41)

확철대오하는 그 경지가 어떤 상태인지는 확실하지 않으나 수천 개의 해와 달과 같은 밝은 가슴으로 시방세계를 한 생각으로 훤히 들여다 볼 수 있는 경지라고 하니 우리가 가지고 있는 삶과 우주에 대한 궁극적 의문까지 해소되는 것으로 해석할 수 있을 것이다. 붓다도 깨달음을 얻었다. 제자들은 붓다가 깨달음을 얻었다면 우리가 가지고 있는 모든 궁극적 궁금증에 대하여도 대답해 줄 수 있을 것으로 생각하고 붓다에게 질문하여 궁극적 의문들에 대한 답을 구하고 싶어 했다. 붓다는 근본적인 의문들에 대해서도 분명한 답을 줄 것이고, 만일 그렇지 않다면 깨달음을 얻은 것이 아니라고 생각한 것이다.

그렇지만 붓다는 제자들의 형이상학적 질문에 직접적인 대답은 하지 않는다. 이를 붓다의 침묵 즉 '무기(無記)'라고 한다. 이 무기는 여러 경전에서 나타난다. 그중 「전유경」과 「가람경」 그리고 「앙굴마경」을 통하여 붓다가 침묵한 내용과 이유를 살펴보고자 한다.

(1) 전유경(箭喩經)

죽음 이후 영혼은 존재하는가? 우주는 끝이 있는가, 없는가와 같은 질문은 인류 모두의 궁극적 궁금증이다. 깨달은 자는 이러한 질문에 대하여도 확실한 답을 가지고 있을 것으로 생각할 수 있을 것이다. 그래서 어느 날 붓다의 제자 만동자(鬘童子)는 오늘날까지도 인류가 해결하지 못한 근본 문제에 대하여 용기를 내어 붓다에게 질문한다. "이 세상은 영원한가, 이 세상은 영원하지 않은가? 세상은 끝이 있는가, 세상은 끝이 없는가? 목숨이 곧 몸인가, 목숨과 몸은 다른가? 여래는 마침이 있

---

41) 『大慧普覺禪師書』(T, 921c)

는가, 여래는 마침이 없는가, 여래는 마침이 있기도 하고 마침이 없기도 한가, 여래는 마침이 있지도 않고 마침이 없지도 아니한가?"

이러한 질문에 만일 붓다가 대답하면 붓다의 가르침에 따르겠지만 대답하지 않는다면 붓다도 깨달음을 얻은 게 아니라고 판단하고 붓다를 떠날 것이며 나아가 붓다를 힐난하겠다고 마음먹고 붓다에게 질문한다. 이러한 상황은 경전에 여러 번 등장하는데 독화살을 맞은 사람의 상황과 비유하여 무기(無記)를 설명한 『중아함경(中阿含經)』의 「전유경(箭喩經)」을 중심으로 살펴보면 아래와 같다.

> 그 때 존자 만동자(鬘童子)는 혼자 편안하고 고요한 곳에서 연좌(燕座)하고 사색하다가 마음으로 이렇게 생각하였다. 이 세상은 영원한가, 이 세상은 영원하지 않은가? 세상은 끝이 있는가, 세상은 끝이 없는가? 목숨이 곧 몸인가, 목숨과 몸은 다른가? 여래는 마침이 있는가, 여래는 마침이 없는가, 여래는 마침이 있기도 하고 마침이 없기도 한가, 여래는 마침이 있지도 않고 마침이 없지도 않는가? 세존께서는 이런 소견들은 다 제쳐놓고 전혀 말씀하지 않으셨다.42)

깨달은 붓다는 위와 같은 의문에 답을 줄 수 있을 것이라는 만동자의 기대와는 달리 붓다는 직접적인 대답은 하지 않는다. 왜 붓다는 말로 설명하지 않았을까. 궁극적 궁금증은 깨달음을 얻는다고 하더라도 근본적으로 인간들의 인식 범위 한계 밖에 있는 것인가. 아니면 깨달음을 얻으면 알 수는 있으나, 인간들이 사용하고 있는 언어나 문자가 가지고 있는 한계성 때문에 언어나 문자로는 그 실상을 설명하기에는 너무나도 부족한 것인가 하는 의문을 가지게 된다. 일반적으로 사람들은 '어떤 진리에 대하여 확실히 알고 있다면 분명히 설명할 수 있을 것이고, 설명하여 줄 것'이라고 생각한다. 만일 '설명하지 않는다면 모르기 때문에 설명하지 못하는 것'이라고 믿는다.

그렇지만 붓다는 직접적인 대답은 하지 않고 만동자와 제자들이 가

---

42) 『中阿含經』(T1, 804a)

지고 있는 궁금증과 그 궁금증을 해결하려는 방법이 어리석은 것이라고 지적하며 그 궁금증은 이번 생이 다해도 풀리지 않을 것이고 그 궁금증을 해결하려다 죽음을 맞이할 것이라고 말하며 어떤 사람이 독화살을 맞은 상황을 들어 설명을 시작한다.

> "비유하면 마치 어떤 사람이 몸에 독화살을 맞은 것과 같다. 그가 독화살로 말미암아 매우 심한 고통을 받을 때 그 친족들은 그를 가엾이 생각하고 불쌍히 여기며, 그의 이익과 안온을 위해 곧 의사를 청하였다. 그러나 그 사람이 이런 생각을 한다고 하자. 아직 화살을 뽑아서는 안 된다. 나는 먼저 화살을 쏜 그 사람이 어떤 성 어떤 이름 어떤 신분이며, 키는 큰가 작은가, 살결은 거친가 고운가, 얼굴 빛은 검은가 흰가, 혹은 검지도 않고 희지도 않은가, 찰리족인가 혹은 브라만 거사 공사의 종족인가, 동방 서방 북방 어느 쪽에 사는가를 알아보아야 하겠다. 아직 이 화살을 뽑아서는 안 된다. 나는 먼저 그 활이 산뽕나무로 되었는가, 뽕나무로 되었는가, 물푸레나무로 되었는가, 혹은 뿔로 되었는가를 알아보아야 하겠다. 아직 이 화살을 뽑아서는 안 된다. 나는 먼저 그 궁찰(弓扎)이 소 힘줄로 되었는가, 노루나 사슴 힘줄로 되었는가, 혹은 실로 되었는가를 알아보아야 하겠다."43)

독화살을 맞아 괴롭게 죽어가는 환자가 의사를 불렀으나 그 의사는 우선 그 환자에게 박혀 있는 독화살을 뽑아 괴로움의 원인을 제거해야 하는데도 그 독화살을 뽑는 대신, 독화살을 맞은 상황 자체에 대하여 궁금증을 갖는 걸 아주 장황하게 설명하고 있다. 의사가 독화살을 뽑을 생각은 하지 않고 활을 쏜 사람의 성명, 살결, 얼굴, 키, 종족, 그리고 활의 재질, 활줄, 화살, 활촉의 재질, 모양 등에 대하여만 궁금증을 갖고 질문하는 상황을 비유하는 것이다. 즉 붓다는 무명(無明)의 중생들은 괴로움에서 벗어날 방법과 동떨어진 수많은 희론(戱論)들만 추구하다가 죽게 된다는 걸 암시적으로 설법하는 것이다.

붓다의 침묵에 대한 가장 일반적인 해석은 '붓다는 현실의 고통에서 중생들을 벗어나게 하려는 실천적인 목적을 가지고 있었기 때문에 세계

---
43) 『中阿含經』(T1, 804c)

가 영원한 것인가, 무상한 것인가 하는 것과 같은 실천과 무관한 형이상학적인 문제를 근본적으로 배척했다'는 것이다.44) 붓다는 우선 독화살을 뽑아 괴로움에서 벗어날 생각은 하지 않고 다른 곳에서 다른 방법을 통하여 괴로움에서 벗어나려 하는 무명에 빠진 중생들 삶의 실상을 이야기하는 것이다. 즉 독화살, 활, 활을 쏜 사람을 장황하게 설명하는 건 당시에 다양한 사상들이 혼재하고 있었으나 그러한 사상들은 우리를 괴로움에서 벗어나게 할 수 없는 사상들이라는 걸 의미하는 듯하다.

무명으로 인하여 독화살을 맞은 상황에 도움이 되지 않는 갖가지 사상에 현혹되나 그 사상들은 결국 괴로움에서 벗어나게 할 수 없다는 것이다. 독화살을 맞은 상황은 괴로움의 실체를 그리고 그 상황을 알고자 하는 것은 괴로움과는 관련 없는 희론(戲論)으로 보고 있는 것이다. 희론으로는 그 괴로움에서 벗어나게 할 수 없음에도 그 희론만 구하다가 죽어가게 될 것이라 하는 것이다. 이러한 의문은 예나 지금이나 사류(四類) 십난(十難)이라 일컬어지는 문제로, 붓다는 이에 대해 어떤 답도 설하지 않은 채 침묵하였다.45)

붓다가 답하지 않은 이러한 궁금증에 대한 희론은 수없이 많이 존재하나 우리의 경험 세계를 벗어나는 것으로 확인이 불가하여, 하나의 주장은 또 다른 주장을 불러와 혼란과 괴로움만 더 키울 뿐이지만, 많은 종교와 사상에는 이러한 문제에 대한 속 시원한 답이 있고 주장이 있다.

그러나 우리들의 단순한 논리로도 모든 종교적 답이나 사상에는 모순이 있어 누구나가 모두 합의할 수는 없다. 그래서 아인슈타인은 "나는 자신의 창조물을 심판한다는 신을 상상할 수 없다."라고 말했고 소설가 헤밍웨이 같은 이는 "모든 생각할 줄 아는 사람들은 무신론자다."라고 말했을 것이다.46) 따라서 근거 없이 자신의 종교나 사상만 옳다고 주장하는 것은 혼란과 갈등만 가져올 뿐이다.

따라서 붓다는 이러한 의문이 해탈이나 깨달음에 직접적인 영향을

---

44) 이중표(2020), 28.
45) 권오민(2022), 177.
46) 김성구(2021), 160.

미치지 않는다고 생각했고 이러한 의문에 대한 대답은 문제를 해결하는 것이 아니라 해결할 수 없는 논쟁만을 일으켜 오히려 혼란만 부추길 뿐이라고 생각한 것이다. 인류의 전쟁과 같은 갈등과 괴로움의 원인은 과학적이고 객관적 주장에서 비롯되는 것이 아니고, 확인할 수 없는 개인이나 집단의 일방적이고 주관적인 주장, 즉 희론 때문에 비롯되는 것이다.

우리는 근본적으로 있음[有]과 없음[無], 옳음과 그름, 삶과 죽음이라는 이분법적 사고에 갇혀 있어 연기법의 원리를 이해할 수 없다. 그래서 붓다는 침묵한 것이다. 그러나 붓다는 항상 침묵한 것이 아니다. 침묵해야 할 대상에게만 침묵한 것이다. 왜 침묵했는가 하고 묻는 아난에게는 침묵의 사유에 대하여 분명히 설명한다.

> 왓차곳따 유행승은 세존께 이렇게 여쭈었다. "고따마 존자시여 그런데 자아는 있습니까?" 이렇게 말하자 세존께서는 침묵하셨다. "고따마 존자시여, 그러면 자아는 없습니까?" 두 번째에도 세존께서는 침묵하셨다. 그러자 왓차곳따 유행승은 자리에서 일어나 나갔다. 그때 아난다 존자가 왓차곳따 유행승이 나간 지 오래지 않아서 세존께 이렇게 여쭈었다. "세존이시여, 세존께서는 왜 왓차곳따 유행승의 질문에 대답하지 않으셨습니까?" "아난다여, 왓차곳따 유행승이 '자아는 있습니까?'라고 질문을 했을 때 내가 만일 '자아는 있다.'라고 대답했다면 이것은 상주론자인 사문·브라만들을 편드는 것이 되었을 것이다. 아난다여, 왓차곳따 유행승이 '자아는 있습니까?'라고 질문을 했을 때 내가 만일 '자아는 없다.'라고 대답했다면 이것은 단멸론자인 사문·브라만들을 편드는 것이 되었을 것이다." "아난다여, 왓차곳따 유행승이 '자아는 있습니까?'라고 질문을 했을 때 내가 만일 '자아는 있다.'라고 대답했다면 이것은 나의 입장에서 보자면 '모든 법들은 무아나[諸法無我].'라는 지혜를 일어나게 하는 것과 부합하는가?" "그렇지 않습니다, 세존이시여." "아난다여, 왓차곳따 유행승이 '자아는 있습니까?'라고 질문을 했을 때 내가 만일 '자아는 없다.'라고 대답했다면 이미 미혹에 빠져 있는 왓차곳따 유행승은 '오, 참으로 이전에 있던 나의 자아가 지금은 없구나.'라고 하면서 다시 더 크게 미혹하게 되었을 것이다."47)

---

47) SN 44:10

붓다는 왓차곳따의 질문에는 대답하지 않는다. 무기이다. 그렇지만 대답하지 않는 이유를 아난에게는 분명히 밝히고 연기법의 원리를 듣고 이해할 수 있는 아난에게는 설명하는 것이다. 자아가 있는가, 없는가와 같은 질문은 '있다[有] 또는 없다[無]'라는 두 극단으로 이분된 형태로 구조화되어 있어 둘 중 하나를 선택해야 하는 물음이다. 연기법으로는 유와 무를 설명할 수 없다. 다만 조건으로 설명할 수 있을 뿐이다.

장작불은 존재하는가, 존재하지 않는가와 같은 질문과 같다. 장작불은 존재하거나[有], 존재하지 않는 것[無]으로 설명할 수 없다. 다만 조건이 장작불을 있게 하는 것이다. 그렇지만 사람들은 유나 무 중 하나를 택하게 되고 서로 다른 두 견해 중 하나가 참이면 다른 하나는 거짓이라고 생각한다. 이처럼 양자택일하는 구조에서 하나를 택하면 인간은 그 하나에 스스로 갇혀버리게 되고 갇혀버리는 순간부터 그것이 진리가 아닐지라도 자기가 택한 것을 진리라고 믿으며 다른 견해는 틀렸다고 주장하며 자신이 선택한 진리에 대해 점점 더 확증편향 하게 된다.

즉 유나 무 중 하나의 주장을 선택하게 되면 그 사람은 우주와 나를 있는 그대로 이해하지 못하고 자기가 선택한 주장을 중심으로 자기 주장을 따르는 사람들하고만 한편이 되어 자기들만을 위한 행동과 믿음을 펼쳐 나가게 된다. 자기가 선택한 주장이 옳다는 것을 증명하기 위해 세상의 모든 걸 자신이 선택한 주장과 맞도록 색안경을 끼고 보는 사람이 되는 것이다. 자신이 선택한 것만이 진리라고 믿으며 우주와 인간을 있는 그대로 이해하고자 하는 사람과는 멀어지는 것이다.

이런 종류의 궁금증에 대한 대답이 연기법을 이해하지 못하는 인간에게 가져올 폐해를 예상한 붓다는 유나 무를 들어 직접적으로 대답하지 않는 것이다. 유나 무 중 하나를 선택해서 대답하는 순간 연기법의 진리를 보지 못하고 유와 무 둘 다 진리가 아님에도 불구하고 유나 무 중 하나가 진리라고 믿으며 한쪽 견해로만 빠져들게 되는 것이다. 진리를 깨닫겠다고 하면서도 유나 무 중 한쪽을 택하게 되면 자기도 모르게 유나 무가 의식 속에서 반영되므로 있는 그대로의 세계는 보지 못한 채 '있다[有]'의 상주론이나 '없다[無]'의 단멸론에 빠지게 되는 것이다. 장작불이 있다[有] 혹은 없다[無] 둘 중 하나를 택하게 되는 것이다. 붓다의 깨달음의 실상은 단멸론도 아니고 상주론도 아닌 연기법인 것이다.

예를 들어 육체와 영혼이 동일하다고 주장하여 육체의 죽음에 의해 모든 것이 끝난다고 하는 단멸론(斷滅論)은 그 자체가 해탈을 부정하는 주장이 되고, 죽음과 관계없이 연속되는 자아가 있다고 하는 상주론(常住論)은 아트만(Atman)을 범아일여(梵我一如)의 경지로 여기기 때문에 아트만은 윤회의 영원한 주체가 되기 때문에 해탈은 있을 수 없다. 또한 태어나면서부터 지금까지의 자기가 연속적인 동일성을 가진 존재로서 상주불멸(常住不滅)한다면 성장과 변화를 무시하는 것이 되고, 거꾸로 자기가 찰나 찰나에 단절한다고 보면 기억, 경험의 연속성을 무시하게 되는 셈이 된다.

따라서 과거의 자아(自我)가 연기법에 따라 변해가는 지금의 자아와 같다고도 할 수 없고 다르다고도 할 수 없으며, 연속되는 자아가 있다고도 없다고도 할 수 없는 것이다. 이렇게 볼 때 붓다의 무기(無記), 즉 침묵한 이유는 이런 문제를 단순히 회피하거나 회의론에 빠진 것이 아니라, 문제의 성격을 통찰함으로써 연기법에 의거 단(斷), 상(常), 유(有), 무(無)를 초월한, 즉 단(斷), 상(常), 유(有), 무(無)로는 설명할 수 없다는 연기법의 진리 차원에서 대답한 것이라고 할 수 있다.

이렇게 사류십난 같은 형이상학적 문제는 경험적인 근거를 가지고는 '유(有)인가, 무(無)인가' 그 진위를 확인할 수 없어서, 상반되는 결론이 모두 참일 수 있는 이율배반의 관계가 성립하므로 아무리 논의해도 문제의 해결은 불가능하다. 따라서 모두 희론(戲論)이 된다. 붓다는 궁극적 의문을 이해하기 위하여 특히 주의해야 할 것은 궁극적 존재는 실체를 가지고 존재하는 것이 아니라 있는 그대로의 현상을 바르게 보는 연기법 속에서만 존재한다는 점이다. 붓다는 궁극적 존재를 유(有)나 무(無)의 이분법적 분별을 떠나 연기법 차원으로 설명하고 있다.

양자론과 같은 과학이 발전하면서 막연하고 추상적인 것으로 이해하던 유와 무와 같은 연기법의 진리를 과학적 실험과 검증을 통하여 보다 객관적 진리로 인식할 수 있게 되었다. 과학적인 방법으로 증명이 된다면 우리는 그 사실을 받아들일 수 있고 받아들여야 한다. 즉 우리가 과학적 근거와 증명을 얻게 되면 우리는 그것을 인정해야 한다. 객관적 과학의 방법도 깨달음의 진리를 찾아내는 데 활용되어야 한다.

그동안 우리의 경험으로는 확인할 수 없었던 철학적 진리도 과학의 발전으로 우리가 확인할 수 있다면 지동설을 받아들인 것과 같이 객관적 진리로 받아들여야 하는 것이다. 비록 그것이 문자 그대로 몇 세기 동안 심오한 견해나 관점을 가지고 지배해 온 경전의 설명과 어긋나더라도, 불교와 과학이 함께 나누는 근본적 태도는 경험적 방법을 통하여 실재성을 찾는 일을 계속하는 것이다. 반대로 우리가 새롭게 찾은 진리가 오랫동안 유지되어 온 견해와 다르다면 이 견해를 기꺼이 버려야 한다.[48] 우리가 믿어왔던 진리가 과학적이고 객관적으로 사실이 아님이 밝혀졌다면 그 진리를 버리거나 수정해야 하는 것이다.

붓다는 연기법의 진리를 이해하지 못할 대상에게는 직접적인 답을 하지 않는 '말 없음[無記]'을 통하여, '말 있음[記]', 즉 연기법을 설명하는 것으로 볼 수 있다. 유나 무로 설명할 수 없는 연기법에 대하여 직접적인 대답은 하지 않으면서 독화살의 예를 통하여 간접적으로 연기법(緣起法)을 이해시키고 삶의 과정에서 괴로움에서 벗어나는 실천적 방법을 구체적으로 설명하고 있다.

연기법의 진리를 깨닫지 못한다고 할지라도 삶의 과정에서는 사성제(四聖諦)를 실천하기만 해도 괴로움에서 벗어날 수 있다는 것이다. 즉 삶의 괴로움에서 벗어나는 것은 근본적 깨달음이 없어도 사성제로 가능한 것이고, 반대로 사성제는 궁극적으로 깨달음에 이르는 수행의 길인 것이다. 사성제만 말하고 유(有)나 무(無)로 대답할 수 없는 질문에 대하여는 말하지 않아야 할 것이라서 말하지 않는다고 분명히 밝히고 있다.

> 그러면 나는 어떤 법을 한결같이 말하는가? 나는 이런 이치를 한결같이 말하나니, 곧 괴로움[苦]과 괴로움의 발생[苦集]과 괴로움의 소멸[苦滅]과 괴로움의 소멸에 이르는 길의 자취이니, 나는 이것을 한결같이 말한다. 무슨 까

---

48) 달라이라마(2007), 27.

> 닭으로 나는 이것을 한결같이 말하는가? 이것은 이치와 맞고 법과 맞으며, 또 이것은 범행의 근본으로서 지혜로 나아가고, 깨달음으로 나아가며, 열반으로 나아간다. 그러므로 나는 한결같이 이것만을 말한다. 이것이 바로 말하지 않아야 할 것은 말하지 않고 말하여야 할 것은 말한다고 하는 것이다. 너희들은 마땅히 이렇게 가지고 이렇게 배워야 하느니라.49)

수행자들이 자신들의 사상만이 진리라는 주장이 난무하는 인도의 당시 상황에서 붓다는 침묵한 것이다. 붓다는 유와 무 중 하나를 택하여 연기법의 진리에 어긋나는 답은 하지 않음으로써 '붓다의 다른 가르침[記]은 모두 진리'이고 '깨달음은 사실임'을 반증하는 것이다. 이 점이 다른 종교와 근본적으로 다른 점이며 이런 점에서 불교가 종교보다는 철학에 가깝다는 견해도 있다. 브라만 신이 모든 것을 지배한다고 믿던 당시 종교적 환경으로서는 파격일 수밖에 없다. 당시 인도 사회의 신을 부정한다는 것, 그리고 계급을 부정한다는 것은 갈릴레오 갈릴레이의 사례 등을 생각해 보면 얼마나 큰일인지 짐작할 수 있을 것이다.

그렇지만 붓다는 그러한 위험을 무릅쓰고 인간의 존엄함 그리고 평등 나아가 우주의 삼라만상 모두가 평등하고 존귀하다고 한 것이다. 당시 고대 인도의 종교와 사회 환경을 고려할 때 연기법은 혁명적 사고이었으며 연기법에 근거한 붓다의 침묵은 현재까지도 유효하다. 붓다의 침묵을 대체하여 궁극적 의문에 대하여 대답할 수 있는 주장은 현재에도 연기법 이외에는 존재하지 않는다. 그러나 과거에도 현재에도 연기법 이외의 주장이 너무 많다. 연기법을 근거로 침묵해야 한다.

(2) 깔라마경(伽藍經)

나만의 견해가 그리고 우리의 견해가 진리라는 주장은 예나 지금이나 너무나 많다. 인도 당시에도 수많은 주장이 존재했다. 붓다는 깨달음으로 가는 길은, 괴로움에서 벗어나는 길은 무조건 누구의 주장을 믿고 누구를 의지하는 것이 아니고 반드시 합리적인 방법으로 접근해야 한다

---

49) 『中阿含經』(T1, 805b)

고 하고 있다.

붓다는 철학적 질문에 침묵만 한 게 아니다. 가람경을 보면 붓다가 침묵뿐만 아니라 상황이나 경우에 맞게 적극적으로 설명하는 것을 볼 수 있다. 우리는 어떤 기준을 가지고 진리를 선택할까? 대부분은 어릴 적에는 부모님 그리고 성장하면서는 스승이나 친구 등 주위의 누군가가 권유했거나, 자신이 읽은 책에서 감명을 받았거나, 유명 인사의 모습에 감명받는 등 외부적 요인에 의해 선택하게 된다.

부모님이나 친구의 종교가 나의 종교가 되는 식으로 특정한 종교를 택하게 되거나 특정한 이념에 물드는 경우가 대부분이다. 그렇지만 그렇게 받아들인 진리들이 실상은 진리가 될 수 없음을 설명하고 있다. 붓다 당시 인도에서도 많은 종교나 사상가들이 모두 자신들의 주장만이 진리라고 주장하며 중생들을 사상적 혼란에 빠트렸던 상황은 『중아함경(中阿含經)』의 「가람경(伽藍經)」을 통하여 확인할 수 있다.

> "세존이시여, 어떤 사문 범지는 가람에 와서 다만 스스로 자기가 아는 것과 본 것만을 자랑하고 남이 아는 것과 본 것에 대해서는 헐뜯었습니다. 세존이시여, 또 어떤 사문 범지는 가람에 와서 또한 제 자신이 아는 것과 본 것만을 자랑하고 남이 아는 것과 본 것에 대해서는 헐뜯었습니다. 세존이시여, 저희들은 그 말을 듣고 문득 '이 사문 범지는 어떤 것을 진실이라 하고, 어떤 것을 거짓이라 하는가?' 하는 의혹이 생겼습니다."[50]

붓다는 수많은 사문(沙門), 즉 수행자들이 자신의 주장만이 진리라고 한다고 해서 따르지 말라고 가르치고 있다. 즉 대대로 전승되어 온다고 해서, 성전에 있다고 해서, 논리적이라고 해서, 추론에 의해서라고 해서, 이유가 적절하다고 해서, 우리가 사색하여 얻은 견해와 일치한다고 해서, 유력한 사람이 한 말이라고 해서, 혹은 '이 사문은 우리의 스승이시다.'라는 생각 때문에 진리라고 믿지 말라고 가람경은 전하고 있다.

---

50) 『中阿含經』(T1, 438c)

> 소문으로 들었다 해서, 대대로 전승되어 온다고 해서, '그렇다 하더라' 해서, 성전에 쓰여있다고 해서, 논리적이어서, 추론에 의해서, 이유가 적절하다고 해서, 우리가 사색하여 얻은 견해와 일치한다고 해서, 유력한 사람이 한 말이라 해서, 혹은 '이 사문은 우리의 스승이시다.'라는 생각 때문에 그대로 따르지는 말라.[51]

우리는 내가 접하게 되는 사상이 보편적 진리임이 분명하지 않은데도 불구하고 보편적 진리라 믿으며 '나와 다른 주장을 한다는 이유로 서로 증오하고, 나와 다른 신을 믿는다는 이유로 서로를 죽이려 하는 세상'을 만들어 가고 있다. 최근 불교가 특히 서양에서 과학적으로 증명할 수 있는 근거에 기반한 합리적 가르침이라는 인식이 퍼져있는데 이는 가람경과 같이 붓다는 맹신과 독단을 강력히 배격하고 자유로운 질의응답을 통해 중생과 함께 진리를 찾으려 했기 때문이다. 학자들은 붓다가 창조주에 대한 믿음을 거부한 점, 자유의지를 수용하였던 점, 인간이 처한 제반 곤경에 대하여 인간 중심적으로 접근하셨다는 점, 인간의 우월성을 인정하셨다는 점, 붓다가 가르치신 법에 대해서 뿐 아니라 붓다가 주장한 깨달음에 대해서마저도 추종자들이 묻고 확인하도록 요청하셨다는 점 등을 적극적으로 인용해 불교가 합리적이라는 자신들의 견해를 한층 더 확고히 하고 있다.[52]

또한 세상에 많은 종교와 윤리·도덕 강령이 있지만 그중에서 과학적 진리와 전혀 충돌하지 않고 조화를 이루는 것이 있다면, 그것은 불교의 연기법이다. 연기법은 붓다가 바른 삼매를 통해 깨달은 보편적 진리로서 그 자체가 과학이라고 할 수 있다.[53] 현재는 초고속 인터넷, 스마트폰으로 상징되는 현대의 정보사회에서 우리는 다양한 종교, 다양한 철학, 다양한 규범, 다양한 관습을 접하고 살고 있어서 사상적 혼란은 더 심해졌다고 볼 수 있을 것이다. 따라서 어떤 진리를 진리라고 받아

---

51) 미산(2010), 38.
52) 사나트 나나약까라(2019), 8.
53) 김성구(2021), 384.

들여야 하는지 대한 고민에 붓다는 『앙굿따라니까야』「깔라마」경에서도 다음과 같이 말하고 있다.

"깔라마족 사람들이여, 그래서 우리는 이제 그대들은 전통이나 전승과 같은 다른 것에 의지하지 말고, 그대들이 '이들 법은 좋지 않다. 이들 법은 결함 있다. 이들 법은 현자들이 꾸짖는 것이다. 이들 법은 실행하고 시도하면 해롭고 괴롭게 된다.'라고 스스로 알게 되었을 때, 그것들을 버리도록 하시오."라고 말했던 것이오. "깔라마족 사람들이여, 이제 그대들은 전통이나 전승과 같은 다른 것에 의지하지 말고, 그대들이 '이들 법은 좋다. 이들 법은 결함이 없다. 이들 법은 현자들이 칭찬하는 것이다. 이들 법은 실행하고 시도하면 이롭고 즐겁게 된다.'라고 스스로 알게 되었을 때, 깔라마족 사람들이여, 이제 그대들은 그것을 성취하여 살아가도록 하시오." "깔라마족 사람들이여 어떻게 생각하나요? 사람의 마음속에서 일어난 탐욕이 없으면 이익이 생길까요? 손해가 생길까요?" "세존이시여, 이익이 생깁니다." "깔라마족 사람들이여, 탐욕에 정복되지 않고 사로잡히지 않는 마음을 가진 탐욕 없는 사람이 살아있는 것을 죽이지 않고, 주지 않는 것을 취하지 않고, 남의 부인에게 접근하지 않고, 거짓말을 하지 않고, 남에게 이런 일을 권유하지 않으면 그는 오랜 세월 이익이 있고, 즐거움이 있지 않을까요?"[54]

붓다는 깨달음을 얻은 후에도 "나를 믿어라!"라고 하지 않았다. 즉 붓다 자체를 믿거나 혹은 경전이나 스승의 가르침을 무조건 따르는 것이 아니라 스스로 행위의 결과가 즐거움을 가져다주는 행위인지 스스로 사유하여 깨달아서 그 방향으로 나아가야 한다는 걸 말하고 있다. 즉 자신의 행위가 어떤 결과를 가져올지 잘 생각하고 행위 하라는 것이다. 결국 한마디로 윤리와 도덕을 갖추고 행동하는 사람이 되라는 것이다. 이것이 붓다가 말하는 진리이며 진리를 찾는 구도자들이 따라야 할 원칙임을 제시하고 판단의 기준을 밝힌 것이다.

무엇이 선이고 악인가에 대한 판단과 구체적인 내용은 철학이나 종교마다 다를 수 있다. 또 같은 종교나 철학이라도 선악에 대한 기준이

---

54) AN 3:66

나라마다 시대마다 다를 수 있다. 그러나 불교에서는 이 기준이 바뀌지 않는다. 불교는 철저히 인본주의적인 종교로서 인간에게 이익이 되는 것이 선이요, 인간에게 해가 되는 것을 악이라고 보는데, 인간에게 이익이 되는 것은 탐진치가 줄어드는 것이요, 해가 되는 것은 탐진치가 증장되는 것이다. 따라서 탐진치를 증장시키는 행위나 말과 생각이라면 그것을 악이라 하고 탐진치를 줄이거나 소멸시켜 나가는 행위나 말과 생각을 선이라고 한다.[55]

깨달음으로 가는 모든 단계에서 신중히 검토해 보는 자세를 환영하고 있다는 점에서 볼 때, 붓다의 가르침은 매우 합리적이고 깨달음의 방법론적 시야를 넓히는 데에도 크게 도움이 되는 것이다. 무조건 믿는 것이 아니라 의문이 일어날 때는 자유롭게 탐구해 보도록 권장함으로써 광신, 완고함, 독단, 편협함 등에 빠지지 않도록 하는 가르침이다.

경전이나 스승의 말을 무조건 믿는 것은 오도된 신념에 빠지는 오류를 범할 수 있다. 오도된 신념을 근거로 자신들과 다른 신념을 가진 사람들을 무참히 살해한 예는 인류의 역사에서 어렵지 않게 찾아볼 수 있다. 앙굴마경에서 오도된 신념이 가져올 수 있는 폐해를 짐작할 수 있다.

(3) 앙굴마경(鴦掘摩經)

연기법을 이해하지 못한 상태에서 '말할 수 없는 것[無記]'에 대하여 전통이나 다른 사람의 말을 진리로 생각하고 오도된 신념에 빠지는 경우 저지를 수 있는 스스럼 없는 악행과 폐해에 대한 교훈은 앙굴마경에서 얻을 수 있다. 앙굴마경에 따르면 앙굴마는 불경에서 희대의 살인마, 악인(惡人)으로 기록되고 있다. 앙굴마는 어렸을 때 아버지를 여의고 자랐으나 용모가 준수하고 총명하였다. 그는 브라만 스승에게 베다를 배우고 있었는데 어느 날 스승이 왕의 초청을 받아 출타하고 없는 사이에 젊고 아름다운 스승의 부인이 앙굴마를 유혹하려 하였으나 뜻을 이루지 못하자, 오히려 남편에게 앙굴마가 자기를 유혹하려 했다고 누명을 씌웠다.

---

55) 김성구(2021), 45.

> "당신이 항상 총명하고 지혜 있다고 찬탄하시는 그 제자는 성품이 부드럽고 어질며 정결하여 행실이 바른 줄 아셨지요? 그런데 당신이 아침에 집에 계시지 않자 저에게 와서 저를 강제로 끌고 가 제멋대로 어기고 방자히 굴다가, 제가 따르지 않자 능멸하고 모욕을 주며 누르고 머리채를 잡고 힘이 빠지게 만들었습니다. 이렇게 욕을 당했기 때문에 스스로 일어날 수도 없을 지경입니다."56)

스승은 소문을 믿지 않고 오히려 앙굴마를 믿었으나 계속 소문이 돌자 마침내 스승이 분노하여 사람 일백 명을 죽여 손가락 일백 개로 목걸이를 만들면 도를 얻는다는 거짓 가르침을 내렸다. 이것은 앙굴마가 지독한 악업을 쌓아 도리어 깨달음을 얻지 못하게 하려는 악의였다. 스승의 잘못된 가르침을 진실로 믿은 앙굴마는 살인을 저지르기 시작한다.

> 스승이 말하였다. "속히 성취하려면 마땅히 잘 드는 칼을 집어들고 새벽에 네거리로 가서 몸소 백 사람을 죽여 사람마다 손가락 한 개씩을 취하여 장식물로 삼으면서, 낮 동안까지 손가락 백 개를 채우는 일을 지성껏 하면 도덕(道德)이 갖추어지리라." 그리고 곧 스승은 칼을 건네주었다.57)

시내에 들어가 걸식하던 제자들이 붓다에게 앙굴마라는 살인마가 무차별적으로 많은 사람을 죽이고 있으며, 사람을 죽인 후에는 그 죽은 사람의 손가락을 잘라 꿰미를 만들어 그것을 목에 걸고 다니고 있어 군사를 동원하여 그의 살인 행위를 멈추게 하려고 하나 군사도 실패했다고 붓다에게 전한다.

이 말을 들은 붓다는 곧 자리에서 일어나 그곳으로 나아가려 하였다. 제자들은 이를 말렸으나 붓다는 제자들의 만류를 뿌리치고 그곳으로 나아갔는데 그때 앙굴마의 어머니는 그 자식의 밥을 가지고 아들에게로 갔다. 그때 앙굴마는 죽인 사람의 손가락을 꿴 꾸러미의 손가락을

---

56) 『佛說鴦掘摩經』(T2, 508b)
57) 『佛說鴦掘摩經』(T2, 508b)

세어보니 아흔아홉 개로 아직도 한 사람의 손가락이 더 필요했다. 이제 마지막으로 한 사람을 더 죽여 그 손가락 한 개만 더 꿰면 일백 개의 손가락 꾸러미가 만들어지는 것이다. 앙굴마는 '이제 한 명만 더 죽이면 깨달음을 얻을 수 있다'라는 욕심에 눈이 멀어 자기 어머니마저 죽이려는 패륜을 시도하려는 순간이었다.

스승의 말을 맹신하는 오도된 신념, 나아가 사이비 종교의 맹신 등에서 비롯될 수 있는 폐해를 경계하는 것이다. 수많은 종교전쟁 등이 이러한 잘못된 신념에서 서로 살상을 자행하면서도 잘못을 알아차리지도 못한 채 진리를 실천하고 있다고 믿는 건 아닌가.

붓다는 신통력으로 앙굴마를 관찰하여 이런 사정을 알아차리고는 마을 사람들과 제자들의 제지에도 개의치 않고 앙굴마를 제도하기 위해 그가 있는 곳을 찾아갔다. 앙굴마는 어머니를 죽이려다 붓다가 나타나자 대신 죽이려고 쫓아갔으나, 이상하게도 아무리 빠르게 뛰어도 따라잡을 수가 없었다. 앙굴마는 격분하여 "겁쟁이 수행자여, 멈추거라!"라고 소리를 지르며 화를 내었지만, 붓다는 여전히 앙굴마 보다 앞서가며 "난 이미 멈추어 있다. 멈춰야 하는 자는 너다."라며 일축했다.

> 그는 곧 칼을 들고 붓다에게 향하여 나아가려 했으나 그렇게 할 수가 없었다. 힘을 다하여 빠르게 달렸지만 역시 따라잡지 못하자 마음속으로 생각하였다. '나는 강이나 시내도 뛰어 건널 수 있고 어떤 결박도 풀 수 있으며 던지고 쪼개고 하는 일에 용맹하여 일찍이 필적할 만한 자가 없었고 겹겹으로 지른 빗장이나 견고한 요새도 열어제치지 못한 것이 없었는데, 이 사문은 천천히 걸어 움직이는데도 내가 달려가 미치지 못하고, **또한 온갖 힘을 다 써도 끝내 가까이 가지 못하는구나.**' 앙굴마는 붓다에게 말했다. "사문이여, 멈추어라." 붓다는 패역한 도적에게 말씀하셨다. "나는 멈춘 지가 오래되었다. 다만 그대가 아직 멈추지 않은 것이다."[58]

오도된 신념에 맹신하는 사람은 다른 사람이 멈추어야 하는 것이

---

58) 『佛說鴦掘摩經』(T2, 509a)

아니고 그 자신이 그 맹신을 멈추어야 하는 것이다. 앙굴마는 그것을 깨달은 것이다. 이 한마디에 앙굴마는 깨달음을 얻고 그 자리에서 손가락으로 만든 목걸이를 풀어서 버린 뒤 칼과 활, 화살을 버리고 살인을 멈추고 붓다의 제자로 들어갔다. 즉 잘못된 신념에서 벗어나는 것은 자신이 가지고 있는 신념이 잘못되었다는 것을 깨닫기만 한다면 바로 벗어날 수 있는 것이다.

> 이에 앙굴마는 곧 마음이 열리고 깨달은 바가 있어서 칼을 버리고 땅바닥에 자신의 머리를 대고 말하였다. "오직 원하옵건대 세존이시여, 저의 잘못을 용서하여 주십시오. 사람을 많이 해쳐 손가락을 모아 도(道)를 알고자 하였나이다. 다행히 자비하신 이를 의지하게 되어 원죄(原罪)를 빌게 되었사오니 불쌍히 여기시고 받아주시어 출가하도록 허락해 계(戒)를 성취하게 해 주십시오." 붓다는 그를 받아들여 사문이 되도록 하였다.59)

　　앙굴마 이야기는 희대의 살인마 같은 악인도 과거의 잘못을 진심으로 참회하면 깨달음을 얻을 수 있다는 것으로 볼 수 있다. 앙굴마는 오도된 신념과 자신의 탐욕을 바탕으로 세세생생 씻기 어려운 악업을 쌓았다. 실제 우리의 삶에서도 이러한 오도된 신념과 탐욕으로 악업을 쌓아가는 삶을 영위하고 있지 않은지 스스로 자문해 볼 필요가 있을 것이다.
　　앙굴마는 붓다를 만나기 전에는 악당이었지만, 깨달음을 얻어서 마음속에 있던 모든 살심(殺心)을 버렸는데, 앙굴마의 껍데기만 보고 달라진 사람이라는 걸 알지 못하는 사람들은 그에 대한 복수로써 그에게 돌을 던져 죽였는데, 이 부분에서 예전 같으면 백 명이 덤벼도 못 당할 괴력을 휘두르면서 사람들을 해치던 그가 죽음을 맞이하는 순간에는 자신에게 돌을 던지는 사람들을 향해서 아무런 저항을 하지 않고 담담히 죽음을 받아들였다.
　　붓다는 주검에 이르고 있는 앙굴마를 향해 "지금 기분이 어떠냐?"라고 물었고, 앙굴마는 "나는 아무 후회가 없습니다"라며 둘 다 돌을 던

---

59) 『佛說鴦掘摩經』(T2, 509b)

진 사람들을 향해서 아무 원망의 말을 남기지 않았다고 전해진다. 깨달은 후에도 업보는 그대로 남아있는가? 연기법에 따르면 그럴 것 같다. 나는 앙굴마와 다른가. 오도된 신념에 쌓여있지 않은가. 그 오도된 신념에 따라 양심의 가책도 없이 남을 해치지는 않는가. 그리고 그것이 진리를 따르고 실천하는 것이라고 믿고 있지는 않는가?

2) 연기법과 동의어 및 수행법

계속되는 이야기지만 붓다의 깨달음은 연기법이다. 그렇지만 한국에서 불교란 무엇인가, 붓다의 깨달음이 무엇인가라는 질문에 대하여 자신있게 대답할 수 없는 상황이 된 것은 크게 잘못된 현상이지 않을 수 없다. 팔만대장경을 비롯한 방대한 불경은 결국 연기법을 말하는 것이다. 이 사실을 모른 채 불경을 보면 이해하기 어렵고 그 방대한 불경 중 어느 것이 진리인지 알 수 없게 되는 것이다.

우리가 연기법과 다른 것으로 인식하고 있으나 결과적으로 연기법과 동의어 이거나 수행법을 나타내는 대표적인 것들을 살펴보면 무상(無常), 무아(無我), 공(空), 중도(中道), 불이(不二), 사성제(四聖諦), 12연기(十二緣起) 등이 있다. 붓다는 연기법을 설명하기 위하여 다른 표현을 많이 사용하였는데 그 다른 표현을 각각 독립적인 가르침으로 이해하고 받아들이니 붓다의 깨달음이 무엇인지 알 수 없고 불교가 더욱 어렵고 접근하기 어려워지는 것이다.

모든 존재는 상주 불변하는 실체로서 존재하는 게 아니라 연기법으로 잠시 나타나는 존재라는 것을 표현하는 것이 무상, 공, 중도 등인 것이다. 그런데 연기법의 다른 표현인 무상, 공 등을 상호 의존하여 변화하는 것으로 해석하는 게 아니라 허무나 염세적 가르침으로 해석하는 경우가 있어 불교는 허무나 염세적 종교라고 생각하는 사람도 있는 것이다.

연기법은 다양하게 활용되고 표현될 수 있지만 붓다가 설법한 모든 내용은 연기법과 동의어이거나 연기법을 깨닫기 위한 수행법인 것이다.

팔만대장경 모두는 연기법을 설명하는 것이며 팔만대장경을 한마디로 줄인다면 연기법인 것이다. 반대로 연기법을 제대로 설명하기 위해서는 팔만대장경도 모자람이 있는 것이다. 연기법과 동의어이거나 수행법인 대표적인 것을 골라보면 아래와 같다.

연기법

동의어(이론적 측면)	수행법(실천적 측면)
삼법인(三法印), 공(空), 불이(不二)	12연기(十二緣起), 중도(中道), 사성제(四聖諦)

가) 동의어

(1) 삼법인(三法印)

삼법인(三法印, tilakkhaṇa)은 불교의 교의를 세 단어로 요약하여 제시한 것으로 불교의 기본적 사상이다. 여기서 빠알리어의 'ti는 3을, lakkhaṇa는 특징'을 뜻하는 말로써, '3가지 특징'이라고 직역되며, 일반적으로 '3법인'이라고 부른다. 법인(法印)이란, 법의 도장이라는 뜻으로, '이것이 찍혀있으면 진실이고, 이것이 찍혀있지 않으면 허위이다.'라고 말해질 정도로 불교의 진·위를 판별하는 중요한 개념이다.

일반적으로 삼법인은 제행무상(諸行無常), 제법무아(諸法無我), 일체개고(一切皆苦) 세 가지를 가리킨다. 삼법인 중 제행무상은 인식 대상인 우주는 어떻게 생겼는가? 와 관련된다. 나 이외의 모든 존재 즉 우주 삼라만상은 나의 '인식대상'이다. 그리고 제법무아는 '인식주체'인 나는 누구인가? 에 대한 설명이다. 나는 우주를 인식하는 '인식주체'인 것이다. 일체개고는 '인식 대상인 우주'와 '인식주체인 나'를 합쳐서 설명하는 것이다. 일체(一切)는 나를 포함한 우주 전체를 의미한다.

(가) 제행무상(諸行無常) : 우주는 어떻게 생겼는가?

우리의 인식 대상은 우주이다. 반대로 우주는 우리가 인식함으로써 생겨난다. 우리가 사는 현재의 우주는 빅뱅으로 생겨났다고 하는 '빅뱅

이론'이 현재까지는 긍정적으로 받아들여지고 있다. 우리는 우리가 인식한 우주 이외의 실상은 알 수 없다. 현재의 우주론에서 한발 더 나아가 우리가 인식하는 너머의 우주 혹은 빅뱅 이전의 우주는 어떠한가라는 질문에는 모두가 합의할 수 있는 답은 누구도 할 수 없는 것이다. 우리가 인식할 수 있는 대상이 아니기 때문이다.

우주에는 삼라만상이 존재한다. 그리스 철학자 파르메니데스는 "있는 것은 있고, 없는 것은 없다"라고 했다. 이 정의에서 직접적으로 추론되는 바는, 부정하는 방식으로 없는 것, '비존재[無]'에 대하여 생각한다거나, 비존재의 실재성을 주장하는 것은 불가능하다는 것이다. 왜냐하면 말하고 생각할 때, 우리는 언제나 '무엇'에 관하여 말하고 생각한다. '비존재[無]'는 비존재를 말할 때조차 이미 '비존재[無]'라는 언어로 무언가를 의미하고 있으므로, 그 명제에서 의도하려는 진정한 의미의 '비존재'는 말할 수도, 생각할 수도 없다.

파르메니데스는 감각을 벗어난 불변하는 것을 위해서 '존재' 혹은 '존재자'라는 용어를 사용한 첫 번째 사람이다. 파르메니데스의 이론에 따르자면 '존재'는 전체이고 단일한 종이고 움직이지 않으며 시간으로는 끝이 없고, 생성되거나 소멸되지도 않으며, 아주 단순하여 시간과 공간으로 스스로와 동일하다. 즉 완전히 동일한 종이고 불가분적이다. 여기서 존재는 불변이라는 등식이 생겨났고 이것이 서양의 지적 전통으로 계속 이어져 온다. 이후 아리스토텔레스를 비롯하여 인류는 오랫동안 '존재의 근본 실체는 무엇인가'라는 의문을 가져왔고 그 실체를 파악하려 노력해 왔다. 그 실체가 근본 실체인 제1의 존재가 되는 것이다.

> 술어 형태로서 여러 존재들 가운데 제1의적 존재는 실체이다. 존재에 대한 우리의 연구는 무엇보다도 실체에 대한 연구이다.[60]

그리스 시대 이후 서양의 과학과 철학 특히 물리학은 존재의 제1

---

60) 아리스토텔레스(2021), 183.

원인을 파악하기 위하여 끊임없이 연구하고 있다. 서양은 물질의 제1원인을 찾아내 우주의 생성 원리를 밝히고 존재의 근본 실체를 찾아내기 위하여 분자, 원자, 양자 등을 연구하고 있으나 아직 찾아내지 못하고 있다. 즉 존재의 근본 실체를 밝혀내기 위한 오랜 노력과 연구에도 불구하고 여전히 알 수 없는 것이다.

그렇지만 붓다는 제행무상, 세상에 존재하는 모든 것의 실체는 없다고 했다. 제행무상(諸行無常)에서 제(諸)는 '일체', '모든'의 뜻이고, 행(行)은 '함께 모여 만들어진 것', '지어진 것'이라는 의미로 연기법에 따라 여러 가지 원인과 조건들이 모여 어떤 존재를 만들고 어떤 일을 행한다는 의미를 지닌다. 그래서 제행이란 '인과 연이 화합하여 만들어낸 모든 것', '인연에 의해 만들어진 모든 존재와 행위', 즉 우주 삼라만상을 의미한다고 할 수 있다. 이 우주의 모든 존재, 우리가 하는 모든 행위, 모든 일, 모든 생각 중 어느 하나 인연으로 만들어지지 않은 것은 단 하나도 없다. 이 세상에 존재하는 모든 존재는 다 인연생기(因緣生起)한 것이라는 것이 제행(諸行)이다.

무상(無常)이란 말 그대로 '항상 함'이 없다. 혹은 '항상 하는 것'은 없다는 뜻이다. 따라서 제행무상은 이 세상의 모든 존재는 인연으로 생겨나 인연 따라 변화하기 때문에 변함없이 항상(恒常)할 수 없고, 항상(恒常)할 수 없으니 무상(無常)할 수밖에 없다는 지극히 상식적인 논리이다.

지금 내 눈앞의 존재는 변하지 않는 실체 혹은 본성이 있는 것처럼 보이지만 실제로는 한시도 쉬지 않고 조건에 따라 변화한다는 것이다. 여기에는 단 하나의 그리고 그 어떤 예외도 있을 수 없다. 모든 존재는 조건에 따라 장작불처럼 생주이멸(生住異滅)한다. 우주도 성주괴공(成住壞空)한다. 별이 생기면 일정 기간 머무르다 초신성으로 무너져 공으로 돌아가고 별들로 구성된 은하와 우주 전체도 마찬가지다. 우주 삼라만상에 변하지 않는 실체는 단 하나도 존재하지 않는다. 만일 단 하나라도 존재한다면 연기법은 성립될 수 없다.

이제까지 근본 실체를 찾고자 했으나 근본 실체를 찾지 못한 서양의 과학자들이 세상을 사물이 아닌 관계 혹은 사건으로 이루어진 것으로 이해해야 한다고 하고 있다. 이태리 양자론 학자 카를로 로벨리는 세상이 물질로 이루어져 있다고 이해하는 것보다 오히려 사건들 사이의 관계로 이해하는 것이 훨씬 더 잘 이해할 수 있다고 생각하고 공(空)에서 그 개념적 이해를 구한다. 공(空)은 인도의 용수가 정립한 것으로 양자역학이 존재를 설명하는 방식과 같은 것이다.

> 용수(龍樹, Nāgārjuna)의 핵심 논지를 간단히 말하면, 다른 어떤 것과도 무관하게 그 자체로 존재하는 것은 없다는 것이다. 이는 곧바로 양자역학과 공명을 일으킨다. 물론 나가르주나는 양자에 대해 아무것도 몰랐고 알 수도 없었지만, 그런 건 아무래도 좋다. 중요한 것은 철학자들이 세상에 대한 독창적인 사고방식을 제공하고 있고, 그것이 우리에게 유용하다면 우리가 그것을 활용할 수 있다는 것이다. 나가르주나가 제시하는 관점의 도움을 받으면, 우리가 양자 세계에 대해 좀 더 쉽게 생각할 수 있을지도 모른다. 아무것도 그 자체로 존재하지 않는다고 한다면 모든 것은 다른 것에 의존하고 다른 것과의 관계에서만 존재한다. 나가르주나가 독립된 존재는 있을 수 없다는 것을 설명하기 위해 사용한 전문용어는 공이다. 사물은 자립적인 존재가 아니라, 다른 어떤 것 덕분에, 다른 것의 결과로서, 다른 것과 관련하여, 다른 것의 관점에서 존재한다는 의미에서 '비어있다'는 것이다.[61]

붓다는 이미 2,600년 전에 세상에 존재하는 모든 것의 실체(實體)는 없고 관계 즉 연기법에 의거 존재한다고 했다. 모든 존재는 그 자체로 존재하는 게 아니라 다른 것과의 의존적 관계에서만 존재한다. 즉 우리가 인식하는 우주의 모든 존재가 사실은 존재하지 않고 연기에 의하여 잠시 존재하게 된다는 것, 잠시 존재하는 모든 것은 항상(恒常)하지 않고 무상(無常)하다는 것, 이것의 다른 이름이 제행무상(諸行無常)이다.

(나) 제법무아(諸法無我) : 나(我)는 누구인가?

우주를 인식하는 주체는 '나[我]'이다. 우주를 인식하는 '나는 누구인가?' 동서고금의 모든 종교, 철학에서부터 심리학, 진화론, 우주론,

---

61) 카를로 로벨리(2023), 177-178.

양자론에 이르기까지 인간의 모든 행위와 사고는 이 궁극의 질문에 대한 답을 찾고 있는지도 모른다.

제법무아(諸法無我)는 어떤 의미일까. 표현은 무아(無我)로 했지만 연기법의 기본은 유(有)도 무(無)도 아니다. 따라서 『니까야』와 『아함경』 등 초기 경전의 여러 곳에서 붓다는 간단명료하게 '나는 오온(五蘊)'이라고 했다.62) 내가 오온이라면 너도 오온이며 인간은 모두 오온으로 구성되어 있다. 오온은 있는[有] 것도 아니고 없는[無] 것도 아니다. 오온은 본래 없는 것[無]에서 연기법으로 생겨나서 잠시 존재[有]하다가 연기법으로 사라지는 것이다. 오온은 색(色), 수(受), 상(想), 행(行), 식(識)이라는 나를 구성하는 다섯 가지[五]가 쌓여있다[蘊]는 것을 뜻하는데 이 중 '색'은 몸을 비롯한 현상계의 물질 전체를, 수, 상, 행, 식은 정신세계를 말하는 것으로 좀 더 살펴보면 다음과 같다.

① 색(色)은 일반적으로 서양 철학에서 물질을 정의하는 개념과 비슷한 것임. 일반적으로 우리의 육체를 말함
② 수(受)는 여섯 개의 감각기관이 인식 대상과 접촉한 뒤 일어나는 수동 반응. 구체적으로는 좋아하는 대상, 싫어하는 대상, 좋지도 싫지도 않은 대상에 각각 대응하는 즐거운 느낌[낙(樂)], 고통스런 느낌[고(苦)], 고통도 즐거움도 아닌 느낌[불고불락(不苦不樂)] 등 세 종류의 정서적 반응
③ 상(想)은 장단(長短), 남녀(男女), 원친(怨親), 고락(苦樂) 등의 구별을 통해 대상의 특징을 파악하는 작용
④ 행(行)은 마음이 어떤 행위를 하도록 만드는 의도[思]를 대표로 하는 모든 정신 현상을 포괄하는 개념
⑤ 식(識)은 대상을 알게 하는 작용으로서 지각 혹은 마음에 해당하는 개념

나는 육체와 정신으로 구성되어 있다. 나의 육체[色]가 길을 가다가 누군가의 옷깃을 스치면 좋고 나쁨을 느끼는 것이 '수(受)', 다시 보고 싶다고 느끼는 것이 '상(想)'이며, 다시 만남을 하는 행위가 '행(行)'이고, 다시 만났다는 사실을 아는 게 '식(識)'이라고 이해하면 될 것이

---

62) 문일수(2020), 85.

다. 오온으로 구성된 나의 몸과 정신은 고정된 실체가 아니다. 나의 몸과 정신은 변함없는 실체가 있는 것이 아니고 태어남과 동시에 시시각각 변해간다. 과거의 나는 현재의 내가 아니다. 그렇다고 내가 아니라고 할 수도 없다.

이처럼 붓다는 오온으로 구성된 내가 항상 변화하고, 변해가는 과정은 다른 것과의 관계를 통해서만 드러난다는 것이다. 그래서 있다고도 없다고도 할 수 없다. 그렇다면 오온은 어떻게 생겨나는가? 초기 경전은 나, 즉 사람을 구성하는 오온은 접촉[觸]으로부터 생겨난다고 하고 있다.

"접촉[觸]과 함께하여 느낌[受], 생각[想], 의도[思]가 생기기 때문이다. 이 무색음(無色陰)과 몸인 색음(色陰)과 함께 이러한 법을 사람[人]이라고 하며, … 귀·코·혀도 마찬가지이며, 몸[身]과 감촉[觸]을 인연 하여 신식(身識)이 생기고 이 세 가지가 화합한 것이 접촉[觸]이며 접촉과 함께 어울려 느낌[受]·생각[想]·의도[思]가 생긴다. 이 네 가지는 곧 무색음(無色陰)이요, 몸은 곧 색음(色陰)이니, 이것을 사람[人]이라고 한다". … 63)

촉에서 나를 구성하는 오온의 요소인 수(受)·상(想)·사(思)64)가 생겨나고 세 가지 요소는 내 기존의 마음, 즉 의식[識]과 함께 네 가지 정신작용이 되며 육체인 색(色)과 함께 오음(五陰)이 되는데 이 오음(五陰)이 사람[人]이라고 분명하게 밝히고 있다. 산스크리트어를 한역할 때 온(蘊)을 음(陰)으로 해석하는 경우가 있어서 온과 음은 같은 것으로 이해하면 된다.

위의 설명은 다소 어렵게 느껴지나 결국 삶은 우리의 여섯 개 감각기관[內六入處]이 외부의 감각 대상[外六入處]을 만나고, 의식은 이것을 새롭게 수용하고 의미를 부여하여 새로운 의식을 끊임없이 형성해 나가는 과정이라 할 수 있다. 이것을 한마디로 촉(觸)이라 한다.

---

63) 『雜阿含經』(T2, 87c).
64) 『雜阿含經』(T2, 15c), "云何行受陰? 謂六思身 何等為六? 謂眼觸生思 乃至意觸生思 是名行受陰"(사는 오온에서 行으로 부름)

우리의 경험이 만들어내는 촉(觸)은 삶의 과정 동안 찰나(刹那)도 쉼 없이 생겨나 새로운 촉이 되고, 새로운 경험[觸]이 새로운 의식[識]을 만들어 나가는 것이다. 새로운 의식[識]이 새로운 오온을 만들고 새로운 오온은 새로운 내가 되는 것이다. 따라서 우리의 몸[色]이 태어나는 순간부터 찰나(刹那)도 쉬지 않고 변화해 가는 것처럼 정신작용인 수(受), 상(想), 행(行), 식(識)도 찰나도 쉬지 않고 변화해 간다.

제법무아는 이처럼 나를 구성하고 있는 오온이 인연 따라 생겨나 찰나로 변화해 간다는 것이다. 이 세상의 모든 존재는 저 홀로 독자적으로 존재할 수 없으며, 서로 다른 존재들과 상호작용 하는 연기법을 통해서만 그 자리에 그렇게 존재할 수 있기 때문에 나 자신도 연기법에서 예외일 수 없는 것이다. 현재 시스템이론가들도 내·외육입처, 즉 감각기관과 감각대상의 상호작용을 용어만 달리하여 다음과 같이 설명하고 있다.

> 하나는 밖으로부터 관찰된 실재(우리가 외적으로 보는 물질세계)이고, 다른 하나는 안으로부터 경험되거나 느껴진 것이다. 둘 중 어느 것도 다른 것의 결과가 아니며, 양자는 서로 관련되어 있다. 그래서 시스템이론가들은 내부의 주관적 경험 세계를 타고난 그대로 이해될 수밖에 없으며, 그 과정이 시스템적 자기조절(self-regulation)에 의해 이해될 수 있는 어떤 것으로 받아들인다. 시스템적 관점에서 경험은 개인이 환경과 상호작용하는 수단인 지각데이터(perceptual data)와 정보의 흐름으로 개념화된다. 이 흐름 속에서 개인은 소리로부터 메시지를, 즉 지각으로부터 의미를 끌어내서 그 메시지의 적절성의 관점에서 내부 조직에 반응한다.65)

이 설명에서 '밖으로부터 관찰된 실재(우리가 외적으로 보는 물질세계)'는 감각대상인 외육입처를, '안으로부터 경험되거나 느껴진 것'은 우리의 여섯 개 감각기관인 내육입처를, '내부 조직에 반응하는 것'은 감각기관이 감각대상을 만나 마음[識]을 형성하여 가는 과정을 수(受)·상(想)·사(思)로 표현한 것이라고 볼 수 있다. 언어를 통하여 과정을

---

65) 조애너 메이시(2020), 173.

설명하는 표현 방식이 연기법과 좀 다르지만 결국 설명하고자 하는 내용은 우리가 살아가면서 감각기관을 통하여 감각대상을 인식하고 경험해 가는 삶의 과정이라고 볼 수 있을 것이다.

주류 신경과학계에서도 마음을 두뇌 신경에서 일어나는 전기화학적 반응의 과정에서 나타나는 하나의 현상으로 본다. 마음은 촉에서 발생하는 오온 중 몸[色]을 제외한 수(受)·상(想)·사(思)·식(識)이 변해가는 과정이라고 할 수 있는데 이것은 신경과학자들이 마음을 변해가는 하나의 과정으로 본다는 것과 같은 의미라고 해석할 수 있다.

그리고 스몰린 같은 물리학자들은 물질을 '하나의 과정'이라고 본다. 신경과학자들은 정신이라고 하는 '마음'을, 물리학자들은 '몸'이라고 하는 물질을 하나의 과정으로 보고 있으므로 결국 육체와 정신은 둘 다 실체가 있는 게 아니고 '과정으로써만 존재'한다. 즉 육체와 마음 모두 사건으로 생겨나는 것이며 육체와 마음 모두 실체가 없다는 점에서 보면 육체와 마음은 다를 것이 없다. 육체와 마음은 모두 사건으로 생겨나서 끊임없이 변해가는 과정에 있는 것이다. 오직 사건의 흐름만 있을 뿐인데 이 흐름을 밖에서 볼 때 이것은 물질로 나타나고, 같은 흐름인데도 안에서 볼 때 이것은 마음으로 나타난다. 다만 스몰린이 말한 바와 같이 사람들은 물질만은 실체를 갖고 존재하는 것으로 착각하고 있을 뿐이다.[66]

변해가는 과정에 있는 지금의 '나'라는 존재는 무엇인가. 이 '과정으로서의 자아'에 동일성은 없지만 분명히 연속성은 있다. 정신과 물질이라는 것도 '과정으로서의 자아'를 이해하고 설명하기 위해 붙인 잠정적인 이름에 불과하다. 정신과 물질이라는 것도 사건의 흐름일 뿐 칼로 자르듯이 둘로 나눌 수 없다. 무아는 '나'라는 존재의 동일성을 부정하는 말이지 '과정으로서의 자아'를 뜻하는 '나'의 연속성을 부정하는 말이 아니다.[67] 즉 연기법을 모르는 상태에서 자기 자신에 헛되고 잘못되게 집착하는 것을 경계하고자 무아(無我)라고 한 것이다. 연기법을 깨닫고

---

[66] 김성구(2021), 35.
[67] 위의 책, 33.

나면 내가 있고 내것이 있다고 해도 잘못이 아니라고 한다.

> 만일 나한(羅漢) 비구로서 스스로 할 일을 이미 마치고 모든 번뇌도 다 끊으며 최후의 몸을 가졌다면 나라는 것이 있다고 말하든지 내 것이라고 말해도 잘못이 아니다.68)

또한 자기 자신은 자기 자신이 지키고 자기 자신을 잘 제어해야 한다고 붓다는 말하고 있다.

> 자신이야 말로 자신의 수호자이니 다른 누가 수호자가 되리. 자신을 잘 제어할 때 얻기 어려운 수호자를 얻는다.69)

무아(Anatman)라는 것은 결국 변하지 않는 영원불변의 영혼이 있다고 믿는 브라만교에서 주장하는 불멸의 영혼을 나타내는 아트만(Atman)을 부정하기 위하여 사용한 것이다. 즉 나는 죽으면 끝나는 것이라는 단멸론이 주장하는 나[我]도, 영원불변 한다고 하는 상주론이 주장하는 나[我]도 아니라는 것이다.

그런데 무아를 잘못 이해하고 무아인데 윤회하는 주체는 누구이며 무아인데 윤회가 어떻게 가능한 것인가라는 의문을 가지고 여러 가지 학설들이 많고 논쟁도 일어나는데 이는 무아를 단멸론 혹은 상주론으로 해석한 결과이다. 나는 존재한다. 그렇지만 나의 존재는 연기법에 따르는 것으로 브라만교에서 주장하는 고정불변의 아트만은 아니라는 것, 즉 연기법에 따라 변해간다는 것을 무아라고 표현한 것이다. 그러므로 무아와 윤회를 결부시키는 질문 자체가 성립할 수 없으며 이 질문에 붓다는 무기, 즉 침묵한 것이다. 침묵이 가장 적절한 대답일 수밖에 없는 것이다.

인연이 다하여 장작불이 꺼질지라도 장작불이 완전히 없어지는 것

---

68) 『雜阿含經』(T2, 154b)
69) Dhp. 160.

은 아니다. 장작불은 꺼져도 주변을 밝게 하고 따뜻하게 했던 그 밝음과 따뜻함의 에너지는 계속하여 변화하며 우주 어딘가에는 존재하게 되는 것이다. 존재하는 모든 것은 없어질 수 없고 다만 실체가 없어 변화할 뿐이다. 나도 그 법칙에서 예외일 수는 없어서 나는 존재하지만 내 실체는 존재하지 않는다는 것이 무아(無我)이다. 이것을 있다고 해야 하나? 없다고 해야 하나? 따라서 무아(無我)라는 단어보다는 '공아(空我) 혹은 동아(動我)'라는 단어가 붓다가 말하는 무아의 의미와 더 가까울 것이다.

제법무아를 내가 아닌 너까지 확장해 보면 내가 없으니 나뿐만 아니라 너도 있을 수 없고 모든 인간이 없고 이 우주 삼라만상에 존재란 없는 것이다. 제행무상(諸行無常)은 앞에서 설명한 것과 같이 나의 인식 대상인 모든 존재[法]는 객관적 실체로서 존재하지 않고 항상 변화한다는 것이고, 제법무아(諸法無我)는 인식 대상을 인식하는 주체인 나도 연기법에 따라 항상 변화한다는 것이다.

(다) 일체개고(一切皆苦) : 우주와 나는 무상(無常)하다

일체(一切)는 나를 포함한 우주 삼라만상을 말한다. 일체란 무엇인가. 일체는 12입처이다. 12입처는 앞에서 설명한 6개의 감각기관과 그 각각의 감각대상 6개를 합친 것이다. 보고 듣고 생각하는 우리의 감각기관인 안(眼)·이(耳)·비(鼻)·설(舌)·신(身)·의(意)를 육내입처라고 하는데, 이중 의(意)는 우리가 마음이라고 하는 것으로 우리의 감각기관이 지각한 것을 통합하는 역할을 한다. 육내입처의 대상은 육외입처라고 하는데 우리의 감각기관에 의해 보이고 들리고 생각되는 색(色)·성(聲)·향(香)·미(味)·촉(觸)·법(法)이다. 일체(一切) 즉 우주 삼라만상은 인식 주관인 나의 감각기관 6개와 그 감각대상인 6개가 연기함으로써 생겨나는 것이다. 따라서 우주 삼라만상은 스스로 존재하는 것이 아니다. 나의 감각기관과 감각대상의 인연으로 생겨나는 것이다.

"일체란 곧 12입처(入處)를 일컫는 말이니, 눈과 빛깔, 귀와 소리, 코와 냄새, 혀와 맛, 몸과 감촉, 뜻과 법이 그것이다. 이것을 일체라고 하느니라."70)

이처럼 연기법에서 보면 인식주체와 인식대상이 인연하여 일체 즉 우주를 만들어 내기 때문에 나와 우주, 나와 남을 분별할 수 없다. 연기법을 바르게 이해하지 못하면 나와 우주가 별개로 존재한다고 믿게 된다. 이렇게 '나와 우주'가 별개의 모습으로 나타나 있는 것을 붓다는 세간(世間)이라고 했다. 붓다는 이 세간(世間)이 나타나는 것을 분명히 보게 되면 세간은 비록 그것이 진실한 모습은 아닐지라도 분명히 존재하고 있으므로 없다고 할 수 없다고 했다.

우리는 일반적으로 우리 밖에 있는 사물을 우리의 눈으로 보고 뇌는 그 사실을 인식한다고 생각해 왔다. 우주가 존재하니 내가 존재하는 것인가? 아니면 내가 존재하니 우주가 존재하는 것인가? 우리의 눈앞에는 우주 삼라만상이 펼쳐져 있다. 우주는 나와는 별개로 존재한다고 생각한다. 우리는 눈을 통해 보고, 귀를 통해 듣고, 코를 통해 냄새 맡고, 혀를 통해 맛보고, 몸을 통해 감각하고, 마음을 통해 인식하기 때문이다. 그리고 보이고 들리고 인식되는 것은 나의 밖에 존재하는 것이고, 보고 듣고 생각하는 것은 나의 안에 있는 자아(自我)라고 생각한다. 우리 눈앞에 놓인 물체를 보고 우리는 '무엇이 있다'라고 한다. 내가 태어나보니 우주 삼라만상이 이미 존재하고 있었다. 그래서 모든 존재는 나와 상관없이 존재한다고 생각한다. 우리의 관념과 사고는 이렇게 고정되어 있다. 쉽게 바뀌지 않는다.

그렇지만 붓다는 일체를 설명하면서 모든 존재가 나와 따로 존재하는 게 아니고 나의 마음[意]이 만들어낸 것이라 했다. 연기법의 핵심은 나의 마음[意]이 우주의 모든 존재를 만든다는 것이다. 이것은 우주가 나와 독립적으로 '나의 밖에 있다' 는 상식적인 생각과 틀린 것이다. 연기법에 대한 진정한 이해는 나와 우주를 구별하는 이분법의 초월에 있다. 그것은 결국 각자가 스스로의 내가 가지고 있는 뿌리 깊은 의식들을 철저히 검토하는 일이다. 연기법은 사람들의 동의를 구하는 하나의 이론이라기보다는 사람들이 경험하도록 권고 받는 하나의 진리, 즉 정신적·신체적 현상들의 생성과 소멸에 대해 수행된 성찰과 근본적 집중

---

70) 『雜阿含經』(T2, 91a)

에 의해 도달하도록 권장하는 하나의 통찰이다.[71]

　　최신의 과학도 이와 비슷하게 설명하며 연기법을 뒷받침하고 있다. 우리가 본다는 행위의 대부분의 신호는 눈에서 뇌로 이동하는 것이 아니라 그 반대로 뇌에서 눈으로 이동한다.[72] 우리는 자신이 알고 있는 것(오해와 편견을 포함해)을 바탕으로 세상의 이미지를 만들어 내고 무의식적으로 불일치를 탐지하여, 필요한 경우 수정하는 것이다.[73] 즉 먼저 우주가 있어서 보는 것이 아니라, 뇌가 시키는 것만 보는 것이다.

　　시스템이론도 물질과 마음이 분리될 수 없다는 것을 밝히고 있다. 사실 불교와 시스템이론은 물질계가 이미 마음과 분리된 영역이 아니라 정신적 사건들과 인과적으로 함께 발생하는, 또는 그것들이 분리할 수 없는 상호관계를 맺고 있는 것임을 보여준다.[74]

　　이는 붓다의 연기법인 일체유심조(一切唯心造)와 너무 똑같이 설명하고 있지 않는가. 이처럼 연기법을 이해하고 연기법의 관점에서 보면 우주와 내가 별개의 존재라는 생각이나, 상주 불멸하는 자아가 있다는 생각이나, 없다는 생각은 모두가 잘못된 생각이다. 존재한다는 것은 실제로 그 존재의 실체가 있는 것인가? 우리가 '존재한다고 여기는 것'은 그 무엇이 실제로 존재하는 게 아니라 끝까지 파고 들어가서 보면, 우리가 '존재한다고 인식하는 것'이다.

　　이와 같이 '있음[有]', 즉 존재는 감각기관의 지각에 근거하여 인식되는 현상으로 우리의 지각 활동이 없으면 '있다'고 판단할 근거가 없다. '무엇이 있다'라는 것은 더 정확하게 말하면 '무엇이 존재하는 것'이 아니라 '무엇이 있다고 내가 인식하는 것'을 의미한다. 즉 우리는 우리가 인식하는 것을 '있다[有]'라고 여긴다.

　　귀로 듣는 '새의 울음소리'는 존재하는가. 새의 울음소리는 본질적으로 존재하는 게 아니라 우리가 듣기 때문에 '새의 울음소리'가 존재한

---

71) 조애너 메이시(2020), 60.
72) 카를로 로벨리(2023), 226.
73) 위의 책, 227.
74) 조애너 메이시(2020), 12.

다고 인식할 뿐이다. 지구상 어느 한 사람도 듣지 못한 새소리는 존재한다고 할 수 없는 것이다. 또한 '새의 울음소리'는 존재하는 것이 아니라 공기가 진동하는 것이고 이 공기의 진동이 나의 귀에 전해지면 새의 울음소리가 되는 것이다.

새의 울음소리가 되기 위해서는 공기의 떨림 등 여러 가지 조건이 필요하고 그 조건이 갖추어질 때만 새의 울음소리로 존재하게 되는 것이므로 새의 울음소리는 실재하는 것이라고 볼 수 없다. 이처럼 우리에게 인식되는 대상은, 그 자체로서 실재하는 실체가 아니라, 우리의 지각에 의지하여 나타난, 즉 연기(緣起)한 것이기 때문이다.[75]

20세기에 양자론은 마음[意]이 우주를 창조한다는 것을 밝히고 있다. 양자론은 우리가 관찰하지 않으면 존재하는 것은 없다고 한다. 아인슈타인도 이해하지 못했다. 천재 아인슈타인도 우리가 보는 달은 우리가 관찰하든, 관찰하지 않든 달은 그 자체로 존재하는 것이라고 믿었다. 그러나 양자론은 관찰하지 않으면 달은 존재하지 않는다고 한다. 아인슈타인은 받아들일 수 없었다. 붓다도 일체, 즉 우주 삼라만상은 감각기관을 통해서 관찰할 때 생겨난다고 했다.

그런데 붓다는 일체개고, 즉 우주 삼라만상이 괴로움이라고 한 것이다. 혹자들은 나는 지금 이렇게 행복한데 왜 '일체가 괴로움이라 할까?'하고 반문할 것이다. 또한 삼법인 모두가 부정적 이미지가 떠오르는 무상(無常), 무아(無我), 고(苦)로 형성되어 있다 보니, 많은 사람들이 불교는 인생을 허무하고 고통스럽게만 바라보는 종교라고 해석하고 있는 것이 현실이다.

즉 삼법인을 정확하게 이해하지 못하면 불교를 현실 도피적인 가르침이거나 염세주의 혹은 허무주의라고 쉽게 오해할 수 있는 것이다. 그렇지만 삼법인은 허무나 염세적 가르침이 아니다. 괴로움은 우리가 일반적으로 생각하는 삶의 고통과는 거리가 있다.

괴로움은 무상하다는 것이다. 삼라만상이 항상 변화하고 나 또한 예외일 수 없어서 인연 따라 항상 변화하는 것을 괴로움이라 표현한 것

---

[75] 이중표(2012), 9.

이다. 나의 감각기관이 감각대상을 만나 일체가 생겨나고 그 일체가 항상 변화한다는 것이 일체개고이다. 붓다는 무상함이 괴로움이라고 분명히 밝히고 있다.

> 어떤가? 비구들아, 색은 항상한가, 무상한가? 비구들은 대답하였다. "무상합니다. 세존이시여." "만일 무상하다면 그것은 괴로운 것인가?" "그것은 괴로운 것입니다. 세존이시여." "만일 무상하고 괴로운 것이라면 그것은 변하고 바뀌는 법이다. 그런데도 많이 아는 거룩한 제자들이 과연 그런 것에 대해 '이것은 나다. 이것은 나와 다르다. 이것은 나와 나 아닌 것이 함께 있는 것이다'라고 보겠는가?" "아닙니다. 세존이시여." "수·상·행·식에 있어서도 또한 그러하니라. 그러므로 비구들아, 만일 '존재하는 모든 색(色)은 과거에 속한 것이건 미래에 속한 것이건 현재에 속한 것이건, 안에 있는 것이건 밖에 있는 것이건, 거칠건 미세하건, 아름답건 추하건, 멀리 있는 것이건 가까이 있는 것이건, 그 일체는 나[我]도 아니요, 내 것[我所]도 아니다.'라고 이렇게 본다면, 그것은 바른 소견[正見]이니라. 수·상·행·식에 있어서도 또한 그러하니라."76)

    변화가 나의 의지에 따라 변하는 것이 아니고 나의 의지와 상관없이 변한다는 것이 괴로움이라는 것이다. 나는 내가 태어나고 싶어서 태어난 것도 아니고 살아가는 과정에서도 사랑하는 사람과 헤어지기 싫어도 헤어지게 되고, 미운 사람과 만나기 싫어도 만나게 되고, 부와 명예를 구하나 내 뜻대로 되지 않고, 건강하게 오래 살고 싶으나 그 또한 내 마음대로 되지 않는다.
    고(苦)를 뜻하는 산스크리트어 두카(duhhka)는 현실 세계의 인간이 어떻게 존재하고 있는가를 직시(直視)한 것으로 우리가 일반적으로 생각하는 고통이라는 의미보다는 무상한 것, 즉 변화한다는 의미가 더 강하다. 붓다는 이러한 삶의 과정과 생노병사가 나의 의지와 상관없이 변해가는 것을 괴로움이라고 한 것이다. 다시 한번 말하면 일체개고는 나와 우주가 무상하다는 것으로 이는 제행무상과 제법무아를 합친 것이

---

76) 『雜阿含經』(T2, 15a)

다. 이처럼 연기법은 나와 우주가 무상(無常)하며 둘이 아니라는 이론적 근거가 되고 그 이론적 근거는 너와 내가 같이 공존하는 방향으로 나의 삶을 이끄는 것이다. 따라서 연기법은 사랑이고 자비이다.

(2) 공(空)

살펴보는 바와 같이 붓다의 깨달음은 한 마디로 연기법임에도 불구하고 우리와 멀리 떨어져 있으나 공(空)은 우리 곁 가까이에 있다. 불교를 한 마디로 한다면 공이라고 하는 사람이 있을 정도로 공은 불교의 핵심 사상 중 하나라고 여겨지며 우리와 친숙한 단어이다. 우리나라 사찰에서 예불을 드릴 때마다 빼놓지 않고 독경하는 경이 『반야심경(般若心經)』이고 그 『반야심경』 260여 자 중 공(空)이 7번이나 등장한다. 『반야심경』에서는 오온이 모두 공이고[五蘊皆空], 색이 곧 공이고[色卽是空], 공이 곧 색이다[空卽是色] 하는데 수상행식(受想行識)도 모두 이와 같다고 하니 공이 실제로 등장하는 것은 7번이지만 의미상으로는 수십 번 등장하는 것과 같은 것이다.

또 공은 사람이 이 세상에 태어날 때 아무것도 손에 들고 온 것 없이 빈손으로 왔다가, 죽음에 이르러서는 모든 것을 그대로 내버려두고 빈손으로 죽어간다는 의미로 공수래공수거(空手來空手去)에도 들어가 있다. 여기에서 공은 인생의 허무를 나타내는 것이다.

그러나 불교의 공은 이와 같은 허무를 나타내는 게 아니다. 우리가 가장 흔하게 접하는 불교의 핵심 사상인 공을 허무한 것으로 생각하니 불교는 허무주의에 대한 가르침 정도로 해석하는 경향이 있다. 앞에서 언급한 것처럼 『반야심경』 앞부분에서 "오온이 공(空)함을 알고 모든 괴로움에서 벗어난다."라고 하였는데 현재 한국불교에서 공(空)이 무슨 뜻인가에 대하여 명확한 대답은 없다. 그대로 텅 비어 있다는 의미 인지, 무(無)의 의미와 같이 '없다'라는 뜻인지 모른다. 공(空)을 알 수가 없으니 공(空)을 통하여 괴로움에서 벗어날 수도 없는 것이다.

> 오온이 공(空)하다고 했는데, 공(空)하다는 말이 무슨 말일까? 글자 그대로 텅 비었다는 말인지, 아니면 아무것도 아니라는 말인지, 있기는 있는데, 허망하다는 말인지, 분간하기가 어렵다. … 공(空)은 어디까지나 공(空)일 수밖에 없다. 빌 공(空)자이니 비었다고 할까, 없다고 할까, 헛것이라고 할까? … 공(空)의 참뜻을 알려고 하면 관자재보살처럼 조견오온개공(照見五蘊皆空)하여, 도일체고액(度一切苦厄)해야 할 것이다.77)

공은 무엇인가? 텅 비었다는 말인지, 허망하다는 말인지, 헛것이라고 해야 하는지 알 수 없다는 것이다. 공에 대한 설명의 요지는 공은 '알 수 없는 것'이고 '공(空)을 알기 위해서는 깨달아 봐야 알 수 있다'라고 하고 있다. 우리는 일상적으로 공을 자주 접한다. 그런데 공은 깨닫지 못하면 알 수 없는 것이라면 깨닫지 못한 우리는 영원히 공을 알 수 없는 것이다. 공을 알 수 없다면 오온이 공(空) 함을 알고 괴로움에서 벗어나는 것도 불가능해지는 것이다.

즉 불교의 핵심 사상인 공을 모른다면 붓다의 가르침인 불교도 무엇인지를 모르게 되는 것이다. 붓다는 깨달음을 얻은 후 45년간 중생을 위하여 목숨을 걸고 설법하였는데 불교가 알 수 없는 것이라면 붓다의 설법이 잘못된 것인가, 우리의 이해가 부족한 것인가. 불교사전에서는 공(空)을 어떻게 설명하고 있을까. 관응이 감수한 『불교학대사전』에서도 공은 '알 수 없는 것'으로 설명해 놓았다.

> 공(空)은 진여(眞如)의 다른 이름이고, 진여는 우주 만물에 두루 존재하는 상주불변(常住不變)의 본체인데, 이것은 우리의 생각으로는 미칠 수가 없고, 우리의 이지(理智)로는 파악할 수 없는 진실한 경계이다. 그러나 이것은 온갖 것들이 다 실체와 자성(自性)이 없다는 공(空)한 이치를 체득할 때 문득 나타난다.78)

---

77) 관정(2022), 388.
78) 위의 책, 388.

사전의 설명을 보아도 공은 우리의 생각으로는 알아낼 수 없고, 우리의 지식으로는 파악할 수 없는 그 무엇으로 설명하고 있다. 한마디로 '공은 모르는 것이다'라고 하는 것이다. 그냥 모르는 게 아니라 막연히 신비롭고 모호한 것으로 만들어 놓고 있다.

이처럼 한국불교와 중국불교 아니 대승불교에서는 공(空)을 어렵고, 추상적인 어떤 개념으로 인식하여, 공에 대해 상주불변(常主不變)하는 '우주 만물의 본체', '존재의 실상', '도저히 말로 표현할 수 없는 어떤 것', '깨달아야만 알 수 있는 것', '괴로움과 즐거움', '있음과 없음의 양극단을 다 벗어난 중도(中道)'의 말로 설명해 왔다.[79] 이처럼 한국에서 공(空)은 알 수 없는 것이다.

산스크리트어로 공(空)은 순야타(Śūnyatā) 인데 이를 비어 있음[空], 공허(空虛)로 번역한 것이다. 붓다는 대승불교나 우리나라에서 공을 설명하는 것과는 다르게 우리가 이해할 수 있도록 공을 분명히 설명하고 있다.

> 내가 이제 첫째가는 가장 공한 법을 설명하리니, 너희들은 잘 사유하고 기억하라. 붓다는 말하기를 어떤 것이 가장 공한 법인가? 저 눈은 생길 때에는 곧 생기지만 그 오는 곳을 볼 수 없고, 멸할 때에는 곧 멸하지만 그 멸하는 곳을 볼 수 없다. 다만 임시로 이름이 붙여진 법[假號法]과 인연의 법[因緣法]은 제외한다. 어떤 것이 임시로 붙여진 이름과 인연의 법인가? 이른바 이것이 있으면 곧 있고 이것이 생기면 곧 생기는 것이다. 이것이 없으면 곧 없고 이것이 멸하면 곧 멸한다. 다만 임시로 이름이 붙여진 법만은 제외한다. 귀·코·혀·몸·뜻이라는 법도 또한 그와 같으니, 즉 생길 때에는 곧 생기지만 그 오는 곳을 알 수 없고, 멸할 때에는 곧 멸하지만 멸하는 곳을 알 수 없다. 다만 그 임시로 이름이 붙여진 법만은 제외한다. 임시로 이름이 붙여진 법[假號法]이란 이것이 생기면 곧 생기고 이것이 멸하면 곧 멸하는 것이다. 이 6입도 지은 사람이 없고, 또한 명색과 6입도 부모로 말미암아 있기는 하지만 태에 들어간 자는 없다. 이것들은 인연으로 있는 것이요, 이 또한 임시로 붙여진 이름이며, 반드시 앞의 대상이 있은 뒤에야 비로소 있는 것이다.[80]

---

79) 관정(2022), 390.

우리는 감각기관 중 눈을 통하여 눈앞의 존재를 인식하게 된다. 우리 눈이 본다는 감각 작용을 하면 존재는 나타난다. 우리 눈은 눈앞의 존재를 보고 존재를 인식하는 게 아니라, 내 의식의 작용을 통하여 내가 보고 싶은 것만 눈을 통하여 보는 것이다. 그러므로 본다는 의식 작용을 멈추면 그 존재는 사라진다. 그 존재는 본다는 의식 작용을 하면 어디에서 나타났다가, 본다는 의식 작용을 멈추면 어디로 사라지는지 알 수 없다. 우리가 본다는 행위를 하는 것은 눈이 보는 행위와 눈에 보이는 대상이 서로 인연이 될 때 존재라고 인식되나 그 존재는 실체가 있는 것이 아니라는 것이다. 존재는 보는 순간 존재하고 보는 행위를 멈추면 그 존재는 사라지는 것으로 실체는 없다.

즉 우주에 존재하는 모든 것은 인연법(因緣法)으로 생겨난 것이므로 존재의 실체는 없으나 지금 임시로 존재하는 것으로 공식 이름이 아닌 가짜 이름이므로 가호법(假號法)이라 하는 것이다. 이 가호법은 연기법(緣起法)의 다른 이름인 것이다. 이처럼 『아함경』에서는 눈과 함께 우리 감각기관인 눈·귀·코·혀·몸·뜻이 감각하는 것의 실체가 없는 것을 공(空)이라 하는 것이다.

붓다는 우리의 몸도 연기법의 결과임을 계속 말하고 있다. 나는 엄마의 태에 들어가지 않았으나 나는 엄마의 태에서 태어났다. 장작불이 생겨날 조건이 되어서 생겨난 것처럼 나도 태어날 조건이 되어서 태어났다고만 말할 수 있을 뿐이다. 이처럼 연기법은 일반적인 감각기관의 감각을 초월한 것이다. 따라서 감각을 초월하는 연기법은 사유를 통해서 깨달음이 가능한 것이다. 그 사유는 연기법에 대한 사유이어야 한다. 연기법을 합리적이고 논리적으로 사유하는 것이다. 이것이 첫째가는 공(空)한 법이고 공(空)한 법은 연기법이라고 분명히 밝히고 있다.

수행은 연기법이 되어야 하고 그렇지 않으면 후회해도 소용없다고 하고 있다. 붓다는 연기법에 대한 사유를 하면 깨달음을 얻는 단계에 있는 아나함(阿那含)이 되거나 혹은 아라한(阿羅漢)이 될 것이라 하고

---

80) 『增一阿含經』(T2, 713c)

있다. 붓다는 중생을 가엾이 여기는 마음으로 할 일은 다하였다고 하면서 제자들에게도 수행을 당부하고 있다. 수행은 항상 생각하고 한적한 곳에서 좌선하며 연기법에 대한 사유하기를 게을리 하지 않는 것이다. 이것이 붓다의 교훈임을 분명히 하는 것이다. 이처럼 붓다는 연기법의 깨달음을 얻은 후 45년 동안 중생들에게 설법한 것이다.

그렇지만 붓다의 입멸 후 우리의 언어와 문자로 정확하게 설명하기 어려운 연기법이 제대로 전달되지 못하고 왜곡되기 시작한다. 부파불교(部派佛敎)시대, 상좌부(上座部)계통에서 나는 공(空)이지만 법(法)은 존재한다는 아공법유(我空法有)를 주장한 것이다. 이는 모든 존재는 자성(自性)을 갖고 실재하는 것은 없다는 연기법과 어긋나는 것이다.

이에 대하여 용수는 연기법을 바로 세우기 위하여 공(空)을 적극적으로 사용했다. 반야경(般若經)의 공(空)이 초기 불교에 그 근원을 두고 있지만 본격적으로 철학적 체계화를 시도한 사람은 용수이다. 용수는 상좌부 계통에서 주장하는 아공법유(我空法有)에 맞서 아공법공(我空法空)을 주장하였는데 아공(我空)은 제법무아(諸法無我)와 같은 의미로 '자아가 실재한다고 믿는 허망한 집착'에서 벗어나도록 가르치는 것으로 이고, 법공(法空)은 제행무상(諸行無常)과 같은 의미로 '나와 세계를 구성하는 요소가 변하지 않는 것'이라는 잘못된 인식과 집착에서 벗어나도록 가르치는 것이다.

따라서 공(空)은 연기법의 다른 표현이라는 걸 명확히 밝혀 둘 필요가 있다. 용수는 공을 통하여 붓다의 본래 가르침인 연기법으로 돌아가고자 한 것이다. 용수는 불교 초기 경전을 연구하여 『중론(中論)』을 저술하였는데 중론에서 연기법의 진리를 알려 주신 붓다에게 감사하며 귀경게(歸敬偈)를 시작한다.

> 온갖 망상을 잠재우며[戱論寂滅] 상서로운[吉祥] 연기[緣起]의 진리를 가르쳐 주신 부처님, 최고의 스승이신 그분께 머리 조아려 예배드립니다.[81]

---

81) 『中論』(T30, 1b)

뒤에서 설명하겠지만 귀경게는 중도의 이치를 설명하는 것인데 중도(中道)가 곧 공(空)이고 공이 곧 연기법인 것이다. 용수는 분명히 공(空)을 도구로 연기의 진리를 이론적으로 심화·발전시켜 부파불교 시대 다른 주장들 즉 희론(戱論)을 잠재우고자 한 것이다. 붓다가 무기(無記)를 통해 당시의 실체론적 형이상학을 비판하고 연기설(緣起說)을 주장했듯이, 용수는 팔불(八不)을 통해 연기(緣起)를 실체론적으로 해석한 당시의 아비달마 불교를 비판하고, 연기(緣起)를 바르게 이해할 수 있는 관점을 제시한 것이다.[82]

용수는 부파불교 시대 다양한 이론으로 무장한 논사(論師)들을 상대하여 그들의 주장이 허구임을 증명하고, 왜곡되고 비뚤어진 붓다의 연기법을 바로 세우기 위하여 공을 사용한 것이다. 용수는 『중론(中論)』의 관사제품(觀四諦品)등 여러 곳에서 공사상(空思想)의 이론적 근거는 연기법(緣起法)이라고 하고 있다.

> "수많은 인연이 모여서 존재를 생성시키는데, 나는 이것을 공(空)이라고 말한다. 왜냐하면 수많은 인연이 갖추어지고, 그것들이 결합하여 사물이 생겨난다. 이 사물은 수많은 인연이 모인 것일 뿐, 자성은 없는 것이다. 자성이 없는 것들이기 때문에 공(空)이다."[83]

모든 존재의 자성 혹은 실체가 없다는 것을 용수는 공이라 한 것이다. 용수는 '공(空)'에 대해서 모호하거나 우리가 이해하지 못하는 신비로움으로 말하지 않고 공은 인연으로 생겨난 모든 존재는 자성이 없다는 것이라고 분명히 밝히는 것이다.

카를로 로벨리는 양자세계 즉 미시세계에서 나타나는 믿을 수 없는 현상을 이해하기 위하여 여러 철학책을 뒤적이다가 공(空) 사상을 만난다. 나가르주나의 핵심 논지를 간단히 말하면 다른 어떤 것과도 무관하게 그 자체로 존재하는 것은 없다는 것이다. 용수는 나가르주나의 한자

---

82) 이중표(2009), 12.
83) 『中論』(T30, 33b)

이름이다. 카를로 로벨리는 용수의 『중론』을 읽고 양자역학과 공(空) 사상은 공명을 일으킨다고 하고 있다.

> 우리 존재의 참된 본질이라고 할 궁극적이거나 신비로운 본질은 존재하지 않는다. '나'라는 것은 그것을 구성하는 광대하고 서로 연결된 현상들의 집합일 뿐이며, 각각은 다른 것에 의존하고 있다. 이리하여 주체와 의식에 대한 수백 년에 걸친 서양의 사변은 아침 공기에 닿은 서리처럼 사라져 버린다. 많은 철학과 과학이 그러하듯 나가르주나는 두 가지 층위를 구별한다. 즉 관점에 따라 모습이 바뀌는 관습적인 외관적 현실과, 궁극적인 실재의 구별이다. 그러나 그는 이 구분을 뜻밖의 방향으로 가져간다. 궁극적 실재, 본질이 부재, 공이라는 것이다. 없다는 것이다. 모든 형이상학이 모든 것은 의존하는 본질, 모든 것이 그로부터 파생되어 나올 수 있는 시작점인 제1 실체를 찾는다면, 나가르주나는 궁극적 실체, 시작점은 … 없다고 말한다.[84]

공사상은 연기법이며 연기법은 그 자체로 존재하는 것은 하나도 없다는 것이다. 양자론도 연기법과 똑같이 존재를 설명한다. 양자론은 모든 존재가 실체를 가지고 실재하는 것이 아니고 그물망처럼 서로에게 상호 의존하는 관계로 보는 것이다. 따라서 카를로 로벨리는 제1 원인 혹은 궁극적 실체는 없다는 연기법인 공(空) 사상과 공감하는 것이다.

용수가 공(空)을 주장한 것은 붓다의 깨달음인 연기법을 바로 세워 희론(戱論)이 잠재워지기를 희망한 것이었으나, 시간이 지나면서 지역과 시대에 따라 수많은 경전이 생겨났고 또 중국으로 유입되어 수(隋), 당(唐)에서 경전들이 번역되면서 서로 중요하다고 생각되는 경전을 중심으로 십여 개의 종파가 생겨났고 현재는 각자의 주장에 따라 많은 논서가 양적으로 쌓이고 내용으로도 어려워져 지금은 불교학자들도 공(空)의 의미를 이해하기 힘들게 되었다. 앞에서 살펴본 바와 같이 한국에서는 그 의미가 다시 왜곡되어 공(空)을 어렵고, 추상적인 어떤 개념으로 인식하게 되었다. 공에 대한 해설은 공(空)의 의미를 알 수 있도록 해설해 놓은

---

[84] 카를로 로벨리(2023), 178.

것이 아니고 공을 더욱 모르도록 해설해 놓았다고 볼 수 있다.[85]

인도에서 공은 붓다 이전부터 다양하게 사용된 것으로 보인다. 공은 인도 수학에서는 제로(zero)를 의미하고, 힌두교에서는 '브라만'과 '열반'의 의미로 사용했다.[86] 이에 반하여 붓다는 모든 존재가 연기법에 따라 일시적으로 존재하는 것이기 때문에 '자성이 없다는 것'을 공으로 설명하였는데 공보다는 무상(無常)이나 무아(無我)를 더 많이 사용하였다. 즉 초기 경전에는 공이 많이 나오지 않는다. 『잡아함경』에서 공이 사용될 때 '공(空)'만 단독으로 사용된 경우는 3~4번밖에 되지 않는다.[87]

사용되는 공의 개념도 지금 우리가 알고 있는 어렵고 모호하고 신비로운 공과는 다르게 무상, 무아의 다른 표현으로 사용되고 있다. 색, 안식, 안촉을 연하여 생기는 느낌이 괴롭거나[苦], 즐겁거나[樂], 괴롭지도 즐겁지도 않은[不苦不樂] 느낌도 또한 공이고, 영원하여 변하거나 바뀌지 않는다는 법도 공이고, 내 것이라고 하는 것도 공이다.[88]

앞에서 언급한 것처럼 반야심경 앞부분에 있는 오온개공(五蘊皆空)에서 '오온(五蘊)은 연기법으로 생겨나 실체 혹은 자성이 없다'라는 의미로 이해하기보다는 '우리가 알지 못하는 신비로운 그 어떤 것', 막연하게 '허무한 것'으로 생각하는 것이다. 앞에서 설명한 것처럼 오온은 촉에서 생겨난다. 오온은 찰나도 머무르지 않고 생멸(生滅)하며 변하므로 공이라고 설명하는데 필자는 이를 공(空)보다는 움직이는 동(動)으로 해석하는 것이 더 적합하다고 생각한다.

왜냐하면 정적이고 허무적 이미지인 공(空)보다는 움직이는 동(動)이 촉으로부터 생성되어 증장(增長)해가는 오온과 연기법을 좀 더 잘 설명할 수 있기 때문이다. 실제로 영어권 사전인 위키피디아(Wikipedia)에서는 공(空)에 대한 지혜의 한 표현인 반야(Prajñā)의 접두어 'Pra-'를 '더 높은, 최상의(higher, supreme)'와 함께 '생겨나는(being born)',

---

85) 관정(2022), 389.
86) 위의 책, 400.
87) 위의 책, 394.
88) 『雜阿含經』(T2, 56b)

'튀어 오르는(springing up)' 등으로 표현하고 있어 반야를 공(空)·정(靜)적인 것보다는 생겨남[生]·동(動)적인 것으로 우리와 다르게 해석하고 있는 점은 주목해 볼 필요가 있을 것이다. 즉 촉(觸)에서 생겨나는 일체(一切)가 공하다는 것인데 공하다는 의미는 고정불변이 아니고 무상하다는 것, 즉 변화하고 변화된다는 것이다. 붓다가 말하는 공은 연기법을 설명하는 것이고, 용수도 연기법을 설명하기 위하여 공(空)을 이용한 것이다.

이처럼 공의 개념은 우리가 일반적으로 생각하는 허무주의와는 다르게 변한다는 것이다. 변한다는 것은 허무나 절망이 아니라 내가 변화시킬 수 있다는 창조에 대한 희망이 되는 것이다. 연기법과 공의 다른 표현 중 하나는 불이(不二)이다.

(3) 불이(不二)

서양 근대철학의 창시자 프랑스의 데카르트는 『제일 철학에 관한 성찰』에서 진리를 찾기 위해 '의심의 방법'을 사용했다. 이 방법은 의심할 수 있는 어떤 지식도 믿지 않는 것이다. 그는 모든 의심에 흔들리지 않는, 즉 누구도 '반박할 수 없는' 지식을 하나라도 찾을 수 있다면 그것이 진리의 안전한 토대가 될 수 있다고 생각한 것이다. 그래서 그는 "나는 생각한다. 그러므로 나는 존재한다."라는 유명한 명제를 내놓는다.

절대 의심할 수 없을 뿐만 아니라 오히려 의심하면 할수록 더욱 확실하게 나타나는 한 가지가 있다. 그것은 내가 지금 의심하고 있다는 것, 다시 말하면 '생각하고 있다'라는 사실이다. 모든 것을 의심할 수 있지만, 내가 현재 의심하고 있다는 사실은 도저히 의심할 수 없다. 그 사실을 의심하면 할수록 더욱 확실해지기 때문이다.

그렇다면 생각하는 주체로서 나 자신도 부정할 수 없게 된다. 사유의 주체가 없다면 사유 작용이 일어날 수 없기 때문이다. 내가 생각하고 있다는 것이 확실하다면 사유의 주체인 '나'가 있어야 한다. 데카르트는 이것을 움직일 수 없는 하나의 출발점으로 삼았으며, 나아가 이 명제처럼 우리가 직접 인식할 수 있는 게 있다면 그것도 역시 확실한 것이 틀림없다고 봤다.

이러한 관점에서, 데카르트는 신과 세계의 존재를 확실한 것으로 도출해 냈다. 다른 도움 없이 스스로 존재하는 것, 즉 '존재하기 위해 다른 아무것도 필요로 하지 않는 것'을 실체(實體) 혹은 궁극적 실재(實在)라고 부르는데, 데카르트는 먼저 영원불변한 실체로 우선 신(神)을 들고 있다. 그리고 두 가지 실체를 더 들고 있는데, 그것은 바로 정신과 육체이다. 데카르트는 인간만이 신(神)과 가까우며 신과 가까운 인간이 존재한다는 건 불변의 진리로 나의 존재를 부정하면 부정할수록 더 또렷하게 실체로서 나는 존재하게 된다고 하였는데 나의 존재는 정신과 육체(mind and body)가 하나가 아닌 둘이라는 이원론을 주장했다.

이 두 가지는 서로 독립적으로 떨어져 있어서 서로 아무런 영향을 주고받지 않는다고 했다. 데카르트의 사고는 근본적으로 이분법적 사고이다. 데카르트의 이분법은 정신과 육체의 이분화를 넘어서, 인간과 자연, 인간과 동물을 분리하는 사고로도 확장되어 인간 중심주의나 인간과 자연의 분리를 정당화할 수 있게 한다.

인간과 자연을 구분하는 이분법적 사고는 환경 문제, 동물 권리문제, 인간의 자연 착취 문제 등을 일으킬 수 있다. 인간을 물질적 세계와 분리하여 인간만을 특별한 존재로 여기는 관점은 인간의 도덕적 책임이나 자연과의 관계에서 심각한 문제를 일으킬 수 있는 것이다. 데카르트는 오직 인간만이 정신을 가질 정도로 신과 가깝다고 주장했다. 그에 따르면 신과 가까운 것은 인간의 정신뿐이므로 인간의 정신인 영혼이 없다면 모두 기계와 같다고 주장했다. 따라서 인간의 이성을 가지고 있지 않은 동물은 기계와 같다고 주장한 것이다.

> 우리는 야수 같은 짐승들도 우리처럼 느낀다고 생각하는 데 너무나 익숙해져 있어, 이러한 견해를 쉽게 떨쳐 버리지 못한다. 그러나 우리의 행동 하나하나를 완벽하게 모방하는 자동기계를 보아 왔고, 그것을 그저 자동기계로 받아들이는 데 익숙해져 있다면, 이성이 없는 동물은 자동기계일 뿐이라는 사실을 의심치 않고 받아들일 수 있을 것이다.[89]

---

89) 린 마굴리스·도리언 세이건(1999), 64.

이러한 데카르트의 주장은 살아있는 동물들도 무생물인 기계와 똑같은 것으로 인식하게 함에 따라 아무런 양심의 가책 없이 살아있는 동물들을 실험용으로 사용할 수 있었을 것이다. 데카르트는 인간과 동물을 완전히 분리하여 본 것이다.

그런데 우리는 가끔 사찰의 불이문(不二門)을 통과하게 된다. 불이(不二)는 글자 그대로 '둘이 아니다'라는 뜻이다. 대승불교에서는 '생사 즉 열반'이나 '범부 즉 붓다'라고 하며 둘이 아니라고 하고 있다. 이 불이(不二) 사상의 근원이 『유마경(維摩經)』이라고 보는 견해가 많다. 『유마경』은 기원 전후에서 서기 300년경 사이의 대승(大乘) 경전이다. 유마는 불이(不二) 사상을 바탕으로 대승불교의 보살(菩薩)정신과 재가불교의 이상을 명확히 제시해 주고 있다. 유마경은 대승교도 입장에서 이전 교단 성문승들의 자리적(自利的)인 측면을 비판하며 중생에 대한 염원과 이타적(利他的)인 자비를 주제로 한다.[90]

'유마(維摩)'는 재가자 신분으로 보살행을 실천하는 표상(表象)으로 중생을 교화(敎化)하기 위하여 열반에 들지 않고 중생과 하나가 되어 중생들의 괴로움 실상을 알고 그 괴로움에 합당한 보살행을 실천하는 것이다. 반야바라밀다(般若波羅蜜多)를 행하는 자를 보살(菩薩)이라고 하는데, 일체의 분별과 집착을 떠난 그의 무한한 자아 부정적 실천은 남과 사회를 결코 외면할 수 없다.[91]

따라서 수행자나 재가자도 다름이 없는 불이(不二)이므로 유마는 재가자로 살면서 보살행을 실천하는 것이다. 이와 같이 달마의 반야바라밀 즉 도(道)와 비도(非道)의 무아무심(無我無心)의 행은 바로 유마의 불이사상(不二思想)을 여실히 드러낸 것이라고 볼 수 있다.[92]

『유마경』에서 유마가 보살들에게 "불이(不二)의 깨달음이 무엇인지 각자의 방법으로 말해보세요"하고 요청하자 먼저 31명의 보살이 자신의 견해를 밝히고 나서, 문수(文殊)에게 똑같이 질문하고 문수가 대답한다.

---

90) 정운(2022), 133.
91) 고익진(2015), 201.
92) 강혜원(1995), 394.

마지막으로 문수가 유마(維摩)에게 질문하고 그 대답에 대하여 문수가 찬탄하는 형식으로 구성되어 있다.

우리가 분별심을 일으켜 둘[二]이라고 하는 것을 31명의 보살들은 둘이 아니라 하며 불이(不二)에 대한 견해를 밝힌다. 우리가 분별심을 일으켜 둘이라고 생각하는 삶과 죽음, 더러움과 깨끗함, 착함과 악함, 중생과 붓다, 깨달음과 어리석음, 아(我)와 무아(無我) 등 모든 게 둘이 아니라고 한다. 즉 보살은 생사와 열반, 번뇌와 보리, 나와 남 등의 모든 분별을 떠나 평등한 수행을 할 뿐만 아니라 궁극적인 경계를 얻는 일도 없다.93)라고 하는 것이다.

31명의 보살들이 각각 불이(不二)를 설명하니 불이(不二)가 설명될 수 있을 것 같았다. 그렇지만 '둘이 아니다[不二]'라는 것이 생겨나려면 둘[二]이 존재해야 가능한 것이다. 어둠이 있어야 밝음이 있듯이 죽음[死]이 있어야 삶[生]이 존재하는 것이므로 죽음 없이는 삶 또한 존재하지 않는 것이고, 나[自]와 네[他]가 본래 하나라면 자타불이(自他不二)라는 말이 생겨날 수 없는 것이다.

생사불이(生死不二)가 되기 위해서는 이미 생사가 둘이어야 하고 붓다가 있으려면 중생이 있어야 하므로 말로는 불이(不二)를 설명할 수 없는 것이다. 그래서 문수는 "일체법에 언설이 없으며 보임도 없고 앎도 없어서 모든 문답을 떠난 것이 불이법문에 들어가는 것이다."94)라고 말한다. 이처럼 문수는 보살들이 말한 것들에는 여전히 둘이라는 낱말이 남아있음을 지적하며, 말하거나 설할 것도 없고, 명시하거나 가르칠 것도 없어야 모든 대립의 논쟁을 벗어나 둘이 아닌 진리에 깨달아 들어가는 것이라 말한다.

그리고 문수는 유마에게 불이(不二)에 대하여 말해 줄 것을 청한다. 이에 대해 유마는 침묵으로 응답한다. 문수는 유마의 침묵이야말로 언어와 문자의 분별을 완전히 넘어 '둘이 아닌 진리'에 들어가는 길을 가장 잘 표현한 것이라며 크게 찬탄한다. 이 내용이 바로 그 유명한 '유

---

93) 고익진(2015), 107.
94) 『維摩詰所說經』(T14, 551c)

마(維摩)의 침묵(沈默)'이다. 둘이 아닌 진리에 깨달아 들어가는 길을 설한 '입불이법문품(入不二法門品)'은 『유마경』 전체에서도 가장 짧은 품에 속한다. 그러면서도 『유마경』의 핵심이라고 말해지는 품이기도 하다. 유마의 '말 없음'은 『유마경』의 장대한 흐름이 여기에서 절정을 맞는다고 할 수 있다.

즉 불이(不二)에 대하여 31명의 보살들은 각자 불이(不二)에 관해 말로써 설명하였고, 문수는 일체법은 말로 설명할 수 없다고 하였으며 유마는 침묵한 것이다. 다시 말하면 31명의 보살들은 연기법을 직접 언어와 문자로, 문수(文殊)는 연기법을 중도(中道)로, 유마(維摩)는 한 발 더 나가 연기법을 붓다의 침묵[無記]과 같은 침묵으로 설명하고 있는 것으로 볼 수 있다. 이 세 가지로 설명한 불이(不二)의 의미는 같은 것이지만 서로 다른 방법으로 설명한 것이다.

그렇다면 하나인가. 둘이 아니면 하나가 되는가 하는 의문을 가지게 된다. 하나라면 스스로 존재하는 것이라면 연기법이 될 수가 없다. 둘이어야만 상호 의존하여 둘이 아닌 게 되는 것이다. 그래서 '하나'라고는 할 수 없고 '둘이다'라고도 말할 수 없는 것이다.

우선 근본적이고 연기법의 원리적인 측면에서 살펴보면 둘이라는 믿음은 진리가 아니며, 둘에서 하나를 선택하게 되면 수행할 수도 깨달음을 얻을 수도 없다는 것이다. 붓다와 중생이 근원적으로 둘이라고 가정해 보자. 붓다는 영원히 붓다, 중생은 영원히 중생일 수밖에 없다.

그렇지만 연기법에 따라 생겨난 것이기에, 중생은 본래 중생이 아니고 붓다는 본래 붓다가 아니라 그 일시적 이름이 중생이고 그 일시적 이름이 붓다인 것이다. 둘이 아니기에 중생이 붓다가 될 수 있는 것이다. 우리가 둘이라고 생각하는 차별성은 단순히 인식하는 것에 그치지 않는다. 둘이라고 생각하면 나는 그 둘 중 하나를 택하고 내가 택한 것에 가치를 부여하게 된다. 다른 말로 하면 그 하나에 대하여 자기중심적 사고를 하며 나는 옳다는 집착을 일으킨다는 말이다.

각자 자기를 기준으로 "이것은 좋고 저것은 나쁘다. 이것은 아름답고 저것은 추하다. 이것은 깨끗하고 저것은 더럽다."라고 생각하며 분별하고 집착을 일으킨다. 이렇게 되면 '나'라는 존재가 우주의 중심에 서게 되고, 그러면 모든 걸 자기중심적으로 생각하고 행동할 수밖에 없다는 게 문제이다. 나는 홀로 존재하는 독립적인 존재가 아니라 상호작용 하는 연기적 존재이다.

그런데 우리는 이렇게 모든 것이 상호작용 한다는 것을 잊어버리고, 자기의 입장만을 고집한다. 상호작용 하는 너와 나는 둘이 아님에도 둘이라고 생각하며 자기중심적 사고를 하며 나는 옳고 너는 틀렸다고 한다. 다른 사람이 틀린 것이 아니라 단순히 나와 다른 것인데, 내가 옳고 네가 그른 것이 아닌데, 이를 인정하지 못하고 남을 비난하게 되고, 비난하게 되면 점점 갈등과 분쟁 그리고 전쟁으로까지 이어지는 괴로움이 가득한 세상이 되어가는 것이다.

지금 살아가는 내가 그리고 내가 살아가는 사회가 겪고 있는 상황이 바로 이와 같은 것이다. 지금 너와 내가 살아가는 자본주의에서는 너와 나, 둘의 차별들이 좀 더 구체화 되고, 거기에 너와 나의 탐욕이 덧붙여져서 수많은 차별적 문제점이 극단적으로 생겨나고 있다. '보수'와 '진보', '남녀노소', '우열', '빈부', '노사' 등의 갈등이 점점 더 극단적으로 치닫고 있는데, 이러한 상황도 결국 그 뿌리를 거슬러 살펴보면, 모든 것을 둘로 나누고 둘 중 내 것은 옳은 것이며 너의 것은 틀렸다고 믿는 집착에서 나오는 것이다. 너와 내가 둘이라고 생각하는 결과는 우리 사회를 심각하게 병들게 하는 양극화 현상이다.

둘이 아닌 참된 모습을 알지 못하고, 그 무지에 집착이 덧붙으면 이런 끔찍한 결과가 온다. 그러니까 우리는 '둘이 아닌 연기법의 진리'를 깨달아 들어가야만 하는 것이다. '둘이 아닌 진리'에 깨달아 들어간다는 것은 상대적 차별을 벗어나되, 다시 상대적 차별의 세계 속에서 살아가는 것이라 볼 수 있다. 자기중심적 사고에서 벗어나 틀린 것이 아니라 다름을 알고, 폭넓게 다름을 받아들이는 가운데 같음을 아는 커다란 마음을 가지는 것이다. 이를 바탕으로 서로의 다름이 조화롭게 살아갈 수 있는 세상을 만들어 가기 위하여 힘찬 실천을 하는 참다운 존재가 되는 것이다.

그러니까 유마의 침묵은 죽은 침묵이 아니다. 그 침묵은 상대적 차별성의 경계를 벗어난 침묵이다. 그렇다면 남은 것은 무엇인가? 그 침묵은 다시 일상의 세계로 뛰어들어 적극적으로 긍정적 업(業)을 지어가는 삶의 원동력이 되는 침묵이다. 현실 속에서 비겁하게 침묵하는 것과는 다르다. 수많은 주장과 시비 속을 자유롭게 노니면서도 거기에 집착하거나 걸림이 없는 여유로운 침묵이 되는 것이다. 그래서 불이(不二)가 말하고자 하는 것은 결국 연기법으로 모든 중생은 모두 평등하다는 것이고 평등하다는 것은 독립적으로 존재하는 것이 아니라 서로 연결된 존재라는 것이다.

『화엄경(華嚴經)』에서도 '하나의 티끌 속에 우주가 담겨 있다.'[95]라는 말이 있다. 왜 티끌 속에 우주가 담겨 있을까? 티끌과 우주가 연결되어 있어 둘이 아니고 하나라면 담겨 있다는 표현마저도 어색할 것이다. 빗방울이 바다에 떨어지는 비유를 통하여 불이(不二)를 유추해 보자. 빗방울이 하늘에서 바다에 떨어진다. 빗방울은 온도나 성분 등이 바닷물과 균일하지 않다. 빗방울은 빗방울로 존재한다. 그러나 실체는 없다. 실체는 없지만 빗방울이 바다와 하나가 아닌 둘로써 존재하면 너와 나 분별이 생기고 너와 나는 각자 자기의 존재를 유지하기 위한 번뇌 망상이 생겨 편안할 수가 없다.

그렇지만 시간이 흘러 빗방울이 바닷물과 완전히 하나가 될 때 비로소 너와 나를 구별할 수 없는 상태가 되면 불이(不二)에 이르는 것이다. 그렇지만 빗방울이 없어진 건 아니다. 그러나 있다고 할 수 있는가. 신수(神秀)와 혜능(慧能)의 게송을 보자. 신수(神秀)는

> "몸은 깨달음의 나무요 마음은 밝은 거울 바탕일세. 때때로 털고 부지런히 닦아서 때가 끼지 않게 하세."[96]

라 하였는데 5조 홍인(弘忍)으로부터 깨달음의 인가를 받지 못했다. 그런데 혜능은

---

95) 『大華嚴一乘法界圖』(B32, 781a)
96) 『六祖大師法寶壇經』(T48, 348b)

> "보리(菩提)에 본래 나무가 없고 밝은 거울 또한 틀이 아닐세. 본래 한 물건도 없는데 어느 곳에 끼일 티끌이 있겠는가."[97]

라고 하여 인가받았다. 선사들의 게송을 자의적으로 해석하는 걸 금한다고 하지만 어렵게 얻은 깨달음의 결과를 중생들에게 널리 알려 중생들이 괴로움에서 벗어나는 데 활용할 수 있게 해야 한다. 이것이 붓다가 깨달은 목적이며, 선사를 포함한 우리 모두의 목적이 되어야 할 것이다.

어쨌든 신수는 빗방울이 바닷물에 조금이라도 남아있는 상태를, 혜능은 빗방울이 바다와 완전히 하나 되어 빗방울의 존재를 말할 수 없는 상태[不二]에 이른 것을 게송으로 설명하려 한 것은 아닐까. 붓다 역시 깨달은 뒤 논리적으로 자기가 본 사물의 이중성을 말로 표현할 길이 없기에 설법을 주저한 것으로도 볼 수 있다. 그래서 '생사 즉 열반'이나 '색즉시공', '불생불멸'과 같은 것은 언뜻 보기에 앞뒤가 맞지 않는 것 같지만, 불교의 연기(緣起) 및 불이(不二)를 언어적으로 표현하기 위한 궁여지책이다.

또 이것이 우주의 실상이며 진리인 것이다. 양자론에 따르면 우주는 얽혀 있다. 불이(不二)이다. 즉 우리는 얽힘의 시대에 살고 있다고 한다. 그렇지만 우리가 얽힘의 시대에 살고 있는 것이 아니라 우주가 얽혀 있다는 사실을 이제야 깨닫는 것이다. 왜 그런지는 모르지만 우리는 그리고 모든 존재는 서로가 서로에 대해 서로서로 얽혀 있다.

> 두 실체는 늘 상호작용을 하며 서로 얽힌다. 두 실체가 광자(빛의 작은 알갱이)든 원자(물질의 작은 알갱이)든 아니면 먼지 티끌, 현미경, 고양이 또는 사람처럼 원자로 이루어진 큰 물체든 마찬가지이다. 얽힘 현상은 이 실체들이 그 밖의 다른 어떤 것과 상호작용을 하지 않는 한 아무리 멀리 떨어져 있어도 일어난다. 하지만 그 미세한 작용에 비해 고양이나 사람은 너무 크기

---

97) 『六祖大師法寶壇經』(T48, 348b)

> 때문에 우리는 그 영향을 알아차리지 못한다. 하지만 아원자 입자의 운동은 얽힘 현상의 지배를 받는다. 얽힘 현상은 그 입자들이 상호작용을 할 때 시작된다. 얽히게 되면 입자들은 더 이상 고립된 존재가 아니다. 서로 아무리 멀리 떨어져 있더라도 한 입자를 잡아당기거나 측정하거나 관찰하면, 마치 온 세상이 둘 사이를 잇기라도 하듯 다른 입자도 즉시 반응하는 것처럼 보인다. 하지만 왜 그런지 아무도 모른다.[98]

과학은 실체가 늘 상호작용을 하며 서로 얽혀 있음을 밝힌다. 두 실체가 원자이든, 고양이 또는 사람처럼 원자로 이루어진 큰 물체든 모두가 거리에 상관없이 얽혀 있다는 것이다. 그 미세한 얽힘 현상은 우리가 알아차리지 못하지만 아원자 입자의 운동은 얽힘 현상의 지배를 받고 있다. 입자들은 서로 얽혀 있어 아무리 멀리 떨어져 있더라도 한 입자를 측정하면 다른 입자도 즉시 반응하는 것처럼 보인다. 이처럼 얽혀 있다는 건 연기법이고 불이이다. 거시세계는 미시세계를 바탕으로 이루어져 있다. 따라서 미시세계가 얽혀있다면 우리가 알아챌 수는 없을지라도 거시세계도 얽혀있다. 그렇지만 왜 얽혀 있는지는 아무도 모른다.

과학이 발전하면서 붓다의 연기법은 다른 종교의 교리와 달리 부정되지 않는다. 지금까지 이해하지 못하고 풀 수 없었던 수수께끼 같았던 과학적 현상을 연기법의 관점에서만 이해하고 해결할 수 있게 된 것이다. 과학이 발전할수록 우주 삼라만상 모든 존재가 서로 얽혀 상호작용하고 있다는 사실이 밝혀지고 있는 것이다. 따라서 기존 서양의 이분법적(二分法的) 사고에서 벗어나 불이(不二)의 관점으로 세상을 바라보며 삶을 살아야 한다는 인식의 전환이 필요한 것이다. 너와 나는 둘이 아니다.

그리고 유마경의 31명의 보살이 말한 불이(不二)의 항목에 과학 보살이 밝힌 불이(不二)의 내용을 추가해야 할 것이다. 즉 아인슈타인 보살이 밝힌 시간과 공간, 물질과 에너지가 불이 항목에 추가 되어야 하고, 양자론 학자 보살들이 밝힌 입자와 파동도 불이 항목에 추가되어야

---

[98] 루이자 길더(2016), 19.

한다. 이처럼 과학이 발전할수록 연기법의 내용은 더 풍부해지고 그 풍부해진 내용을 바탕으로 중생들은 괴로움에서 벗어날 수 있는 효율적인 방법을 찾을 수 있게 되는 것이다. 결국 둘이 아니라는 것은 서로 사랑하라는 것이다. 그래서 연기법은 한마디로 사랑이다.

나) 수행법

(1) 12연기(十二緣起)

6차[99] 결집에 참여했던 미얀마 밍군사야도의 저서에서 붓다는 깨달음을 성취하신 후 바로 설법하신 것이 아니라 49일 동안 선정 등을 통하여 깨달으신 연기법을 숙고하신 후 설법하셨다고 밝히고 있다. "붓다는 깨닫기 전과 깨달은 후에 이렇게 12 연기에 대하여 거듭 깊이 생각하시고 새기셨습니다."[100]

50일째 되는 날 초전법륜경(初轉法輪經)을 설법하신 사르나트(Sarnath), 녹야원(鹿野苑)을 향하여 발걸음을 옮겨 녹야원에서 다섯 비구에게 깨달은 내용을 설법한다. 다섯 비구에게 깨달음을 이룬 후 처음으로 설법한 내용이 연기법이 아닌 중도(中道)와 사성제(四聖諦)이다. 연기법을 숙고하고 12연기를 거듭 생각하고 다섯 비구에게는 중도와 사성제를 첫 번째로 설법했다는 사실에서 붓다의 근본적 깨달음은 중도와 사성제라고 하는 의견도 생겨났다.

붓다는 다섯 비구에게 중도와 사성제를 첫 번째로 설법한 이후 열반에 들 때까지 깨달음에 대한 가르침은 수많은 중생에게 다양한 방법으로 계속되었다. 따라서 붓다의 열반 이후 수많은 가르침 중 진정한 붓다의 깨달음이 무엇인가에 대하여 서로 다른 수장늘이 생겨난다. 붓다의 깨달음이 무엇인지 모호해지는 가운데 자신들의 주장만이 붓다의 진정한 깨달음이라고 믿게 되고 교단은 분열된다.

그렇지만 붓다의 깨달음은 연기법이다. 12 연기는 연기라는 단어

---

99) 6차결집은 불멸 2500년 기념사업으로 1954년~56년까지 미얀마에서 거행되었고 밍군사야도 스님이 아난존자 역할을 맡았음.
100) 밍군사야도(2009), 64.

때문에 연기법과 같은 것으로 이해하는 경우가 많다. 그렇지만 12 연기는 나의 관점에서 내가 살아가는 과정에서 겪게 되는 생노병사를 연기법으로 설명하는 것이다. 나는 오온으로 구성되어 있다. 오온인 나는 연기법에 따라 생겨난다. 연기법으로 생겨난 오온으로 구성된 내가 살아가면서 겪는 삶의 과정도 연기법에 따라 이루어진다. 우리가 일반적으로 12 연기를 말하고 있으나 붓다는 항상 12단계의 연기만을 말하지 않고 상황에 따라 2단계 연기부터 12단계까지 다양하게 설명하였는데 후세에 12단계 연기를 표준화시킨 것이라고 할 수 있다.

앞에서 언급한 것처럼 초기 경전 중 하나인 『우다나(Udana)』 맨 앞부분 「깨달음의 1경」을 보면 붓다의 깨달음은 연기법임을 알 수 있다. 12 연기를 설명하기 전에 연기법을 먼저 설명하고 있다. 12연기의 시작은 무명(無明)인데 무명은 우리가 일상적으로 쓰는 단어인 무지(無知)와 비슷한 의미로 볼 수 있다. 즉 연기법을 모르는 것을 무명(無明)이라고 하는 것이고 무명이 조건이 되어 발생하는 모든 행위가 행(行)이다.

그런데 그 행은 중생들이 자신의 참모습을 모르는 무명의 상태에서 거짓된 나를 중심으로 살아가면서 형성하는 행으로 무명행(無明行)이 된다. 즉 연기법을 모르는 무명의 상태로 행위[行]를 하면 그 행위가 조건이 되어 의식[識]이 생겨나고, 그 의식을 조건으로 오온인 나[名色]를 형성하며, 나는 여섯 개의 감각기관[六入]을 통하여 경험[觸]하게 되고, 그 경험에서 좋고 나쁨을 구별[受]하여 좋은 것[愛]만 취하려는 욕망[取]이 생기고, 그 욕망을 조건으로 존재[有]라는 것이 생겨나서 생노병사의 순환을 겪게 되는 것이라고 깨달음의 경에서 설명하고 있다. 즉 나라는 존재가 생겨남과, 나라는 존재가 살아가는 과정이 모두 연기법에 의한다는 것이다.

우리는 태어나면서부터 의식이 일정한 형태로 존재한다고 믿고 있지만 심리학자들이 연구한 바에 의하면 인간의 행동이 인간의 의식(意識)을 형성시킨다고 한다. 삶이 의식을 형성하고 의식이 다시 삶을 형성하게 되는 것이다. 따라서 삶이 다르면 의식도 다르게 형성되는 것이다. 이러한 사실은 우리의 일상적인 삶 속에서도 발견할 수 있다.

크게는 동양 사람의 의식구조와 서양 사람의 의식구조는 다르다.

태어나면서부터 다른 것이 아니라 서로의 삶의 방법이 달라서 의식이 다르게 형성되는 것이다. 이와 마찬가지로 같은 동양사람, 한국사람, 한 가족이라 해도 더 나아가 쌍둥이라 해도 똑같은 삶을 살아가지 않기 때문에 개개인의 의식은 같을 수 없다.

의식이 다르면 보이는 세상이 달라진다. 이렇게 각자마다 다른 의식을 토대로 다른 세상에서 살아가는 가운데 자신이 좋아하는 것만 선택하여 자신만의 자아와 세계를 형성하고 자신만이 옳다고 주장하며 갈등을 일으키며 살다가 늙고 병들어 죽어가는 것이다. 연기법을 모르는 상태에서 거짓된 욕망이 가득 찬 자아를 중심으로 살아가는 가운데 의식(意識)이 형성되므로 올바른 의식이라고 할 수 없다. 그렇지만 무명에서 벗어나면 올바른 의식을 가질 수 있고 올바른 의식을 갖게 되면 생노병사의 괴로움에서 벗어날 수 있다는 것이다. 붓다는 괴로움의 원인과 함께 그 원인에서 벗어나는 방법도 함께 깨달은 것이다.

깨달음의 1경이 생노병사가 생겨나는 원리를 말하고 있고 깨달음의 2경에서는 소멸함의 원리를 설명하고 있다. 즉 괴로움이 연기법의 원리로 생겨났으므로 괴로움의 소멸도 연기법에 따라 이루어진다는 것이다. 연기법의 진리를 알면 모든 것에는 원인이 있다는 걸 분명히 알게 될 것이므로 모든 의혹이 사라진다는 것이다. 「깨달음의 2경」에서는 「깨달음의 1경」과 반대로 연기법에 따라 생노병사가 소멸하는 원리를 12단계로 설명한다.

한때 세존께서 우루벨라의 네란자라강 언덕 보리수 아래에서 비로소 바르고 원만한 깨달음을 얻었다. 그때 세존께서는 가부좌를 하고 해탈의 지복을 체험하면서 이레 동안을 계셨다. 마침 세존께서는 이레가 지나자마자 그 삼매에서 일어나 밤의 초야에 조건적 발생의 법칙인 연기에 대하여 순관으로 이치에 맞게 정신활동을 기울였다. [세존] '이것이 없을 때 저것이 없고, 이것이 사라짐으로써 저것이 사라진다. 곧 무명이 남김없이 사라져 소멸하면 형성이 소멸하고, 형성이 소멸하면 의식이 소멸하며, 의식이 소멸하면 명색이 소멸하고, 명색이 소멸하면 여섯 감역이 소멸하며, 여섯 감역이 소멸하면 접촉이 소멸하고, 접촉이 소멸하면 느낌이 소멸하며, 느낌이 소멸하면 갈애가

> 소멸하고, 갈애가 소멸하면 집착이 소멸하며, 집착이 소멸하면 존재가 소멸하고, 존재가 소멸하면 태어남이 소멸하며, 태어남이 소멸하면 늙음과 죽음, 우울, 슬픔, 고통, 불쾌, 절망이 소멸한다. 이와 같이 해서 모든 괴로움의 다발들이 소멸한다.' 그리고 세존께서는 그 뜻을 헤아려, 때맞춰 이와 같은 감흥어린 시구를 읊었다. [세존] "참으로 열심히 노력을 기울여 선정을 닦는 님에게 진리가 나타나면, 조건지어진 것들은 소멸하고야 만다는 사실을 인식함으로 그 거룩한 님에게 모든 의혹이 사라진다."101)

'이것이 없을 때 저것이 없고, 이것이 사라짐으로써 저것이 사라진다.' 곧 무명이 남김없이 사라져 소멸하면 형성[行]이 소멸하고 차례로 식, 명색… 유, 생노병사가 연기법으로 사라지는 것이다. 모든 존재는 연기법에 따라 생성되지만, 소멸도 또한 연기법에 따르는 것이다. 생성됨과 마찬가지로 연기법의 진리가 나타나면, 조건으로 생겨난 모든 것은 소멸되고야 만다는 사실을 알게 되므로 모든 의혹이 사라진다고 하고 있다.

진리가 나타난다는 건 연기법의 진리를 깨닫는 것이고 연기법의 진리를 깨달으면 모든 어리석음 즉 무명(無明)에서 벗어나 모든 의혹이 해소된다고 초기경전에서는 분명히 밝히고 있다. 이것은 불교에서 고통의 원인을 외부로부터 주어지는 것이라기보다는 인간의 내적 문제인 무명(無明)에 원인이 있다고 보는 것이다. 붓다가 고통의 원인이 내적인 요소임을 효과적으로 설명하는 것이 12연기인 것이다. 그렇지만 붓다는 연기법이 명료함에도 12연기는 심오하다고 말한다.

> 모든 교법을 명료히 파악했음에도 불구하고, 붓다가 오직 12연기 만을 발생하는 순서대로 그리고 소멸하는 순서대로 관찰한 것은 다음과 같은 이유에서이다. 붓다가 위빠사나 명상을 실천할 때 순서대로 12연기를 관찰하면서 12연기는 대단히 미묘하고 심오하며 식별하기 어렵기 때문이다.102)

---

101) 『우다나』 전재성 역주(2021), 58-59.
102) 밍군사야도(2009), 277.

붓다는 연기법을 깨닫고 생노병사가 발생하는 것을 12단계의 순서대로 또 반대로 12단계의 과정을 거쳐 소멸하는 것을 관찰하면서 12연기는 미묘하고 식별하기 어렵다고 하고 있다. 왜 12연기는 특별히 미묘하고 식별하기 어려울까?

관찰자가 자기 자신을 관찰하는 것이 얼마나 곤혹스러운 일인지를 양자(量子)의 개념을 처음으로 제안하여 훗날 양자역학을 탄생케 한 독일의 물리학자 막스 플랑크의 말을 들어보면 짐작할 수 있을 것이다. 과학은 자연의 궁극적인 신비를 결코 풀지 못할 것이다. 자연을 탐구하다 보면 자연의 일부분인 자기 자신을 탐구해야 할 때가 반드시 찾아오기 때문이다. 주와 객이 하나가 된 상태에서 자신이 본 것을 묘사한다는 것은 인식의 주체가 자신을 인식대상으로 보고 자신에 대해 언급한다는 뜻이다. 주와 객이 하나가 된 상태에서 본 것을 형식논리로는 묘사할 수 없게 된다.[103]

12연기는 내가 인식주체이면서 동시에 인식대상이 되는 것이다. 연기법으로 나를 제외한 대상으로서의 우주를 존재론적으로 해석하면 제행무상이 되고, 나를 포함하여 인식론적으로 해석하면 12연기가 되는 것이다. 제행무상 즉 연기법으로 우주는 무상하게 존재한다. 오온으로 구성된 나라고 하는 무상한 존재가 무상하게 존재하는 우주를 인식하며 동시에 나의 생노병사 12단계의 과정을 인식하는 것이다.

그래서 붓다도 연기법의 주와 객이 동시에 이루어지는 12연기는 특별히 더 미묘하고 심오하며 중생들에게 설명하기도 어렵다고 하는 것이다. 붓다는 깨달음을 얻은 후 첫 번째 설법이니 다섯 비구에게 연기법을 이해시켜야 한다고 생각했을 것으로 유추해 볼 수 있다. 그래서 12연기를 좀 더 쉽게 설명할 필요가 있었을 것이다. 그래서 연기법을 좀 더 쉽게 설명하기 위하여 연기법의 근본원리나 미묘하고 알기 어려운 12연기 대신 중도와 사성제를 설법했다고 생각할 수 있다. 중도와 사성제는 괴로움의 측면에서 중생들이 괴로움에서 벗어나는 방법을 구체적이고 쉽게 제시한 것이라고 할 수 있다.

---

103) 김성구(2021), 98.

앞에서 살펴본 것처럼 나라고 하는 존재도 연기법에 의하여 생겨난다. 연기법에 의하여 촉이 생성되고 촉을 조건으로 오온인 나를 생성시키고, 오온인 내가 12단계를 거쳐 생로병사를 겪게 되는데 그 과정을 표로 나타내면 다음과 같다.

촉(觸)을 통한 오온 증장 및 연기 순환 과정[104]

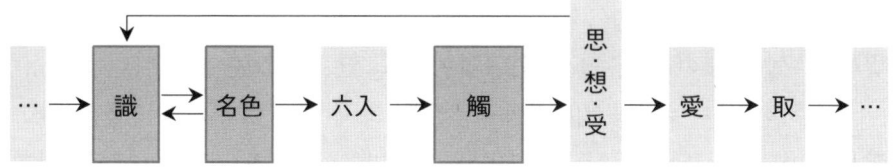

앞에서 살펴본 바와 같이 내·외육입처가 연기하여 촉(觸)이 생겨나고 촉(觸)에서는 오온(五蘊)의 요소인 수(受), 상(想), 사(思)가 생겨나는 동시에, 촉(觸)을 연(緣)하여 수(受)가, 수를 연하여 애(愛)가, 애를 연하여 취(取)가, 취를 연하여 유(有)가, 유를 연하여 생(生)이, 생을 연하여 노사(老死)가 생겨나는 연기가 시작도 끝도 없이 계속되는 것이다. 즉 우리의 감각기관을 통하여 촉이 생성되면 촉에서 오온(五蘊)인 내가 형성되어 증장(增長)되어 갈 뿐만 아니라, 촉(觸)을 연하여 수(受)·애(愛)·취(取)가 생겨나는 12 연기의 과정을 붓다는 깨달은 것이다.

붓다는 육체와 정신을 이분법적으로 보지 않는다. 앞에서 언급한 바와 같이 삶이 의식을 형성하고 다시 의식이 삶을 형성하는 것이다. 이것을 붓다는 다음과 같이 설명한다. 12연기의 네 번째 지분이 명색(名色)인데 명(名)은 오온 중 정신적인 요소인 수·상·사를 색(色)은 육체를 말하는데 명색이 모여 쌓이면 식(識)이 모여 쌓여 오온이 형성된다고 한다.[105] 오온에서 식은 다섯 가지 요소 중 맨 뒤에 위치하므로 명색이 모여 쌓이고 다음에 식이 모여 쌓이는 것이 가능하고 합리적인 설명이 된다.

---

104) 김용강(2023), 123.
105) 『雜阿含經』(T2. 15b)

그런데 12연기에서는 식(識)이 명색(名色) 앞에 놓이게 되므로 명색이 모여 쌓이고 식이 모여 쌓이려면 거꾸로 가야 한다. 그런데 『아함경』에서는 이 부분에 대하여도 설명하고 있다. 즉 명색은 식을 연(緣)하여 생겨나고 반대로 명색을 연하여 식이 생겨난다고 설명하고 있다.106) 식과 명색은 상호작용을 하는 것이다. 그래서 연기법에 따라 괴로움이 생겨나는 과정과 연기법에 따라 괴로움이 소멸하는 과정에 대한 설명이 가능한 것이다. 따라서 12연기는 연기법에 따라 괴로움이 발생하고 소멸하는 것에 대한 이론이자 수행법이라고 할 수 있는 것이다.

이처럼 붓다는 '정신[識]'과 '정신과 육체[名色]'가 상호작용 한다고 하는데 이는 식과 명색이 '둘[二]'이 아니라고 설명하는 것이다. 즉 식과 명색이 상호작용을 한다는 건 우리의 정신과 육체가 이분법으로 나누어질 수 없다는 것으로 이해할 수 있다. 시간과 공간, 물질과 에너지, 입자와 파동 등 그동안 우리가 둘이라고 믿어왔던 것들을 현대과학이 둘이 아니라는 것을 밝혀냈다. 그런데 데카르트가 주장한 대로 육체와 정신만 둘이 될 수 있겠는가.

우리의 삶의 과정에서 형성되는 의식 즉 정신이 육체에 유입이 된다면 육체와 정신은 둘이라고 할 수 없을 것이다. 현대과학은 정신과 육체가 둘이 아님을 서서히 밝혀내고 있다. 즉 경험으로 생겨나는 정신이 몸에 유입된다는 걸 증명하는 것이다. 즉 경험도 유전이 된다고 밝혀내고 있는데 유전이 되려면 경험이 육체에 유입이 되어야 가능할 것이다.

예를 들어 지금까지 우리의 믿음대로라면 조부모의 경험인 정신은 조부모의 사망과 함께 사라지므로 우리와 상관이 없어야 한다. 그렇지만 최근의 후성유전학은 조부모의 경험도 우리에게 유전된다는 사실을 밝혀냈다. 후성유전학(Epigenetics)은 DNA 염기서열의 변화 없이 나타나는 유전자 기능의 변화가 유전되는 현상을 연구하는 학문으로 경험이 유전된다는 것을 밝혀낸 것이다.

이처럼 후성유전적 대물림에 관한 연구들은 후성유전적 표지들이 때로는 생식계열을 통해서도 대물림될 수 있음을 증명했다.107) 나아가

---

106) 『雜阿含經』(T2, 81a)

획득 형질의 유전에 관한 연구들은 경험에서 영향을 받은 후 후성유전적 표지들이 생식계열을 통해 대물림될 수 있음을 시사했다.[108] 얼마 전까지만 해도 생물학자들은 우리 삶의 경험이 유전된다는 것은 있을 수 없고 불가능하다고 주장했었다. 데카르트는 정신과 육체가 완전히 분리되어 서로 독립된 것으로 보았는데 붓다는 육체와 정신이 상호작용 하는 관계로 둘이 아님을 밝힌 것이다. 붓다는 이미 2,600여 년 전에 이 사실을 알고 있었던 건 아닐까? 연기법은 참으로 신비롭고도 심오하다.

(2) 중도(中道)

연기법을 깨달은 붓다는 일곱 나무 밑에서 7일씩 49일 동안 깨달음의 법열을 향유 하며 생각한다. 집착에 쌓여있는 중생들이 "이것이 있으므로 저것이 있다."라는 도리와 연기의 도리를 본다는 것은 참으로 어려운 일이다.[109] 연기의 도리가 이해하기 어렵고, 깨닫기 어렵고, 고요하며 숭고하여 붓다가 비록 설법한다고 할지라도 다른 사람들이 이해하지 못할 것을 염려한다.

붓다는 '누구를 대상으로 설법할까?'하고 고민하다가 과거에 같이 고행하던 다섯 비구를 생각하고 그들이 머무는 녹야원으로 향한다. 그들은 붓다를 반기는 것이 아니라 고행을 포기하고 사치한 생활로 돌아간 타락한 수행자라고 생각하고 거부한다. 그렇지만 붓다는 자신이 깨달음을 얻은 여래라고 밝히며 그들에게 첫 설법을 시작한다. 그런데 다섯 비구에게 설법한 내용이 중도와 사성제이다. 그래서 붓다의 깨달음이 중도나 사성제라는 주장이 생겨난다.

> 비구들아, 두 가지 극단이 있으니 출가자들은 결코 가까이해서는 안 된다. 두 가지란 무엇인가? 하나는 여러 가지 애욕에 빠져 그것을 즐기는 것이니, 그것은 열등하고 세속적이고 범부의 짓이고 성스럽지 못하고 이익되는 바가

---

107) 데이비드 무어(2023), 321.
108) 위의 책, 321.
109) 『마하박가 I』 최봉수 역(1998), 47.

> 없다. 다른 하나는 스스로를 괴롭히는 짓에 빠져 고통스러워하는 것이니, 그것도 성스럽지 못하고 이익되는 바가 없다. 비구들아, 여래는 이 두 가지 극단을 버리고 중도(中道)를 원만히 잘 깨달았다. 중도는 눈을 뜨게 하고 앎을 일으킨다. 그리고 고요함과 수승(殊勝)한 앎과 바른 깨달음과 열반에 도움이 된다. 그러면 비구들아, 여래가 원만히 잘 깨달았고, 눈을 뜨게 하고 앎을 일으키고, 고요함과 수승한 앎과 바른 깨달음과 열반에 도움이 되는 중도란 어떤 것인가? 그것은 곧 여덟 가지 성스러운 길[八正道]을 말하는 것이니, 정견(正見), 정사유(正思惟), 정어(正語), 정업(正業,) 정명(正命), 정정진(正精進), 정념(正念), 정정(正定)이다. 비구들아, 이것이 여래가 원만히 깨달았고 열반에 도움이 되는 중도이다.110)

이처럼 붓다의 첫 번째 설법은 두 극단을 가까이해서는 안 된다는 것이다. 두 극단 중 하나는 '쾌락을 즐기고, 쾌락에 몰두하는 것'이다. 유물론적 사상을 배경으로 많은 사람들이 그러는 것처럼 사정이 허락하는 대로 쾌락을 즐기고 쾌락에 몰두하는 것을 인생의 최고 가치로 여기는 것이다.

그러나 이는 결국 심신을 피폐하게 할 뿐 진리에 다다르는데 이익이 되지 않는다. 다른 하나의 극단은 '자기 자신을 스스로 괴롭히는 데 몰두하는 것'으로 고행을 의미한다. 쾌락에 탐닉하는 삶은 그 당시 수행자들이 피하는 것이었기 때문에 그에 대해서는 다시 언급할 필요도 없는 것이지만, 그 당시 여러 수행자가 해탈을 성취하기 위해서 선택했던 고행도 싯다르타를 해탈로 인도하지는 못하였다.

자이나교(Jaina)는 고행을 해탈의 수단으로 믿었으나 붓다에 의하면 고행 또한 심신의 피폐만을 가져올 뿐 진리를 성취하는 데 도움이 되지 않는다. 그러므로 붓다는 쾌락과 고행이라는 두 가지를 수행자가 취하지 말아야 할 두 개의 극단이라고 한 것이다. 다섯 비구에게 가장 필요한 건 고행에서 벗어나는 것이라고 판단한 붓다는 우선 중도를 설법한 것이다.

두 개의 극단을 떠나라는 중도는 무엇인가. 쾌락과 고행의 중간 지

---

110) 『마하박가Ⅰ』 최봉수 역(1998), 59-60.

점 어디에 있는 것인가. 중도(中道)에서 중(中)자가 중도를 이해하기 어렵게 하고 있다. 중(中)이 가운데를 뜻하기 때문에 중(中)자의 의미를 따라 모자람과 지나침의 중간이라는 공자(孔子)의 중용(中庸)과 비슷한 의미로 오해하는 경우가 많다.

그렇지만 중도는 중용(中庸)과 달리 중간이 아니라 인간의 이분법적 사고와 그에 의해서 이루어진 판단의 결과를 부정하는 것이다. '중도(中道)'에서 '중(中)'은 가운데란 말이 아니라 바른, 올바른, 그런 의미이다. 그래서 경전에서는 "중도는 곧 정도이다(中者正也)"라고 말하고 있다. 고행과 쾌락 중 어떤 것이 바른 견해인가. 중도는 두 가지 모순된 이분법적 견해의 양쪽 모두에서 벗어나라는 것이다. 즉 중생들이 가지고 있는 이분법적 견해가 바른 견해가 아니고 자신만의 잘못된 견해에 갇혀 있는 것이므로 거기에서 벗어나야만 한다는 것이다. 이분법적 견해에서 벗어나 바르게 볼 수 있는 방법을 제시한 것이 중도이다.

연기법은 시작도 없고 끝도 있을 수 없으므로 이분법적으로 나눌 수 없다. 즉 두 극단이 있을 수 없다. 연기법을 이해하고 두 극단을 떠난 것이 중도이다. 중도가 곧 연기법이다. 이 '바르다'라는 뜻을 가진 중(中)에다가 수행을 뜻하는 '도(道)'가 붙으면 중도(中道)가 된다. 따라서 중도를 '바른 수행법'으로 이해하면 된다.

붓다는 고행과 쾌락의 중도만을 설한 것이 아니다. 근본적인 실재론(實在論)도 중도로 설명한다. 중도는 서양에서 찾아 헤매던 제1 원인이나 근본적인 실체를 이미 중도로 설명하는 것이다. 붓다는 중도로 존재[有]와 비존재[無]에 대하여 설법하고 있다. 있음[有]과 없음[無]에 대하여 있음[有]도 극단이고, 없음[無]도 극단이라고 한다. 즉 '있음도 아니고, 없음도 아니다.'라는 것으로 이는 현재 양자론에서 존재를 설명하는 방식과 너무나 흡사하다. 즉 모든 존재는 입자[有]도 아니고 파동[無]도 아니다.

바른 견해[正見]라고 하는데 바른 견해는 어떻게 해서 있게 되는가. 깟짜야나여, 세상 사람들은 대부분 '있다[有]'라는 상견[常見]과, '없다[無]'라는 단견[斷見], 두 가지에 의존한다. 깟짜야나여, 세상의 발생을 있는 그대로 바로

> 보는 자에게는 '없다'라는 관념이 사라진다. 세상의 소멸을 있는 그대로 바로 보는 자에게는 '있다'라는 관념이 사라진다. 깟짜야나여, 세상 사람들은 대부분 욕망과 집착에 묶여 있다. 하지만 욕망과 집착에서 벗어나 그것을 '나의 자아'라고 고집하지 않는 사람은, '단지 괴로움이 일어날 뿐이고, 단지 괴로움이 소멸할 뿐이다'라는 것에 대하여 의문을 가지지 않고 의심하지 않는다. 여기에 대한 그의 지혜는 다른 사람을 의지하지 않는다. 깟짜야나여, 이렇게 해서 바른 견해가 있게 된다. 깟짜야나여, '모든 것이 있다'라는 것은 하나의 극단이고, '모든 것은 없다'는 것은 두 번째 극단이다. 깟짜야나여, 그래서 나는 양극단을 떠나 중도를 말한다.[111]

장작불이 생겨나는 원리를 생각하면 '없다[無]'라는 고정관념이 사라지고 장작불이 꺼지는 원리를 생각하면 '있다[有]'라는 고정관념이 사라질 것이다. 본래 없던 장작불이 생겨났고 내 눈앞에서 타고 있던 장작불이 사라졌다. 장작불은 어디서 왔다가 어디로 가는가. 장작불은 실재하는 것인가. 실재하지 않는 것인가.

이는 모순이 대립하는 명제로 볼 수 있다. 모순 대립 명제에서는 어느 하나를 선택한다는 것 자체가 성립될 수 없음에도 불구하고 동서고금을 막론하고 모든 종교와 철학에서는 둘 중 하나를 선택하는 것 외는 다른 길이 없다고 생각한다. 확인할 수 없음에도 불구하고 자신만의 입장에서 '있다'와 '없다' 둘 중 하나만 진리라고 생각한다. 그리고 다른 하나는 진리가 아니라고 주장한다.

그렇지만 붓다는 중도로 '있다[有]'와 '없다[無]'를 설명한다. '있다'와 '없다'를 나타내는 유무중도(有無中道)는 모든 중도 사상의 근본이다. 우리가 존재라고 하는 건 실제로 '있는 것인가?' '없는 것인가?'라는 궁금증이 가장 근원적인 궁금증이기 때문이다. 왜냐하면 상주 불멸하는 자아(自我)의 존재 여부에 대한 궁금증도 근본적으로 '있는가[有], 없는가[無]'의 문제로부터 시작되기 때문이다.

신(神)과 같은 절대적 존재를 믿지 않는 사람들의 대부분은 과학지

---

111) SN 12:15

식에 근거하여 죽음 이후에도 몸을 구성하고 있던 원자(原子)는 변함없이 지구상에 남게 되지만 정신은 뇌(腦)가 없어지면 존재의 근거가 사라지는 것이므로 더 이상 존재할 수 없는 것으로 믿고 있다. 과학이 원자의 특성을 발견하기 전까지는 죽음 이후 육체가 흙으로 돌아간다고 생각하여 육체도 정신과 같이 소멸된다고 믿었을 것이다. 따라서 붓다 당시에는 육체와 정신 모두 죽으면 그만이라고 믿는 사람도 있을 것이고 이와 같은 생각을 단견(斷見)이라고 했다.

반대로 육체가 죽은 후에도 영혼(靈魂)은 영원히 죽지 않고 다른 세상이나 다음 생[來世]에 가서 태어난다고 믿는 것을 상견(常見)이라 하는데 이는 육체와 독립되어 존재하는 영원불멸의 영혼(靈魂)이 존재한다는 생각에서 비롯된 것이다.

붓다는 정신과 육체가 같다고 해도 깨달음을 위한 수행이 있을 수 없고, 다르다고 해도 수행이 있을 수 없기 때문에 깨달음을 추구하는 수행자는 마음이 중도(中道)로 향해야 한다고 하고 있다. 죽음과 함께 모든 것이 사라진다고 생각한다면 죽음에서 벗어날 수 있는 길은 없다. 수행을 통하여 생사에서 벗어날 수 있는데 죽음과 함께 모든 게 사라진다면 수행한 결과도 사라질 것이므로 근본적으로 죽음에서 벗어날 길이 없게 되어 수행은 무의미한 것이 된다. 따라서 단견에는 수행이 있을 수 없다.

영혼은 불멸한다는 상견(常見)에도 깨달음을 위한 수행이 있을 수 없다. 본래 영혼은 죽지 않는다면 죽음에서 벗어나기 위해 수행한다는 것은 의미 없는 일이기 때문이다. 결국 단견과 상견은 수행을 무의미하게 한다는 동일한 결론에 도달하게 된다. 수행(修行)은 진리에 대한 바른 이해가 있을 때 제대로 실천할 수 있는 것이다.

생사와 관련하여 미린다 왕은 나선 스님에게 죽어 없어진 자와 다시 태어난 자가 동일한가 하고 물었다. 죽은 자와 태어난 자가 동일하다면 변하지 않는 생명의 실체를 인정하는 것이 된다. 이는 모든 존재의 변하지 않는 실체는 없다는 연기법에 어긋나는 것이다. 또한 죽은 자와 태어난 자가 전혀 상관없는 것이라면 연기법의 결과로 나타나는 업보를 부정하는 우연론이 된다. 결국 이는 결국 유(有), 무(無)가 양립할 수 있는가 하는 질문이 된다.

이에 대해 나선 스님은 "짜낸 우유가 굳은 우유가 되고 이것이 다시 버터가 될 때 그 각각은 동일한 것도 아니지만 굳은 우유나 버터는 우유에서 만들어진 것이다. 어린아이와 어른은 동일하지 않으나 어린아이가 자라 어른이 된다. 이와 같이 생겨나는 것과 없어지는 것은 다른 것으로 보이지만 변화하는 것이며 변화의 과정은 지속된다. 이리하여 존재는 동일하지도 않고 다르지도 않으면서 최종 단계의 의식으로 포섭된다."라고 답하였다. 짜낸 우유와, 굳은 우유, 버터가 동일한 것도 아니지만 서로 연관되듯이 어린아이와 어른도 동일하지 않지만 서로 연관된다. 모든 존재는 계속해서 변해가므로 같은 것도 아니고 그렇다고 완전히 다른 것이 되는 것도 아니다. 이것이 중도이며 중도는 연기법의 다른 표현이다.

위의 인용문에서는 중도가 곧 연기법임을 명확히 밝히고 있다. 중도 즉 연기법의 가르침은 무엇이 '있다', '없다'의 가르침이 아니라 '있다고 하는 것이 어떻게 형성되고', '없다고 하는 건 어떻게 사라지나?'에 대한 가르침이다. 연기법에서 말하는 '있음'은 '없음'과 타협할 수 없는 고정 불변하는 '있음'이 아니고, '없음'은 '있음'과 타협할 수 없는 고정 불변하는 '없음'이 아니다. 모든 것은 연기법, 즉 조건에 따라 일시적으로 '있음'과 '없음'이 생겨나 조건에 따라 다시 '있음'이 '없음'이 되고 '없음'이 '있음'이 되는 것이다.

어리석은 중생은 이분법적 논리에 의해서 모든 것을 분별한다. 즉, '있다'가 아니면 '없다'로 분별하고, '옳다'가 아니면 '그르다'로 분별한다. 대부분 중생은 '있을 수도 있고 없을 수도 있다'라는 것을 이해하지 못한다. 이처럼 중도의 진리에서 벗어나 양극단 중 하나를 택한 중생의 견해를 붓다는 변견(邊見)이라 했다. 변견은 모든 것을 이분법으로 나누고 둘 중 하나를 선택하는 삶을 살아가게 되는데 이러한 삶은 잘못된 것이니 중도의 진리로 살아갈 것을 중생들에게 제시하는 것이다.

붓다가 열반에 든 후 부파불교 당시 일부 부파는 존재의 실체를 긍정하거나 연기법의 진리와 어긋나는 주장이 많이 생겨났다. 그것을 바로 잡으려 파사현정(破邪顯正)한 것이 용수의 『중론(中論)』이다. 용수는 초기불교를 비판하고 대승불교를 수립하려고 한 것이 아니라, 부파불교에 의해 왜곡된 초기불교를 바로잡고자 한 것이다. 즉 연기법을 바로 세워 붓다의 가르침으로 돌아가고자 한 것이다. 용수는 연기법의 진리를 알려 주신 붓다에게 감사를 표하며 팔부중도가 연기법임을 밝히고 있다.

> "발생하는 것도 없고[不生] 소멸하는 것도 없으며[不滅],
> 서로 이어진 것도 아니고[不常] 서로 끊어진 것도 아니며[不斷],
> 서로 같지도 않고[不一] 서로 다르지도 않으며[不異],
> 어디선가 오는 것도 아니고[不來] 어디론가 가는 것도 아니며 [不去],
> 온갖 망상을 잠재우며[戱論寂滅] 상서로운[吉祥]
> 연기[緣起]의 진리를 가르쳐 주신 부처님,
> 최고의 스승이신 그분께 머리 조아려 예배드립니다."112)

　　귀경게의 내용은 불생불멸(不生不滅), 불상부단(不常不斷), 불일불이(不一不異), 불래불거(不來不去)인데 부정을 뜻하는 불(不)자를 여덟 번 사용하여 '팔부중도(八不中道)'라 한다. '팔부중도(八不中道)'가 바로 연기법이며 연기법을 알려 준 붓다에게 경의를 표하며 연기법은 수많은 잘못된 주장과 사상, 즉 희론(戱論)을 잠재울 수 있다고 하고 있다. '팔부중도(八不中道)'는 중생이 무명에 쌓여 둘이라고 믿는 대표적인 여덟 개가 둘이 아니[不]라고 하는 것이다. 이 여덟 개의 부정을 세 글자로 하면 연기법(緣起法) 이고 두 글자로 하면 중도(中道)이고 한 글자로 하면 공(空)인 것이다.

　　장작불과 같이 모든 존재는 유(有)나 무(無)로 규정할 수 없기 때문에 서양에서 찾던 존재의 실체는 존재하는 것도 아니고 존재하지 않는 것도 아니라는 것이 연기법이다. 이처럼 심오한 연기법 혹은 중도의 진리를 깨닫는 방법은 무엇일까? 그것은 두 극단 즉 유(有)나 무(無)를 떠나 중도(中道)를 사유하고 실천하는 것이다. 그 중도는 다름 아닌 팔정

---

112) 『中論』(T30, 1b)

도라고 밝히고 있다. 팔정도 수행을 하면 중도의 진리를 깨닫게 되는 것이다. 중도는 연기법의 진리가 되는 동시에 연기법을 수행하는 방법이 되는 것이다.

> 비구들이여, 여래는 이 두 가지 극단을 떠나 중도를 깨달았다. 이것은 눈을 생기게 하고, 지혜를 주고, 寂靜, 최상의 지혜, 바른 깨달음, 열반으로 이끄는 것이다. 비구들이여, 여래는 이 두 가지 극단을 떠나 중도를 깨달았다. 이것은 눈을 생기게 하고, 지혜를 주고, 寂靜, 최상의 지혜, 바른 깨달음, 열반으로 이끄는 것이다. 그 중도란 무엇인가? 그것은 팔정도(八正道)이다.[113]

중도(中道)는 모든 이분법적인 논리 자체를 부정한다. 붓다가 깨달은 중도는 진리를 보는 눈과 지혜를 만들고 열반으로 인도한다. 그리고 그 중도, 즉 깨달음에 이르는 바른 길은 구체적으로 정견으로부터 정정에 이르는 팔정도(八正道)라고 분명하게 밝혔다. 팔정도마다 머리에 '정(正)'이라는 표현을 사용하여 바른길을 상징한다. 즉, 팔정도를 수식하는 '정(正)'이라는 말은 일반적으로 '올바른'이라고 해석되나 정(正)에는 '완전한', '완성된' 또는 '모든 것을 포함한 것'과 같은 의미도 내포돼 있다. 여기에 중도의 본질이 있다.

중도는 '쾌락과 고행, 있음과 없음' 등 여러 가지 극단적인 견해에서 벗어나 팔정도 실천을 통하여 깨달음에 이르게 하는 이론과 함께 실천하는 방법을 아우르는 것이라고 정의할 수 있다. 팔정도를 열거하면 바르게 알고[正見], 바르게 생각하고[正思惟], 바르게 말하고[正語], 바르게 일하고[正業], 바른 사명을 갖고[正命], 바르게 노력하고[正精進], 바른 신념을 가지며[正念], 바르게 마음을 안정시키는 것[正定]이다.

바른 견해로 바른 행동을 하면 바르고 안정된 마음이 생긴다는 것이다. 팔정도는 그저 머리로 이해하는 것이 아니라 바로 몸으로 실천해야 하는 수행의 방법이다. 이것이 깨달음으로 이끄는 최상의 수행법인 것으로 바르게 생활하면 마음이 안정되고 마음이 안정되면 괴로움에서

---

113) SN 56:11

벗어날 것이고 그것이 중도이다. 중도가 단순하게 보일지 모르나 모든 물질적 존재가 그 존재의 실체가 없듯이 우리가 살아가면서 겪는 정신적 희노애락도 그 존재의 실체는 없다. 우리가 살아가면서 겪게 되는 괴로움도 분명히 실체를 가지고 스스로 존재하는 것이 아니고 반드시 그 괴로움이 생겨나게 하는 어떤 조건이 있을 수밖에 없다.

그래서 괴로움 그 자체에서만 벗어나려 하지 말고 그 괴로움이 생겨난 이전의 조건을 찾아내야만 그 괴로움에서 벗어날 수 있는 것이다. 그러한 삶의 자세를 취할 때 이분법의 논리에 빠지지 않고 올바른 삶을 살아갈 수 있다. 이 중도는 나와 너, 옳음과 그름, 이것과 저것, 내 편과 네 편으로 나뉘어 대립하고 갈등하는 고통을 치유하는 바른길이다. 그러한 삶이 중도의 길이고 바른 삶이다.

그리고 그런 삶은 초기경전 곳곳에서 강조하고 있듯이 바로 지금 여기에 충실함이다. 지금 여기를 놓쳐버리면 과거나 미래로 얽혀들고 그런 태도로는 모두 '있다[有]' 혹은 '없다[無]'는 존재론적 가설에 함몰되어 버린다. 그러므로 중도는 연기법을 지금 여기에서 매 찰나 올바르게 행하는 실천 수행이라 할 수 있다. 연기법은 심오하나 특별한 수행을 요구하지 않을 뿐만 아니라 특정한 사람에게만 전승되는 비밀스러운 가르침도 아니며, 누구나 삶 속에서 실천하고 실행할 수 있는 법이다. '법에 의지하라'는 말은 붓다에게도 의지하지 말라는 말이다. 오직 자기 자신과 연기법에만 의지하라는 것이다. 용수는 인연 즉 연기법에 의하여 모든 존재[法]가 생겨나는데 용수는 그것을 공이라고 말하고 있다.

> 여러 인(因)과 연(緣)에 의해 생겨나는 것이 법(法 : 존재)이다. 나는 이것을 공(空)하다고 말한다. 그리고 또한 가명(假名)이라고도 말하며, 중도(中道)의 이치라고도 말한다. 단 하나의 법(法 : 존재)도 인과 연을 따라 생겨나지 않은 것이 없다. 그러므로 일체의 모든 법이 공하지 않은 것이 없다. 모든 것이 공하지 않다면 생겨남도 사라짐도 없는 것이며, 그렇다면 사성제의 법 또한 없는 것이다.114)

---

114) 『中論』(T30, 33b).

용수는 공하지 않다면 생겨남도 사라짐도 없다고 하고 있다. 또한 연기법이 공(空)이고 중도(中道)라고 밝히고 있다. 중도에서만 수행이 가능한 것이다. 우리가 아무리 불교의 교리를 많이 안다고 해도 중도(中道)에 서지 않으면 교리가 실천으로 이어질 수가 없다. 중도의 진리를 알게 되면 '있음'도 아니고 '없음'도 아니다.

그렇지만 중생들은 각자의 욕망과 집착으로 있음이나 없음 중 하나를 택하고 둘 중 하나에 집착하는 삶을 살게 되면 연기법의 진리와는 멀어지게 된다. 자신의 집착이 강하면 강할수록 연기법과는 더욱더 멀어지는 것이다. 연기법은 실체가 있는 게 아니고 모든 존재를 일시적으로 생겨나게 하는 원리라서 상황에 따라 공(空)으로도 가명(假名)으로도 중도(中道)라고도 부르는 것이다. 연기법이 없으면 사성제도 없고 존재도 없다고 하고 있다.

(3) 사성제(四聖諦)

붓다는 첫 번째로 설법한 다섯 비구에게 중도를 설법한 후 이어서 다음과 같이 사성제를 설법했다.

> 그리고 비구들아, 여기에 성스러운 고제(苦諦)가 있다. 곧 태어남도 괴로움, 늙음도 괴로움, 병듦도 괴로움, 죽음도 괴로움이다. 좋아하지 않는 것과 만나는 것도 괴로움, 사랑하는 것과 헤어짐도 괴로움, 원하는 것을 얻지 못하는 것도 괴로움이다. 간단히 말하면 오취온은 괴로움이다. 다시 비구들아, 여기에 괴로움에 대한 성스러운 집제(集諦)가 있다. 곧 재생(再生)을 유도하고, 희열과 탐욕을 동반하여 이곳저곳에 집착하는 갈애이다. 다시 말하면 애욕에 대한 갈애, 존재에 대한 갈애, 번영에 대한 갈애가 그것이다. 비구들아, 여기에 괴로움에 대한 성스러운 멸제(滅諦)가 있다. 곧 갈애를 남김없이 소멸하고 포기하고 버리고 벗어나 집착하지 않는 것이다. 비구들아, 여기에 괴로움의 소멸로 이끄는 성스러운 도제(道諦)가 있다. 곧 여덟 가지 성스러운 길을 말하는 것이니, 정견, 정사유, 정어, 정업, 정명, 정정진, 정념, 정정이다.[115]

---

115) 『마하박가Ⅰ』 최봉수 역(1998), 60-61.

사성제(四聖諦)는 고성제(苦聖諦), 집성제(集聖諦), 멸성제(滅聖諦), 도성제(道聖諦) 네 가지를 말한다. 붓다가 연기법을 깨달은 후 삶의 과정을 사유하고 고찰한 후 괴로움의 생성과 소멸의 관점에서 연기법을 설명한 게 사성제이다.

사성제(四聖諦)의 첫째는 고제(苦諦)이다. 일반적으로 사성제에서의 고(苦)는 구체적으로 생·노·병·사(生老病死)의 4고(苦)에, 미워하나 만나고[怨憎會苦] 사랑하나 헤어지고[愛別離苦] 구하나 구할 수 없고[求不得苦] 오온으로 이루어진 괴로움[五蘊盛苦] 4가지를 더하여 여덟 개의 괴로움을 말한다. 이중 앞의 7개 괴로움은 우리가 살아가면서 일상생활에서 겪는 것이고 오온성고는 오온으로 구성된 나라는 존재 자체가 괴로움이라 하는 것이다.

당시 인도의 종교나 많은 사상가들은 자아를 아트만(ātman)과 같이 '상주불변의 실체'라고 생각하였다. 그러나 붓다는 인간은 오온으로 구성되어 있으며 오온은 무상한 것으로 인간의 내면에 오온 이외에 상주 불변하는 아트만(ātman)과 같은 실체는 존재하지 않는다고 하였다.

나의 실체가 있거나 내가 내 몸의 주인이라면 나는 내 몸을 내 의지에 따라 조정할 수 있어야 할 것이다. 태어나고 싶지 않으면 태어나지 않아야 하고, 늙고 싶지 않으면 늙지 않아야 하고, 병에 걸리고 싶지 않으면 병에 걸리지 않아야 하고, 죽고 싶지 않으면 죽지 않아야 할 것이다. 그러나 내 몸은 나는 나의 뜻과 상관없이 태어났고, 질병에 걸리고, 늙어 죽는다. 고(苦)는 우리가 생각하는 일반적인 고통이 아니라 항상 변화하나 그 변화가 내 뜻대로 변화하지 않는 삶의 과정을 고라고 한 것이다.

둘째는 집제(集諦)이다. 집이란 고의 원인이나 이유라는 뜻이다. 고의 원인으로서 '갈애(渴愛)'를 뜻하는데, 12연기에서는 무명(無明)과 갈애를 괴로움의 원인으로 함께 보고 있다. 그러나 갈애가 생기는 원인이 연기법을 모르는 무명에서 비롯되는 것이니 무명이 더 근본적인 괴로움의 원인이 되는 것이다. 무명에 쌓여 자기중심적 사고로 모든 것을 유(有)와 무(無)로 구분하고 그 하나에 대하여 집착하고 갈애를 일으키나 유(有)와 무(無) 모두 진리가 아니므로 갈애를 일으킬수록 삶은 갈애가 충족되는 방향으로 흘러가는 게 아니라 더욱 더 갈애를 일으키는 그 반대 방향으로 가게 되므로 괴로움은 더욱 더 커지게 된다.

셋째는 멸제(滅諦)이다. 멸제는 깨달음의 목표, 곧 이상향인 열반(涅槃)의 세계를 가리킨다. 즉 모든 번뇌의 원인인 집착과 갈애를 남김없이 제거함으로써 모든 괴로움이 사라진 상태인 열반, 즉 깨달음을 성취하는 것을 말한다.

넷째는 도제(道諦)이다. 도는 이상향인 열반에 도달하는 방법으로서의 수행법이며, 구체적으로 팔정도(八正道)라는 여덟 가지 수행법을 제시하고 있다. 이는 중도에서 말한 바 있다. 즉 양극단을 피하여 올바른 수행을 하는 것이 중도이고 그 중도의 수행법이 팔정도라고 하였는데 사성제에서도 괴로움을 제거하는 방법도 팔정도인 것이다. 즉 연기법에 대한 수행법은 팔정도인 것이다.

사성제가 제일의 법이지만 사성제 또한 연기법으로 생멸하므로 붓다는 12 연기로 사성제를 설명하고 있다. 즉 12 연기를 통하여 괴로움이 생기는 원인과 그 괴로움에서 벗어나는 방법을 설명한 것이 사성제이다. 연기의 도리를 알지 못하기 때문에 괴로움이 나타나는 진리를 보여주는 것이 고성제와 집성제이고, 연기의 도리를 깨달아 괴로움을 소멸하는 진리를 보여주는 것이 멸성제와 도성제이다.[116]

사성제는 괴로움이 생겨나는 과정을 12 연기의 무명으로부터 12단계로 설명하고, 괴로움이 소멸되는 과정도 반대로 12단계로 설명하는 것이다. 괴로움이 생겨나는 것은 순관(順觀)이라 하고, 반대로 소멸되는 것을 역관(逆觀)이라 하는 것이다. 따라서 연기법을 모르면 사성제를 실천할 수 없고 사성제를 실천하지 않으면 괴로움에서 벗어날 수 없는 것이다.

12 연기의 이치가 매우 어려워 세상 사람들이 이해하기가 곤란하다는 것을 알고 직접적으로 괴로움의 원인과 그 괴로움에서 벗어나는 방법을 이해하기 쉽게 설법한 것이 사성제라고 할 수 있다. 붓다는 중생들이 오묘한 연기법의 진리를 바로 알지 못한다고 할지라도 사성제만 이해하고 실천하여도 괴로움에서 벗어날 수 있다고 생각한 것이다. 따라서 사

---

116) 이중표(2021), 27.

성제는 괴로움에서 벗어나기 위한 이론과 동시에 실천적 방법인 것이다.

> 붓다는 12연기를 발생의 순서대로 그리고 소멸의 순서대로 거듭 관찰하면서 더욱더 명료하게 윤회에서 고통이 발생하는 과정을 이해했다. 무명 등의 원인이 있음으로써 계속하여 행과 같은 결과들이 일어남을 이해한 것이다. 같은 식으로 붓다는 윤회에서 고통이 소멸하는 과정을 이해했다. 무명이 멸진하는 것을 원인으로 하여 행이 멸진하게 됨을 이해한 것이다.117)

붓다는 『중아함경(中阿含經)』 「상적유경(象跡喩經)」에서 진리에 이르는 길이 한량없이 많다 하더라도 그 모든 법은 다 사성제(四聖諦)를 벗어나지 않고 사성제의 진리 안으로 들어오기 때문에 사성제가 모든 법 중에서 제일이라 한다. 그것은 모든 짐승의 발자국 중에 코끼리의 발자국이 제일 커서 다른 동물의 발자국은 모두 코끼리 발자국 안으로 들어가는 것과 같은 이치라고 하고 있다.

> 붓다가 비구들에게 비록 한량없는 선법(善法)이 있더라도 그 모든 법은 다 네 가지 성스러운 진리[四聖諦]에 포섭되는 것으로서 네 가지 성스러운 진리 안으로 들어오기 때문에 네 가지 성스러운 진리를 일체법에서 제일이라 한다. 왜냐하면 많은 선법을 다 포섭하고 있기 때문이다. 비구들이여, 그것은 마치 모든 짐승의 발자국 중에 코끼리의 발자국이 제일 큰 것과 같은 이치이다. 왜냐하면 저 코끼리 발자국이 가장 넓고 크기 때문이다. 이와 같이 저 한량없는 일체 선법도 다 네 가지 성스러운 진리에 포섭되어 네 가지 성스러운 진리 안으로 들어온다. 그래서 네 가지 성스러운 진리[四聖諦]를 일체법에서 제일이라고 한다.118)

사성제는 넘치지도 않고 부족하지도 않은, 잘 구성된, 시작도 중간도 훌륭하고 끝도 훌륭하고 더 말할 나위 없이 완벽하고 지극히 청정한 수행법으로 제일임을 밝히고 있다. 연기법의 진리를 이해하지 못한다고

---

117) 밍군사야도(2009), 277.
118) 『中阿含經』(T1, 464b)

할지라도, 즉 깨달음에 이르지 못했다고 할지라도 우리가 살아가면서 사성제만 이해하고 사성제에 맞는 삶을 살아간다면 부족함이 없고 또 모자라지도 않고 넘치지도 않는다는 것으로 괴로움에서 벗어날 수 있다는 것이다. 그리고 궁극적으로 해탈, 즉 깨달음에 도달할 수 있다는 것이다.

이 사성제에서도 '연기를 보면 법을 보고, 법을 보면 연기를 본다'고 하여 사성제의 논리적 근거는 연기법임을 밝히고 있다. 연기법을 이해하면 욕심이 없어지고 욕심이 없어지면 결국 해탈하게 된다는 걸 밝히는 것이다.

> 붓다는 또한 비구들이여 '만일 연기를 보면 곧 법을 보고, 법을 보면 곧 연기를 본다.'라고 하였다. 왜냐하면 비구들이여, 붓다는 5성음은 인연을 좇아 생긴다고 하였으니, 색성음 각성음 상성음 행성음 식성음이 그것이다. 과거 미래 현재의 5성음을 싫어하며, 싫어한 후에는 곧 욕심이 없어지고, 욕심이 없어지면 해탈하며, 해탈하면 해탈을 알게 되어서 생은 이미 다하고 범행은 이미 섰으며, 할 일은 이미 마쳐, 다시는 후세의 생명을 받지 않는다는 참뜻을 알게 된다. 이것을 비구가 일체를 크게 배우는 것이라 한다.[119]

앞에서 언급한 것처럼 괴로움은 우리가 일반적으로 살아가면서 마주하게 되는 육체나 정신적 고통이라기보다는 변화하는 데에서 오는 괴로움을 말한다. 변한다는 것은 연기적 존재이기 때문에 무상한 것이고 이 무상한 것을 괴로움이라고 하는 것이다. 중생이 괴로움을 단지 괴로움으로만 느끼고 만다면 그 괴로움을 제거하는 방법과 괴로움이 제거된 상태인 도성제와 멸성제는 불필요한 것이 될 수 있다. 괴로움의 실체는 내가 연기법을 이해함으로써 밝혀내야 하는 것으로 괴로움은 본질적으로 자기 자신을 이해하는 내적 성찰, 사유의 계기가 되는 것이다.

연기법에서는 전변설이나 적취설처럼 인간과 세계를 이루고 있는 본질적인 존재는 무엇인가를 문제 삼지 않는다. 이런 것을 문제 삼는 건 나와 우주, 즉 일체(一切)가 우리의 마음에서 연기한 것인 줄 모르기

---

119) 『中阿含經』(T1, 464b)

때문이다. 괴로움은 이러한 연기법을 모르는 무명에 빠져 있을 때 생겨나는 것이다. 따라서 붓다는 괴로움을 누가 만드는가를 묻는 것은 무의미하므로 그런 무의미한 논의를 해서는 안 된다는 것을 알려 주기 위해 연기법을 설하신 것이다.

앞에서 언급한 것처럼 용수도 사성제는 연기법으로부터 생겨난다고 하고 있다. 연기법이 공(空)이고, 중도(中道)이고, 사성제(四聖諦)라고 하고 있다. 붓다의 모든 설법은 한 마디로 연기법인 것이다.

다) 업보(業報)

인연과 더불어 업보는 우리에게 친숙한 단어이다. 우리는 삶의 여정에서 뜻하지 않는 어려움에 직면할 때 입버릇처럼 '내가 전생에 무슨 죄를 지어서', 혹은 '업보야 업보'라는 말을 자주 하곤 한다. 업보(業報)는 산스크리트어로 카르마(Karma)인데 어근은 동사 "kri"로 '행하다' 또는 '만들다'를 뜻한다. 모든 지각 있는 존재들은 태어나는 그 순간부터 행위를 하게 되고 그 행위는 결과를 형성하고 그 결과가 다시 조건이 되고 그 조건을 바탕으로 다시 행위를 하게 되는 것이다. 나의 '태어남'도 어떤 조건의 결과로 볼 수밖에 없다. 조건이 없는 결과는 성립될 수 없기 때문이다.

각각의 행위가 서로 독립적으로 보이지만 '카르마'의 관점에서 보면 모든 행위는 꼬리에 꼬리를 물고 일어나는 연쇄 작용으로 이어지는 것이다. 일반적으로 업보는 인과론적으로 생각하여 긍정적 업을 쌓으면 긍정적 보를, 부정적 업을 쌓으면 부정적 보를 받게 된다고 생각한다. 따라서 종교적 의미보다는 사필귀정, 자업자득, 인과응보, 권선징악 등의 의미로도 자주 사용된다. 이러한 관점은 선형인과율 관점이며 연기법에서 말하는 업보는 이렇게 단순하게 설명할 수 없다.

그러나 가끔 붓다는 설법 대상에 따라 업보를 선형인과율 관점으로 단순하게 설명하기도 한다. 우리는 태어나면서부터 서로 다르게 다른 환경에서 태어난다. 부유하고 귀한 가문에 태어나는 사람도 있고 빈곤하고 천한 가문에 태어나는 사람도 있다. 이러한 현상은 어떻게 설명해야 하는가. 이러한 궁금증은 당시 인도에도 있었다. 그래서 수바(Subha)라는 브라만 청년이 붓다에게 묻는다.

> 세존이시여, 사람들 가운데는 잘난 사람과 못난 사람이 있는데 그 원인이 무엇이고, 그 조건은 무엇입니까? 세존이시여, 사람들 가운데는 수명이 짧은 사람도 있고 장수하는 사람도 있으며, 병이 많은 사람도 있고 병 없는 사람도 있으며, 추한 사람도 있고, 예쁜 사람도 있으며, 힘없는 사람도 있고 힘이 센 사람도 있으며, 재산이 없는 사람도 있고 재산이 많은 사람도 있으며 천한 가문의 사람도 있고 귀한 가문의 사람도 있으며, 어리석은 사람도 있고 현명한 사람도 있습니다. 세존이시여 이와 같이 사람들 가운데는 잘난 사람과 못난 사람이 있는데 그 원인은 무엇이고 그 조건은 무엇입니까?[120]

어떤 사람은 특별한 이유도 모르는 채 유복한 집에서 태어나서 어린 시절부터 오래도록 안락한 삶을 살아가고 그 반면에는 그렇지 않은 사람도 많다. 또한 사람들은 태어나면서부터 잘난 사람, 못난 사람, 단명하는 사람, 장수하는 사람, 힘이 없는 사람, 힘이 센 사람 등이 있으나 왜 그러한 현상이 생겨나는지는 알 수 없다.

삶의 과정에서도 선한 사람이 복을 받으며 행복한 삶을 누려야 하는 것이 옳다고 생각되나 그러한 인과적 사실과 어긋나는 일들이 우리 주변에서 너무도 많이 발생한다. 즉 선한 사람이 어려움을 겪고 악한 사람이 행복한 삶을 영위하는 경우가 많은데 이러한 사실은 어떻게 설명해야 하는가. 이에 대하여 붓다는 브라만 청년에게 중생은 업을 원인으로 하여 태어나므로 그러한 차별이 생긴다고 설명한다.

> 중생은 업(業)의 소유자이며, 업의 상속자이며, 업을 모태로 하며 업의 친척이며, 업에 의지한다오. 업이 중생을 이와 같이 잘난 사람과 못난 사람으로 나눈다오.[121]

---

120) MN 135.
121) MN 135.

붓다는 중생들은 업을 지니고 있으며, 업의 상속자이고, 업에서 태어났고, 업이 그들의 집안이며, 업이 그들의 의지처이므로 업이 중생들을 구분 지어서 고귀하게 하거나 천박하게 한다고 한 것이다. 한마디로 '인간 불평등의 원인이 업(業) 때문'이라는 것이다. 이에 대하여 브라만 청년은 좀 더 상세하게 설명해 달라고 요청한다.

> 어떤 여자나 남자는 생명에 대하여 자비심이 없이 손에 피를 묻히고 잔인하게 살생을 일삼는다오. 그 업으로 인하여, 그와 같은 행동을 했기 때문에, 그와 같이 실행했기 때문에, 그는 몸이 무너져 죽은 후에 험난하고 고통스러운, 지옥과 같은 괴로움이 가득한 곳에 태어난다오. 만약에 몸이 무너져 죽은 후에 험난하고 고통스러운, 지옥과 같은 악취에 태어나지 않고 인간으로 돌아온다면, 어느 곳에 태어나더라고 수명이 짧다오. 브라만 청년이여 생명에 대하여 자비심이 없이 손에 피를 묻히고 잔인하게 살생을 일삼는 것이 짧은 수명으로 가는 길이라오. 브라만 청년이여, 어떤 여자나 남자는 살생을 하지 않고, 살생을 삼가고, 몽둥이와 칼을 내려놓고, 자비롭게 모든 생명을 애민(哀愍)하며 살아간다오. 그 업으로 인하여, 그와 같은 행동을 했기 때문에, 그와 같이 실행했기 때문에, 그는 몸이 무너져 죽은 후에 행복한 천상에 태어난다오. 만약 몸이 무너져 죽은 후에 행복한 천상에 태어나지 않고 인간으로 돌아온다면, 어느 곳에 태어나더라도 장수한다오.[122]

붓다는 궁극적으로 브라만교의 아트만과 같은 영원불변의 자아는 없다고 하였으나 업보에 의해서 윤회하는 것처럼 설명한다. 붓다는 설법의 대상이 윤회를 강력하게 믿고 있던 '브라만'이라는 것을 고려하여 업에 따라 다음 생에 나쁘게 태어난다, 좋게 태어난다고 하는 윤회를 방편으로 설법했다고 생각해야 한다. 신(神)이나 윤회의 유무와 상관없이 중요한 것은 우리가 긍정적인 마음으로 긍정적인 행위를 하면 긍정적인 결과를 기대할 수 있고, 부정적인 마음으로 부정적인 행위를 하면 부정적 결과가 다가온다는 것은 자연의 법칙이며 변함없는 사실이다. 다만 우주가 중중무진 연기로 얽혀있어 결과가 우리가 확인하고 이해할

---

122) MN 135.

수 있는 형태로 나타날 수는 없는 것이다.

> 브라만 청년이여, 이와 같이 짧은 수명으로 가는 길을 가면 수명이 짧게 되고, 긴 수명으로 가는 길을 가면 장수하게 되고, 많은 병으로 가는 길을 가면 병이 많게 되고, 무병으로 가는 길을 가면 병이 없게 되고, 추한 모습으로 가는 길을 가면 추한 모습이 되고, 사랑스러운 모습으로 가는 길을 가면 사랑스러운 모습이 되고, 무력하게 되는 길을 가면 무력하게 되고, 세력을 갖게 되는 길을 가면 세력을 갖게 되고, 가난하게 되는 길을 가면 가난하게 되고, 부유하게 되는 길을 가면 부유하게 되고, 천한 가문에 태어나는 길을 가면 천한 가문에 태어나고, 귀한 가문에 태어나는 길을 가면 귀한 가문에 태어나고, 어리석게 되는 길을 가면 어리석게 되고, 현명하게 되는 길을 가면 현명하게 된다오.123)

    붓다는 과거의 업 때문에 어쩔 수 없이 불평등하게 태어난다는 것을 인정하면서도, 태어난 이후의 삶은 자신의 노력 여하에 따라 개선할 수 있음을 강조한다. 초월적인 신이나 신비로운 힘에 의해서가 아니고, 나 자신의 행위에 따라 나의 삶은 결정된다는 것이다. 이것이 다른 종교나 철학에서 말하는 신의 뜻 혹은 운명과 다른 점이다.
    붓다는 긍정적 삶을 살며 최선의 행복을 성취하기 위해서는 연기법의 진리를 바로 볼 수 있는 정견(正見)이 필요하다는 것이다. 즉 연기법을 알아야 어떤 일을 해야 하고, 어떤 일을 하지 말아야 하는지, 자신에게 괴로움을 가져오는 행위가 무엇이고, 행복을 가져오는 행위가 무엇인지 알게 된다는 것이다. 업보(業報)는 연기법(緣起法)의 원리와 작용을 통하여 어떠한 행위의 원인과 결과를 설명하는 것이라고 할 수 있다.
    그렇지만 업보는 위 내용처럼 특정한 행동을 하면, 그에 해당하는 특정한 결과를 인과적으로 뚜렷하게 받는다고 단정할 수는 없다. 왜냐하면 똑같은 행위라고 하더라도 과거의 업에 따라 다르게 나타나고 또 다른 사람들의 행위와 상호작용의 결과로 나타나기 때문에 업의 결과를

---

123) MN 135.

단순하게 예측할 수는 없는 것이다. 그에 대하여 붓다는 소금물에 비유하여 설명한다.

> "어떤 사람은 몸을 닦지 않고, 계율을 지키지 않으며, 마음을 닦지 않고, 지혜를 닦지 않아서 그 수명이 아주 짧아지나니, 이것이 사람이 착하지 않은 업을 지으면 반드시 괴로움의 결과를 받되 지옥의 과보를 받는다고 하는 것이다. 비유하면 마치 어떤 사람이 소금 한 냥을 적은 물에 집어넣어 그 물을 짜게 만들어 사람들이 마실 수 없게 하려고 하는 것과 같다. 너희들 생각에는 어떠하냐? 이 소금 한 냥으로 적은 물을 짜게 만들어 사람들이 마실 수 없도록 할 수 있겠는가?" "그렇습니다. 세존이시여, 왜냐 하면 소금은 많고 물은 적으므로 짜서 마실 수 없게 될 것이기 때문입니다." "이와 같이 어떤 사람이 착하지 않은 업을 지으면 반드시 괴로움의 결과를 받되, 지옥의 과보를 받는다."124)

어떤 사람이 적은 양의 물에 한 냥의 소금을 넣어서 물을 마실 수 없을 만큼 짜게 하려 한다고 하면 그렇게 할 수 있다. 왜냐하면 소금은 많고 물은 적기 때문에 그 물은 바로 짜게 되어 마실 수 없는 것이다. 이 경에서 물은 긍정적인 업을, 소금은 부정적 업을 비유한 것이다. 우리가 연기법의 진리를 믿고 팔정도에 따른 삶을 살아서 긍정적 업이 많이 축적되어 있다면 조그만 부정적 행위는 큰 영향을 미치지 못한다는 것을 비유적으로 설명하는 것이다. 긍정적 업이 충분하지 못하다면 조그만 부정적 행위도 바로 부정적 결과로 나타나기 쉽다. 이처럼 똑같은 행위의 결과가 다르게 나타나는 것은 신의 뜻이나 운명이 아니고 그 사람의 평소 삶의 태도나 방법이 다르기 때문이라는 것이다.

> "어떤 사람은 몸을 닦고 계율을 지키며, 마음을 닦고 지혜를 닦아서 수명이 매우 길어지기도 하는데 이것을 어떤 사람이 선하지 않은 업을 지으면 반드시 괴로움의 결과를 받되, 현재 세계에서 과보를 받는다고 하는 것이니라. 비유

---

124) 『中阿含經』(T1, 433a)

하면 마치 어떤 사람이 소금 한 냥을 항하강에 던져 그 강물을 짜게 만들어 사람들이 마시지 못하게 하려고 하는 것과 같다. 너희들 생각에는 어떠하냐? 이 소금 한 냥으로 항하강 물을 짜게 만들어 사람들이 마시지 못하게 할 수 있겠는가?" "아닙니다. 세존이시여, 왜냐 하면 항하강의 물은 매우 많고 소금 한 냥은 아주 적은 분량이기 때문입니다. 그러므로 능히 짜게 하여 마시지 못하게 할 수 없을 것입니다." "이와 같이 어떤 사람이 선하지 않은 업을 지으면 반드시 괴로움의 결과를 받되 현재 세계에서 그 과보를 받게 된다."[125]

만일 어떤 사람이 한 냥의 소금을 갠지스강에 넣어서 갠지스강 물을 마실 수 없이 짜게 하려 한다면 이는 그럴 수 없다. 왜냐하면 항하강 물은 많고 한 냥의 소금은 적기 때문이다. 긍정적 삶을 통하여 형성된 긍정적 결과가 충분하다면 조그만 부정적 행위의 결과는 바로 나타나지 않을 수 있음을 설명한 것이다. 업보는 나만의 행위와 결과로만 이루지지 않는다. 다른 사람의 업보와 상호작용 하여 이루어지기도 한다. 이러한 원리는 염소와 주인의 관계에 비유하여 설법하고 있다.

어째서 남에게 염소를 빼앗기는가? 염소를 빼앗는 자는 왕이나 왕의 신하로서 위엄과 세력이 대단히 크고 저 염소 주인(현재 선업을 못 지은 사람을 비유한 말)은 가난하고 천하여 힘이 없다. 그는 힘이 없기때문에 갖가지로 굽실거리고 인사하며 구하고 찾으면서, '존자는 그 염소를 돌려주시오. 그렇지 않으면 그 값을 치러주시오.'라고 말하나 염소를 되돌려 받지 못한다. 이것이 이른바 남에게 염소를 빼앗기는 것이니라. … 염소를 도둑맞았지만, 어떻게 주인이 도로 찾을 수 있는가? 이른바 염소를 훔친 자는 가난하고 천하여 세력이 없고 염소 주인은 왕이나 왕의 신하로서 위엄과 힘이 세다. 주인은 힘이 세기 때문에 훔친 자를 결박하고 염소를 도로 빼앗아 가진다. 이것이 이른바 비록 염소를 도둑맞아도 주인이 도로 빼앗는다는 것이니라.[126]

내 행위의 결과는 과거 삶에 의해 영향을 받기도 하지만 다른 사람

---

125) 『中阿含經』(T1, 433a)
126) 『中阿含經』(T1, 433b)

행위의 영향을 받기도 한다. 즉 내 행위의 결과는 과거 내 행위뿐만 아니라 다른 사람의 행위와도 상호작용 하여 나타나는 것이다. 붓다는 이 경우를 양을 빼앗기는 것에 비유하여 설명한다. 어떤 사람이 양을 빼앗기거나 도둑을 맞아도 상대방에 따라 결과가 다르게 나타난다.

상대방이 나보다 긍정적인 업이 많다면 양을 빼앗겨도 되찾아 올 수 없다. 반대로 양을 도둑맞아도 나의 긍정적 업이 상대방보다 많다면 빼앗긴 양을 되찾아 올 수 있는 것이다. 이처럼 업보는 우리가 생각하듯이 선형인과율처럼 원인과 결과가 바로 나타나는 게 아니라 여러 가지 다른 조건들과 상호작용 하여 그 결과가 나타나는 것이다.

그렇다면 나는 나의 업에 대하여만 보를 받는가 하는 의문이 남는다. 즉 나의 괴로움은 나의 업으로 인한 것인가. 붓다에게 괴로움은 자신이 만든 것인지 남이 만든 것인지에 대해 질문하니 붓다는 둘 모두를 부정했다. 그렇다면 현재 당면하고 있는 괴로움은 누가 만든 것일까?

> "세존이시여 괴로움은 자기자신이 지은 것인가요?" 세존께서는 "깟싸빠여, 그렇지 않다오"라고 말씀하셨습니다. "고따마 존자여, 그렇다면 괴로움은 다른 사람이 지은 것인가요?" 세존께서는 "깟싸빠여, 그렇지 않다오"라고 말씀하셨습니다. "세존이시여, 그렇다면 괴로움은 자기 자신과 다른 사람이 지은 것인가요?" 세존께서는 "깟싸빠여, 그렇지 않다오"라고 말씀하셨습니다. 세존이시여, 그렇다면 괴로움은 자기 자신의 행위도 아니고, 다른 사람의 행위도 아니고, 우연하게 생긴 것인가요? 세존께서는 "깟싸빠여, 그렇지 않다오"라고 말씀하셨습니다. "고따마 존자여, 그렇다면 괴로움이 없다는 말씀인가요?" "깟싸빠여, 없다는 말이 아니라오. 깟싸빠여, 괴로움은 있다오" "그렇다면 세존께서는 괴로움을 알지 못하고, 보지 못하시나요?"[127]

나의 괴로움은 누가 만든 것일까? 괴로움의 원인을 물었을 때 내가 만든 것도 아니고, 남이 만든 것도 아니라고 했다. 그렇다면 괴로움은 누가 만든 것일까? 그런데 이런 질문은 질문 자체가 잘못된 질문이라는 사

---

127) SN 12:17.

실이다. 연기법에서는 '누가'라는 말은 성립되지 않는다. 사건과 사건이 계속되는 연기법의 흐름에서는 연기의 주체는 없고 사건만 있는 것이다.

나 홀로는 사건의 주체가 될 수 없다. 나도 사건의 과정에 있을 뿐이다. 사건에 나라든가, 너라든가 중생, 여자, 남자와 같은 개념은 있을 수 없다. 사건 자체가 나와 네가 될 수는 없다. 그래서 '누가 괴로움을 만들었습니까?'라고 물어보는 것은 타당하지 않다. 현재 당면하고 있는 괴로움을 어떻게 이해해야 할까? 중생들은 자신이 만들었다거나 상대방 탓으로 돌린다. 그러나 연기법으로 보았을 때 누구도 괴로움을 만들지 않았다. 괴로움이 일어날 만한 조건이 성숙 되어 일어난 것이다. 괴로움 또한 조건에 따라 발생한 것이다. 그래서 붓다는 다음과 같이 말했다.

> "깟싸빠여, '그 사람이 지어서, 그 사람이 겪는다.'는 것은 처음부터 있었던 사람에게 자기 자신이 지은 괴로움이 있다는 것으로서 이것은 상주론에 귀착한다오. 깟싸빠여, '다른 사람이 지어서, 다른 사람이 겪는다.'는 것은 괴로움을 느끼고 있는 사람에게 다른 사람이 지은 괴로움이 있다는 것으로서 이것은 단멸론에 귀착한다오. 깟싸빠여, 여래는 이들 양쪽에 가까이 가지 않고, 중도(中道)에서 법(法)을 보여준다오. 무명(無明)에 의존하여 유위를 조작하는 행위[行]들이 있고, … 이와 같이 순전한 괴로움 덩어리[苦蘊]가 쌓인다오[集]. 그렇지만, 무명(無明)이 남김없이 소멸하면 유위를 조작하는 행위[行]들이 소멸하고, … 이와 같이 순전한 괴로움 덩어리[苦蘊]가 소멸한다오."128)

만약 현생에 태어난 사람이 전생에 지은 업(業)에 대한 보(報)를 받는다고 생각한다면, 그것은 처음부터 있었던 사람이 자기 자신이 지은 업에 대한 보를 받는다는 것을 의미하므로 이는 상주론(常住論)에 귀결된다. 나[我]라는 존재가 있어 우리가 죽으면 '육체'만 바뀌는 것이라고 믿으면 이는 상주론으로 이해하는 게 된다.

반대로 자신이 지금 겪고 있는 보가 다른 사람의 업에 의해 받는

---

128) SN 12:17.

것이라고 한다면, 자신이 지었던 업은 어디에도 영향력을 미치지 못하고 사라져 버린다는 것을 의미하기 때문에 단멸론(斷滅論)으로 귀결된다. 그래서 이분법적 사고로 나의 업, 타인의 업을 둘로 단절해 놓고 '나의 업이 나에게 영향을 미친다, 미치지 않는다' 혹은 '타인의 업이 나에게 영향을 미친다, 미치지 않는다'라고 판단하는 것은 연기법의 진리를 떠난 것이다.

우리는 우리의 행위에 따라 괴로움을 일으키는 업을 지을 수도 있고, 괴로움을 소멸시키는 업을 지을 수도 있다. 이 가운데 업을 '짓는 자'나 업을 '받는 자'와 같은 실체는 따로 없다. 마치 장작불이 마른 장작 등 여러 조건을 통해 타고 있는 것을 '장작불'이라고 부를 뿐이지 장작불이라는 실체가 먼저 있어서 그것이 장작불을 있게 하는 것은 아닌 것과 같은 이치가 되는 것이다.

리처드 도킨스도 우리가 사후에 남길 수 있는 것은 유전자와 밈(meme) 두 가지이다.[129]라고 했다. 육체는 유전자를 통하여 생리적 후손으로 전해질 것이며, 삶의 행동의 결과인 밈(meme)[130]은 내가 속한 사회를 통하여 문화적 후손에게 전해질 것이다. 그 밈(meme) 또한 연기법에 따라 홀로 존재하지 않고 다른 밈(meme)과 상호작용하여 내가 남긴 밈과는 다른 밈(meme)으로 변하여 남겨질 것이므로 '이것이 나의 업보다'라고 규정지을 수는 없을 것이다.

앞에서 언급한 일반시스템이론에서도 단순한 인과관계보다는 사물이나 사건의 전체성(wholeness)을 강조한다. 자연계의 현상은 선형적인 인과관계만으로는 설명할 수 없고 모든 것을 상호 연결되는 상호 관계로 설명하려 하는데 이는 연기법과 같은 원리이다.

일반시스템이론과 같은 연기법 원리로 볼 때 '내가 지은 업은 나에게만 돌아 온다'라고 주장할 수 없는 것이다. 내가 산에서 장작불을 피

---

[129] 리처드 도킨스(2023), 375.
[130] 밈(meme)은 1976년, 리처드 도킨스가 그의 저서 "이기적 유전자"에서 문화의 진화를 설명할 때 처음 등장한 용어로 한 사람이나 집단에게서 다른 지성으로 생각 혹은 믿음이 전달될 때 전달되는 모방 가능한 사회적 단위의 총칭.

우다 산불을 내면 그 피해를 나 혼자서만 보는 것이 아니다. 반대로 내가 그 산에 나무를 심으면 그 이익도 나 혼자서만 보는 것이 아니다. 내가 지은 업을 나 혼자서 받는 것이 아니라고 해서 나의 업이 사라지는 것은 아니다. 나는 사라지나 업(業)은 사라질 수 없고 보(報)가 되어 다음 업의 조건이 되는 것이다. 그래서 붓다는 업보는 있으나 작자는 없다고 했다.

> 어떤 것을 제일의공경(第一義空經)이라고 하는가? 모든 비구들아, 눈은 생길 때 오는 곳이 없고, 소멸할 때도 가는 곳이 없다. 이와 같이 눈은 진실이 아니건만 생겨나고, 그렇게 생겼다가는 다시 다 소멸하고 마나니, 업보(業報)는 있지만 짓는 자[作者]는 없느니라. 이 음(陰)이 소멸하고 나면 다른 음이 이어진다. 다만 세속의 수법(數法)은 제외된다. 귀·코·혀·몸·뜻도 또한 이와 같다고 말하겠으나, 단 세속의 수법은 제외된다. 세속의 수법이란 '이것이 있기 때문에 저것이 있고, 이것이 일어나기 때문에 저것이 일어난다'는 것을 이르는 말이니, 무명을 인연하여 행이 있고, 행을 인연하여 식이 있으며…131)

우리는 감각기관을 통하여 존재를 인식하고 그에 따라 의식을 형성하고 발전시켜 가면서 삶을 영위해 간다. 감각기관 중 눈으로는 본다. 보는 행위를 할 때는 눈이지만 보는 행위를 하지 않으면 눈이 아니다. 보는 행위를 할 때도 객관적 사실을 보는 게 아니라 자기가 보고 싶은 것만을 보게 된다. 눈이 실체가 있다면 같은 것을 보면 항상 같게 보아야 하지만 같은 사물이라도 볼 때마다 다르게 보이고 다르게 느껴진다. 그래서 진실이 아니다. 색도 소리도 향도 맛도 감촉도 그리고 모든 감각의 대상도 진실로 존재하는 게 아니다. 그래서 『반야심경(般若心經)』에서는 무안이비설신의(無眼耳鼻舌身意), 무색성향미촉법(無色聲香味觸法)이라 했다.

'눈으로 보는 행위'와 '눈에 보이는 것'의 실체는 없으나 눈으로 대상을 보았다는 사실은 남는다. 보았다는 사실은 사건으로 결과를 남긴

---

131) 『雜阿含經』(T2, 92c)

다. 모든 사건은 결과를 남기는 것이다. 그 결과가 다시 업의 조건이 된다. 따라서 작자는 없으나 업보는 있는 것이다. 어떤 행위를 하면 반드시 업을 짓게 되고 반드시 그 업에 대한 보를 남기게 된다. 그렇지만 업을 짓는 자와 그 보를 받는 자가 항상 같은 것은 아니다. 업은 행위자가 짓는 것이 아니라 행위 그 자체가 짓기 때문이다.

모든 행위는 일회성으로 끝나는 게 아니라 그 행위의 업보가 저장되고 저장된 업보들은 서로 영향을 주고받으면서 하나의 흐름을 만들어 간다. 이 경에서 음(陰)은 우리가 일반적으로 존재라는 것을 의미하는 것이다. 즉 모든 존재는 연기에 따라 일시적으로 생겨난 실체가 없는 그림자 같은 것이어서 음으로 표현한 것이다. 이 음은 공, 무상 등 실체가 없다는 뜻을 가진 단어와 동의어이다. 음이라는 것은 브라만교에서 주장하는 영원불변의 아트만(ātman)의 존재를 인정하지는 않는다는 것이다.

그렇지만 아트만과 같은 작자가 없다고 해서 윤회를 인정하지 않는 것은 아니다. 연기법은 윤회의 주체는 인정하지 않지만, 업과 보가 없다거나 윤회가 없다고 말하지 않는다. 다시 말해서 윤회의 주체는 영원불변이 아니고 연기법에 따라 변화하는 과정으로써의 존재 즉 실체가 아닌 음으로 존재하는 것이다. 윤회(輪廻)란 삶의 한 형태가 다음 삶의 형태로 끊임없이 변해가는 것을 의미한다.

흔히 윤회라고 하면 사후에 아트만과 같은 영원불변의 영혼이 한 몸에서 다른 몸으로 옮겨가는 것으로 알고 있지만 윤회는 이런 의미가 아니다. 윤회란 생명의 물결, 생명의 파동과 같은 것이다. 소리는 소리 자체가 전달되는 것이 아니라 공기의 파동으로 전달되는 것처럼 윤회란 영혼 자체가 육체를 옮겨 다니는 것이 아니라 삶에서 일어나는 행위가 다른 행위에 파동처럼 영향을 주며 이러한 파동이 끊임없이 연결되어 가는 것을 말한다.

소리의 실체는 없고 공기의 파동만 있을 뿐이다. 어린이는 하루도 쉼 없이 자라서 어른이 된다. 분명히 어른은 어린이가 아니다. 그렇다고 다른 사람도 아니다. 이러한 사실을 무작자(無作者)라 하는 것이다. 작자는 없지만 업을 남긴다. 어린 시절 지나가는 개를 발로 찼다. 그 어린이와 개는 지금 없다. 그렇다고 그 개를 발로 찼다는 어린이 업이 사라진 것은 아니고, 어린이의 발로 차인 개의 업도 사라진 것이 아니다. 연기법에 따라 없어질 수가 없는 것이다. 그 업보는 이 우주 어딘가에 저장되어 있다가 나타날 조건이 되면 언젠가 어떤 형태로든 나타난다. 하늘과 바다와 땅 그 어디에도 자신의 업보를 피할 수 있는 곳은 없다.

> 허공도 아니요 바다도 아니며 깊은 산 바위 틈에 숨을 것도 아니다. 일찍 내가 지은 나쁜 업의 재앙은 이 세상 어디서도 피할 수 없다.[132]

저지른 행동은 하나의 사건이다. 사건은 일회성으로 끝나는 것 같지만 붓다가 설한 바와 같이 그 사건의 결과는 어딘가에 저장되고, 저장된 사건의 결과는 없어지는 것이 아니라 조건이 성숙되면 나타나 작용하게 된다. 사건이 저장된다는 말은 저지른 행동이 그대로 저장된다는 뜻이 아니고 행동이라는 사건에 대한 정보가 저장된다는 뜻이다. 그 저장된 정보가 업이다.[133]

따라서 연기법에 따라 나의 업보는 사라지지 않고 영원히 존재하다가 때가 되면 반드시 나에게 돌아온다는 확실한 깨달음은 중생들의 부정적 행위를 막고 긍정적인 업(業)을 남기고자 하는 동기를 유발하는 근본적 깨달음이 될 것이다. 업보는 사라지지 않고 '재에 덮인 불'처럼 존재하다가 때가 되면 나타난다.

> 금시 찌낸 소젖은 싱하지 않듯 악의 갚음 당장에 나타나지 않는다. 죄를 몰래 감추어 두려 하나 이는 마치 재로 불을 덮음과 같다.[134]

업보의 개념은 나의 삶은 나의 삶의 방식을 바꾸면 바로 바뀐다는

---

132) 『法句經』(T4, 564c)
133) 김성구(2021), 36.
134) 『法句經』(T4, 564c)

생각을 갖게 하는 데 있어서 중요한 역할을 한다. 법구경(法句經)은 업보의 결과가 나타나야 비로소 알게 된다고 아래와 같이 적고 있다.

> 과거의 죄가 아직 익기 전에는 어리석은 사람은 아무 관심 없다가 그 죄가 익은 때에 이르러서야 비로소 스스로 큰 재앙 받는다. 어리석은 사람들은 그들의 바라는 것 고통을 받을 일 아니라 생각하다가 재액(災厄)의 땅에 떨어지게 되어서야 비로소 선하지 않은 것이었던 줄을 안다. 어리석은 사람들은 악을 행하면서도 그것을 스스로 알지 못하다가 재앙이 쫓아와 스스로 불태워 그 죄는 불꽃처럼 왕성하나니.[135]

우리는 나타나기 전까지는 저장된 업보를 알 수 없다. 우리가 업보의 실상을 알지 못한다고 하여 존재하지 않는다고 할 수는 없다. 분명히 존재할 수밖에 없다. 왜냐하면 모든 건 사라지지 않고 조건에 따라 변해가기 때문이다. 즉 붓다의 가르침은 '나는 변하지 않는 무엇인가를 소유하고 있는 존재가 아니고 나의 몸이 먹는 음식에 따라 변하듯이 나의 업보도 행동에 따라 계속 변화한다는 것'이다.[136] 업보는 사라지지 않고 연기법에 따라 생주이멸(生住異滅)하기 때문에 미래에 반드시 영향을 미칠 수밖에 없는 것이다. 그것이 언제 어디서일지 알 수는 없으나 조건이 성숙하면 반드시 나타나 작용하게 된다는 것이다. 이 연기법의 진리는 상식으로도 어떤 과학이나 사상으로도 반론을 제기할 수 없을 것이다.

따라서 나의 존재 자체가 중요한 것이 아니라 업보를 남기는 나의 행위가 중요한 것이다. 붓다는 신분제가 철저했던 당시의 인도 사회에서도 사람의 귀천은 출생보다 행위에 의하여 결정된다고 하고 있다. 태어남에 의하여 천한 사람(영군특)이 되거나 성자(바라문)가 되는 것이 아니다. 사람은 그 행위에 의해서 천한 사람도 되고 또한 성자도 되는 것이다.[137]

---

135) 『法句經』(T4, 563b)
136) David R. Loy(2008), 61.
137) 『雜阿含經』(T2, 28c)

올란 리(Orlan Lee)는 초기불교의 견해에 관해, "어떤 사람의 구원은 그가 한 일에 달려 있다. 만약 영혼이 존재한다면, 그가 한 일들이 실로 그 자신의 영혼이다"라고 이야기하고 있다. 마찬가지로, 리스 데이비스(T. W. Rhys Davids)는 "다른 사람들이 영혼"이라고 부르는 것을 고따마 붓다는 일상적으로 '행위'라고 부른다."라고 지적했다.[138] 이는 앞에서 말한 식(識)과 명색(名色)이 상호작용하는 것을 다르게 표현한 것이라고 볼 수 있다. 즉 12연기에서 말한 행위[行]가 조건이 되어 식(識)이 생겨나고 식이 조건이 되어 명색(名色)인 나[我]가 생겨나는 것이다.

행위의 관점에서 보면 붓다와 중생이 따로 있는 것이 아니라 붓다의 행위를 하면 붓다이고, 중생의 행위를 하면 중생이 되는 것이다. 그래서 모든 중생은 깨달음에 이를 수 있는 불성(佛性)을 가지고 있다고 하는 게 아닐까. 따라서 우리는 살아가면서 올바른 행위를 해야 할 것이며 올바른 행위는 올바른 업(業)을 남길 것이다. 연기법은 무시무종(無始無終)으로 우리의 존재는 소멸되지 않고 조건(條件)이 변함에 따라 영원히 변해간다는 진리이다. 모든 존재[有]는 소멸[無]이 될 수 없다. 다만 조건에 따라 변해갈 뿐이고 업보(業報)는 그 변화의 조건(條件)과 결과(結果)가 되는 것이다.

업보는 우리가 살아가는 동안 도덕적 윤리적 삶의 필요성을 제시하고 나아가 궁극적 경지에 이르는 방법의 근거도 되는 것이다. 왜냐하면 붓다조차도 업보의 원리를 바탕으로 깨달음에 도달할 만한 행위를 했기 때문에 깨달음을 이룬 것이다. 붓다는 자신이 하는 행위와 관련 없이 우연히 또는 신과 같은 절대자의 힘으로 깨달음을 이룬 것이 아니라 자신의 행위를 통하여 이룬 것이다.

따라서 '깨달음'은 붓다만이 도달할 수 있는 다른 세상이 아니고 우리도 붓다와 같은 행위를 통하여 누구나 도달할 수 있는 경지라는 것이다. 붓다는 그것을 설명하는 것이다. 연기법을 모르는 무명의 상태에서는 오도된 신념에 이를 수 있고 오도된 신념은 앙굴마(鴦掘摩)와 같이 악행(惡行)이 악행인 줄 모르는 거리낌 없는 악행으로 이어질 수 있다.

---

138) 조애너 메이시(2020), 311.

오도된 신념을 바탕으로 자신이 옳다고 생각하고 거리낌 없이 자행한 악행도 용서받을 수 없는 것이다.

나. 중국 선종(中國 禪宗)

그 먼 옛 어느 날 붓다는 영산회상(靈山會上)에서 많이 모인 중생들에게 설법했다. 설법이 끝나고 붓다는 아무런 말없이 연꽃을 들었다. 중생들은 무슨 까닭인지 알 수 없어 연꽃만 바라보고 있을 때 제자 중 오직 가섭(迦葉)만이 그 뜻을 이심전심(以心傳心)으로 이해하고 미소를 지었다는 염화미소(拈華微笑)나 염화시중(拈華示衆)의 고사에서 선종의 기원을 찾는다. 따라서 선종의 전통에서는 가섭을 붓다의 선법(禪法)을 이어받은 제1조로서 숭배한다. 붓다는 분소의(糞掃衣)를 가섭(迦葉)에게 전한다.

> 붓다는 가섭에게 말했다. "나의 분소의(糞掃衣)를 받으시오. … 만약 '누가 세존의 법의 자식이며, … 법의 재산을 부여받은 자인가'라고 묻는 사람이 있으면 '나입니다'라고 대답하시오."139)

가섭은 붓다의 분소의를 받음으로써 깨달음을 잇는 선종(禪宗)의 종사(宗師)가 되었고 인도에서는 가섭의 뒤를 이어 27대의 종사가 이어졌으며, 28대 종사인 달마(達摩)는 중국으로 건너가 중국 선종의 초조(初祖)가 된다. 달마에 의해서 인도의 선(禪)이 중국에 널리 퍼졌다. 달마의 선법은 2조 혜가(慧可)로 전해지고 3조 승찬, 4조 도신, 5조 홍인으로 계속 전해져 6조 혜능(慧能)을 거쳐 마조(馬祖), 임제(臨濟), 대혜(大慧)에 이르는 중국 선종의 법통(法統)이 형성되고 한국에도 전해지게 된다.

---

139) 『雜阿含經』(T2, 303b)

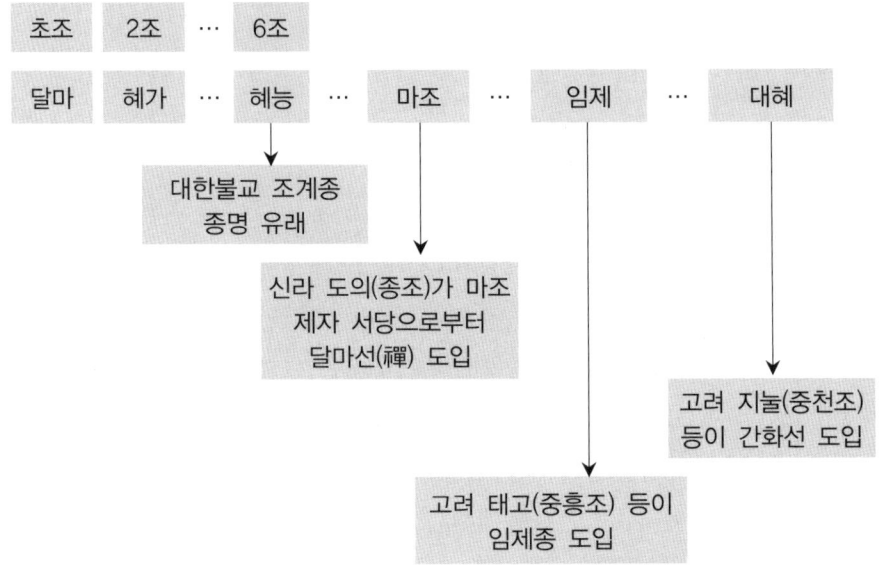

중국 선종 법통(法統) 및 한국불교와의 관계 약도

초기 불교에서 살펴보았듯이 붓다는 수많은 중생을 상대로 45년 동안 설법을 하였으나 붓다가 깨달은 내용은 한마디로 인연, 즉 연기법이고 그 연기법을 깨닫는 방법은 팔정도이다. 이러한 붓다의 가르침 중 가섭으로 전해진 선종은 달마에 의하여 중국으로 전파된다.

중국 선종(禪宗)의 최대 목적이자 핵심은 견성성불(見性成佛) 즉 깨달음이다. 모든 인간의 내면에는 본래 불성(佛性)이 있다고 믿고 수행을 통해 자기 내면에 있는 불성 혹은 마음을 깨닫는 걸 목표로 수행한다. 그렇지만 선종의 깨달음은 말로 설명할 수 없는 것으로 선승(禪僧)들의 오도송(悟道頌) 이외에 언어와 문자로 상세히 표현된 것은 존재하지 않아 깨달음의 실체(實體) 혹은 실상(實相)이 무엇인지는 정확히 알 수가 없다.

다시 말하면 중국 달마로부터 시작된 선종에서는 깨달음은 불립문자(不立文字)로 언어와 문자로 설명할 수 없다고 하고 있다. 불립문자는 언어와 문자의 형식에 집착하지 않고 마음에서 마음으로 법을 전하고 깨닫는다는 말인데 '불립문자' 이외에 '직지인심(直指人心), 견성성불(見性成佛)' 교외별전(敎外別傳) 등을 사용하며 경전이나 조사의 가르침은 깨달음의 방편일 뿐 진리 그 자체는 될 수 없으므로, 깨달음은 언어와 문자를 떠나 곧바로 인간의 마음을 꿰뚫어서 본래 마음을 보아야 한다고 한다.

이러한 사상은 경전의 문구 등에 집착하지 않는다는 선종의 자유로운 태도를 표방하는 말로 진리는 언어와 문자를 초월한다는 의미로 사용된다. 달마가 소의경전으로 삼았다고 하는 『능가경(楞伽經)』에서는 깨달음을 얻은 후 열반에 들 때까지 한 글자도 설하지 않았다고 하고 있으며 이것이 곧 붓다의 설법이라고 하고 있다.

"나는 어느 날 밤에 최상의 정각을 획득하였는데 그로부터 내지 어느 날 밤에 열반에 들어가기까지 그 중간에 내지 한 글자도 설하지 않고, 또한 설한 적도 없으며, 설하지도 않을 것이다. 이처럼 설법하지 않는 것이 곧 부처님의 설법이다."140)

이러한 불립문자의 전통이 특히 강조된 것은 육조(六祖) 혜능(慧能)의 문하인 남종(南宗)의 가풍이다. 내가 존재하면 상대가 존재한다. 나 이외의 모든 것은 나의 상대가 된다. 세상이 상대적인 게 아니라 내 생각과 언어가 상대적이다. 세상의 실체는 둘로 나눌 수 없는 것임에도 불구하고 내 생각과 언어는 나를 중심으로 나와 너, 선과 악, 밝음과 어둠, 육체와 영혼처럼 둘로 나누어 이분법적으로 표현한다. 세상은 이분법으로 나눌 수 없다. 하루는 낮과 밤 둘로만 되어 있지 않다. 그러나 나의 생각과 언어는 이분법이다. 그래서 나의 언어를 통하여 세상을 설명하는 것은 불가하다. 그래서 한마디도 할 수 없다. 그렇지만 말해야 한다.

"대혜여, 우리들 제불 및 제 보살은 한 글자도 설법한 적이 없고 한 글자도 답변한 적이 없다. 왜냐하면 불법은 문자를 벗어나 있기 때문에 이익이 되는

---

140) 『楞伽阿跋多羅寶經』(T16, 498c)

뜻과 설법 아님이 없다. 언설이란 중생의 망상이기 때문이다. 대혜여, 그러나 만약 일체법을 설하지 않는다면 교법은 곧 파괴된다. 교법이 파괴되면 모든 부처와 보살과 연각과 성문도 없다. 만약 그들이 없다면 누가 설하고 누구를 위하겠는가. 이런 까닭에 대혜여, 보살마하살은 언설에 집착하지 말고 반드시 방편을 따라서 널리 경법을 설해야 한다."[141]

세상의 이치는 언어로 표현할 수 없어 설법한 적도 없고 글자로 답변한 적도 없다. 세상의 이치는 언어로 설명할 수 없다. 그렇지만 설법하지 않는다면 교법은 유지될 수 없어 사라질 것이다. 교법이 사라지면 어떻게 깨달음에 이를 수 있겠는가.

언어를 내세우지 않는다는 말은 말과 문자를 활용하지 않는다는 뜻이 아니고 말과 문자가 가지고 있는 한계를 정확히 인식하고 실체에서 벗어난 언어 자체의 관념에 집착하거나 빠지는 것을 경계하는 뜻이다. 그러므로 언어가 깨달음 자체는 아니지만 깨달음에 이르게 하기 위한 방편으로서는 반드시 필요한 것이다.

즉 방편에 불과한 언어에 얽매이지 말라는 것으로 이는 자유자재하게 언어를 활용하는 선의 입장을 단적으로 표현한 말이다. 중국 후대로 가면서 선종에서는 특별히 확정된 소의경전을 제시하지 않는 것도 불립문자의 사상과 통하는데, 그것은 일체의 경전을 방편의 입장에서만 활용한다는 의미로, 선종에서 내세우는 이심전심(以心傳心)의 표출이기도 하다.

본래 있음[有]도 아니고 없음[無]도 아닌 존재[法]의 실체를 언어로는 설명할 수 없다. 그러나 언어를 통하지 않고 있음[有]도 아니고 없음[無]도 아닌 법의 실체를 달리 전달할 방법이 없다. 달마가 소의경전으로 삼았던 『능가경(楞伽經)』에서는 말과 문자가 깨달음 그 자체는 아니지만 깨달음으로 안내하는 도구인 것이다.

---

141) 『楞伽阿跋多羅寶經』(T16, 506a)

1) 보리달마(達摩達摩)

중국의 선종은 달마(達摩)와 양나라 무제의 만남으로부터 시작된다. 양무제는 불심천자(佛心天子), 황제 보살로 불릴 정도로 불교를 신봉하고 보호한 왕이다. 그는 수많은 사원과 불상을 조성하고 불서(佛書)를 찬술하는 등 대단한 불사와 보시를 했다. 또한 불교 교리에 통달했으며 직접 경전을 강의하기도 했다. 양무제의 불교 행적 중에서도 특기할 만한 사항은 계율을 철저히 지킨 점이다.

스스로 육식과 술을 끊었을 뿐만 아니라, 당시의 승려들이 고기와 술을 먹는 것을 못마땅하게 여겨 '단주육문(斷酒肉文)'을 발표하여 금지령을 내렸다. 더구나 종묘에 산 제물을 바치는 것은 중국의 전통적 관행이었음에도 불구하고 이를 폐지하고 과일과 채소만을 사용함으로써 신하들의 격렬한 반발을 사기도 했다.

이런 양무제가 불교의 발상지 인도에서 유명한 스님이 왔다고 하니 그 스님으로부터 그동안 불심으로 쌓은 많은 공덕을 확인할 수 있는 절호의 기회라고 당연히 생각했을 것이다. 그는 큰 기대를 하며 달마를 궁궐로 초청했다. 양무제는 기대에 부풀어 달마에게 묻는다. 나에게 얼마나 많은 공덕이 있는가? 달마는 한마디로 대답한다. 무(無)!

> 무제가 물었다. "짐이 즉위한 이래로 사찰을 짓고, 경전을 사경(寫經)하며, 승려를 배출한 것은 다 기록할 수 없을 정도입니다. 어떤 공덕이 있겠습니까." 달마대사가 말했다. "그런 행위는 공덕이 없습니다." 무제가 물었다. "어째서 공덕이 없다는 것입니까." 달마대사가 말했다. "그런 것들은 단지 인천의 작은 과보로서 유루의 일에 불과합니다. 그래서 마치 그림자가 형체를 따르는 것과 같습니다. 비록 (공덕이) 있는 것 같지만 진실한 것은 못됩니다." 무제가 물었다. "그렇다면 어떤 것이 진실한 공덕입니까." (달마대사가) 답하였다. "청정한 지혜는 미묘하고 원만한 본체로서 본래 공적합니다. 그와 같은 공덕은 세간의 유루 공덕으로는 추구되지 않습니다." 무제가 다시 물었다. "그렇다면 어떤 것이 그와 같은 성체제일의(聖諦第一義)입니까." 달마대사가 말했다. "확연하여 성스러울 것도 없습니다." 무제가 물었다. "그렇다면

> 지금 짐을 상대하고 있는 사람은 누구입니까." 달마대사가 말했다. "(제가 누구인지 말씀드려도 황제께서는) 모르십니다." 무제가 그 말을 이해하지 못하자, 달마대사는 기연이 계합되지 못함을 알아차렸다.142)

황제의 신분으로 불교의 중흥에 심혈을 기울였던 양무제는 당연히 큰 공덕이 있다고 믿고 그러한 대답을 기대했을 것이다. 하지만 그에게 날아온 대답은 뜻밖에도 '아무 공덕이 없다'라는 충격적인 답이었다. 이해할 수 없는 대답에 귀를 의심할 정도로 어리둥절했을 것이다. 양무제는 그동안 헛된 삶을 살아온 것이 아닌가 하는 의문이 들며 하늘이 무너지는 충격을 받았을 것이다.

달마의 관점에서 보면 양무제의 공덕은 속세의 기준이므로 실체가 없는 그림자와 같은 것이다. 양무제가 그렇다면 진정한 공덕과 가장 성스러운 실체가 있는 건 무엇인가 하고 묻자 성스러운 것은 없다고 한다. 달마는 자기 자신이 누군지도 모른다고 했다. 이어지는 문답에서도 달마의 대답은 완전히 동문서답으로밖에 들리지 않았다.

이처럼 달마와 양무제가 나눈 대화는 당시 기존 세력의 수행법과는 다른, 그리고 일반적인 상식과 관념을 깨트리는 파격적인 것이었음에서 미루어 볼 때 달마가 깨달음을 구하는 방법이 기존의 사상이나 수행법과는 다름이 많아서 기존의 세력과 충돌이 있었다는 것은 충분한 가능성이 있었다고 짐작할 수 있을 것이다.

달마와 양무제의 대화에서 유추할 수 있듯이 당시에는 깨달음에 이르기 위해서는 공덕을 많이 쌓고 오랜 기간에 걸쳐 체계적으로 경선을 공부하며 수행해야 한다는 믿음이 있었지만 달마는 이러한 기존의 일반적인 상식과 형식을 파격적으로 벗어 던지고 복잡하고 어려웠던 깨달음의 방법을 단순화시켜서 쉽고 간단한 방법을 주장한 것이다.

중국에 선(禪)이 도입되기 이전에 달마는 선(禪)이 무엇인지를 모르는 양무제에게 선(禪)의 경지에서 대답한 것이다. 왕법(王法)이 불법(佛

---

142) 『景德傳燈錄』(T51, 219a)

法) 위에 군림하던 시대에 천하를 통치하는 양무제와 중국 선종의 초조 달마와의 역사적인 문답은 세속적인 지위나 물질적 보시가 궁극적 깨달음에 이르는 방법적 측면에서 볼 때 그 가치를 인정할 수 없다는 것으로 중국 선의 근본 사상을 말하는 것이다. 달을 가리키는 손가락에만 묶여 있던 양무제로서는 달마가 보여주는 달 그 자체에 대해서는 금시초문이었고 이해를 할 수 없었을 것이다.

선종(禪宗)이 달마에 의하여 중국에 전해지기 전까지 중국에서 붓다의 깨달음을 찾는 과정은 지난하고 험난한 것이었다. 달마가 중국에 당도했을 때는 중국불교의 교리가 매우 성행할 때였다.143) 방대한 경전 속에서 붓다의 깨달음이 무엇인가를 알아내기 쉽지 않았다. 따라서 경전에서 깨달음을 구할 수 없었던 구법승들은 붓다의 원형(原形)을 찾아 고비사막을 넘어 붓다의 고향인 인도로 구도(求道) 여행을 떠나기도 했다. 그 대열에는 원효와 의상을 비롯한 신라(新羅)의 스님들도 일부 합류했다. 고비사막과 바닷길은 생사를 담보할 수 없는 길이었기에, 이번 생은 깨달음만을 구하다가 꺼져갈지라도 기꺼웠다고 말하고 있다.

> 중국에서 선이 등장하기 전에는 깨달음을 얻는 것이 일종의 보물찾기였다. 깨달음의 편린이나마 취할 요량으로 고비사막을 오갔고, 불경 속에 감춰진 의미치를 파악하기 위해 밤잠을 설쳤다. 그들에게 원형은 저 먼 어딘가 있었고, 그것을 찾아 모두 꾸역꾸역 모여들었다가 흩어지곤 했다. 진리를 위해 그네들의 현재는 소진되어도 좋았고, 그렇게 되는 것이 오히려 기꺼웠다.144)

이처럼 달마 이전 중국에서 깨달음을 얻는다는 건 이번 생을 모두 바쳐도 장담할 수 없는 험난한 길이었고 불교는 당시 유행하고 있던 도교와 혼합되어 도술이나 신통을 부리는 것으로 전파되어 불교와 도교를 분명하게 가릴 수 없는 상황이었다. 이러한 상황에서 태어난 선종(禪宗)은 쉽고 분명하고 확실한 방법, 즉 어지러울 정도로 방대한 경전 속이

---

143) 현건(2022), 21.
144) 박재현(2002), 6.

나, 목숨을 걸고 건너야 하는 고비사막 너머에서 붓다의 깨달음을 구하는 것이 아니라 바로 나 자신 속에서, 즉 자신의 마음[佛性]을 바로 봄으로써 깨달음을 구하고자 한 것이다.

> 하지만 선은 다른 길을 모색했다. 지금의 나를 소진하고서 얻어질 그 무엇이 없다는 것이 선의 태도였다. 그들은 더 이상 인도를 향해 떠나지 않았고, 붓다의 음성을 궁금해 하지도 않았다. 그들에게 모든 깨달음은 저마다의 깨달음이고, 이 깨달음은 석가모니의 깨달음에 필적할 만하다는 자부심이 있었다. 수행자의 본분은 석가모니 부처가 만들어 놓은 원형을 찾는 것이 아니라, 저마다의 원형을 가꿔가는 데 있다는 것을 알고 있었다.145)

양무제와 만남 이후 달마는 선(禪)을 이해하지 못하는 양무제와 더 이상 인연이 없음을 간파하고 양나라를 떠나 소림사에서 9년 면벽 수행을 한다. 붓다가 당시 수많은 외도(外道)들의 사상적 혼란을 해결해 주었듯이 달마도 당시 수많은 경전과 수행법이 난무하는 시대적 상황에서 또 무엇이 깨달음에 이르는 길인지 모호한 상황에서 길을 잃고 방황하는 수행자들을 위해 쉽고 빠른 깨달음의 방법을 제시하였고 이를 바탕으로 달마는 후대에 많은 저술을 남겼다고 전해진다.

달마의 저술로는 『이입사행론(二入四行論)』, 『파상론(破相論)』, 『혈맥론(血脈論)』, 『오성론(悟性論)』 및 둔황의 출토본으로 『달마화상절관론(達摩和尙絕觀論)』, 『석보리달마무심론(釋菩提達摩無心論)』, 『남천축보리달마선사관문(南天竺菩提達摩禪師觀門)』 등이 있다고 전해지는데, 대다수가 위작(僞作)이라고 밝혀졌다.

이는 달마의 선종이 발달하면서 저술의 권위를 높이기 위해 달마를 끌어들인 것으로 추정된다. 그렇지만 『이입사행론』만은 달마의 저술로 고증되었다. 달마 시대에 불법을 구하는 일은 수많은 경전과 수행법으로 혼란한 상황이었다. 이러한 상황에서 달마는 깨달음, 도(道)에 이르는 길은 간단하게 말하면 두 종류가 있는데 그것은 이입(理入)과 행입

---

145) 박재현(2002), 6.

(行入)이라고 하고 있다.146)

'이입'이라는 것은 붓다의 가르침에 의하여 종(宗)을 깨닫는 것이다.147) 종은 곧 연기법이라고 볼 수 있다. 행입은 깨달음에 이르기 위해서는 일상생활을 떠나서 하는 수행이 필요한 게 아니라 붓다의 가르침을 일상화하는 것이 필요한 것이라고 하고 있다.

이처럼 생활 속에서 도(道)를 찾으려는 시도는 당시 어려운 불경이나 수행법으로 일상을 떠나 도(道)를 찾으려는 기존 세력으로부터 멸시와 박해를 받게 됨에도 불구하고, 달마는 현실을 외면하고 저 멀리서 깨달음을 구하는 게 아니라 지금의 현실을 직시하고 받아들이며 살아가는 것이 도에 이르는 방법이라고 하는 것이다. 달마는 당시 번쇄(煩瑣)해진 경전 속에서 붓다의 가르침에 의지하여 진리를 찾아내고[理入], 어려운 수행법에서 벗어나 생활 속에서 법과 도덕, 윤리의 실천[四行]을 강조한 것이다.

그런데 정말로 달마와 양무제는 서로 만났을까? 달마(達摩)가 해로(海路)를 통해서 중국에 도착한 후 얼마간을 지금의 광동성 광주에서 머물다가 건강(建康·지금의 남경)에 도착해서 양무제(梁武帝)와 역사적인 만남이 이루어졌다고 하지만 달마에 대해서는 출신, 행적, 저술에 이르기까지 역사적으로 고증이 어려운 부분이 많아서 그 진위를 파악하기는 어렵다. 오늘날 불교 관계자들의 대부분은 서로 만나지 못했을 것으로 추측한다.

만남 자체가 없었다면 실제로 이런 종류의 대화는 이루어지지 못했다는 것이다. 또한 소림사에서 9년을 면벽했다는 설도 있지만 고증에 의하면 달마가 활동하던 시기에 소림사는 존재하지 않았다고 한다. 또 달마가 깨달음을 지난한 과정을 통해서가 아닌, 좀 더 쉬운 수행 방법을 제시하여 선종의 초조가 되었다는 것에서 미루어 볼 때 9년 면벽을 했다는 건 달마의 뜻이나 가르침과 어울리지 않는 것으로 볼 수 있다.

지금보다 평균수명이 짧은 시기에 9년이라는 시간은 생(生)이 소진

---

146) 『楞伽師資記』(T85, 1285a)
147) 『楞伽師資記』(T85, 1285a)

되어 갈 수도 있는 상당히 많은 시간이기 때문이다. 양무제와 달마가 만나지 않았다면 그들의 대화 역시 후대의 창작이라고 볼 수밖에 없을 것이고, 그 당시에 소림사가 존재하지 않았다면 9년을 면벽했다는 사실 또한 창작으로 보아야 할 것이다.

그렇다면 양무제와의 문답과 9년 면벽을 어떻게 이해해야 하는가? 대화 내용이 어느 정도 창작이라고 할지라도 시사해 주는 바는 크다. 양무제와 달마의 문답은 역사적 진실 여부를 떠나서 중국 선종의 사상을 대변하는 것이다. 선종(禪宗)이 처음으로 중국에 전해졌을 때 기존의 교종(敎宗)과 갈등을 빚는 모습을 유추해 볼 수 있는 좋은 본보기가 되는 것이다.

달마가 불교의 정통 명상법을 통하여 스스로 수행하는 것과 비교하면 양나라 무제는 붓다에게 의지하여 붓다에게 복을 비는 일종의 기복형(祈福型) 불교였다. 이런 형태의 불교는 선종에서 근본적 깨달음을 추구하는 것과 비교하면 거리가 있는 것이다. 그렇지만 양무제와 달마의 대화 내용과 달마의 9년 면벽은 후대 선종의 사상 및 깨달음의 방법과 합치되는 것으로 중국 선종의 본질을 보여주는 것이다.

중국에서의 선(禪), 그것은 자신만의 복을 위한 세속적 가치나 지위에 의해서 얻을 수 있는 게 아니다. '실재는 텅 비고 고요하다' 혹은 '성스러운 진리는 없다'라는 깨달음은 일반적 세속적 가치로는 다다를 수 없는 경지인 것이다. 그래서 이 문답의 메시지는 절을 짓고, 경전을 출간하는 일을 부정하는 것이 아니라, 그것만을 통해서는 깨달음에 이를 수 없다는 것이다.

앞에서 살펴본 바와 같이 연기법은 업을 짓는 사람의 실체는 없다. 그래서 무작자(無作者)라 한다. 또한 자타(自他)가 둘이 아니다. 그러므로 내가 공덕을 쌓고 그 공덕의 대가를 내가 받는다고 생각할 수 없는 것이다. 이러한 관점에서도 달마와 양무제의 무공덕(無功德)의 대화를 이해해야 할 것이다. 인간에게 있어서 공덕이 없는 것이야 말로 곧 중생심을 벗어난 법(法)에 칭합하는 도(道)로서 진정한 공덕(功德)이랄 수 있기 때문이다.[148]

달마는 자신이 누군지 '모른다.'라고 했다. 나는 누구인가 모른다. 그래서 중국 선종은 참선을 통하여 참 나인 마음, 혹은 불성을 찾는다. 나를 찾으면 우주 삼라만상의 원리가 훤히 보인다고 한다. 달마의 선법은 '문자에 매이지 않고 곧바로 사람의 마음을 가리켜서 본성을 보아 부처가 된다.'라는 것이다. 깨달음은 경전 속의 문자에 있는 것이 아니라 경전이 가리키고 있는 진리를 직접 체득(體得)하는 것에 있다는 것이다. 요컨대 '언어 이전의 진리'에 대한 체득이 깨달음이라는 것이다. 따라서 경전을 읽지 않아도 깨달음에 이를 수 있다는 것인데 이는 백성들의 대다수가 문맹이었던 시대에 백성들에게 다가갈 수 있는 강력한 힘이 되었던 것이다.

이러한 중국의 선종은 달마를 초조로 확정해 두고 그 정통의 법통을 계승한다. 중국 선종은 유교의 영향을 받아서 자신들의 법통을 이어가며 더욱 발전시켜야 한다는 사명감이 있었다. 법통을 이어받고 전해주기 위해서는 우선 수행하여 깨달음을 얻어야 하는 것이다. 법통을 전하는 이유는 교종이 성행하던 당시 중국 불교계에서 선종의 정체성과 정통성을 강조하기 위한 것이었다. 이러한 전통은 기존의 교종과 차별화하면서 선종의 우월성을 입증하기 위한 하나의 수단이 되기도 하였다.

법통을 전해주는 증표로 자신의 가사(袈裟)와 발우(鉢盂)를 물려주었는데 이러한 전통은 자신들의 종파가 교학과는 전혀 다르게 붓다의 핵심 가르침을 그대로 이어받았다고 주장하는 것이다. 교종의 방대한 경전은 모두 언어와 문자를 통하여 붓다의 깨달음을 전하는 것인데 붓다의 깨달음은 언어와 문자로 표현할 수 없는 것이므로 마음에서 마음으로 직접 전달할 수밖에 없다는 것이다.

그렇지만 달마와 양무제의 만남에서 알 수 있듯이 깨달음을 전하는 이러한 방법은 경전에 근거하여 사실을 주장하는 것이라기보다 선종에서 자신들의 정통성을 주장하며 세력을 확장하기 위한 수단으로 이용된 것이다. 그 때문에 법통이 이어지는 것을 기록한 계보가 주장하는 내용들은 당사자가 살아 있을 그 당시가 아니라 후대에서 후대의 상황을 중심으로 주장한 경우가 많다. 따라서 과거의 행적 및 선법의 가치를 자

---

148) 김호귀(2009), 387.

신들의 이익에 부합되도록 끼워 맞추기도 하고 심지어 행적 및 선법을 부분적으로 수정 또는 왜곡하는 일도 생겨났다. 나아가서 법통을 계승했다는 이야기를 새롭게 창조하기도 하였다.

이러한 이유 등으로 중국 선종은 후대로 갈수록 일반적인 상식으로 이해할 수 없는 일들이 빈번히 벌어진다. 후대에 조주 같은 선사에게 '개에게 불성이 있습니까?'라고 물으면, '없다.'라고 대답하거나 깨달음이 무엇입니까? 라고 물으면 '차나 한잔 마시고 가라'는 등의 엉뚱한 답을 하곤 한다. 이와 같이 질문과 전혀 관계가 없거나 일반적인 상식으로 이해할 수 없는 대답을 하는 경우 이를 선문답(禪問答)이라 하는데 중국 선종에서는 후대로 가면서 일상적인 일이 되었다.

또한 후대로 가면서 가르침의 방법도 다양해지는데 제자의 질문에 '악!'하고 큰소리를 지르거나 몽둥이로 제자를 때리는 등 과격한 행동을 보이는 선사들도 있다. 일반인이 이해할 수는 없으나 흥미로운 것은 고함을 듣거나 몽둥이를 맞은 제자들이 갑자기 혹은 단박에 깨달음에 이른다는 사실이다. 특히 당나라 때 선의 독특한 방식으로 깨달음에 이른 인물들이 매우 많이 나온다.

그래서 이 시기를 가리켜 '선의 황금시대'라 부른다. 달마가 2조 혜가에게 법통을 물려주는 것도 극적이고 신비롭다. 『무문관(無門關)』에서는 혜가가 소림사에서 면벽하고 있는 달마를 찾아가 하얀 눈 속에서 자신의 한쪽 팔을 스스로 자르면서 깨달음을 구하는 것으로 전해진다.

> 달마가 면벽하고 있으니 이조(혜가)는 눈 속에 서서 칼을 빼어 팔을 질타 달마 앞에 놓고 말하였다. "제자는 아직도 마음이 편안치 않습니다. 바라옵건대 화상께서는 저의 마음을 편안하게 하여 주십시오." 달마가 말하였다. "마음을 가져오너라. 너를 편안하게 하여 주마." "마음을 찾아도 얻을 수 없습니다." "내 너의 마음을 편안케 하였느니라."[149]

---

149) 『無門關』(T48, 298a)

혜가(慧可)가 눈 속에서 자신의 팔을 자르며 달마와 하는 문답은 달마선(達摩禪)으로 불리며 선종 조사신(祖師禪)의 원형(原形)이 된다. 달마선은 경전에서 붓다의 깨달음을 구하고 그 깨달음을 생활 속에서 실천하는 것이었다. 달마의 제자 혜가는 눈이 하얗게 덮인 설산에서 자신의 팔을 자르고 하얀 눈 위에 붉은 피를 뚝뚝 떨어트리며 달마에게 가르침을 어렵게 구하나 달마는 혜가의 마음을 바로 편안하게 해준다.

즉 깨달음을 구하는 방법이 팔을 자르는 것과 같이 어려운 게 아니고, 있는 그대로의 상황에서 찾을 수 있다는 걸 암시하는 것이다. 이러한 달마(達摩)의 선법은 2조 혜가, 3조 승찬, 4조 도신, 5조 홍인, 6조 혜능으로 이어지면서 선종의 특성을 강화하며 발전해 간다. 이중 혜능은 우리나라 불교에 가장 많은 영향을 미친 선사 중 한 명이다. 우리나라 조계종의 종명이 6조 혜능으로부터 온 것이니 그의 사상이 얼마나 한국불교에 영향을 미쳤는지 미루어 짐작할 수 있다.

2) 조계혜능(曹溪慧能)

달마(達摩)로부터 시작된 중국 선종의 법통을 여섯 번째로 물려받은 6조 혜능(慧能)은 중국 선종에 큰 영향을 미친 선사이다. 또한 대한불교 조계종의 조계가 혜능이 머물렀다는 조계산에서 따온 것이므로 한국 선종에 미친 영향 또한 지대하다는 것을 짐작하고도 남음이 있다. 깨달음은 우리의 상식을 뛰어넘어 신비적이며 극적으로 되어간다.

일자무식이었던 혜능의 깨달음에 대하여 다음과 같이 전해진다. 혜능은 가난한 나무꾼의 아들이었으나 어릴 때, 아버지를 여의고 가난에 시달리며 나무를 해서 장터에 팔아 생계를 유지하는 일자무식(一字無識)이었다. 어느 날 땔나무를 지고 여관에 갔는데 그곳에서 한 손님이 『금강경(金剛經)』을 읽고 있었는데, '응무소주이생기심(應無所住而生其心)'이라는 구절을 한 번 듣고는 문득 깨우쳤다고 한다. 『육조단경(六祖壇經)』에는 다음과 전해진다.

"선지식들이여, 조용히 들으시오. 혜능의 아버지 본관은 범양인데 좌천되어 신주 백성으로 옮겨 살았고 혜능은 어려서 일찍 아버지를 여의었으며 늙은 어머니와 외로운 아들은 남해로 옮겨와서 가난에 시달리며 장터에서 땔나무를 팔며 지냈느니라." 어느 날 한 손님이 땔나무를 사고 혜능을 데리고 관숙사(官宿舍)에 가서 손님은 나무를 가져가고 혜능은 값을 받고 문을 나서려 하는데 마침 한 손님이 『금강경』 읽는 것을 보았다. 혜능은 한 번 들음에 마음이 밝아져 문득 깨닫고 이내 손님에게 묻기를 "어디에서 오셨기에 이 경전을 가지고 읽습니까?" 손님이 대답하기를 "나는 기주 황매현 동빙무산에서 五祖 홍인 화상을 예배하였는데 지금 그 곳에는 문인 천 여 명이 넘습니다. 나는 거기에서 五祖 대사가 승려와 속인들에게 권하시기를 다만 『금강경』한 권만 지니고 공부하면 곧 자성을 깨달아 바로 부처를 이루게 된다고 말씀하시는 것을 들었습니다." 하였다. 그 말을 들은 혜능은 숙세에 법(法)의 인연이 있어서 곧 어머니를 하직하고 황매의 빙무산으로 가서 五祖 홍인 화상을 예배하였다. 홍인 화상께서 혜능에게 묻기를 "그대는 어느 곳 사람인데 이 산에까지 와서 나를 예배하며 그대가 지금 나에게 구하는 것이 또한 무엇이냐?" 하셨다. 혜능이 대답하기를 "제자는 영남사람으로 신주의 백성입니다. 지금 일부러 멀리 와서 화상을 예배하는 것은 다른 것을 구함이 아니옵고 오직 부처되는 법을 구할 뿐입니다." 하였다. 五祖 대사는 혜능을 꾸짖어 말씀하시기를 "그대는 영남 사람이요 또한 오랑캐 출신이니 어떻게 부처가 될 수 있단 말이냐." 하셨다. 혜능이 대답하기를 "사람에게는 남북이 있으나 부처의 성품은 남북이 없습니다. 오랑캐의 몸은 스승님과 같지 않사오나 부처의 성품에 무슨 차별이 있겠습니까?" 하였다. 五祖 대사는 함께 더 이야기하고 싶었으나, 좌우에 사람들이 둘러 있는 것을 보시고 다시 더 말씀을 하시지 않았다. 그래서 혜능을 보내어 대중을 따라 일하게 하시니, 그때 혜능은 한 행자를 따라 방앗간으로 가서 여덟 달 남짓이나 방아를 찧고 지냈다. 五祖 홍인 대사께서 하루는 문인들을 모두 불러오게 하였다. 문인들이 다 모이자 말씀하시기를 "내가 그대들에게 말하나니, 세상 사람의 나고 죽는 일이 크거늘 그대들 제자들은 종일토록 공양하는 일과 다만 복받는 일만을 구할 뿐 나고 죽는 생사고해를 벗어나려고 하지 않는다. 그대들의 자성(自性)이 미혹하면 복의 문이 어찌 그대들을 구제할 수가 있겠느냐? 그대들은 모두 방으로 돌아가서 스스로 잘 살펴보아라. 지혜 있는 자는 본래의 성품인 반야의 지혜로써 각기 게송 한 수를 지어 나에게 가져 오너라. 내가 그대들의 게송을 보고 만약 큰 뜻을 깨친 자가 있으면 그에게 가사와 법을 부촉하여 六대의 조사가 되게 하리니 빨리 서둘도록 하여라." 문인들이 분부를 받고 각기 자기 방으로 돌아와서 서로 번갈아 말하기를 "우리들은 굳이 마음을 써서 게송을 지어 화상에게 바칠 필요가 없다. 신수 상좌는 우리의 교수사이므로 신수상좌가 법을 얻은 후에는 저절로 의지하게 될 터이니 애써서 지을 필요가 없다." 하고 모두들 생각을 쉬고 다들 감히 게송을 바치지 않았다. 그때 마침 화공 노진이 五조 대사의 방 앞에 있는 삼 칸 복도에 「능가변상」과 五조 대사가 가사와 법을 전수하는 그림을 그려 공양하고 후대에 전하여 기념하고자 벽을 살펴보고서 다음 날 착수하려고 하였다. 상좌(上座)인 신수는 생각하였다. "모두들 마음의 게송을 바치지 않는 것은 내가 교수사이기 때문이다. 내가 만약 마음의 게송을 바치지 않으면 五조 대사께서 나의 마음 속의 견해가 얕고 깊음을 어찌 아시리오. 내가 마음의 게송을 五조 대사께 올려 뜻을 밝혀서 법을 구함은 옳거니와 조사가 되기를 바람은 옳지 않다. 도리어 범부의 마음으로 성인의 지위를 빼앗음과 같다. 그러나 만약 마음의 게송을 바치지 않으면 마침내 법을 얻지 못할 것이다. 한참 동안 생각하여도 참으로 어렵고 어려운 일이며 못내 어려운 일이로다. 밤이 삼경에 이르면 사람들이 보지 못하게 하고 마침 남쪽 복도의 중간 벽 위에 마음의 게송을 지어서 붙여놓고 법을 구하여야겠다. 만약 五조대사께서 게송을 보시고 이 게송이 당치않다고 나를 찾으시면 나의 전생의 업장이 두터워서 법에 합당하지 못함이니 성인의 뜻은 헤아리기 어려우므로 내 마음을 스스로 쉬리라." 신수 상좌가 밤중에 촛불을 들고 남쪽 복도의 벽 위에 게송을 지어서 써 놓았으나, 사람들은 아무도 알지 못하였다. "몸은 보리의 나무요. 마음은 밝은 거울 같나니 때때로 부지런히 털고 닦아서 티끌과 먼지 끼지 않게 하라." 신수상좌가 이 게송을 써놓고 방에 돌아와서 누웠으나 아무도 본 사람이 없었다. 五조 대사께서 아침에 노 공봉을 불러 남쪽 복도에 「능가변상」을 그리게 하려 하시다가 문득 이 게송을 보셨다. 읽고 나서 공봉에게 말씀하셨다. "내가 공봉에게 돈 삼십천을 주어 멀리서 온 것을 깊이 위로하니, 변상은 그리지 않으리라. 『금강경』에 말씀하시기를 '무릇 모양이 있는 모든 것은 다 허망하다.' 하셨으니, 이 게송을 그대로 두어서 미혹한 사람들로 하여금 외우게 하여 이를 의지하여 행을 닦아 삼악도에 떨어지지 않게 하는 것만 못할 것이다. 법을 의지하여 행을 닦으면 사람들에게 큰 이익이 있을 것이니라." 이윽고 五조 대사께서 제자들을 다 불러오게 하여 게송 앞에 향을 사르게 하시니, 사람들이 들어와 보고 모두 공경하는 마음을 내므로 五조 대사가 말씀하셨다. "그대들은 모두 이 게송을 외워라. 외우는 자는 장차 자성(自性)을 볼 것이며 이를 의지하여 수행하면 곧 타락하지 않으리라." 제자들이 다들 외우고 모두 공경하는 마음을 내어 "훌륭하다!"고 말하였다. 五조 대사가 신수상좌를 처소로 불러서 물으시되 "그대가 이 게송을 지은 것이냐? 만약 그대가 지었다면 나의 법을 얻으리라." 하셨다. 신수상좌가 대답하기를 "죄송스럽습니다. 실은 제가 지었습니다. 그러나 감히 조사의 자리를 구함이 아니오니, 원하옵건대 화상께서는 자비로 살펴주시옵소서. 제자가 작은 지혜라도 있어서 큰 뜻을 알았습니까?" 하였다. 五조 대사가 말씀하시기를 "그대가 지은 이 게송은 소견은 당도하였으나 다만 문 앞에 이르렀을 뿐 아직 문 안으로 들어오지 못하였다. 범부들이 이 게송을 의지하여 수행하면 타락하지는 않겠으나 이런 견해를 가지고 위없는 진리를 찾는다면 결코 얻지 못할 것이다. 모름지기 문 안으로 들어와야만 자기의 본성을 보느니라. 그대는 다시 돌아가서 며칠 동안 잘 생각하여 다시 한 게송을 지어서 나에게 와서 바치도록 하여라. 만약 문 안에 들어와서 자기 본성을 보았다면 마땅히 가사와 법을 그대에게 부촉하리라." 하셨다. 신수상좌는 돌아가서 며칠이 지났으나 게송을 짓지 못하였다. 한 동자가 방앗간 옆을 지나가면서 이 게송을 외우고 있었다. 혜능은 한 번 듣고, 이 게송이 아직 견성하지 못하였고 큰 뜻을 알지도 못한 것임을 알았다. 혜능이 동자에게 묻기를 "지금 외우는 것은 무슨 게송인가?" 동자가 혜능에게 대답하기를 "그대는 모르는가? 五조 대사께서 말씀하시기를 태어나고 죽는 생사대사(生死大事)가 가장 큰 일이니 가사와 법을 전하고자 한다 하시며 제자들로 하여금 각기 게송 한 수씩을 지어 와서 바치라 하시고, 큰 뜻을 깨달았으면 곧 가사와 법을 전하여 六대 조사로 삼으리라 하셨는데 신수라고 하는 상좌가 선뜻 남쪽 복도 벽에 상(相)을 여읜 게송 한 수를 써 놓았더니, 五조 대사께서 모든 문인들로 하여금 다 외우게 하시고 이 게송을 깨달은 이는 바로 자기의 성품을 볼 것이니, 이 게송을 의지하여 수행하면 나고 죽는 생사를 벗어나게 되리라."고 하셨다. 혜능이 대답하기를 "나는 여기서 방아 찧기를 여덟 달 남짓 하였으니, 아직 조사당 앞에 가보지를 못하였으니 바라건대 선배는 나를 남쪽 복도로 인도하여 이 게송을 예배하게 하여 주시오. 그리고 바라건대 이 게송을 외워 내 생의 인연을 맺어 부처님 나라에 태어나기를 바라오." 하였다. 동자가 혜능을 인도하여 남쪽 복도에 이르렀다. 혜능은 곧 이 게송에 예배하였고, 글자를 알지 못하므로 옆 사람에게 읽어주기를 청하였다. 혜능은 듣고서 바로 대강의 뜻을 알았다. 혜능도 또한 한 게송을 지어서 글을 쓸 줄 아는 이에게 청하여 서쪽 벽위에 쓰게 하여 자기의 본래 마음을 나타내 보였다. 본래 마음을 모르면 법을 배워도 이익이 없으니, 마음을 알고 자기 성품을 보아야만 바로 큰 뜻을 깨닫느니라. 혜능은 게송으로 이르기를 "보리는 본래 나무가 없고 밝은 거울 또한 받침대 없네. 부처의 성품은 항상 깨끗하거니 어느 곳에 티끌 먼지 있으리오." 다시 게송으로 이르기를 "마음이 보리의 나무요 몸은 밝은 거울의 받침대라. 밝은 거울은 본래 깨끗하거니 어느 곳이 티끌과 먼지에 물들리오." 절 안의 대중들이 혜능이 지은 게송을 보고 다들 괴이하게 여기므로 혜능은 방앗간으로 돌아갔다. 五조 대사가 문득 혜능의 게송을 보시고 바로 큰 뜻을 잘 알고 있음을 알았으나 여러 사람들이 알까 두려워하며 대중에게 말씀하시기를 "이 게송도 또한 아직 깨닫지 못하였다."고 말씀하셨다. 五조대사께서 밤중 삼경에 혜능을 조사당 안으로 불러 『금강경』을 설법해 주셨다. 혜능이 한 번 듣고 말끝에 바로 깨달아서 그날 밤으로 법을 전해 받으니 다른 사람들은 아무도 알지 못하였다. 이내 五조 대사는 단박에 깨닫는 법과 가사를 전하며 말씀하셨다. "그대가 六대 조사가 되었으니 가사로써 신표를 삼아 대대로 이어받아 서로 전하되, 법은 마음으로써 마음에 전하여 마땅히 스스로 깨치도록 하여라." 五조 대사는 다시 말씀하시기를 "혜능이여, 옛날부터 법을 전함에 있어서 목숨은 실낱에 매달린 것과 같으니 만약 이곳에 머물면 사람들이 그대를 해칠 것이니 그대는 모름지기 빨리 떠나도록 하여라." 혜능이 가사와 법을 받고 밤중에 떠나려 하니 五조 대사께서 몸소 구강역까지 혜능을 전송해 주셨으며, 떠날 때 문득 五조 대사께서 당부하시기를 "그대는 가서 노력하여라. 법을 가지고 남쪽으로 가되, 삼 년 동안은 이 법을 펴려 하지 말아라. 어려운 일이 일어나리라. 뒤에 널리 교화하여 미혹한 사람들을 잘 지도하고 마음이 열리면 그대의 깨달음과 다름이 없으리라."고 하셨다. 이에 혜능은 五조 대사를 하직하고 곧 떠나서 남쪽으로 향하였다. 두 달 가량 되어서 대유령에 이르렀는데, 모르는 결에 뒤에서 수백 명의 사람들이 쫓아와서 혜능을 해치고 가사와 법을 빼앗고자 하다가 반쯤 와서 다들 돌아갔다. 오직 한 사람만이 돌아가지 않았는데, 성은 진이요 이름은 혜명이며, 선조는 삼품장군으로 성품과 행동이 거칠고 포악하여 바로 고갯마루까지 쫓아 올라와서 덮치려 하였다. 혜능이 바로 가사를 돌려주었으나 그는 또한 받으려 하지 않고 "제가 일부러 멀리 온 것은 법을 구함이요 그 가사는 필요하지 않습니다." 하였다. 혜능이 고갯마루에서 바로 혜명에게 법을 전하니 혜명이 법문을 듣고 말끝에 마음이 열렸으므로, 혜능은 혜명으로 하여금 곧 북쪽으로 돌아가서 사람들을 교화하라고 당부하셨다. 혜능이 이곳에 와서 머무른 것은 모든 관료, 수도인, 속인들과 더불어 오랜 세월을 두고 많은 인연이 있어서이다. 본래 가르침은 옛 성인이 전하신 바요 혜능 스스로 안 것이 아니니, 성인들의 가르침을 듣기를 원하는 이는 각기 모름지기 마음을 깨끗이 하여 법을 듣고 나서 스스로 미혹함을 없애어 옛 사람들의 깨달음과 같기를 바랄지니라. 혜능대사가 다시 말씀하셨다. "선지식들이여, 보리반야의 지혜는 세상 사람들이 본래부터 스스로 지니고 있는 것인데, 다만 마음이 미혹하여 능히 스스로 깨닫지 못하느니라. 모름지기 큰 선지식의 지도를 구하여 자기의 성품을 보아야 하느니라. 선지식들이여, 깨닫게 되면 바로 위없는 지혜를 이루느니라."

이후 혜능은 남방으로 가서 16년을 숨어 지내다 39세가 되자 법을 널리 설할 시기가 되었음을 알고는 정처 없이 떠돌기 시작했다. 떠돌던 혜능은 광주의 법성사에 이르렀을 때 마침 인종이 행자 수백 명을 거느리고 『열반경』을 강의하고 있었다. 이때 갑자기 깃발이 펄럭였는데, 행자 2명이 이를 두고 싸우기 시작했다. 한 명은 깃발이 움직인 것이라고 했고, 다른 한 명은 바람이 움직인 것이라 했다. 이내 행자들이 두 무리로 나뉘어져 싸우기 시작했다. 혜능만 빙그레 웃고 있으니, 대표 행자 2명이 와서 혜능에게 판단을 맡겼다.

육조 선사가 계실 때 바람에 깃발이 휘날리고 있으니 두 스님이 이에 토론을 하고 있었다. 한 스님은 깃발이 움직이는 것이라고 하고, 또 한 스님은 바람이 움직이는 것이라고 하면서 이치에 맞지 않는 이야기를 쉼없이 주고받고 하였다. 육조 선사께서 말하시기를 "바람이 움직이는 것도 아니고 깃발이 움직이는 것도 아니다 자네들 마음이 움직이는 것이라네."150)

혜능은 이건 깃발이 움직인 것도 아니고 바람이 움직인 것도 아니며, 스님들의 마음이 움직인 것이라 했다. 인종은 이 말에 감동하여 혜능이 육조임을 바로 알아보았다. 인종은 혜능에게 절을 올리고, 혜능의 머리를 밀어주었으며, 스스로 제자가 되어 혜능을 스승으로 모셨다. 이듬해 혜능은 남쪽 조계산에 보림사를 짓고 36년간 법을 펼쳤다.

---

150)『無門關』(T48, 296c)

보림사가 있는 마을에는 조(曹)씨 성을 가진 사람들이 많이 살아서 그 마을 입구에 흐르는 개울이 조계(曹溪)였다. 혜능이 36년간 이곳에 머물자 조계는 혜능을 상징하는 이름이 되었다. 지금도 이곳에는 혜능의 시신을 그대로 모신 진신육신상이 있다고 한다. 대한불교조계종의 조계는 여기서 따온 것이다. 혜능이 워낙 유명해지자 소주자사 위풍이 혜능을 대범사 강당으로 모셔 설법하게 하였고, 이를 제자인 법해가 기록하는데 이것이 나중에 『육조단경(六祖壇經)』으로 편집되게 된다.

혜능을 하나의 꽃에 비유한 일화오엽(一花五葉)이라는 말이 있다. 이는 혜능이라는 하나의 꽃에서 선종의 다섯 종파가 나왔기 때문이다. 혜능이 나타나기 전까지 홍인의 상좌였던 신수(神秀)로 이어진 선을 북종선(北宗禪)이라고 하고, 혜능으로 이어진 선을 남종선(南宗禪)이라 한다. 남종선은 돈오(頓悟)를, 북종선은 점오(漸悟)를 주장하여, 흔히 남돈북점(南頓北漸)이라 하였다. 남종선은 단박에 깨닫고, 북종선은 점차로 깨닫는다는 의미이다. 북종선은 신수 이후 2~3대가 지나자 쇠퇴하고 남종선은 마조, 임제, 대혜 등 많은 선사를 배출한다.

이러한 내용들은 한국불교, 더 나아가 동북아 선(禪)불교계에서 최근까지는 주류였던 이야기들이다. 그러나 이러한 이야기는 둔황의 토굴에서 많은 자료가 출토되면서 그 진위를 알 수 없게 된다. 최근 연구 결과에 따르면 혜능이 선종의 적통이 아니라는 것이다.

둔황에서 출토된 회창법난[151] 이전 즉 육조단경 편찬 이전의 선종 문헌 자료들에서는 하나같이 신수를 정통으로 놓고 있다. 또한 신수 역시 흔히 알려진 것과는 달리 당대에 높은 고승이자 당 황실과 귀족들의 초청을 자주 받아 여러 법회를 열고 화엄 사상을 기반으로 선종 사상을 발달시킨 인물이다. 현재까지도 선종이 사상적인 부분에서는 화엄종의 영향이 크다는 것만 봐도 신수의 영향을 알 수 있다. 돈오와 점수의 일치 역시 신수가 일찍이 주장했던 바이다.

그런데도 신수가 받아들여지지 못했던 것은 후대의 문제였다. 북종

---

[151] 중국 당나라 무종 대에 이루어진 폐불 사건을 말한다. 또 불교와 함께 장안을 중심으로 번성했던 마니교, 조로아스터교, 네스토리우스파 기독교도 배척당했다.

선 자체가 후대로 갈수록 점점 쇠퇴하고 신수 문하의 법통이 5대밖에 가지 못한 데 반해 남종선은 크게 득세하였는데 그 시작은 혜능의 제자였던 신회였다. 그는 '남종은 돈오고 북종은 점수다.'라고 주장하면서 달마의 직계 제자로 자신의 스승인 혜능을 6대 조사로 내세우기 위하여 신수를 폄하고 혜능의 업적들은 부풀리고 미화한 것이라는 의견이 많다.

이러한 추세는 경전을 중심으로 하는 체계적인 수행 이론보다는 대중성에 치중한 남종선이 압도적으로 세를 불려 북종선을 점차 흡수하며 후대 선종의 주류를 차지하게 되니 자연히 남종선을 띄우고 북종선 계열을 천대하면서 이런 경향이 더욱 굳어져 버린 것이다. 신회가 본래 신수의 제자였고, 10대 때 혜능 밑으로 간 것도 제자의 견문을 넓혀주기 위한 신수의 권유였다는 점을 고려하면 논란의 여지가 있다. 참고로 신회는, 안록산의 난 당시 군대에 끌려가기 싫어하는 백성들에게 승려가 되는 도첩(승적)을 대량으로 팔아 그 돈을 당 황실에 바쳐 환심을 사고 정치계 인맥을 넓혔다.

이후 혜능의 다른 제자인 회양 밑에서 나온 마조와 그 제자들이 당나라 불교계의 주류를 차지하게 된다. 마조를 위시하여 선종의 주류가 된 남종선은 다섯 개의 종파로 후에는 일곱 종파로 나뉘는데 이를 오가칠종이라 한다. 이 때문에 지금도 선종의 법통을 논할 때 육조 혜능까지는 공통적이고 일반에도 잘 알려져 있으나, 그 이후로는 의견이 분분하고 일반에 잘 알려지지 않았다.

시간이 지나며 둔황에서 출토되는 자료들을 중심으로 중국 불교의 법통을 다시 들여다보면 남종선이 주장하는 많은 부분이 사실과 다르다는 게 밝혀지고 있다. 혜능이 일자무식이었다고 하나 이 사실의 진위 또한 알 수 없다. 그러나 가난하고 일자무식이었던 혜능이 단박에 깨달았다는 사실은 시사점이 크다고 할 수 있다. 혜능은 선(禪)의 높은 경지에 이르렀음에도 이는 어려운 경전을 학습하거나 오랜 참선 수행의 결과가 아니다. 다른 사람이 읽는 『금강경』 한 구절을 듣고 깨달음에 이르렀다는 것이다.

이는 진위를 떠나 중국 선종의 특성을 그대로 보여주는 것이라고 할 수 있다. 중국 선종에서는 깨달음이 반드시 학문적 지식이나 정식 교육을 통해 이루어지는 것이 아니라는 점을 강조한다. 지식보다 직관적인 깨달음을 중요시하므로 혜능은 선사들이 추구하는 이상적인 표상이며 모델이 되는 것이다. 즉 깨달음은 지식의 깊이나 수행이 많고 적음에 의해 얻어지는 게 아니라는 것이다. 혜능의 가난이나 일자무식은 깨달음이 특정한 배경이나 교육 수준에 제한되지 않음을 보여주며, 누구나 진리를 추구하면 깨달음을 얻을 가능성이 있다는 점에서 모든 중생의 평등성과 가능성을 강조하는 것으로 중국 선종의 정신을 대표하는 것이다.

혜능이 문맹으로 일자무식임에도 불구하고 최고의 선승이 되었다는 것은 일반 백성들에게 깨달음에 대한 희망을 주며 백성들에 다가간 것이다. 혜능의 깨달음이 의미하고 강조하는 바는 단 한 글자도 모르는 무식한 중생도 단 한마디로 깨달을 수 있다는 것이다. 이는 깨달음은 세속적 지위고하(地位高下)나 지식의 유무와 상관이 없다는 것으로 깨달음 앞에서는 모든 중생이 평등하다는 선종의 사상을 잘 나타내고 있는 것이라 볼 수 있다. 혜능의 깨달음이 상식에는 반하지만 선종의 생명력은 이와 같은 방법으로 일반 중생들에게 다가간 것이다.

3) 마조도일(馬祖導一)

깨달음은 마조로부터 경전을 통해서가 아니라 점점 더 이해할 수 없는 언어나 행위를 통하여 이루어진다. 마조(馬祖)는 8세기 중국 당나라 승려로, 조사선(祖師禪)의 개조(시조)로 인정받는다. 조사선에 있어 개조를 달마, 혜능, 마조 중 누구로 보는가에 대해서는 의견이 많으나 마조를 기점으로 조사선이 시작되었다고 보는 경향이 일반적이다.

조사선은 불립문자, 교외별전이라 했다. 참다운 진리는 원래 문자를 세울 수가 없다. 다만 우리 중생들에게 표현하기 위해서 문자를 빌린 것이지, 참다운 진리 자체는 말도 떠나고 문자도 떠나고 생각을 떠나 있다는 말이다. 따라서 참다운 깨달음은 경전 밖에서 전한다. 직지인심, 견성성불이니까 경전을 하나도 안 배운다고 하더라도, 마음을 바로 가르쳐서, 마음을 바로 깨달으면 된다. 경전을 떠나 바로 본래 마음을 보고 깨닫는 방법을 조사가 가르쳐 주는 선을 조사선이라 말하는 것이다.

이는 달마가 소의경전으로 삼았던 『능가경』에서 말하는 여래선(如來禪)의 이름에 대해 조사선이란 명칭을 세웠고, 여래선은 경전에 머물러 미처 덜 된 선이고, 조사선은 경전 밖에서 달리 전하는 지극한 선이라고 하는 것이다. 즉 조사선이라는 이름을 지어서 조사선이 여래선 보다 우월하다고 주장을 한 것이다. 수 백여 명의 선사들이 마조의 법통에서 배출되어 마조는 선종을 발전시키는데 교두보 역할을 한 인물이다.

이처럼 마조는 중국 선종의 역사에서 혜능 다음으로 중요한 인물로 평가되고 있으며 혜능과 마찬가지로 마조 또한 한국의 선종에도 지대한 영향을 미친다. 마조는 인도 선(禪)에서 탈피하여 중국적인 토양이 깃든 중국 선(禪)으로 탈바꿈시켰다. 마조는 선방에서 좌선하는 것만이 아니라 행주좌와(行住坐臥) 어묵동정(語默動靜)의 일상생활에서도 얼마든지 수행할 수 있다는 일상의 종교로 전환 시킨 것이다.

마조로부터 어떠한 물음에 엉뚱한 대답을 한다던가, 소리를 지르던가, 다짜고짜 뺨을 때리는 등 모호하며 알 수 없는 파격적인 행위가 제자를 깨닫게 하는 방법으로 사용된다. 마조 이전에는 없던 방법이다. 일반적으로 중국 선종의 수행법은 시대별로 여래선-조사선-공안선(문자선)-간화선으로 나뉜다. 마조 이후 선사와 제자들은 경전에 없는 선문답을 주고받는 방법으로 깨달음을 구하고 그 깨달음을 후대에 전했다.

선문답 이외에도 고함을 치거나[喝] 방망이를 휘두르는[棒] 등의 방법으로 깨달음을 구했는데 이를 선종에서는 기연(機緣)이라고 한다. 이러한 것들이 선문답이라는 형태로 되어 어록이 발생하였는데, 이 어록들을 정리한 것을 후대에 공안(公案)이라 하였다. 마조가 제자들을 가르치면서 깨달음에 이르도록 여러 가지 방편을 활용했기 때문에 후대에 마조로부터 공안이 시작되었다고 보는 것이다.

대한불교조계종의 종조인 도의(道義) 국사는 마조의 수제자 지장의 법을 받아 신라에 가지산문을 열었다. 그래서 2008년 조계종에서는 도의를 조계종의 종조로 삼고 있다. 한국 선종의 입장에서 볼 때 신라 말에서 시작되어 고려 초에 완성된 9산선문 중에 7개가 마조의 제자들에게서 법을 이어받은 선사들이 형성한 것이니 한국의 불교는 마조의 영향이 지대하다고 할 수 있다.

남종선이라 불리는 선종은 기존 불교계의 관행을 끊임없이 파괴하면서 성립된 종파다. 좌선이라는 수행법에 대해 육조 혜능과 신회는 모두 "나는 생각을 일으키지 않는 것을 좌(坐)라 하고, 자신의 본성을 보는 것을 선(禪)이라 한다."고 규정했다. 드러난 행위보다는 그 본질을 간파하려 시도한 것이다. 이는 가만히 앉아서 잊어버리라는 뜻이 아니라 욕망으로 그득한 마음을 비워 진리와 하나가 되려는 노력이다. 중국 선종에서 수행은 호흡법과 자세를 중시하는 인도불교가 아닌 중국의 토양 속에서 새롭게 해석되어 새롭게 태어난 불교라 할 수 있을 것이다.

좌선에 대한 입장은 회양과 마조(馬祖)의 일화에서 극명하게 드러난다. 회양이 깨달음을 얻고 설법을 하니, 마(馬)씨 성(姓)을 가진 한 제자가 와서 신심(信心)을 내어 열심히 공부하였다. 그런데 이 제자는 항상 좌선(坐禪)만을 고집하여 자리를 뜨는 법이 없었다. 회양은 마조를 보자 곧 그가 큰 그릇임을 직감한다. 그래서 마조가 좌선하고 있는 토굴로 찾아가 왜 그렇게 좌선에 몰두하고 있는가 하고 일문을 던진다.

"대덕(大德)은 좌선(坐禪)하여 무엇을 꾀하시오?" 도일이 말했다. "부처되기를 꾀합니다." 회양은 이에 벽돌 한 개를 가져와 그 암자 앞에서 갈기 시작했다. 이것을 보고 도일이 물었다. "벽돌을 갈아서 어쩌려 하십니까?" "갈아서 거울을 만들려 하오." "벽돌을 간다고 어떻게 거울이 되겠습니까?" "벽돌을 갈아 거울이 되지 못한다면, 좌선하여 어떻게 부처가 되겠는가?" 이에 도일이 물었다. "그러면 어떻게 해야 합니까?" "소달구지가 가지 않는다면 달구지를 때려야 하겠는가, 소를 때려야 하겠는가?" 도일이 대답이 없자, 회양이 다시 말했다. "그대는 좌선을 배우고자 하는가, 좌불(坐佛)을 배우고자 하는가? 만약 좌선을 배우고자 한다면, 선(禪)은 앉거나 눕는 것이 아니다. 좌불을 배우고자 한다면 부처는 정해진 모습이 아니다. 머묾 없는 법에서 취하거나 버리지 말아야 한다. 그대가 좌불을 따른다면, 곧 부처를 죽이는 것이다. 만약 앉은 모습에 집착한다면, 그 이치를 통하지 못한다."[152]

깨달음을 얻고자 하는 마조는 좌선만을 고집한다. 그러나 좌선만이 깨달음에 이르는 방법일까. 깨달음에 대한 회양의 생각은 그러한 것이 아니었다. 회양은 경전을 펼치고 경전을 근거로 마조에게 가르침을 줄 수도 있었을 것이다. 그렇지만 회양은 경전을 펼치지 않았다. 대신 좌선하고 있는 마조 옆에서 시끄럽게 기왓장을 갈기 시작한 것이다.

조용히 좌선하고 있는 마조에게 기왓장이 끽끽 갈리는 소리는 귀에 거슬린다. 마조가 왜 기왓장을 가는가 하고 회양에게 묻자, 거울을 만들기 위함이라 한다. 누구나 기왓장을 갈면 거울이 될 수 없다는 것을 안다. 회양은 좌선만으로 부처가 될 수 없음을 알고 있지만 마조는 모르고 있었다. 회양은 좌선만으로 부처가 될 수 없음을 아는 것은 기왓장을 갈아 거울이 될 수 없음을 아는 것과 같은 당연한 이치를 마조에게 설법하는 것이다. 달구지가 가지 않는다면 달구지를 쳐야 하는 게 아니라 달구지를 끌고 있는 소를 쳐야 하는 것이다. 깨달음은 이러한 것이라고 회양은 경전 밖에서 가르치는 것이다.

좌선만이 깨달음에 이르는 길이라고 믿고 좌선에만 빠져 있던 마조는 어리둥절할 수밖에 없었을 것이다. 그러한 마조에게 회양은 가르침을 전한다. 선(禪)이란 앉아 있는 것도 아니요, 누워 있는 것도 아니다. 진리[法]란 본시 고착된 모습이 있는 것이 아니요, 무엇에 머물러 있질 아니하는 것이다. 그러므로 그것은 취할 수도 없고 버릴 수도 없는 것이다. 좌선만으로 깨달음을 얻고자 하는 것은 깨달음에 이르는 것이 아니라 깨달음을 죽이는 것이다.

마조는 여기에서 크게 뉘우치는 바가 있어서 좌선만을 고집하던 생각을 버리고, 일상생활 속 행주좌와(行住坐臥) 가운데서 화두를 참구하여 마침내 크게 깨달았다. 마조는 이러한 회양의 가르침을 들었을 때, 목마른 심령에 퍼붓는 천상의 감로수를 마시는 느낌이 감돌았다고 한다. 그 자리에서 마조는 벌떡 일어나 회양에게 모든 예를 갖추어 절을 하고 나서 다시 여쭈었다.

---

152) 김태완(2022), 20-21.

> "어떻게 마음을 써야 모습 없는 삼매에 부합하겠습니까?" "그대가 마음이라는 진리를 배우는 것은 마치 씨앗을 뿌리는 것과 같고 내가 진리의 요점을 말해 주는 것은 저 하늘이 비를 내려 적셔 주는 것과 같다. 그대는 이번 기회에 인연이 맞았으므로 이제 도(道)를 볼 것이다."153)

목마름에 감로수를 마신 듯한 마조는 어떻게 하면 깨달음에 이를 수 있는가 하고 캐물었다. 회양은 마음의 법문을 배운다고 하는 것은 들판에 씨를 뿌리는 것과 같고, 회양의 법문은 그 들판에 내리는 단비와 같은 것이 된다. 그렇게 인연이 되어야 반드시 싹이 트는 것과 같이 깨달음도 인연이 되어야 이를 수 있다고 말한다. 그래도 의심이 남은 마조는 집요하게 또 묻는다. 깨우침이란 끝까지 밀어붙여야 한다. 한 점 의심이 남아서는 안 된다. 도는 색깔도 없고 형체도 없는데 어떻게 볼 수 있는가 하고 마조가 묻자 회양은 마음속에 진리를 보는 눈이 있어서 그 눈으로 볼 수 있다고 하고 있다.

> "도는 보이는 모습이 아닌데 어떻게 볼 수 있겠습니까? "마음에 갖추어진 진리를 보는 눈이 도를 볼 수 있다. 모습 없는 삼매도 역시 그렇게 보는 것이다."154)

도가 형체도 없고 볼 수도 없다고 하자 마조는 그 도가 도대체 어떻게 생겼는지 궁금증이 더해진다. 그래서 마조는 도는 만들어졌다가 부서지기도 하는 것인가 하고 회양에게 재차 묻는다.

> "이루어졌다 부서지는 것은 아닙니까?" "만약 이루어지고 부서지고 모이고 흩어짐을 가지고 도를 본다면 이것은 도를 보는 것이 아니다. 나의 게송(偈頌)을 들어라." 회양이 말했다. "마음이라는 땅에는 모든 씨앗들이 들어 있는데, 비가 오면 모두 싹을 틔우네. 삼매(三昧)라는 꽃은 모습이 없으니 어떻게 부서지고 어떻게 이루어지랴."155)

---

153) 김태완(2022), 21.
154) 위의 책, 21.

우주 삼라만상은 모두 예외 없이 이루어지고 부서진다. 마조는 도(道)도 그러한 것인가 하고 묻는다. 회양은 도는 그러한 것이 아니라고 말한다. 깨달음은 모습이 없어 이루어질 수도, 부서질 수도 없다고 말한다. 회양의 단비와 같은 설법으로 깨달음을 얻은 마조는 그 후 회양을 모시고 10여 년 동안 수행하면서 깨달음의 깊이가 더해져서 훌륭한 선사가 되니 승속을 막론하고 제자들이 모여들었다.

마조는 회양에게서 깨달음을 얻은 방법과 같이 제자들이 깨달음에 쉽게 다다를 수 있도록 가르침을 편다. 그렇지만 그의 가르침은 일반적인 상식으로는 이해하기 어려운 것이다. 즉 경전에 의존하지 않고 경전 밖의 설법을 하고, 고함을 지르고, 주장자를 치는 등 다양한 방법을 사용하였다. 이러한 마조의 가르침을 통하여 마조의 제자 중 84인이 깨달음을 이룬 선사가 되었다. 마조는 우리들 모두의 마음이 곧 붓다라고 강조한다. 마조 가르침의 근본은 이 마음이 바로 붓다라는 사실이다.

현재의 이 마음이 바로 붓다이기 때문에 현재의 이 마음을 떠나 따로 붓다를 찾을 수 없다. 따라서 붓다를 향하는 문은 따로 없는 것이다. 따라서 '진리[法]를 찾는 자라면 마땅히 찾는 것이 없어야 하니 마음 밖에 따로 붓다가 없으며, 붓다 밖에 따로 마음이 없기 때문이다.'라고 하여 현실에 진리가 있음을 강조한 것이다. 바로 지금의 마음이 진리를 찾은 붓다이기 때문에 '따로 붓다를 찾을 필요가 없다'는 것이다. 그래서 마조는 말한다. 도는 닦는 것이 아니다.

> "어떤 것이 도를 도(道)를 닦는 것입니까?" 마조가 답했다. "도는 닦는 것에 속하지 않는다. 만약 닦아서 이룬다고 하면, 닦아서 이루어지는 것은 다시 부서지니 곧 성문(聲聞)과 같을 것이다. 만약 닦지 않는다고 하면 곧 범부(凡夫)와 같을 것이다."156)

---

155) 김태완(2022), 22.
156) 위의 책, 58.

도는 닦는 것이 아니다. 그 이유는 만약 닦아서 도를 얻는다면 언젠가는 다시 파괴되니 그것은 우리가 말하는 변하지 않는 진리인 도(道)가 될 수 없다. 성문(聲聞)은 경전을 통하여 옳고 그름의 분별을 일으키며 도를 닦기 때문에 변하지 않는 진정한 진리에는 다다를 수 없는 것이다. 진리는 변하지 않는 것이어야 한다. 그렇다고 닦지 않는다면 범부와 같아서 생사윤회의 고통에서 벗어날 수 없다. 그렇다면 도는 닦을 수도 닦지 않을 수도 없는 것이 된다. 그러면 어떻게 해야 하는가.

> "자성은 본래부터 완전하여 모자람이 없다. 그러므로 다만 선이니 악이니 하는 일에 머물지 않기만 하면, 도 닦는 사람이라고 일컬을 것이다. 선에 머물고 악을 제거하며, 공(空)을 관(觀)하고 선정(禪定)에 들어가는 것 등은 곧 조작(造作)에 속한다. 만약 다시 밖으로 치달려 구한다면 더욱더 멀어질 뿐이다. 그러므로 다만 삼계(三界)에 헤아리는 마음이 없게만 하여라. 한 생각 허망한 마음이 곧 삼계에서 태어나고 죽는 뿌리가 되니, 다만 한 생각이 없기만 하면, 곧 삶과 죽음이라는 문제의 뿌리를 없애는 것이다."[157]

본래 자신의 성품이 이미 완전한 것이므로 모자람은 없다. 다만 욕심을 내어 선과 악을 구별하는 것을 멈추면 도를 닦는 것이다. 악을 멀리하고 선하게 살고자 하며 참선 수행을 하는 것은 모두 평상심이 아닌 조작심이 되는 것이다. 이러한 것을 알지 못하고 밖에서 깨달음을 구하고자 한다면 깨달음과는 더욱 더 멀어지는 것이다. 삼계에 분별심만 잠재우면 삶과 죽음의 뿌리까지 없어지는 것이다. 그러므로 닦아서 이룰 도는 없다. 평상심이 곧 도(道)이다. 다만 도는 좋다 나쁘다 하는 분별심을 일으키지 않아야 한다. 범부와 성인도 구별하지 않아야 한다.

> 무릇 진리[法]를 찾는 자는 찾는 것이 없어야 하니, 마음 밖에 따로 부처가 없고 부처 밖에 따로 마음이 없기 때문이다. 그러므로 선(善)이라고 하여 취하지도 말고 악(惡)이라고 하여 버리지도 말며, 깨끗함과 더러움의 어느 쪽

---

[157] 김태완(2022), 61.

> 에도 기대지 말아야 한다. 죄(罪)의 자성이 공(空)이라는 사실을 깨달으면, 어느 순간에도 죄는 있을 수 없으니, 자성이란 본래 없기 때문이다.[158]

깨달음은 선과 악이라는 두 극단에서 벗어나야 한다. 근본적인 선과 근본적인 악은 있을 수 없다. 똑같은 행위도 조건에 따라 선도 되고 악도 된다. 추위에 떨고 있는 사람에게 장작불은 선이고, 더위에 지쳐있는 사람에게 장작불은 악이 된다. 두 극단에서 벗어나면 생과 사라는 두 극단에서도 벗어날 수 있는 것이다. 이는 연기법인 중도에 대한 가르침으로 이해해야 할 것이다. 선과 악, 생과 사 이분법으로 나누어 놓고 그 중 좋은 것만을 취하는 순간 연기법의 진리에서 멀어져 가는 것이다.

> 즉시 도(道)를 알고자 하는가? 평상심(平常心)이 바로 도이다. 무엇을 일러 평상심이라 하는가? 조작함이 없고, 옳고 그름을 따짐이 없으며, 범부도 없고 성인도 없는 것이 바로 평상심이다. 경전에 말하기를, '범부의 행위도 아니고 성인의 행위도 아닌 것이 바로 보살의 행위이다.'라고 하였다.[159]

도는 닦는 것이 아니다. 그렇지만 닦지 않기 위해서는 이미 마음에 더러움이 없어야 한다. 그 더러움의 근원은 생과 사를 구별하는 것이다. 생사를 구별해 놓고 그 위에 나를 중심에 놓고 모든 것을 조작하고 시비하고 취사하고 단상을 구별하고 범부와 성인을 구별한다. 이러한 이분법적 구별을 떠난 것이 보살행이라 하고 있다. 어느 곳에도 치우쳐 머물지 않음으로써 양극단에 서지 않는 것, 즉 중도를 깨달아야 한다는 것과 유사하다고 할 수 있을 것이다.

젊은 철학도가 떠돌이 개와 함께 지낸 14년을 그린 이야기 『우리가 알고 싶은 삶의 모든 답은 한 마리 개 안에 있다』는 도는 닦을 필요가 없다는 마조의 가르침을 대변해 주는 듯하다. 철학을 전공하고 여러

---

158) 김태완(2022), 50.
159) 위의 책, 84.

종교를 섭렵하면서도 삶에 대한 의문을 잔뜩 품고 있었던 이 책의 저자는 개에게서 삶의 놀라운 비밀을 발견한다. 인간은 종종 외부의 기대와 사회적 압박 속에서 살아가며, 그로 인해 본래의 순수한 감정과 삶의 본질을 잃어버린다. 책은 개를 통해 사람들에게 더 단순하고 순수한 삶을 돌아보게 하며, 내면의 평화를 찾는 방법을 제시한다.

도를 닦지 않는 개의 본능적이고 순수한 존재는 인간에게 복잡한 삶의 문제를 해결할 수 있는 실마리를 제공한다. 공(空), 무아(無我), 사성제, 윤회, 도(道)와 선(禪) 등 머리로만 익히고 알았던 내용들을 개의 행동을 통해 새롭게 경험하는 것이다. 생명을 가진 같은 존재라는 점에서 우리는 어떤 생명도 차별해서는 안 되며, 모든 생명은 먼지 같은 존재에 불과하나 너와 나는 둘이 아니고 서로가 연결돼 있음을 알고 사랑한다면 이 세계를 따듯하게 만들어 갈 수 있음을, 그것이 우리가 존재하는 이유임을 밝히고 있다. 저자는 인생의 스승이 필요하다면 동물 보호소로 가라고 말한다.

마조가 말한 것처럼 개는 도를 닦지 않는다. 후대의 선사들이 마조를 남종선의 실질적 종조(宗祖)로 삼는다는 사실에서 중국 선불교의 지향점을 알 수 있다. 우리는 마조로부터 선종이 조용히 앉아서 혼자만 붓다가 되려 하는 종파가 아님을 알 수 있다. 중국에 이미 도교와 유교가 있었으나 선종처럼 일반 대중 속으로 넓게 파고드는 종교는 없었다. 마조는 참선과 같은 신비적 방법을 벗어던져 버렸다. 그와 동시에 중국인의 현실적인 생활 속에서의 불교로 거듭날 수 있는 길을 열었다.

당시 중국에서 종교나 사상은 지배층의 전유물이었다. 그러나 마조는 일반 백성들의 일상생활에 융합될 수 있는 보편적 생활 선(禪)으로 탈바꿈을 시도한 것이다. 경전(經典)이나 법문(法門)을 통해서 인식되는 진리보다는 일상의 삶 속에서 살아 숨 쉬는 진리를 참다운 진리라고 한 것이다. 이들은 귀족사회의 권위주의적인 가치관을 벗어던지고 자연 그대로, 그리고 있는 그대로의 인간 존재를 가치 있게 바라보는 불교를 형성하고 장려한 것이다.

생활 선(禪)을 주장하며 마조는 자급자족하는 전통을 만들었다. 이러한 환경에서 마조의 제자 백장은 "하루라도 일하지 않으면 먹지 말라"는 일일부작일일불식(一日不作一日不食)을 내걸고 수행자도 자급자족할 것을 주장했다. 자급자족은 중국의 역사를 통해서 그 어느 곳에서도 비슷한 사례를 찾기 어려운 종교개혁이었다. 이 종교개혁은 철저한 중국인의 종교로서의 선종(禪宗)을 의미하는 것이지 인도의 종교적 아류로서의 선종을 의미하는 게 아니다. 그야말로 중국 특유의 새로운 선종을 탄생시킨 것이다. 중국인들은 비로소 종교와 생활을 하나로 융합할 수 있게 된 것이다. 유교와 도교를 총망라하여 생활의 종교를 실현시킨 것은 중국 선종이 유일한 것이다.

마조 아래에서 수많은 제자들이 배출되었다. 백장, 방거사 등 출가와 재가를 가리지 않은 선불교의 거목들이 모두 그의 문하였다. 중국과 오늘날 한국의 선불교는 마조라는 거대한 뿌리를 기반으로 하는 것이다. 선은 언어나 문자로만 설명하기 어려워 스승의 언어와 문자 이외에 할(喝)과 방(棒) 등 다양한 선법(禪法)을 통하여 직접 전수 되는 것으로 스승과 제자의 관계가 매우 중요했다. 때론 출가 수행자들이 깨달음을 붓다의 경전보다 스승인 조사(祖師)의 가르침에 의지하게 되어 조사의 권위는 붓다 이상으로 중시되어 조사선(祖師禪)이라는 이름이 생겨났고 조사의 언어나 행동은 경전을 대체하기도 하였다.

4) 임제의현(臨濟義玄)

마조 이후 임제에 이르면 깨달음의 방법은 더욱 신비로워진다. 임제가 스승인 황벽에게 불법이 무엇이냐고 묻자, 황벽은 임제에게 고함대신 몽둥이를 내리친다. 임제는 몽둥이로 맞고 깨달음을 이룬다. 달마에서 후대로 가면서 선종(禪宗)에서는 제자들을 깨우치기 위해 선문답뿐만 아니라 다양한 방법을 사용한다. 자유자재한 그들의 방식을 흔히 격외(格外)라고 하는데, 경전을 공부하고 명상을 하는 것과 같은 일정한 형식[格]을 벗어난다[外]는 뜻이다.

이 대표적인 것이 임제할(臨濟喝)과 덕산방(德山棒)인데 할(喝)은 고함을 치는 것이고 방(棒)은 제자를 몽둥이로 때리는 방법이다. 그들은 이러한 충격적인 방식이 언어와 문자를 통한 가르침보다 효과적이라고 판단될 때 사용한다. 아무 때나 쓰는 게 아니라 제자의 수준 즉 근기(根機)나 성향, 공부의 정도 등을 종합적으로 판단하여 적정하게 사용하기 때문에 성공률이 높다고 한다.

임제종을 건립한 임제는 조사선에서 주목해야 할 상당히 많은 선(禪)사상을 제시하고 있다. 그러한 까닭에 중국에서 임제종의 법통이 현재에도 계승되고, 한국과 일본에서도 현재까지 그 법통이 유지되고 있다. 당나라 이후 중국 선종은 다섯 개 종파, 후에 일곱 개 종파로 나뉘는데 이를 오가칠종(五家七宗)이라 한다. 오가칠종은 당나라 말기에서 송나라에 걸쳐 번갈아 가면서 융성하다가 송나라 말기에 이르면 임제종이 중국 선종을 석권하게 되어 명과 청나라에도 이어진다. 임제는 임제종(臨濟宗)의 시조(始祖)이다.

임제는 어려서부터 특이한 성품에 효자였다고 한다. 임제는 20세 때에 출가하여 의현(義玄)이라는 법명을 쓰게 되었다. 출가 후 처음에는 열심히 경전 강의에 출석하여 경전과 계율을 배웠으나 이에 만족하지 못했다. 임제는 경전만으로는 깨달음에 이를 수 없다고 판단하고 선승을 찾아 나서서 황벽을 만나 몽둥이로 세 번 맞는 기연(機緣)을 통하여 깨달음을 이루었다. 그 기연의 내용은 아래와 같다.

임제 스님이 처음에 황벽 스님의 회상에 있었는데 행업이 순일하였다. 이때 수좌 스님이 칭찬하여 말했다. "비록 후배이기는 하나 다른 대중과는 사뭇 다르구나." 어느 날 임제 스님에게 물었다. "스님은 여기 있은 지 얼마나 되는고." "삼 년입니다." "법에 대해 물은 적이 있는가." "아직 묻지 못했습니다. 무엇을 물어야 할지 모르겠습니다." "그대는 방장 스님을 찾아 뵙고 '어떤 것이 불교의 확실한 대의입니까.'라고 왜 묻지 않는가." 임제 스님이 바로 가서 물었다. 그러나 황벽 스님은 질문이 끝나기도 전에 대뜸 후려쳤다. 임제 스님이 돌아오자 수좌 스님이 물었다. "법을 여쭈러 간 일은 어떻게 되었는가." "드린 질문이 끝나기도 전에 방장 스님이 때리시니, 그 이유를 모르겠습니다." "다시 질문해 보도록 하게." 임제 스님이 다시 가서 물었다.

그러나 방장 스님이 다시 때리니, 세 번을 묻고 세 번을 다시 맞았다. 임제 스님이 돌아와 수좌 스님에게 말했다. "제가 다행히 자비심을 입어 방장 스님께 불법의 대의를 물을 수 있었습니다. 그러나 세 번을 물었으나 세 번을 모두 맞았습니다. 스스로 한탄하건데 장애가 있는 인연으로 그 깊은 뜻을 깨닫지 못하고 있으니 이제 그만 떠나고자 합니다." "만약 그대가 떠나려 하거든 반드시 방장 스님에게 하직 인사를 하고 가도록 하게." 임제 스님은 절을 하고 물러났다. 수좌 스님이 먼저 황벽 스님의 처소에 이르러 말했다. "법을 여쭈러 왔던 후학은 아주 여법합니다. 하직 인사를 하기 위해 스님께 들르면 방편을 써서 후학을 잘 맞이해주시기 바랍니다. 앞으로 잘 깎고 다듬어서 한 그루의 큰 나무가 된다면 천하 사람들을 위한 시원한 그늘을 드리우게 될 것입니다." 임제 스님이 가서 하직인사를 드리자 황벽 스님이 말했다. "다른 곳으로 가지말고 고안의 여울목에 있는 대우 스님을 찾아가도록 하라. 반드시 너를 위해 말씀을 해주실 것이다." 임제 스님이 대우 스님에게 이르자 대우 스님이 물었다. "어디서 오는 길인가." "황벽 스님의 처소에서 왔습니다." "황벽스님은 어떤 말을 하시던가." "제가 세 번이나 불법의 대의를 물었다가 세 번을 얻어 맞았습니다. 저에게 어떤 허물이 있었는지 저는 도무지 모르겠습니다." "황벽 스님이 이렇게 노파심을 내며 너를 위해 정말로 정성을 다해 가르쳤건만 너는 나에게까지 와서 허물이 있는지 없는지 묻는가." 임제 스님이 이 한마디에 크게 깨달았다. 그리고 이렇게 말했다. "아, 원래 황벽 스님의 불법이 이런 것이었군요." 그러자 대우 스님이 멱살을 움켜쥐며 말했다. "이 오줌싸개 같은 놈아. 조금 전에 허물이 있는지 없는지 따지더니 이제 도리어 황벽 스님의 불법이 이런 것이라니 너는 도대체 무슨 도리를 보았느냐. 빨리 말해라. 어서 빨리 말해봐." 그러자 임제 스님이 대우 스님의 옆구리를 주먹으로 세 번 쥐어박았다. 대우 스님이 움켜쥐었던 손을 놓고 밀치면서 말했다. "너의 스승은 황벽이다. 내가 간섭할 바가 아니다." 임제 스님이 대우 스님을 하직하고 다시 황벽 스님에게 돌아갔다. 이를 본 황벽 스님이 말했다. "이놈, 왔다 갔다 하기만 하면 무슨 깨달음을 기약할 수 있겠느냐." "다만 스님의 노파심이 간절했음을 제가 알았기 때문입니다." 임제 스님이 인사를 마치고 곁에 서 있으니 황벽 스님이 물었다. "어디 갔다 왔느냐." "지난번에 자비로운 가르침을 받들어서 대우 스님을 참배하고 왔습니다." "대우 스님이 무슨 말을 하던고." 임제 스님은 앞서 대우 스님의 처소에서 있었던 일들을 모두 이야기했다. 황벽 스님이 말했다. "어떻게 하면 대우 이놈을 기다렸다가 따끔하게 한 방 먹일 수 있을까." "올 때까지 기다릴 필요가 뭐가

> 있겠습니까. 지금 바로 한 방 먹이시지요." 그리고 손바닥으로 뺨을 후려쳤다. 황벽 스님이 "이 미친놈이 도리어 이곳에 와서 호랑이 수염을 뽑는구나." 했다. 그러자 임제 스님이 곧바로 '할' 하며 고함을 질렀다. 황벽 스님이 "시자야, 이 미친놈을 끌고 가서 선방에 들이도록 해라."160)

임제는 황벽으로부터 몽둥이로 세 번 맞고 깨달음을 얻었다. 임제는 황벽과 대우의 기연으로 깨달은 후 우뚝 그 모습을 드러냈다. 임제는 깨달은 이후 황벽 문하에서 얼마간 머문 뒤 여러 곳에서 불법을 전하다가 하북성(河北省)에 있는 임제원(臨濟院)에 머물렀다. 임제라는 법호도 그가 머물렀던 임제원에서 비롯된다. 임제는 독특한 방법으로 불법을 전하며 중국 선종을 이끄는 수많은 제자를 길러냈다. 임제의 선사상은 전통이나 권위를 부정하고 청정한 자성을 지닌 자신만을 자각하기 위해 인혹을 물리쳐야 한다고 하였다. 인혹을 물리쳐야 한다는 것을 강조하기 위하여 붓다를 만나면 붓다를 죽이고 스승을 만나면 스승을 죽이라고 한다. 붓다조차도 인혹의 대상이 될 수도 있다는 것이다.

> "도를 닦는 사람들이여! 그대들이 법다운 견해를 얻고자 한다면 결코 사람을 미혹되게 하는 것(人惑)을 받아들여서는 안 된다. 안에서도 밖에서도 무언가 마주치는 것은 모두 끊어 죽여 버려야 한다. 부처를 만나면 부처를 죽이고, 조사를 만나면 조사를 죽이고, 나한을 만나면 나한을 죽이고, 부모를 만나면 부모를 죽이고, 친척을 만나면 친척을 죽여야 비로소 해탈할 수 있다. 일체 사물에 걸리는 바 없이 철저한 해탈자재(解脫自在)의 경지를 얻는 것이다."161)

유교 사상이 강한 국가에서 스승을 죽이고, 부모를 죽이라는 표현은 매우 강렬한 인상을 남긴다. 오해를 부를 수도 있을 것이다. 그렇지만 붓다, 조사, 부모, 스승 등에 얽매이지 않는 주체성을 강조하기 위해 쓰인 강한 어조일 뿐이다. 다시 말해서 그들의 생각을 무조건 따르지

---

160) 종광(2021), 420-433.
161) 위의 책, 236.

말고 독립적이고 주체적인 수행자가 되어야만 궁극적 깨달음에 이를 수 있음을 말하는 것이다.

붓다의 제자 아난은 붓다의 임종이 가까워졌음을 느끼며 묻는다. "세존이시여, 세존이 이 세상에 계시지 않으면 이제 누가 우리를 가르치고 이끌어 주십니까?" 붓다는 "너 자신을 등불로 삼아 머물고, 남을 귀의처로 삼아 머물지 말라. 또한 내가 가르친 법을 등불로 삼아 머물고, 다른 것을 귀의처로 삼아 머물지 말라."고 하였다.

이와 비슷하게 임제는 인혹과 관련해 출가 수행자는 구도하고자 하는 일념으로 부모와 친척을 떠난 것인데, 출가한 이후에도 붓다나 조사를 떠나지 못한다면 그것은 출가 이전보다 못한 게 될 것이니 참된 출가는 다른 사람들의 인혹을 철저히 끊는 것이라고 하였다.

임제는 관념적인 전통이나 사상적 권위, 형식의 굴레에서 과감하게 벗어난 인간해방을 부르짖었다. 무엇보다도 인간에 대한 절대적인 존엄성을 강조하는 것이다. 모든 사람은 그 자체가 무위진인이므로 일상의 삶 속에서 현실을 직시하는 것이 곧 깨달음이라고 가르친 것이다.

> 임제가 상당하여 말하기를 "적육단(赤肉團) 위에 한 무위진인(無位眞人)이 있어서 항상 너희들의 얼굴에서 출입한다. 증명하지 못한 자는 보라, 보라." 했다. 어떤 승려가 나와서 묻기를 "무위진인이란 무엇입니까?" 묻자 임제는 법상에서 내려와 그의 멱살을 붙잡고는 "말하라, 말하라"하였다. 그 승려가 뭔가 말하려고 하자 임제는 밀쳐버리고 "무위진인은 무슨 마른 똥덩어리인가!"하고는 바로 방장으로 돌아가 버렸다.162)

'적육단(赤肉團)'은 붉은 몸뚱이란 뜻으로 사람의 심장을 가리키고 여기서는 사람의 육체를 말한다. 무위진인이 있는 곳이 '적육단 위'라고 하며 분명하게 소재를 밝히고 있다. 무위진인(無位眞人)이 항상 자신의 얼굴을 통해서 출입하는데 그 진리를 여전히 모르겠는 사람은 잘 보라고 임제는 말한다. 무위진인이란 더 이상 오를 수 없을 만큼 깨달은 사

---

162) 종광(2021), 53.

람이다. 임제는 사람 자체를 무위진인으로 보고 있는 것이다.

바로 내 눈앞에 있다고 알려 주는데도 보지 못하고 제자가 무위진인이 무엇인가 하고 다시 묻는다. 임제는 돌연 법상에서 내려와 그의 멱살을 움켜쥐고 말한다. "말해보아라. 어떤 게 무위진인인가!" 그가 대답하려 하자 그를 거세게 밀치며 임제는 "무위진인은 마른 똥 막대기라고"라고 말한다. 무위진인을 말하는 순간 말은 바로 마른 똥 덩어리가 되는 것이다.

말로 표현된다면 벌써 어긋나는 것이니 일정한 틀에 고정화하지 말라는 것이다. 말로써 설명할 수 없는 무위진인은 누구나 마음만 먹으면 그런 사람으로 살아갈 수 있다는 것이다. 무위진인은 어떤 계위에도 속하지 않으며 분별심이나 차별의 위상(位相)이 없는 참사람으로 인간 누구에게나 본래부터 내재해 있는 절대 주체를 말하는 것으로 마음, 불성(佛性), 법성(法性), 자성(自性)이라고도 표현한다.

또한 마조의 즉심(即心)과 같은 의미로도 볼 수 있다. 누구에게나 친절하고, 차별하지 않고, 곤경에 처한 사람들에게 위로와 격려의 말을 건네고, 손과 발을 선뜻 내밀며 일상의 삶을 살아가는 우리 모두가 바로 무위진인이다. 그렇게 하는 것이 '나'에게도 좋고 '너'에게도 좋은 사회, 즉 붓다가 원하는 모두가 행복한 사회를 만들어 가는 것이다.

자신에게 있는 무위진인을 자신에게서 찾지 않고 다른 데서 찾으려고 하는 것은 똥 막대기처럼 부질없고 가치 없는 짓이라는 것이다. 우리의 육체와 일상을 떠나서는 깨달음에 이를 수 없음을 말하는 것이다. 붓다가 깨닫고 나서 보니, 중생들도 연기법의 진리를 깨달으면 붓다와 똑같이 될 수 있음에도 불구하고 연기법을 보지 못하는 무명, 즉 어리석음을 탄식한 것처럼, 임제도 제자들이 인혹의 노예가 되어 자신에게서 구하지 않고 밖에서 구하면 깨달음에 이를 수 없다는 것을 알려 주기 위해 과격한 행동으로 연출한 것이다.

또한 마조의 평상심(平常心)과 맥을 같이하는 선(禪) 사상으로 볼 수 있는데 이는 마조의 법통이 그대로 이어지는 것으로 볼 수 있다. 위에서 보듯이 임제는 어떠한 관념, 심지어는 불법에도 개의치 않았다.

붓다와 조사라는 생각에도 집착하지 말고 '붓다를 만나면 붓다를 죽이고, 조사를 만나면 조사를 죽여라'를 외친 것이다. 이는 일상생활을 하는 자신에게서 도를 구하는 것이지 자신의 일상을 떠나 밖에서 도를 구하고자 하는 것은 우매한 짓임을 설법하는 것이다.

> 수행자들이여! 불법은 힘쓸 곳이 없다. 단지 평소 무사(無事)이면 된다. 똥누고 오줌누며, 옷을 입고 밥을 먹으며, 피곤하면 잠을 자는 것이다. 어리석은 사람들은 나를 비웃지만 지혜로운 사람은 안다. 옛사람이 말하기를 '밖에서 추구하면 모두 어리석은 짓이다'[163]

여기에서 말하는 옛사람은 당연히 마조(馬祖)를 의미한다. 마조가 말한 평상심시도(平常心是道)는 욕망이 가득한 마음이 가는 대로 방탕하거나 무질서하게 살라는 의미는 절대 아니다. 일상의 마음은 돈오(頓悟)한 상태에서의 평상심(平常心)이다. 이로부터 임제가 설하는 무위진인도 역시 이 마조의 평상심과 연계하여 해석하고 있음을 짐작할 수 있다. 깨달음을 얻고자 한다면 다만 이렇게 보고, 의심하여 미혹하지 말고, 너희들의 마음과 마음에 다름이 없다는 것을 알아야 한다고 강조하는 것이다.

우리 마음은 나의 내면보다는 항상 밖을 향해있다. 남과 비교하여 욕망을 일으키고 남의 평가에 희노애락 한다. 그래서 번뇌는 주인인 나에게서 생겨나는 것이 아니라 바깥의 대상으로부터 생겨난다. 내 마음의 주인은 나다. 그런데도 우리는 이것을 알지 못하고 항상 밖에 있는 대상에 휘둘리면서 살아간다. 임제는 만약 내 마음이 나의 주인이 될 수만 있다면 우리는 언제, 어디서나 행복할 수 있다고 하면서 곳곳에서 주체성을 강조하고 있다.

---

163) 종광(2021), 133.

> 어느 장소에서든지 주체적일 수 있다면(隨處作主), 그 서는 곳은 모두 참된 곳이다(立處皆眞). 어떤 경계(상황)가 다가 온다 하여도 돌이켜 바꿔놓을 수 없다. 전부터 있어 온 나쁜 행동이나 지옥에 떨어질 큰 죄가 있더라도 삶은 자연히 해탈의 큰 바다로 변한다. 수행자들이 진리의 자유로운 본성을 이해하지 못하는 것은 마치 코에 닿는 모든 것을 입에 물어넣는 염소의 행동과도 같다. 종과 주인, 손님과 객도 구별할 줄 모르는 것이다. 이러한 염소 떼들이 불문에 들어와 온갖 이해득실과 웅성거림이 뒤섞이는 곳으로 발길을 향하고 만다. 이것은 진실한 출가인이라 할 수 없고, 이런 자들은 누구보다도 천하고 속된 사람이다.[164]

임제는 조사선의 핵심이 바로 인혹을 물리치는 것임을 명확하게 밝히고 있다. 인혹을 받지 않는 사람이라야 "어디에 가더라도 '주인'이 되고, 가는 곳이 모두 '진리'가 된다."라고 하고 있다. 이 '수처작주(隨處作主) 입처개진(立處皆眞)'은 상당히 유명한 구절로 많은 이들이 언급하고 있는데, 조사 등 다른 사람의 가르침이나 전통의 권위를 인정하지 않고 현실적인 삶에 입각한 깨달음을 주장하면서 철저히 자신만을 믿는 신념이다. 자신을 믿지 않고 밖에서 이러저러한 도를 잡다하게 구하는 것을 염소의 행동과 같다고 하고 있다. 그것은 진리가 무엇이지 구별할 줄 모르는 행동이며 진정한 출가 수행자라 할 수 없다고 하고 있다.

임제의 가르침인 『임제록(臨濟錄)』에는 선종의 이론이 체계적이며, 통쾌하게 설해져 있어 '어록의 왕'이라 불리 운다. 우리나라도 고려 중기까지는 오가의 종파가 모두 들어와 있었으나 고려 말에 보우 등에 의해서 송나라의 임제종이 본격적으로 전해져 오늘날에 이르고 있다. 현재 한국의 조계종을 보면, 조계종이라는 명칭은 6조 혜능에서 유래한 것이지만, 종지와 사상은 임제종에 가깝다.

일본의 강제 합병 시기에 일부 한국의 불교 관계자들이 한국불교를 일본불교인 조동종과 연합하려 하자 이에 분개한 스님들이 범어사를 중심으로 임제종을 세운 적도 있다. 현재까지 한국 선방에서는 주장자를

---

[164] 종광(2021), 136.

치는 등 임제 할이 쓰이고 있어 임제의 제자 교육 방법은 당시나 현재에 이르기까지 훌륭한 교육법으로 인정받고 있는 것이다. 임제의 사상은 대혜로 이어지고 대혜에 의하여 주창된 간화선이라는 깨달음의 방법이 널리 퍼진다.

5) 대혜종고(大慧宗杲)

현재 한국불교에서 깨달음의 방법으로 여겨지는 것은 대혜의 간화선이다. 달마로부터 시작된 중국 선종(禪宗)은 여래선, 조사선, 공안선 등으로 발전하다가 송(宋)나라 대혜에 이르러 간화선(看話禪)이라는 수행법이 널리 성행하게 된다. 간화선은 스승인 조사가 제자에게 '화두(話頭)'를 주고 제자가 단 한 순간도 그 화두를 잊지 않고 참구(參究)하여 스스로 마음을 찾게 하는 일종의 명상 수행법이다.

화두는 '말(話)보다 앞서는(頭) 것'을 뜻하는데, 말 그대로 생각이나 말을 떠올리기 이전에 깨달음을 위하여 참구(參究)해야 하는 문구이다. 배고픔에 밥 생각하듯, 목마름에 물 생각하듯 말보다는 화두를 잊지 않고 일념으로 참구(參究)하다 보면 붓다가 샛별을 보고 깨달음을 얻은 것과 같이 문득 본래의 마음을 보게 되어 깨달음을 얻게 된다고 한다.

선사(禪師)들이 참구한 문구들이 시간이 가면서 많아진 것을 정형화(定型化)한 것을 공안(公案)이라 하는데 간화선(看話禪)은 그 공안(公案) 중에서 하나의 문구 혹은 하나의 단어를 골라 참구할 대상, 즉 화두(話頭)로 삼는 것이다.

모양도 없고, 알 수도 없으나 보는 사람이 가지고 있는 마음을 스승인 조사가 경전을 떠나 바로 가르키는 것이 직지인심(直指人心)이고 이것이 조사선이다. 그래서 조사가 되기 위한 최우선 조건은 깨달아야 하는데 선종의 깨달음은 말로 표현할 수 없기 때문에 깨달음이 무엇인지, 누가 깨달음을 얻었는지 확인할 방법이 불분명하다.

그런 상황에서 만일 깨닫지 못한 조사를 평생 스승으로 모시고 깨달음을 구하게 된다면 오히려 깨달음과 멀어지게 될 것이다. 아마도 대혜가 간화선을 제창한 이유는, 불이법에 철두철미한 스승을 만나기 어려운 시절의 공부인들에게 스스로의 노력으로 불이법문에 들어가는 길을 제시한 것이라고 여겨진다.165)

이처럼 깨닫기 위하여 조사에게 전적으로 의지해야 하는 조사선과는 달리 간화선은 스스로 화두를 참구하여 스스로 깨달음을 얻는 수행법인 것이다. 조사선에선 스승에 의한 직지인심의 자극에 제자의 마음이 문득 견성성불하는 이심전심의 공부인 데 반하여, 간화선에선 공부하는 사람이 홀로 스스로에게 직지인심 하여 스스로가 문득 깨닫도록 하는 공부인 것이다.166)

앞에서 언급한 것처럼 임제도 스스로 깨달음을 얻는 것을 강조하기 위하여 붓다를 만나면 붓다를 죽이고 조사를 만나면 조사를 죽이라고 했다. 송나라 말기에 각 종파가 자신들의 깨달음 방법이 최선이라고 주장하는 가운데 조사선에서 비롯될 수 있는 부정적 결과를 방지할 필요가 있었고 대혜도 깨닫지 못한 자가 깨달음을 얻은 것처럼 잘못된 깨달음의 방법을 전하는 걸 경계한다. 만일 그러한 잘못된 깨달음의 방법을 따른다면 헛되이 살다가 죽게 될 것이라 하고 있다.

> 오늘날 어떤 부류의 머리 깎은 외도(外道)들은 스스로는 안목이 밝지도 못하면서 오로지 사람들에게 가르치기를, 죽은 개처럼 쉬고 또 쉬라고 합니다. 만약 이와 같이 쉰다면, 천 분의 부처님이 세상에 나오더라도 결코 쉬지 못할 뿐만 아니라, 오히려 마음을 어리석고 어둡게 할 뿐입니다. 또 사람들에게 가르치기를, 인연 따라 지니고 있되, 분별심을 잊어버리고 말없이 비추어 보라고 합니다. 그러나 비추어 보고 또 비추어 보며 지니고 또 지니면 더욱 어리석어지고 더욱 어두움을 더하여 끝마칠 기약이 없을 것입니다. 이는 조사의 방편을 완전히 잘못 알아서 엉터리로 사람들에게 가리키는 것이니, 오로지 헛되이 삶을 떠돌다가 죽게 만드는 짓입니다.167)

---

165) 김태완(2018), 37.
166) 위의 책, 36.
167) 위의 책, 88-89.

대혜는 외도들이 깨닫지 못했으면서도 죽은 개처럼 쉬라는 등의 잘못된 깨달음의 방법을 가르치고 있는데 그러한 가르침은 완전한 엉터리라서 만일 그러한 가르침을 따른다면 깨달음과 오히려 멀어지고 헛된 삶만을 살게 될 것이라 경고하는 것이다.

대혜는 12세에 출가해 스승 원오를 처음 만나 가르침을 받고, 42일 만에 깨달음을 얻었다 한다. 대혜가 원오에게서 법을 받고 활동하던 시기는 북송에서 남송으로 넘어가는 시기이었다. 여진족이 세운 금나라의 침략으로 송은 강남으로 천도해 남송을 세웠고, 조정은 주화파(主和派)와 주전파(主戰派)로 나뉘어 대립했다. 당시 주전파에 속해 있던 대혜는 항주(남송의 수도)에서 간화선을 보급하며 사대부들과 교류하고 있었다.

이 무렵 조정은 '금과 화해하자'는 주화파로 분위기가 흘러갔다. 1141년 고종의 신임을 얻은 주화파는 주전파의 병권을 빼앗고 주전파인 악비를 모함해 죽였다. 주전파와 교류하던 대혜도 반역을 모의했다는 혐의를 받고, 승복과 도첩을 박탈당한 뒤 유배되어 총 16년간 귀양살이를 했다. 1155년 사면되어 항주로 돌아온 대혜는 이 무렵 화두를 참구하는 간화선을 제창하였다. 그런데 화두는 우리의 상식 밖의 언어이고 표현법이다. 평생을 생각하고 참구하여도 그 뜻을 알기가 쉽지 않다. 화두 중 널리 알려진 대표적인 것 다섯 가지를 살펴보면 다음과 같다.

① 조주(趙州) 구자무불성(狗子無佛性) : 어느 승려가 조주에게 물었다. "개는 불성이 있습니까, 없습니까?" "없다."
② 조주(趙州) 정전백수자(庭前栢樹子) : 어느 승려가 조주에게 물었다. "조사께서 서쪽에서 오신 뜻이 무엇입니까?" "뜰 앞의 잣나무이니라."
③ 동산(東山) 수상행(水上行) : 어떤 승려가 운문에게 물었다. "어떤 것이 부처님께서 나오신 것입니까?" "동산이 물위로 간다."
④ 운문(雲門) 간시궐(乾屎厥) : 어느 승려가 운문에게 물었다. "부처란 무엇입니까?" "똥 닦는 막대기이다."
⑤ 동산(洞山) 마삼근(麻三斤) : 어느 승려가 동산에게 물었다. "부처란 무엇입니까?" "마삼근이다."

이 다섯 화두는 현재까지도 우리나라 스님들이 선방 등에서 참선 수행할 때 많이 들고 있는 화두이다. 대혜는 많은 공안 중 오직 '무(無)'자 화두 하나만을 끝까지 참구하여도 깨달음을 얻을 수 있다고 하였다. 대혜는 지극한 진리는 깨달음을 통해서만 얻을 수 있는 것이므로, 하늘에서 꽃비가 내리게 할 수 있는 정도의 현묘한 법문을 들어도 깨닫지 못하면 모두 망상이니 오로지 '조주(趙州)의 무자(無字)'를 일상생활에서도 참구(參究)하라고 하는 것이다.

'조주무자(趙州無字)'는 무문관(無門關) 제1칙168)이다. 붓다는 모든 중생에게 불성이 있다고 하였는데 이와 반대로 조주는 "개에게는 불성이 없다"고 했다. 왜 그랬을까? 이 말을 참구하여 이 말의 참뜻을 밝히는 것이 '조주무자(趙州無字)' 화두이다.

> 잘 들으십시오. 다만 조주의 "없다"는 한 마디를 일상생활 속에서 자신에게 일깨워 끊어지지 않게 하십시오. 옛 선사는 "지극한 진리를 알고자 한다면 깨달음을 법칙으로 삼아야 한다"라고 했습니다. 말을 잘하여 하늘에서 꽃이 어지러이 떨어져도, 깨닫지 못하면 모두가 어리석게 미쳐서 밖으로 치달리는 망상일 뿐이니 열심히 해야지 소홀히 해서는 안 됩니다.169)

대혜는 여러 사대부와 서한을 주고받으며 오직 '무'자 화두 하나만을 끝까지 참구하여 그 화두의 생각이 끊어지지 않도록 하라고 강조한다. 궁극의 진리는 깨달아야 알 수 있는 것으로 꽃처럼 아름다운 경전 속 가르침이 수없이 많이 있다고 하더라도 깨닫지 못한다면 그 모든 게 망상에 불과하다는 것이다.

대혜는 화두는 깨달음의 방법으로 도둑을 체포하는 사람이 도둑이 있는 곳을 이미 아는 것과 마찬가지라고 하고 있다. 깨달음이 있는 곳이 어디인지를 알고 있는데도 불구하고 깨달음에 다다르지 못하는 것은 화두를 참구하지 않기 때문이니 가고, 머물고, 앉고, 눕는[行住坐臥] 일상생활의

---

168) 『無門關』(T28, 292c).
169) 『大慧普覺禪師語錄』(T47, 941a).

한 순간에도 화두에서 생각이 끊어짐 없이 일념으로 화두를 참구하라고 하고 있다. 또한 경전을 읽는 곳과 인의예지신(仁義禮智信)을 닦는 곳과 윗사람을 모시는 곳과 학자를 가르치는 곳과 죽을 먹고 밥을 먹는 곳에서도 화두와 맞붙어 버티고 있으면, 문득 깨달음에 이를 수 있다고 하고 있다.

> 조주의 "개에게 불성이 없다."라는 화두는 귀하에게는 마치 사람이 도둑을 체포함에 이미 숨어 있는 곳을 알면서도 아직 붙잡지 못하고 있는 것과 같습니다. 부디 심혈을 기울여 한순간도 끊어짐 없이 가고·머물고·앉고·눕는 곳에서 순간순간 살펴보십시오. 경서(經書)와 사서(史書)를 읽는 곳과 인의예지신을 닦는 곳과 윗사람을 모시는 곳과 학자를 가르치는 곳과 죽을 먹고 밥을 먹는 곳에서 화두와 맞붙어 버티고 있으면, 문득 분별망상의 장애가 사라지게 될 것이니 다시 무슨 말을 하겠습니까?170)

한 사대부에게도 빨리 깨닫기 위해서는 한 생각이 부서져야 한다고 한다. 한 생각이 부서지면 삶과 죽음 문제까지 훤하게 밝아져 깨달음을 얻게 되나 저절로 되는 게 아니라 분별하는 마음을 잠재워야 가능하다고 한다. 우리가 분별심을 일으키는 것은 모두가 망상(妄想)이니 온갖 분별심을 내려놓고 오직 무자 화두만을 참구할 것을 강조하고 있다.

> 모름지기 재빨리 깨닫고자 한다면, 모름지기 이 한 생각이 한번 폭삭 부서져야 합니다. 그때 비로소 삶과 죽음을 밝히고 깨달았다고 할 수 있습니다. 그러나 일부러 부서지길 기다려서는 절대로 안 됩니다. 만약 부서지는 곳에 마음을 둔다면 영원히 부서질 때가 없을 것입니다. 다만 망상(妄想)으로 뒤집어진 마음과, 사량하고 분별하는 마음과, 삶을 좋아하고 죽음을 싫어하는 마음과, 지식과 견해로 이해하는 마음과, 고요함을 즐기고 시끄러움을 싫어하는 마음을 잠시 눌러 두고, 다만 눌러 둔 곳에서 화두를 살펴보십시오. 어떤 승려가 조주(趙州)에게 묻되 "개에게도 불성이 있습니까?" 하니, 조주가 말하기를 "없다."라고 하였습니다.171)

---

170) 김태완(2018), 342.
171) 위의 책, 155.

생각이 부서져야 하지만 그 생각을 일부러 부수려고 의도 한다면 영원히 부서질 수 없다고 하고 있다. 그 생각을 일부러 부수려 하지 말고 우리가 일반적으로 가지고 있는 망상(妄想)에서 벗어나 분별하는 마음, 즉 삶을 좋아하고 죽음을 싫어하는 마음, 지식과 견해로 이해하는 마음, 고요함을 즐기고 시끄러움을 싫어하는 마음을 떠나 무자화두만 참구하라고 가르치고 있다.

대혜는 무(無)자 화두를 참구하되 '없다[無]'를 우리가 일상적으로 생각하는 '없다[無]'로 해석해서는 안 되고, '있음[有]'으로 해석해서도 안 되고, 그렇다고 '있음[有]'과 '없음[無]'으로 해석해서도 안 된다고 하고 있다. 즉 우리의 생각으로 분별해서는 안 된다는 것이다.

> "없다."는 이 한 마디는 수많은 잘못된 지식과 잘못된 깨달음을 물리치는 무기입니다. 이 "없다."는 한마디는 "있음과 없음"이라고 이해해서도 안 되고, 도리로 이해해서도 안 되고, 생각으로 사량하고 헤아려서도 안되고…. 172)

무(無)자 화두는 '개라는 동물도 깨달음을 이룰 수 있는 불성을 갖고 있을까'라는 의문, 즉 '개의 불성 유무(有無)'에 대하여 수행자가 가지고 있는 분별심을 가리킨다. 공안의 기능은 '유(有)와 무(無)에 대한 분별심과 고정관념'을 깨뜨려서 깨닫게 하기 위한 것이다. 또한 6조 혜능이 일자무식이었지만 『금강경』 한 구절을 듣고 깨달음을 얻은 것처럼 선종(禪宗)에서는 수행 기간이 길거나 짧거나, 공부를 많이 했거나 적게 했거나, 나이가 많거나 적거나 상관없이 깨달음에 이를 수 있다고 한다. 그러기 위해서는 애써 수행할 것 없이 분별심만 부수면 된다고 가르치고 있다.

> 우리 선종(禪宗)에서는 초보자냐 오래 공부한 사람이냐를 따지지 않으며 또한 고참이나 선배를 귀하게 여기지도 않습니다. 만약 참된 고요함을 바란다면 반드시 분별심이 부서져야 합니다. 애써 공부할 필요없이 분별심만 부서

---

172) 김태완(2018), 156.

> 지면 저절로 고요해집니다. 옛 성현이 말씀하신 고요함이라는 방편은 바로 이렇게 되는 것을 가리키는 것입니다만, 다만 말세의 삿된 스승들이 옛 성현께서 방편으로 하신 말씀을 이해하지 못할 뿐입니다.173)

혜능의 일자무식에서 알 수 있듯이 깨달음에 지식의 과다는 문제가 되지 않는다. 자신은 깨달음에 뜻을 두고 있으나 능력이 부족하다고 한탄하는 사대부에게는 실로 능력이 부족하다면 축하할 일이라 하고 있다. 깨달음을 이루는 데 우리가 가지고 있는 지식은 오히려 걸림돌이 될 수도 있다는 것이다. 능력이 부족한 사람은 잘못된 지식이나 잘못된 깨달음에 빠져 있지 않기 때문에 한마디 말이나, 하나의 동작 혹은 한마디 말로 단박에 깨칠 수 있다고 하고 있다.

> 편지를 받아보니, 이 일대사인연(一大事因緣)에 뜻을 두고자 하나 근성이 극히 둔하다 하였습니다. 만약 진실로 그렇다면 님을 축하하여야 하겠습니다. 오늘날 사대부들이 흔히 이 일에서 모든 것이 온통 알맞아 곧장 뚫고 벗어나지 못하는 까닭은, 단지 근성이 너무 날카롭고 지견(知見)이 너무 많아서 종사가 입을 열어 혀를 놀리자마자 벌써 일시에 알아차려 버리기 때문입니다. 이 까닭에 도리어 둔한 근기의 사람이 여러 가지 잘못된 지식(知識)이나 잘못된 깨달음이 없어서 문득 하나의 동작이나 하나의 모습을 보거나 한마디 말을 듣거나 한 구절의 글을 읽고서 격발(擊發)되는 것이 더 낫습니다. … 근기가 날카로운 자는 도리어 그 날카로운 근기에 가로막혀서 문득 잘라 내거나 홀연 부수어 버리지 못합니다.174)

살생을 일삼는 백정에게도 깨달음에서 예외가 될 수 없다. 광액(廣額)이라는 백정이 칼을 놓자마자 당장 깨달았다고 한다. 깨닫기 위해서는 일상에서 분별심을 일으키는 모든 생각에서 벗어나 "개에게 불성이 없다."라는 화두를 참구해야 한다고 하고 있다. 화두를 부수어 없앤다는 생각에서조차 벗어나야 한다고 하고 있다.

---

173) 김태완(2018), 165.
174) 위의 책, 174.

> 광액(廣額)이라는 백정이 열반(涅槃)의 회상(會上)에서 칼을 놓자마자 당장 깨달았다고 하니, 어찌 구구절절 많은 일이 있겠습니까? 매일 인연을 상대하는 곳에서 차별경계에 관계함을 느끼는 바로 그때에, 다만 차별하는 곳에서 "개에게 불성이 없다."라는 화두를 스스로에게 말해 주십시오. 이때에는 부수어 없앤다는 생각도 하지 말고, 정식의 티끌이라는 생각도 하지 말고, 차별이라는 생각도 하지 말고, 불법이라는 생각도 하지 마십시오. 다만 "개에게 불성이 없다."라는 화두만 살펴 보십시오.[175]

오랫동안 어둠 속에서 헤매던 진국태 부인이 깨달음을 얻었다고 하자 대혜도 며칠 동안 자고 먹는 것을 잊을 만큼 같이 기쁨을 나눈다. 그렇지만 재상이 된 아들이나 국태부인이 된 건 스스로가 귀하게 된 게 아니라 그 귀함은 쓰레기 더미에서 귀한 보석을 찾은 것과 같아서 찾은 보석을 잘 활용해야 진실로 귀한 보석이 된다고 하고 있다.

결국 높은 지위나 깨달음은 그 자체에 가치가 있는 것이 아니고, 그 깨달음과 높은 지위를 이용하고 잘 활용해서 자비를 베풀 때 가치가 있다는 것이다. 만일 높은 지위나 깨달음에 집착하면 다시는 중생을 가엾게 여길 수 없게 됨을 오히려 경고하고 있는 것이다.

> "아득한 세월 동안 밝히지 못한 일이 훤히 눈앞에 나타나니, 남에게서 얻은 게 아닙니다. 이제 비로소 법(法)의 기쁨과 선(禪)의 즐거움이, 세간의 즐거움에 비할 바가 아님을 알았습니다."라고 하시니, 저는 국태부인(國太夫人)의 이 말씀을 듣고 기쁜 나머지 며칠 동안 자고 먹는 것을 잊었습니다. 아드님은 재상이 되고 스스로는 국태부인이 되신 것이 귀하게 된 게 아니라, 쓰레기 더미에서 값을 매길 수 없는 귀한 보석을 얻어 무한한 세월을 써도 써도 고갈되지 않아야, 비로소 진실로 귀하게 되는 것입니다. 그러나 절대로 귀함에 집착하지는 마십시오. 만약 집착한다면 존귀라는 변견(邊見)에 떨어져서, 다시는 자비심과 지혜를 내어서 중생을 가엾게 여기지 않게 될 것입니다.[176]

---

175) 김태완(2018), 345.
176) 위의 책, 242.

이처럼 중국 선종은 송나라 대혜의 간화선에 이르면 화두 참구는 깨달음에 이르는 가장 빠르고 확실한 방법으로 자리를 차지하게 된다. 대혜는 낫 놓고 기역 자도 모르는 일자무식이나 살생을 일삼는 백정을 포함하여 남녀노소 모두가 화두만 제대로 참구하면 깨달음을 얻을 수 있다는 것이다. 이러한 선종의 사상은 사대부부터 천한 백정까지 온 중생을 품는 온 중생의 생활 속의 종교가 된 것이다.

지눌 등 고려의 스님들은 이와 같은 대혜의 간화선을 받아들여 한국 간화선의 기초가 되었고 그 간화선은 현재까지도 한국불교에서 정통의 수행법으로 자리 잡고 있고, 대혜가 여러 곳에서 강조했던 조주무자(趙州無字)는 여전히 많이 스님들이 화두로 쓰고 있는 걸로 알려져 있다.

다. 한국불교

대한불교조계종은 한국불교를 대표하는 종단이고 소의경전은 『금강경(金剛經)』과 전등법어(傳燈法語)이다. 소의경전이란 종단의 근본 경전을 말한다. 『금강경』은 대승불교의 공사상이 집약된 경전이다. 조계종은 『금강경』과 전등법어(傳燈法語)에 의지하여 직지인심(直指人心)하고 견성성불(見性成佛)하여 전법도생(傳法度生)하는 것을 종단의 목표로 삼는 것이다. 이 목표에 따라 불교방송에서는 수시로 『금강경』 독송을 내보내고 수많은 사찰에서 『금강경』을 독송한다. 언어와 문자를 떠나 마음을 바로 보는 것을 강조하는 중국 선종에서도 후대로 가면서 소의경전이 달마의 『능가경』에서 『금강경』으로 옮겨간다.

육조 혜능의 출가계기도 『금강경』의 한 구절과의 인연이었고, 마침내 확철대오(廓徹大悟) 하는 깨달음을 얻은 것도 오조 홍인이 설한 『금강경』 때문이었다. 홍인과 육조 혜능 이외의 수많은 수행자가 『금강경』을 통하여 깨달음을 얻고자 하였고, 여러 경전 중에서도 주석서와 해설집이 가장 많은 경전 또한 『금강경』으로 알려져 있다. 조계종은 소의경전으로 『금강경』 이외에 전등법어도 중시하고 있다.

전등법어란 선종의 조사들이 깨치고 설법한 법어집을 말하는데, 『육조단경』과 『임제록』, 『서장』, 『선요』 등이 있는데 이를 근거로 간화선 수행을 한다. 또한 조계종은 그 외의 경전 연구와 염불, 주력 등 불교의 여러 수행법과 가르침도 제한하지 않고 포용하는 통불교의 특색을 가지고 있다.

1) 간화선(看話禪)

현재 한국불교의 주된 수행법은 대혜의 간화선이다. 대혜의 간화선은 고려시대 무신 집권기 지눌에 의해 국내에 처음으로 유입됐고 혜심에 의해 정착됐다. 지눌은 간화선을 집대성한 인물로서 조계종의 중천조(重闡祖)로 불린다. 그렇지만 지눌의 사상은 대혜와는 좀 다르게 선(禪)과 교(敎)가 복합된 다양성을 드러내고 있다.

특히 그는 『간화결의론(看話決疑論)』을 통해 간화선 사상을 천명했다. 『간화결의론』에서 선과 교의 대비를 통해 간화선의 우수함을 말하고 있으며, 동시에 우리나라 선(禪)의 사상적 전통인 사교입선(捨敎入禪)의 원류를 제시했다. 특히 지눌은 간화선을 수행할 때는 사구(死句)가 아닌 활구(活句)를 참구해 깨달음을 속히 얻는 것을 최상의 목표라고 보았다. 지눌은 대혜와 마찬가지로 많은 화두 중 무자화두(無字話頭)를 중요시했고, 이 무자 화두는 불덩어리 같아 망상으로 이뤄진 알음알이를 부수는 연장이라고 했다.

지눌은 오직 활구를 참구할 때만 깨달음은 보장되어 있다고 본 것이며, 말 가운데 말이 없으면 활구(活句)이고, 말 가운데 말이 있으면 사구(死句)라고 규정지었다. 즉, '무'자를 들어 공부하되 간절한 의심을 끌고 나갈 뿐, 어떤 알음알이에도 빠져서는 안 된다고 보았다. 간화선은 지눌이 받아들인 후 꾸준히 발전하였고, 고려 말에는 보우 및 몽산 등에 의해 널리 보급되었다.

간화선의 전통은 숭유억불을 내세웠던 조선에서도 그대로 유지되었고 현재까지도 한국불교의 정통 수행법으로 이어지고 있다. 근대 불교의 중흥조인 경허와 용성 역시 간화선 수행을 통해 깨달음을 얻게 됐고, 최근에는 성철을 위시하여 많은 선사(禪師)들이 간화선 수행을 통하여 불교계를 선도함으로써 간화선은 한국불교의 성격을 규정짓고 한국불교를 대표하는 수행법으로 정착되어 있다.

간화선은 현재에도 여전히 한국불교의 자부심이고 자랑하는 수행법이다. 간화선 이외의 수행법이 없는 것은 아니지만 어디까지나 부차적인 수행법으로 받아들여지고 있고, 한국 불교의 정통을 계승한다고 하는 불교계에서는 간화선만이 절대적으로 유용한 수행법이라고 믿고 받아들이는 것 같다.

조계종단은 약 2,000여 명의 스님들이 여름과 겨울 각 3개월씩 1년에 6개월간 깨달음을 얻기 위해 선원에서 안거 생활을 한다.[177] 깨달음을 위한 노력은 3개월, 6개월 정도로는 언급조차 할 수 없다.[178] 우리는 각종 매체를 통하여 성철과 같은 선사들은 깨달음을 얻기 위해 몇 년 동안 방바닥에 눕지 않는 장좌불와(長坐不臥)를 하며 화두를 참구한다거나, 오랜 기간 한마디 말도 하지 않는 묵언(默言), 하루에 한 번만 식사하는 일일일식(一日一食), 필수 영양소인 소금을 섭취하지 않는 무염식(無鹽食) 등 일반인은 상상하기도 힘든 수행을 한다는 소식을 듣기도 한다.

깨달음은 불교도에게 선결과제이자 기본 요건이기 때문에 깨달음 문제가 해결되지 않으면 다른 문제에는 진지한 관심을 기울이기 힘들다.[179] 깨달음은 무엇인가? 대개 묵시적으로 깨달음이란 '마음을 확실히 깨닫는 것', '몸과 마음의 완성된 경지이자 모든 번뇌를 끊고 고매한 인격을 이룬 높은 경지'라고 본다.[180] 다음은 자신의 마음을 깨달아야 한다고 하는 간화선의 마음에 대한 설명이다.

---

177) 현응(2017), 312.
178) 위의 책, 312.
179) 위의 책, 313.
180) 위의 책, 313.

마음은 시작도 끝도 없으며 본래부터 생겨나지도 않았는데, 어디에 궁극이 있고 과정이 있단 말인가. 깨달은 사람이 깨달음에 대해 말하는 것은 미혹한 이를 제도하기 위한 방편이지만, 깨닫지 못한 사람이 깨달음에 대해 말하는 것은 예외 없이 억측이며 알음알이일 뿐이다. 그러므로 미혹한 상태에서는 '궁극인가, 과정인가?' 하고 묻게 되겠지만, 실제 체험을 통해 깨닫게 되면 그런 물음은 단지 분멸 망상일 뿐이다. 그래서 깨달음 없이 깨달음에 대해 이런저런 논의를 하는 것은 헛된 관념의 향연일 뿐이기에, 눈 밝은 명안종사(明眼宗師)라면 차라리 법을 물어오는 공부인의 모든 알음알이를 끊어주고 정신적인 벽에 부딪치게 해서, 오직 무명을 타파하고 근본 실상에 계합(契合)되도록 이끌어 준다. 스스로 텅 비어 있으면서 온갖 것을 나투는 이 마음자리(心地)는 직접 체험해야 분명해지므로, 모든 논의를 접어두고 실제로 깨닫게 하는 데 집중하도록 하는 것이 선(禪) 이다.[181]

우리의 마음은 시작도 끝도 없어 본래 생겨나지 않은 것이기에 과정도 없고 궁극도 없다. 깨달은 사람이 깨달음에 대해 말하는 건 방편으로 가능한 것이지만 깨닫지 못한 사람이 깨달음에 대해 말하는 것은 모두 억측이다. 그래서 깨달음 없이 깨달음에 대해 이런저런 논의를 해서는 안 되고 법을 물어오는 공부인의 얕은 지식을 버리게 하고 마음자리(心地)를 직접 체험하여 분명해지도록 하게 하는 것이 선(禪)이라 하고 있다.

그러나 우리는 마음을 직접 체험하여 분명한 마음을 보기 어렵고, 마음을 깨달았다고 하더라도 그 깨달음을 검증할 방법도 없고, 검증한다고 하여도 마음의 실체는 글이나 문자로 표현할 수 없는 것이라 하고 있다. 다른 한편으로 선종은 마음을 단순히 마음이라는 단어 이외에도 다양한 형태로 표현하고 있다. 마음의 다른 표현을 몇 가지 열거해 보면 불성(佛性), 진여(眞如), 본심(本心), 본성(本性), 자성(自性), 본원청정심(本源淸淨心), 심성(心性), 성(性), 진성(眞性), 법성(法性) 등으로 표현된다. 또한 이보다 더 구체적인 방법으로 마음을 표현하기도 하는데 본래면목(本來面目), 무위진인(無位眞人), 주인공(主人公), 평상심(平常心) 등으로 표현하고 있다.

---

181) 박찬욱 외(2015), 6.

선종에서는 마음은 언어와 문자로 표현할 수 없다고 하면서도 마음을 더 다양하게 표현하고 있으나 여전히 그 마음이 무엇인지는 더욱 알 수 없다. 이와 마찬가지로 한국불교에서는 깨달음에 대해서 들으면 들을수록 알 수 있는 것이 아니라 오히려 알 수 없는 게 된다. 깨달음이 무엇인지 모르고 그 깨달음에 이르는 수행법 또한 합의된 바가 없어 깨달음은 그저 신비롭고 어려운 것이 되다 보니 깨달음의 영역은 선방 스님들만의 독점물이 된 것 같고, 나아가 간화선 수행은 전생에 불교와 인연이 깊었거나 높은 수행력을 가진 선사들만의 전유물이라는 의견도 생겨났다.

불교는 깨달음의 종교라고 하는데 깨달음이 무엇인지 모르니 불교가 무엇인가에 대한 답도 할 수 없다. 이러한 한국불교의 현실 속에서 깨달음이 무엇인가라는 주제가 오히려 최근 한국불교의 화두가 된 듯하다. 따라서 깨달음이 무엇인가에 대한 논쟁도 활발하고 그에 대한 많은 저서와 논문이 발표되고 있지만 깨달음이 무엇인가에 대하여 이루어진 합의는 없다. 2014년 불교 관련 학자들을 중심으로 한 깨달음 관련 학술연찬회 기조 강연에서 안국선원 선원장인 수불은 깨달음을 다음과 같이 설명하고 있다.

> 선불교가 세상에 등장하면서 인류를 무지(無知)에서 깨어나게 할 수 있는 '깨달음의 혁명'을 불러일으켰다. 깨달음은 언어의 길이 끊어지고 마음 가는 곳이 소멸할 때 발생하므로, 깨달음에 대한 어떤 논의도 실제로 깨닫게 할 수 없다. 어설픈 알음알이보다는 차라리 꽉 막혀서 깨달음이 무엇인지 전혀 알 수 없는 것이 귀한 일이다. 옛 조사도 "모른다는 말이 가장 친절한 말이다"고 했다.[182]

선불교가 인류를 무지(無知)에서 깨어나게 할 수 있는 '깨달음의 혁명'을 일으켰지만 깨달음은 언어의 길이 끊어지는 경지이기 때문에 논의를 통하여 실제로 깨달음에 이를 수는 없다. 선종은 경전의 문자와 설법만을 주된 것으로 삼아서 연구하고 강조하는 것은 붓다의 진정한 정신을 상실하는 것이라고 간주한다.

---
182) 박찬욱 외(2015), 9.

그리하여 진정한 깨달음은 마음에서 마음으로 전승되는 것으로 여겨 경전보다는 직접적인 체험을 중시하며 불립문자(不立文字)의 종지(宗旨)를 강조한다. 언어와 문자는 깨달음을 위한 방편이고 수단일 뿐이므로, 진리의 깨달음은 문자를 떠나 곧바로 인간의 마음을 꿰뚫어서 본성을 보아야 한다는 것이다. 선종은 문자에 의해서 드러난 개념은 결국 달을 가리키는 손가락이나 물고기를 잡는 통발처럼 방편으로 간주한다. 손가락에만 얽매이면 달을 보지 못하고, 통발만 들고 다니면 물고기는 잡지 못한다는 것이다.

간화선은 바로 달을 보고 물고기를 잡을 수 있는 수행법으로 여겨지고 있지만 일각에서는 선종의 간화선 수행에 대하여 회의적인 시각을 표시하기도 한다. 간화선을 통하여 깨달음을 추구하는 것을 신비주의라고 생각하는 의견도 있다. 깨달음은 간화선에서 주장하는 그러한 깨달음의 경지가 아니라는 것이다. 깨닫기만 하면 은산철벽이 무너져 모든 문제를 한순간에 해결할 수 있다고 말하는 것은 깨달음에 대한 한탕주의와 다름이 없다는 것이다. 깨달음이 기적이나 신통을 가져오는 것도 아니고 무식한 사람이 곧바로 유식해지는 것도 아니다. 그러한 깨달음은 하나의 환상에 불과하다는 것이다.

> 깨달음에 대한 신비주의에 빠져 있는 사람들은 깨닫기만 하면 모든 문제를 한순간에 해결할 수 있다고 말한다. 그리하여 깨달음에 대한 한탕주의와 도통주의가 만연해진 것이다. 간혹 어떤 사람은 깨달으면 기적이나 신통을 마음대로 부릴 수 있을 것이라고 믿고 있다. 그들은 깨닫기만 하면 무식한 사람이 곧바로 유식해지고, 각종 외국어도 능통하게 구사할 수 있을 것이라고 착각하고 있다. 어떤 사람이 진리에 눈을 떴다고 해서 배우지 않은 역사적 지식을 알거나, 한글 맞춤법도 모르는 사람이 곧바로 논문을 작성할 수 있는 것이 아니다. 그런 일은 도저히 있을 수 없는 하나의 환상에 불과하다.[183]

---

183) 마성, 17회(불교신문은 2004년 5월부터 "깨달음과 수행"에 관하여 연재하였다. 앞의 이름은 투고자를, 뒤의 숫자는 투고한 순서이다.)

성태용은 깨달음 자체보다 깨달음이 불자들을 주눅 들게 하는 상황이 되는 걸 염려하였다. 즉 깨달음이 우리를 분발시키고 긍정적으로 작용해야 하나 깨닫지 못했다는 사실이 행동이나 말을 주눅 들게 할 수 있다는 것이다. 깨달음이 무엇인지, 누가 깨달았는지 모르는 상황에서 누군가 깨달았다고 외치면 그 깨달음이 독재가 될 수 있는데 우리는 그것을 따라야 하는 것인가 라고 묻고 있다.

> 깨달음이 우리를 분발시켜 나가게 하는 지향점이 되지 못하고 "깨닫지도 못했는데 무슨 행동을 하며 무슨 말을 하겠어" 하는 식으로 우리를 주눅 들게 하는 것은 정말 안 될 일이다. 차라리 우리들이 깨닫지 못한 중생들일망정, 무명의 구름 사이로 얼핏얼핏 드러나는 조그만 깨달음의 빛들을 모아보는 것이 낫지 않을까 하는 생각을 해 본 것이다. 중생이 곧 부처라 했고, 모든 중생이 불성을 지니고 있다 하였으니 완전한 깨달음에는 도달하지 못하였다 하더라도 가끔은 옳은 지견을 낼 수도 있지 않겠느냐는 말이다. … 그러나 깨달음 측정기도 없는 형편에서 진정한 깨달음을 가리는 것은 까마귀 암수 가리기보다 더 힘든 일일 것인데, 누가 "나 깨달았다"고 외치며 나선다면 어쩔 것인가? 우리는 깨닫지 못했으니 입 꼭 닫고, 그가 휘두르는 깨달음의 철혈 독재를 감수해야 할 것인가.[184]

이처럼 한국에서 깨달음이란 무엇인가는 대답하기 어려운 질문이다. 한 편에서는 "생활이 그대로 불교이니라."라고 가르치고 있는데 다른 편에서는 "부처도 죽이고 조사도 죽여야 한다."라고 부르짖는다.[185] 이렇듯 불교에 대한 이해가 다양하고 또 한편으로는 서로 모순되는 듯한 주장을 하고 있기 때문에 불교를 잘 모르는 사람들은 물론 불교 수행자나 관련자들도 불교가 무엇인가에 답할 수 없게 되었다.

이러한 상황에서 하나를 깨달으면 나머지는 저절로 깨닫게 된다는 믿음으로 하나의 깨달음을 위하여 토굴 등 제한된 공간에서 화두를 타파하기 위하여 용맹정진 하는 사람들도 있고, 간화선에서 깨달음을 찾

---

184) 성태용, 28회.
185) 김정빈(1997), 13.

기 어렵다고 판단한 수행자들이나 불교 관련자들이 초기불교, 남방불교, 티벳불교 등 한국불교의 간화선 밖에서 깨달음을 구하는 것이 증가하고 있는 것도 부정할 수 없는 사실이다.

달마가 중국으로 와서 선종을 일으킨 이유는 당시 번쇄(煩瑣)한 경전과 목숨을 담보한 수행법을 파격적으로 물리치고 일상의 생활 속에서 실천을 통하여 손쉽게 깨달음을 구하고자 한 것이다. 그렇지만 한국에서 깨달음은 달마(達摩)의 의도와 달리 다시 구하기 어려워졌다. 이러한 상황에서 한국의 수행자들이나 학자들은 깨달음이 무엇인가에 대한 논쟁을 일으키고 있다.

2) 깨달음 논쟁

불교란 무엇인가? 앞에서 언급한 것처럼 지금 우리나라에서 대답하기 어려운 질문이다. 중국으로부터 전해진 한국불교는 약 1,700년 동안이나 한문으로 된 경전과 중국 선사들의 어록에만 의지하여 왔다. 그리하여 붓다의 깨달음이 우리에게 바로 전해진 게 아니고 중국 선종의 깨달음이 전해진 것이다. 특히 대혜의 간화선이 현재 한국불교에서 깨달음에 이르는 최상의 방법으로 여겨지고 있다.

붓다의 깨달음은 중국에서 중국의 환경과 문화에 맞게 받아들여지고 다듬어졌기 때문에 붓다의 본래 깨달음과는 거리가 있을 수밖에 없을 것이다. 살펴본 바와 같이 초기불교의 깨달음과 중국불교의 깨달음은 상당한 차이를 보이고 있으나 한국불교는 중국불교의 영향을 받을 수밖에 없는 상황이었다.

그렇지만 20세기 후반에 이르러 중국불교 경전 이외에 빨리어나 산스크리트어 경전과 만날 수 있었고 그 경전들이 한글로 번역되면서 일반인들도 중국 이외의 다양한 경전을 쉽게 접할 수 있게 되었다. 지금은 컴퓨터, 스마트폰 등 각종 문명의 이기를 통하여 각종 경전(經典) 및 법문(法門)은 물론 거의 전 세계 모든 정보를 접할 수 있는 시대가 되어 불자들은 자연스럽게 간화선 이외의 다양한 경전과 수행법에 관심을 가지게 되었으며 결과적으로 깨달음에 대하여 이견도 생겨났다. 연기법에 따르더라도 시대가 변해가면서 이러한 이견이 생겨나는 건 한편으로는 당연한 귀결일 수도 있다.

우리나라가 채택하고 있는 간화선에서는 깨달음은 말로 표현할 수 없는 불립문자(不立文字)라고 하여 깨달음은 논의의 대상이 될 수 없었다. 즉 불교는 깨달음의 종교임에도 불구하고 한국에서는 깨달음은 말이나 문자로는 설명할 수 없는 불립문자라는 분위기 속에서 재가자는 물론 출가자들 사이에서도 깨달음에 대한 논의는 활발할 수 없고 나아가 금기시 되어 있기도 하다.

그렇지만 1980년대부터는 깨달음은 무엇인가에 대한 논의가 조심스럽게 시작되었다. 깨달음에 대하여 논의된 것을 살펴보면 다음과 같다. 먼저 저서를 통하여 깨달음에 대한 논의를 시작한 건 1990년 "깨달음과 역사"를 발간한 현응인 것 같다. 그 책은 1990년에 초판이 발행되었는데 그 이전 언론에 기고한 글들을 정리한 것이라고 하니 언론에서 깨달음에 대한 논의는 1980년대부터 시작된 것으로 볼 수 있겠다. 그 이후 깨달음과 역사는 개정판과 개정 증보판을 여러 차례 발간하였다.

2000년대 들어서 깨달음에 대한 논의는 좀 더 활발해지는데 박재현은 2002년 발간한 "깨달음의 신화"에서 선종의 깨달음에 대하여 논의하였고, 외국 서적으로는 일본의 우오가와 유지가 저술한 "깨달음의 재발견"이 이광준에 의하여 2017년 번역되어 출간되었다.

또 전문학술지나 불교 관련 신문에서도 깨달음에 대한 기획이나 특집기사로 깨달음에 대한 논의를 시작하였다. "불교신문"은 2004년 5월부터 매수 '깨달음과 수행'이란 주제에 대하여 각계 의견을 34회에 걸쳐 연재하였다. "불교평론"은 2004년 봄호에 '깨달음과 수행에 관한 몇 가지 관점'을, 2016년 여름호에는 '깨달음에 관한 여덟 가지 담론'이라는 특집을 게재하였다.

또 학술대회도 있었는데 '불교학 연구회'는 2017년 10월부터 12월까지 3회에 걸쳐 각 분야의 전공자들을 선발하여 시대별, 학파별, 종파별 깨달음에 대한 발표와 논평, 그리고 종합 토론을 하였고 그때 발표

된 논문들을 모아 『깨달음 논쟁』이라는 단행본을 발간하였다. 이렇게 '깨달음이 무엇인가'라는 화두는 누구나 궁금해 하나 그에 대한 논쟁이 이루어진 것은 비교적 최근의 일이다. 붓다는 깨달음을 얻은 후 45년간 설법하였으며, 선종의 초조인 달마도 자교오종(藉敎悟宗)이라 하였으니, 한국의 불교에서만 깨달음은 논의할 수 없는 것이라 한다면 이것은 붓다의 가르침을 올바르게 이해하는 것이 아닐 것이다.

불교신문에서도 깨달음은 신비의 동굴에 가두어 두면 더 많은 오해와 왜곡이 발생할 수 있어서 깨달음에 대한 공개토론이 필요할 것이라고 하면서 연재를 시작했다.

> '깨달음과 수행'은 누구나 잘 아는 것 같지만 사실은 아무도 말하기를 꺼려온 주제입니다. 그러나 이 문제는 '신비의 동굴'에 가두어 놓을수록 더 많은 오해와 왜곡이 생깁니다. 불교신문은 이런 문제를 해결하기 위해서라도 '깨달음과 수행'에 대한 공개토론이 필요하다고 생각합니다.[186]

깨달음에 대한 의견은 현재 한국불교의 바탕이며 향후 나아갈 방향을 제시하는 중요한 이정표가 될 것이다. 이러한 '깨달음 논쟁'에도 간화선을 수행법으로 하는 출가자들은 깨달음에 대한 의견을 보내오지 않아 아쉽고 반쪽짜리 논의가 된 느낌이지만 향후 논의가 활발해진다면 간화선의 깨달음도 같이 논의가 이루어져야 할 것이다. 논의가 이루어지지 않는다고 하여도 '유마(維摩)의 침묵(沈默)'처럼 침묵이 더 큰 가르침이 될 수도 있을 것이다.

불교신문에 연재된 붓다의 깨달음은 깨달음에 대해서는 논의조차 활발하지 못한 분위기 속에서 각자의 의견을 피력한 것이다. 깨달음은 말로 표현할 수 없다는 선승(禪僧)들의 설명과는 달리 의견을 발표한 불교 관계자들 대부분은 깨달음은 연기법이라는 의견이었다. 또 연기법이라는 단어를 사용하지는 않았지만 대부분 붓다로부터 깨달음을 찾으려는 시도

---

186) 혜원, 1회.

들이었다. 이처럼 깨달음을 공론의 장으로 끌어들임으로써 '깨달음'에 대한 신비적인 면을 조금씩 벗겨내는 것을 긍정적인 것으로 평가하였다.

깨달음은 언어와 사고에 의해 구성된 것이 아니라서 불립문자라고 한다. 마찬가지로 깨달음 이외의 다른 진리도 언어와 문자로 진리 그 자체를 나타내는 것은 불가능하여 언어와 문자가 진리 그 자체는 아니지만, 진리로 가는 길을 가르쳐주는 손가락이고 강을 건널 수 있게 하는 뗏목이다. 달을 찾기 위해서는 달을 가리키는 손가락이 필요하고, 많은 장님이 코끼리 만진 이야기를 종합해야 코끼리 형상을 그릴 수 있을 것이며, 좋은 뗏목이 있어야 강을 안전하게 건널 수 있을 것이다. '말 없음'의 진리가 되기 위해서는 '말 있음'의 방편이 필요할 것이다.

깨달음이 아무리 언어로 정의하기 어렵다고 하더라도 깨달음에 대한 현실적 실체는 필요할 것이다. 왜냐하면 깨달음은 그 자체로 목적이 될 수 없고 중생의 괴로움을 덜어주기 위한 하나의 방편이기 때문이다. 진리는 언어와 문자가 아니고, 언어와 문자도 진리가 아니지만, 서로 불가분의 관계가 있어서, 우리는 언어와 문자에 의지해 진리의 본질로 나아가야 한다.

따라서 선가(禪家)에서 불립문자(不立文字)라고 표방하고 있는 것을 '깨달음은 언어와 문자로 표현하기 어렵다'라는 의미와 더불어 '문자나 이론에만 너무 집착하거나 매몰(埋沒)되지 말라'는 의미 두 가지로 해석할 수 있을 것이다. 또 '진리는 말이나 글만 앞세우는 게 아니고 삶의 과정에서 직접 실천하라는 의미'로도 해석할 수도 있을 것이다. 붓다의 삶이 그러했고 달마의 이입사행도 그런 가르침이며 중생의 아픔이 곧 유마의 아픔이 되는 것은 그러한 진리, 즉 진리는 실천해야 비로소 진리가 된다는 것을 뒷받침하는 것이다. 깨달음은 그 자체가 목적이 아니라 그 깨달음을 수단으로 모두가 행복한 더 나은 세상을 향해 나아가야 되기 때문이다.

연기법에 따르면 선종이 발달한 사실도 인연(因緣)에 의한 것이다. 즉 교종(敎宗)이 쇠퇴하고 선종(禪宗)이 발달한 것은 선종이 교종과 달리 일자무식이나 백정들을 포함한 모든 중생과 가까이 있었기 때문이다. 중국에 불교가 전래되어 정착할 때까지 근 오백 년이라는 시간이 걸렸는데, 이 동안 막대한 비용이 필요했던 역경(譯經) 사업을 거치면서 불교는 대도시를 중심으로 왕실과 귀족들의 재정적 지원 아래 생존하고 진화했다.187)

그런데 북방 이민족의 잦은 침입으로 왕조와 귀족이 무너지면서 왕실과 귀족 중심의 교종(敎宗)은 쇠퇴하고 농촌과 산속에서 모든 중생과 함께한 선종(禪宗)은 유지되며 발전할 수 있었다. 대부분의 중생이 문맹이었던 시절 문자에 의존하지 않은 선종은 그야말로 안성맞춤이 되었다. 선종이 발달한 것도 시절인연(時節因緣)을 만난 것이다.

시절인연(時節因緣)은 변해간다. 선종은 교종과 달리 문자를 모르는 일반 민중들과 같이 호흡하면서 성장하였으나 이제 문자를 모르는 문맹은 거의 없다. 우리는 자본주의 속에서 살고 있으며 최근 40~50년이라는 짧은 시간 동안 교육이나 경제적 측면에서 과거에 비해서 비교할 수조차 없을 만큼 성장하여 각 분야에서 많은 지식을 쌓아 지적 수준을 높여가고 있다.

특히 과학의 발전은 그동안 신비롭게만 생각했던 우주, 인간의 뇌, 거시세계의 바탕이 되는 미시세계 등 많은 분야에서 그 신비로움을 밝혀가고 있고 중생의 삶을 이롭게 하고 있다. 과학의 발전과 함께 철학도 과학적 사실을 근거로 변화하며 발전하고 있는 것이다. 이러한 시절인연에서 언어나 문자로 설명할 수 없어 알기 어렵고 또한 막연하여 실생활에서 활용할 수 없는 선종의 깨달음은 중생들의 대부분이 문맹이었던 시절의 깨달음과 달리 오히려 중생들에게 다가가기 어려운 것이다.

화두 하나를 들고 선방에서 참구해야 하는 간화선 수행법이나 이해할 수 없어 알아들을 수 없고 신비롭기만 선문답은 현시대를 살아가는 중생들의 괴로움을 덜어주는데 한계가 있을 수밖에 없다. 과학이 발달한 현시대를 살아가는 중생들은 과거의 문맹이었던 사람들이 겪었던 괴로움과는 또 다른 새로운 괴로움을 안고 살아가는 것이다. 붓다의 깨달음은 이러한 괴로움을 파악하고 해결하는 데 적극적으로 활용되어야 한다. 그것이 붓다가 깨달은 이유이고 설법한 이유이기 때문이다.

---

187) 유선경외 1인(2020), 316.

시절인연이 변하여 지금은 중국 선종의 간화선 수행법이나 조사어록 이외에도 불교를 다양하게 공부하고 수행하기에 좋은 여건을 가지고 있다. 특히 한국은 IT 강국으로 손에든 스마트폰 하나만 있으면 불교는 물론 거의 모든 세상과 만날 수 있다. 이와 함께 우리는 개인과 개인, 개인과 사회 그리고 사회와 사회가 날이 갈수록 더욱 밀접히 연결되고 함께 어울려 변화하는 세상에 살고 있다.

이러한 시절인연(時節因緣)에 따라 수행법이나 깨달음에 대한 논쟁은 더욱 필요할 것이며 향후에도 더욱 활성화되어야 한다고 생각한다. 과거의 선종이 그랬던 것처럼 지금의 불교는 현재를 살아가는 모든 중생을 아우르고 그들에게 희망을 주며 그들의 괴로움을 해결해 주어야 할 것이다. 인도에서 불교가 사라진 이유를 생각해 보아야 한다. 어떠한 사상이나 종교도 중생들의 아픔을 아우르지 못하면 중생들로부터 외면받고, 외면받는 어떠한 종교나 사상도 존재할 수 없다는 진리를 다시 한번 되새겨야 할 것이다.

3) 향후 한국불교의 방향

살펴본 바와 같이 『아함경』이나 『니까야』와 같은 초기 경전을 보면 붓다는 붓다의 깨달음이 연기법임을 여러 곳에서 분명히 밝히고 있다. 붓다는 중생들에게 자신이 깨달은 연기법을 이해시키기 위하여 설법 대상과 상황에 따라 다양한 비유 등을 통하여 약 45년간 설법하였으므로 설법 내용이 방대하고 그 내용이 서로 모순되는 부분도 있어 붓다의 깨달음에 대한 다양한 해석들이 있다.

그렇지만 붓다의 깨달음은 연기법이고 팔만대장경은 모두 연기법을 설명한 것이고 팔만대장경을 한마디로 줄이면 연기법이다. 연기법은 한마디로 우주의 모든 존재는 조건에 따라 일시적으로 형성된 것으로 모든 존재의 실체는 없다는 것이다. 연기법으로 생겨난 모든 존재는 조건에 따라 한시도 쉬지 않고 끊임없이 변화한다는 것을 표현한 것이 무상(無常)이고, 나 또한 변화에서 예외일 수 없어서 무아(無我)이고, 그 변화가 내 뜻대로 변화되지 않는다는 것이 고(苦)이다.

초기불교에 따르면 모든 존재의 실체가 없다는 연기법의 다른 표현이 공(空)이고, 연기법에 따르면 독립적으로 존재하는 건 하나도 없어 서로 연결될 수밖에 없다는 게 불이(不二)이다. 이러한 연기법을 모르는 것이 무명(無明)이며, 무명으로 살아가는 우리의 삶을 12단계로 표현한 것이 12연기(十二緣起)이고, 모든 존재는 실체가 있는 게 아니라 본래 없는 것에서 생겨났으니 우리 눈앞에 펼쳐진 존재를 '있다고도 할 수 없고, 없다고도 할 수 없는 것'으로 설명한 게 중도(中道)이며, 연기법을 괴로움의 관점에서 괴로움의 발생과 소멸을 설명한 게 사성제(四聖諦)이다. 또한 연기법에 따라 모든 존재가 생주이멸하는 과정에서 남기는 결과가 업보이다.

연기법을 제외하면 모든 종교와 철학은 선형인과율의 관점에서 세상을 바라보고 이해하며 살아간다. 선형인과율에서는 존재의 실체가 있다고 믿으므로 제1 원인이 반드시 존재해야 하나, 연기법에 따르면 서양의 철학과 과학이 찾아 헤매던 제1 원인은 존재할 수 없다. 연기법은 선형인과율이 아닌 상호인과율이므로 스스로 독립적으로 존재하는 건 우주에 단 하나도 없기 때문이다.

이처럼 붓다의 깨달음은 연기법이고 붓다는 연기법을 다양한 방법으로 설법한 것인데 연기법은 이해하기 어렵기 때문에 제대로 이해하지 못하고 다양한 주장들을 하는 것이다. 따라서 붓다의 깨달음은 연기법이라는 사실을 분명히 밝혀야 한다.

가) 연기법을 다시 세워야 한다

한국불교에서는 붓다의 깨달음인 연기법은 잊힌 진리가 되었다. 연기법은 잊은 채 깨달음에만 매달려 있다. 연기설에 대한 해석들은 다양하지만, 대부분의 학자들은 연기설이 불교의 실재관의 핵심을 이루고 있다는 사실을 인정하고 있다.[188] 필자가 지금까지 초기 경전 위주로 살펴본 바

---

188) 조애너 메이시(2020), 102.

로도 붓다의 깨달음은 연기법이라는 결론에 도달할 수밖에 없다.

　붓다 시대부터 변화하며 발전해 온 연기의 가르침은 그 후 1,500년이 지나도록 그 변화가 이어졌고, AD 7세기쯤에 그 변화를 멈춘 것으로 보인다(중국불교의 화엄종, 천태종, 법상종 등의 전성기를 고려한 시점임).[189] 즉 연기의 가르침은 지금으로부터 1,400년 전쯤에 머문 것은 아닌지 싶다. 붓다의 깨달음인 연기법을 가지고 현대사회와 현대인의 문제에 적용하여 중생들에게 도움을 줄 수는 없을까? AD 7세기 이후 오늘날까지 1,400년 동안 기존 연기론의 수준에서 벗어나지 못하고 있는 건 불교인들의 태만이 너무 크다고 생각한다.[190]

　붓다 이외의 모든 사상과 종교, 과학이 존재(存在)하는 것의 실체(實體)가 있다고 믿으나, 붓다는 존재(存在)하는 모든 것은 실재(實在)하는 게 아니라 연기법에 따라 생주이멸(生住異滅) 또는 성주괴공(成住壞空) 한다는 진리를 깨달은 것이다. 즉 연기법(緣起法)에 따라 생겨나는 존재는 존재라는 표현보다는 사건(事件)이라고 표현하는 것이 더 적절한 존재의 표현일 수 있다.

　과학이 발전하면서 서양 과학자들도 세상은 사물로 이루어진 것이 아니라 사건으로 이루어지는 것으로 이해하려 하고 있다. 세상은 사건과 과정의 총체라고 생각하는 것이 세상을 가장 잘 포착하고 이해하고 설명할 수 있는 방법이다.[191] 붓다는 이미 세상은 사물이 아니라 사건으로 이루어졌다는 진리를 깨달았다는 점에서 붓다의 위대함과 연기법의 심오함이 있는 것이다. 붓다는 아난(阿難)에게 분명히 연기법을 알면 생사(生死)에서 벗어날 수 있다고 밝히고 있다. 당시 외도들이 자신들의 형이상학적 주장만 늘어놓으며 사상적 혼란만 가중시키고 있을 때 붓다는 연기법으로 중생들의 사상적 혼란을 해결해 주며 괴로움으로부터 구한 것이다.

　연기법의 진리를 깨닫지 못한 중생들이 가지고 있는 '세상은 끝이 있는가, 없는가' 하는 등의 근본적인 의문에 대하여도 연기법으로 설명

---

189) 현응(2017), 327.
190) 위의 책, 327.
191) 카를로 로벨리(2019), 105.

한 것이며 수많은 사상가들이 주장하는 진리에 대한 혼란도 연기법으로 해결해 준 것이다. 이처럼 연기법(緣起法)은 가장 근본적이면서도 포괄적 진리이다. 용수는 깨닫고 보니 붓다의 연기법이 맞았다. 그래서 좀 더 발전된 개념인 공(空)을 사용하였고, 사구(四句)를 통한 귀류법(歸謬法) 으로 연기법을 증명하고 발전시키며 중생들에게 다가가려고 한 것이다.

이처럼 용수(龍樹, Nāgārjuna)는 연기법을 쉽게 설명하기 위하여 공(空)을 사용했으나 지금 한국에서는 공(空)을 연기법(緣起法)이라고 이해하기보다는 '어려운 것, 신비로운 것, 알 수 없는 것, 허무한 것' 등으로 인식하고 이해하고 있다. 공(空)만 신비롭게 찾다가 공(空)은 찾지도 못하고 연기법은 잃어버렸다. 이것은 붓다의 깨달음을 떠나서 깨달음을 찾는 것이다. 그래서 불교(佛敎)가 무엇인지 깨달음이 무엇인지 모른다. '불교는 어렵다.'가 된 것이다.

용수가 인도에서 연기법을 다시 세운 것처럼 달마(達摩)도 중국에서 연기법을 다시 세운 것으로 볼 수 있다. 앞에서 살펴본 바와 같이 달마는 당시 기존 세력의 박해에도 불구하고 번쇄(煩瑣) 했던 불경을 떠나 붓다로부터 깨달음을 구하고자 했고, 어렵고 오래 걸리는 수행법을 떠나 편안한 마음을 가지고 생활하는 실천 속에서 깨달음을 구하고자 한 것이다.

연기법의 진리를 온전히 깨달으면 무아(無我)에 이르게 되고 무아에 이르면 자타불이(自他不二)가 되고 자타불이가 되면 중생의 아픔이 곧 나의 아픔이 되어 자연스럽게 보살행(菩薩行)을 실천하게 되는 것이다. 깨달음은 목적이 아니고 방편이 되는 것이다. 유마가 "깨달음의 즐거움[禪味]에 집착하는 것은 보살의 속박이요, 깨달음을 방편으로 살아가는 것은 보살의 해탈이다."[192]라고 한 것처럼 중생들의 괴로움을 덜어주기 위하여 깨달음을 적극적으로 활용해야 한다.

현재 한국에서 깨달음에 대하여 다양한 의견이 존재하지만 붓다 깨달음은 연기법이라고 하는 불교 관계자들의 견해가 많았다. 관심만 있다면 우리는 컴퓨터 등 문명의 이기를 통하여 연기법의 이해와 믿음은

---

192) 『維摩詰所說經』(T14, 545b).

언제 어디서든 가능할 것이다. 연기법의 시절인연(時節因緣)이 도래한 것이다.

연기법은 과거의 진리가 아니다. 문명이 발전한 현시점에서도 존재의 본질을 연기법보다 더 잘 설명할 수 있는 과학적 이론은 없으며 철학적, 종교적, 그리고 명상과 관련된 다양한 측면에서도 궁극적 의문에 대한 앎을 위해서 더 많이 활용될 필요가 있다. 서양 형이상학의 인과론을 공부해 본 사람이라면, 25세기 전에 만들어졌고 또 언뜻 보기에 무의미한 표현으로 되어 있는 이 연기의 조작적 정의(定義)가 얼마나 경이로운 철학적 통찰을 포함하고 있는지를 엿볼 수 있을 것이다.[193]

불교는 연기법을 바탕으로 미래의 종교, 온 인류의 종교, 살아있는 종교가 되어야 한다. 살아있는 종교란 그 시대 사람이 꼭 필요로 하는 문제에 대해 답을 줌으로써 그 종교의 가르침 중 하나가 그 시대를 대표하는 정신적 활동이 되어야 한다는 뜻이다.[194] 연기법은 온 중생을 품고 보듬을 수 있는 유일한 진리이므로 세상의 중심에 반드시 자리 잡아야만 한다.

아난(阿難)이 그랬던 것처럼 연기법(緣起法)이 단순해 보일 수도 있다. 그러나 연기법은 지금까지 살펴본 바와 같이 나[我]와, 모든 것[一切]의 존재와 운행 원리를 터득하게 해주고, 만동자(鬘童子)가 가지고 있던 궁극적 의문과 같은 형이상학적 문제에 대하여도 바른 견해를 제시하며, 깔라마인들이 겪는 것과 같은 사상적 혼란도 해결해 주며, 앙굴마(鴦掘摩)처럼 오도된 신념을 바탕으로 악행에 빠지는 것도 막아주며, 궁극적으로 자타불이(自他不二)를 깨닫게 함으로써 자연스럽게 자비와 보살행(菩薩行)으로 이끄는 것이다.

대부분 종교에서 추구하는 궁극적 목적은 사후에 비로소 이뤄진다. 하지만 붓다의 깨달음은 현생에 실현될 수 있으며, 깨달음을 이루기 위해 죽을 때까지 기다릴 필요는 없다. 우리가 확인할 방법이 없는 죽음 이후의 세계를 상정하거나 신비로움이나 초월적인 걸 인정하지 않는다.

---

193) 유선경 외 1인(2020), 299.
194) 김성구(2021), 384.

연기법은 신이 우주를 창조했고 사후세계도 신이 관장한다고 보는 종교나, 우주는 기계적으로 반복한다고 보는 과학적 우주론과는 본질적으로 다른 것이다. 신비주의가 아니다. 허무주의나 염세주의도 아니고 기계적 유물론도 아니다.

다른 종교나 사상에 비하여 현실적이고 일상적인 삶, 지금 여기에서 실현이 가능한 것이다. 지극히 현실주의인 것이다. 따라서 타 종교에서 비난의 대상으로 삼고 있는 우상 숭배는 더더욱 아니다. 결국 깨달음은 연기법의 원리를 믿고 이해하고 행동하면서 증명하고자 하는 의식의 전환이라고 할 수 있다. 즉 연기법에 대한 신해행증(信解行證)이고 팔정도를 실천하는 것이다.

연기법은 우리의 삶의 방향을 제시해 주면서도 상호작용의 원리를 통하여 우리의 삶과 우주의 본질을 밝히려는 심오하고 미묘한 진리로 인간의 궁극적 물음에도 답할 수 있는 것이다. 우리는 '일체유심조(一切唯心造)'라는 구절을 자주 듣는다. 현재에도 이보다 더 명확한 우주론은 없다. 과학이 발전하면서 이 우주론은 점점 더 진리임이 밝혀져 가고 있다. 이처럼 연기법은 붓다의 깨달음이며 붓다가 말한 것처럼 우주의 유일한 진리임을 명확히 해야 한다. 연기법을 떠난 주장은 불교일 수 없다. 간화선을 통한 깨달음도 연기법이 되어야 한다. 즉 간화선을 통한 깨달음의 결과도 연기법이 되어야 하며 만일 깨달음의 결과가 연기법이 아니라면 그것은 불교가 아니라 다른 종교가 되어야 하는 것이다.

선종만이 붓다의 가르침은 아니다. 앞에서 언급한 것처럼 백성의 대부분이 문맹이던 과거에는 글자가 필요 없는 선종이 중생들에게 다가갈 수 있었으나 지금은 문맹이 없다. 문자가 필요 없는 선종은 교종과 달리 문맹인 중생들에게 다가가 역사의 부침 속에서도 살아남아 번성하였으나 시절인연이 변하면서 이제 선종이 중생들에게 오히려 외면받는 현실이 된 것이다.

문맹이 없는 지금은 선종이 중생들에게서 멀어져 가고 있다. 지금 불교 인구의 감소가 그 사실을 말해주는 것이다. 젊은 층 불교 인구는 4%에 불과하다. 그래도 선방의 문은 여전히 굳게 닫혀있다. 한국의 불교는 연기법을 중심으로 변해야 한다. 초기 경전 등을 통하여 붓다의 깨달음은 연기법임을 밝히고 연기법을 현시대에 맞게 다양하게 활용하여 붓다가 그랬던 것처럼 중생들이 괴로움에서 벗어날 수 있게 해야 한다.

또한 연기법은 현대 자본주의를 살아가는 우리에게도 많은 시사점을 주고 있다. 불교는 '무소유'의 종교로 알고 있다. 그러나 붓다의 가르침 중에 무소유(無所有)를 가르치거나 장려한 적이 없다. 오히려 부유한 몇몇이 붓다의 칭찬을 받는 것을 보면 불교는 가난을 장려하는 종교가 아니다. 다만 지나치게 부를 축적하려는 탐욕이나, 축적한 부를 움켜쥐고 있는 인색함은 경계한 것이다. 붓다는 가난은 고통이라고 하고 있고 재물을 빌리는 것도 고통이고 빚 독촉을 받는 것도 고통이라고 하고 있다.

> 세상에서 욕심이 있는 사람이 빈궁한 것은 큰 고통이요, 세상에서 욕심이 있는 사람이 남의 재물을 빌리는 것은 큰 고통이며, 세상에서 욕심이 있는 사람이 남의 재물을 빌려 이자가 길어 가는 것은 큰 고통이요, 세상에서 욕심이 있는 사람이 빚 주인의 독촉을 받는 것은 큰 고통이며, 세상에서 욕심이 있는 사람의 빚 주인이 자주 그 집에 가서 독촉하는 것은 큰 고통이요, 세상에서 욕심이 있는 사람이 빚 주인에게 묶이는 것은 큰 고통이라 하느니라.[195]

더 나아가 『금색왕경(金色王經)』에서는 가난으로부터 오는 고통은 죽음보다 더한 고통이라고 하고 있다. 앞에서 언급한 바와 같이 한국에서는 불교의 가르침이 무소유(無所有)라고 믿고 있으며 무소유의 실천이 불교 윤리 중 최상의 덕목 중 하나라고 인식하고 있다. 그렇지만 가난이 죽음보다 더 큰 고통이라는 경전의 내용은 우리에게 다소 충격으로 다가올 수 있을 것이다. 붓다는 차라리 죽을지언정 가난하게는 살지 않는 것이 옳다고 가르치고 있다. 소유(所有)가 괴로움이 아니라 무소유(無所有)가 괴로움이라는 것이다.

---

195) 『中阿含經』(T1, 614b)

> 어떤 법을 괴로움이라고 하느냐? 이른바 빈궁이 이것이요. 어떤 괴로움이 가장 무거운가? 이른바 빈궁의 괴로움이라. 죽는 괴로움과 가난한 괴로움 두 괴로움이 평등하여 다를 것이 없나니 차라리 죽는 괴로움을 받을지언정 빈궁하게 살지 않는 것이 마땅하리.196)

이외에도 초기경전에는 기술을 배워서 직업을 갖고 열심히 일해서 부를 축적하고 적정하게 사용할 것을 가르치고 있다. 따라서 불교는 현재를 살아가는 우리에게도 자본주의 경제관을 심어줄 수 있는 것이다. 연기법을 통하여 세상 사물이 존재하고 변하는 이치를 말함으로써 자아와 우주에 관한 근원적인 물음에 대하여, 또 사람이 어떻게 살아가야 하는가에 대하여 불교는 다른 종교나 철학과는 다른 답을 제시한다. 연기법은 객관적 실체를 인정하지 않지만 연기법 자체는 객관적 진리이다.197) 이 세상에는 연기법을 넘어서는 그 어떤 것도 존재하지 않으며, 존재할 수도 없는 것이다. 그래서 연기법을 다시 세워야 하는 것이다.

나) 과학지식을 적극 활용해야 한다

아인슈타인(Albert Einstein)은 과학과 종교를 수레의 두 바퀴로 비유했고 현대물리학이 규명하려는 세계관과 불교의 가르침에는 많은 유사성이 있다고 했다. 그는 뉴욕타임즈(*The New York Times*, Sep. 11. 1930) 기고문에서 불교가 우주 종교적 요소를 많이 가지고 있다는 의견을 밝혔는데 우주 종교적 요소는 과학과도 어긋나지 않는 연기법일 것이다. 아인슈타인은 미래의 종교는 그 교리가 과학적으로 뒷받침되고 과학자와 예술가에게 영감을 줄 수 있어야 한다고 보았고, 이러한 조건을 만족시키는 종교를 우주적 종교(cosmic religion)라고 불렀다.198)

세상에 많은 종교와 윤리·도덕 강령이 있지만 그중에서 과학적 진리와 전혀 충돌하지 않고 조화를 이루는 것이 있다면, 그것은 불교의 연

---

196) 『金色王經』(T3, 389c)
197) 김성구(2021), 146.
198) 위의 책, 65.

기법이다. 연기법은 붓다가 바른 삼매를 통해 깨달은 보편적 진리로서 그 자체가 과학이라고 할 수 있다.[199] 붓다의 깨달음이 연기법이라는 사실을 명확히 하고 과학적 지식을 이용하여 연기법이 변함없이 유일한 진리임을 가능한 한 많이 밝혀야 한다. 즉 과학적 지식은 객관적 사실로 누구나 받아들일 수 있는 것으로 연기법이 과학적 사실과 부합된다면 더 많은 사람들이 연기법을 거부감 없이 진리로 받아들이게 될 것이다.

연기법의 가르침이 우리의 언어와 형식논리가 맞지 않을 때는 그 말이 무엇을 뜻하는지 이해하기 어렵지만, 과학의 객관적 사실을 바탕으로 연기법의 현상을 설명한다면 연기법을 이해하고 받아들이는 것이 쉬울 수 있다. 과학적 사실은 실험을 통하여 재현하고 검증할 수 있는 현상이기 때문이다. 이러한 이유로 불교와 과학이 사물의 참모습을 묘사하기 위해 유사한 표현을 사용한다면 과학을 통해 불교적 진리가 무엇을 말하고자 하는지 이해하는 데 큰 도움을 줄 수 있을 것이다.[200]

과학이 발전하면서 절대적인 것에 대한 의지와 신뢰는 퇴색되어 가는 반면 연기법은 서양의 과학이 발전하면서 그 신비로운 베일이 점점 벗겨지는 것이다. 서양에서는 양자론뿐만 아니라 진화론, 일반시스템이론 등 모든 학문에서 존재가 아니라 관계 혹은 사건, 즉 연기법으로 이해하고자 하고 있다. 서양에서는 과학이 발전하면서 이해할 수 없는 과학적 현상에 대하여 연기법을 통하여 이해하려 하고 있다. 즉 많은 분야에서 독립된 존재의 연구로부터 관계에 대한 연구로 연구의 방법과 인식이 전환되고 있다.

관계는 연기법의 다른 표현이다. 상대성이론에 따르면 시간과 공간 그리고 사물은 서로 독립적으로 존재하는 게 아니라 상호작용을 하므로 시간지연과 거리수축이 발생하며, 공간 자체도 사물의 중력에 따라 뒤틀린 해파리와 같이 부정형으로 존재한다는 것이다. 이는 독립적으로 존재한다고 생각한 시간과 공간 그리고 사물도 연기법에서 예외가 될 수 없다는 증거이다.

---

199) 김성구(2021), 384.
200) 위의 책, 68.

사물의 상호의존적 관계를 말하는데 있어서 연기법과 일반상대성이론 사이에 차이가 있다면 연기법은 일체의 사물사이에, 일반상대성 이론은 연기법을 시공간의 모양에 국한 시킨 것이다. 따라서 시공간의 관계를 들어 아인슈타인에게 연기법을 설명하면 쉬울 것이고 반대로 아인슈타인이 시공간의 연기법적 관계를 설명하면 많은 사람들이 거부감 없이 진리로 받아들일 것이다.

상대성이론뿐만 아니라 과학자들에게 연기법을 설명한다고 하면, 상대성이론과 더불어 현대물리학의 두 축을 이루고 있는 양자론(量子論, quantum theory), 제3의 과학이라고 할 수 있는 복잡계이론(複雜系理論, theory of complexity), 생물의 종이 어떻게 출현하게 되었는지 종을 기원을 훌륭하게 설명하는 진화론, 자연과 인문사회 현상을 막론하고 모든 시스템(系,system theory)을 일관된 이론으로 설명하려고 시도하는 일반시스템이론(general system theory) 및 모든 과학적 이론의 궁극적 바탕을 이룬다고 주장하는 정보이론(information theory)에 대해서도 한 말과 똑같은 말을 할 수 있다.[201]

이처럼 연기법은 거의 모든 과학적 사실에 적용이 가능하므로 과학자에게 연기법을 설명하려면 그 과학자가 연구하는 전공 분야에서 적합한 예를 택하여 설명하면 쉬울 것이고 역시 반대로 과학자가 그 전공분야와 관련하여 연기법을 설명하면 좋을 것이다. 연기법은 현대의 모든 과학이 지지하고 있다.[202]

이처럼 연기법은 과학적으로도 진리이다. 연기법은 설명하기 어려워 언어와 문자로 표현하는 방식이 논리에 맞지 않고 때때로 모순된다고 하더라도 불교적 진리를 과학적으로 설명하면 많은 사람들이 이해하고 받아들일 것이다. 시간과 공간이 서로 얽혀 있다는 것을 언어로 아무리 설명하여도 믿지 않겠지만 아인슈타인이 상대성이론을 들어 설명하면 믿고 받아들이게 되는 것이다.

다른 분야의 과학자들도 자연현상에서 연기법의 원리와 비슷한 현

---

201) 김성구(2021), 10.
202) 위의 책, 102.

상을 발견한다면 이 새로운 현상에 대한 과학적 설명을 통해 연기법을 설명할 수 있어야 할 것이다. 미시세계는 붓다의 연기법에 대한 설명과 너무나 흡사하여 양자론 학자들을 놀라게 하고 있으며 양자역학이 없었다면 인류는 영원히 연기법을 이해하지 못했을 것이라는 의견도 있다. 이해하기 어려운 연기법이 많은 과학적 사실을 통해서 이해하게 되고 나아가 증명이 되면 지구가 돈다는 사실을 받아들인 것과 같은 이치로 많은 사람이 연기법을 이해하고 받아들이게 될 것이다.

존재하는 사물이 유(有)와 무(無)라는 속성을 동시에 갖고 있다면 이는 논리적으로 모순을 가지고 있어 믿을 수 없을 것이다. 그렇지만 양자물리학자들이 미시세계에서 양자는 입자와 파동이라는 이중성을 동시에 가지고 있다면 믿게 되는 것이다. 이처럼 과학적 사실은 연기법이 언어의 형식논리에 모순된다는 이유만으로 배척되지 않도록 할 수 있는 것이다.

반대로 연기법을 통하여 새로운 과학적 사실을 보다 쉽게 이해할 수 있는 것이다. 20세기 초에 물리학자들이 색심불이(色心不二)나 생사 즉 열반과 같은 이중성의 개념을 알았더라면 입자와 파동의 이중성을 발견했을 때 곤혹스러워하지 않았을 것이다.[203] 우리가 인식할 수 있는 거시 세계는 미시세계로 이루어져 있고 미시세계는 양자로 이루어져 있다. 양자 세계는 그동안 우리가 생각했던 물리법칙 등 우리의 인식과 사고체계와는 완전히 다른 세상이 펼쳐짐으로 양자론 학자들은 존재란 무엇인가에 대한 사상적 혼란을 겪기도 한다. 일부 양자론 학자들은 이러한 사상적 혼란에 대한 개념적 도구를 연기법인 공(空)사상에서 찾고 있다.

지적 수준은 변하기 때문에 아무리 훌륭한 사상이라고 할지라도 시내가 변함에 따라 그 시대의 지배적인 지식과 조화를 이루도록 이 사상을 항상 새롭게 해석해야 할 것이다. 21세기에 이른 지금 현대의 지배적인 지식은 과학이다. 과학과의 조화를 통하여 불교교리를 현대적 용어와 개념으로 해석하는 것은 불교를 바르게 이해하기 위해서 필요할 것이다. 과학이야 처음부터 우주와 자아가 무엇인가를 알고자 하는 마음에서 생겨난 학문이지만 불교역시 "나는 무엇인가?" 그리고 "우주는

---

203) 김성구(2021), 102.

무엇인가"를 바로 알아야 인간이 진정 행복을 얻을 수 있다고 가르치는 종교이다.204)

과학이 진리를 찾는 기본정신은 기존의 지식과 권위를 그대로 받아들이지 않고 실험을 통해 사실을 확인하고 검증을 하는 것이다. 가람경 등에서 볼 수 있듯이 붓다의 가르침도 이런 점에서 과학과 같은 접근방식을 가지고 있다. 붓다는 "나를 따르라", 혹은 "나를 믿어라."라고 하지 않고 삶의 마지막 순간까지 아난에게 다음과 같이 설법한다.

> 이제 그대들은 자신을 등불로 삼고, 자신을 귀의처로 삼고, 다른 사람을 귀의처로 삼지 말라. 가르침[緣起法]을 등불로 삼고, 가르침을 귀의처로 삼고, 다른 것을 귀의처로 삼지 않고 살아가도록 하라. 아난이여, 비구가 자신을 등불로 삼고, 자신을 귀의처로 삼고, 다른 사람을 귀의처로 삼지 않으며, 가르침을 등불로 삼고, 가르침을 귀의처로 삼고, 다른 것을 귀의처로 삼지 않고 살아간다는 것은 어떤 것인가? 아난이여, 비구는 몸[身]을 관찰하며 몸에 머물면서, 열심히 주의 집중을 하고 알아차려 세간에 대한 탐욕과 불만을 제거해야 한다. 감정[受]을 관찰하며 감정에 머물면서, 열심히 주의 집중을 하고 알아차려 세간에 대한 탐욕과 불만을 제거해야 한다. 마음[心]을 관찰하며 마음에 머물면서, 열심히 주의 집중을 하고 알아차려 세간에 대한 탐욕과 불만을 제거해야 한다. 법[緣起法]을 관찰하며 법에 머물면서, 열심히 주의 집중을 하고 알아차려, 세간에 대한 탐욕과 불만을 제거해야 한다. 이와 같이 하는 것이 비구가 자신을 등불로 삼고, 자신을 귀의처로 삼고, 다른 것을 귀의처로 삼지 않으며, 가르침을 등불로 삼고, 가르침을 귀의처로 삼고, 다른 것을 귀의처로 삼지 않고 살아가는 것이다.205)

붓다는 중생 스스로 자기 자신과 연기법을 등불로 삼아 믿고 의지해야 한다고 하고 있다. 붓다는 붓다가 살아있는 당시나 붓다가 열반에 든 이후에도 똑같이 중생 스스로 자신과 연기법만을 의지하라고 가르친다. 연기법은 붓다와 상관없이 존재하는 진리인 것이다. 진리에 대한

---

204) 김성구(2021), 84.
205) DN16 : 2.26

확고한 믿음이 있어야 종교생활이 가능한 법이지만 불교는 믿음으로 끝나지 않고 그 믿음에 대한 바른 이해와 깨달음을 바탕으로 가르침을 실천하고 마침내 진리를 증득해야 한다는 것이 신해행증의 뜻이다.206) 연기법을 맹신하는 것이 아니라 몸의 감각을 통하여 연기법을 이해하고, 연기법에 따라 행동하고 연기법을 증명하는 것이다. 결국 과학적이고 객관적인 방법으로 스스로 연기법의 진리를 깨닫게 되면 탐욕과 불만이 제거되고 괴로움에서 벗어날 수 있는 것이다.

결국 연기법의 수행은 팔정도이고, 팔정도 수행을 하면 괴로움이 제거된다고 하는데 정말로 팔정도 수행이 괴로움을 제거해 줄까 하는 의문이 들수 있다. 그러나 최신의 뇌과학은 팔정도 수행이 괴로움을 제거할 수 있다고 밝히고 있다. 뇌/신경 과학과 후성유전학은 적어도 사람이 행복한 삶을 살기 위해서 팔정도의 수행이 필요한 이유를 과학적으로 뒷받침하고 있다고 볼 수 있다.207) 과학은 연기법의 수행법인 팔정도에도 힘을 보태고 있다.

불교와 과학이 갖는 또 하나의 공통점은 둘 다 삼라만상의 다양하고 복잡한 현상에서 삼라만상에 모두에 적용될 수 있는 보편적 진리를 찾는 것이다. 보편적 진리에 대한 불교와 과학의 접근방식은 다를지라도 둘의 궁극적 목적은 삼라만상의 운행 원리나 질서를 이해하는 것이다. 붓다는 삼라만상의 운행 원리가 연기법이라는 것을 깨달은 것이다.

과학 역시 다양한 모습으로 나타나는 자연현상 가운데서 어떤 보편성을 찾는 학문이다.208) 과학은 서서히 그 진리를 증명해 가는 과정에 있는 것이다. 따라서 불교와 과학은 그 영역과 목표 및 진리를 찾는 정신에 있어서 또 사불을 보는 태도에 있어서 모두 일치한다고 말해도 큰 무리는 아닐 것이다.209)

---

206) 김성구(2021), 85.
207) 위의 책, 48.
208) 위의 책, 86.
209) 위의 책, 86.

다) 연기법의 사랑과 자비를 일깨워야 한다

한국에서 불교란 무엇인가에 대하여 답을 할 수 없다. 그 이유 중 하나는 간화선을 통한 깨달음이 무엇인지 알 수 없기 때문일 것이다. 불교는 깨달음의 종교라고 하는데 깨달음이 무엇인지 알 수 없으니 당연히 불교가 무엇인지도 알 수 없게 되어 있는 것이다.

초기 불교를 통하여 살펴보면 붓다의 깨달음은 연기법이다. 한국에서 깨달음은 말로 표현할 수 없고, 무엇인가 알 수도 없는 것이어서 중생들이 삶의 괴로움에서 벗어나기 위하여 어떻게 해야 하는가 알려 줄 수 없지만, 연기법은 괴로움에서 벗어나는 방법으로 팔정도 수행 등을 제시하는 것이다.

현재 한국은 과거에는 상상하지도 못한 물질적 풍요를 누리고 있다는 사실은 부정할 수 없다. 그렇지만 그 이면에는 상상하지도 못하는 부작용이 동시에 존재한다는 사실 또한 부정할 수 없다. 경쟁 중심의 사회가 주는 긍정적 요소도 부정할 수 없지만 한국은 교육, 직장, 사회 전반에서 치열한 경쟁을 기반으로 움직이는 구조로 운영되다 보니 많은 문제점이 야기되고 있다. 이러한 경쟁은 세대 간, 계층 간, 지역 간 사회적 갈등과 혐오를 조장하고 있다. 좌우, 남녀, 우열, 노소 등 이분법적으로 나뉘어 둘 중 하나만 진리라고 주장하며 상대방은 '다름'이 아니라 '틀림'이라는 신념으로 상호 부정과 멸시가 뿌리 깊이 자리 잡았다.

상호 부정과 멸시를 바탕으로 한 무한 경쟁에서 소외된 사람들의 자살과 고독사는 이제 일상이 되었다. 그렇다고 경쟁에서 소외되지 않은 사람들도 행복한 것만은 아니다. 경쟁 우위에 있던 유명인들의 자살 소식도 더 이상 충격적인 뉴스가 아니다. 자살률은 세계에서 등수를 앞에서 다투고 있고 신생아 출산율은 뒤에서 등수를 다투는 실정이다.

그렇지만 이러한 부정적 현상에 대하여 누구도 눈길조차 주지 않는다. 사람들은 각각 자신이 속한 분야에서 살아남기 위하여 더욱 경쟁에 매달리며 몸부림치고 있다. 한국 사회가 겪고 있는 다양한 위기와 문제는 결국 '너는 내가 아니다'라는 이분법적 사고에서 비롯되는 것이다. 이분법적 사고가 깊어지면 나 이외의 대상에 대하여 무자비한 행위까지도 서슴지 않을 수 있게 되는 것이다.

그러나 연기법에 따르면 너와 나는 둘이 될 수 없다. 연기법은 너와 내가 둘이 아니므로 자연스럽게 자기중심적 사고에서 벗어나 너와 내가 같이 행복해질 수 있는 방법을 모색하게 한다. 연기법은 나와 너, 나와 우주가 따로 존재하는 것이 아니다. 나의 감각기관이 감각대상을 만나 이루어지는 것이므로 둘이 될 수 없다. 양자론에 따르면 우리 몸의 원자는 양자얽힘에 의하여 우주와 연결되어 있다.

따라서 연기법을 이해하고 받아들이면 너와 내가 그리고 인류와 우주가 같이 공존공영해야 한다는 당위성과 지혜를 터득하게 되고 이러한 지혜는 자연스럽게 사랑과 자비 정신을 불러일으키는 것이다. 연기법은 어떤 종교나 사상과 대립하지 않으며 어떤 과학적 법칙과도 어긋나지 않는다. 그리고 사랑이다. 그래서 많은 사람들이 연기법을 이해하고 믿고 행동하면 너와 나의 괴로움이 소멸된다는 것을 증명해야 하는 것이다.

사실 알고 보면 붓다의 가르침 전체가 중생들이 행복하게 사는 길로 이끄는 실천적인 방법에 대한 설명이라고 할 수 있다. 그런데 이 방법을 이해하려면 우주의 운행 원리와 사람의 생사 문제를 비롯한 근본적 원리에 대하여 알 필요가 있다. 너와 나라는 이분법에 대한 집착이 해소되기만 하면 연기법을 깨달을 수 있고 그것은 지혜와 자비를 낳는다. 왜냐하면 그것은 나에 대한 집착이 근본적으로 잘못된 나의 의식에서 비롯된 것임을 알게 되기 때문이다.

3 과학과 연기법

가. 양자론과 연기법

최첨단 과학인 양자론과 2,600여 년 전 붓다의 연기법은 인간과 우주의 본질을 이해하고 설명하는 데 있어 신비로울 정도로 많이 닮아있다. 붓다가 양자론을 알았을까? 붓다는 말한다. 붓다의 깨달음은 심사빠 숲과 같이 넓고도 깊으나, 붓다가 말하는 건 한 줌의 가랑잎이라고. 붓다는 우리가 심사빠 숲은 이해하지 못할 것이므로 오직 괴로움에서 벗어나는데 필요한 한 줌 가랑잎만 가르친 것이다. 우리는 그 한 줌의 가랑잎도 이해하지 못하고 있지 않는가.

> 그때 세존께서는 심사빠 잎사귀들을 조금 손에 들고 비구들을 불러서 말씀하셨다. "비구들이여, 이를 어떻게 생각하는가? 내가 손에 조금 들고 있는 이 심사빠 잎사귀들과 이 심사빠 숲 전체에 있는 저 잎사귀들 가운데서 어느 것이 더 많은가?" "세존이시여, 세존께서 손에 조금 들고 계시는 그 심사빠 잎사귀들은 아주 적습니다. 이 심사빠 숲 전체에 있는 저 잎사귀들이 훨씬 더 많습니다." "비구들이여, 그와 같이 내가 최상의 지혜로 안 것들 가운데 내가 가르치지 않은 것이 훨씬 더 많다. 내가 가르친 것은 아주 적다. 비구들이여, 그러면 나는 왜 가르치지 않았는가? 비구들이여, 그것들은 이익을 주지 못하고, 그것들은 청정범행의 시작에도 미치지 못하고, 염오로 인도하지 못하고, 탐욕의 빛바램으로 인도하지 못하고, 소멸로 인도하지 못하고, 고요함으로 인도하지 못하고, 최상의 지혜로 인도하지 못하고, 바른 깨달음으로 인도하지 못하고, 열반으로 인도하지 못하기 때문이다. 그래서 나는 그것들을 가르치지 않았다." "비구들이여, 그러면 나는 무엇을 가르쳤는가? 비구들이여, 나는 이것은 괴로움이라고 가르쳤다. 나는 이것은 괴로움의 일어남이라고 가르쳤다. 나는 이것은 괴로움의 소멸이라고 가르쳤다. 나는 이것은 괴로움의 소멸로 인도하는 도 닦음이라고 가르쳤다."210)

심사빠 숲은 넓고도 깊으나 그것은 우리가 살아가는 데 이익이 되지 않고 최상의 지혜로 인도하지 못한다고 한다. 그렇지만 심사빠 숲을 모르더라도 괴로움의 소멸에 이를 수 있다고 한다. 마찬가지로 양자론을 모른다고 해도 행복하게 살 수 있는 것이다.

양자로 구성된 미시 세계에서 나타나는 현상은 지금까지 상식이나 과학적 지식으로는 도저히 이해할 수 없는 것들이다. 따라서 일부 양자론 학자들은 과학 서적이 아닌 철학 서적을 뒤적이며 그 신비로운 현상을 이해하고 해석하려는 시도도 하고 있다.

과학과 철학은 인간과 우주의 본질에 대하여 궁극적인 의문을 가지고 존재의 실체나 근본원리를 밝히고 절대적인 진리를 추구한다는 점에서는 공통점이 있으나 그 근본원리에 대한 접근방법은 다르다. 과학은 실체가 있는 나 이외의 자연과 물질을 대상으로 객관적인 관찰과 실험을 통하여 자연의 원리와 법칙을 찾아내고 체계화하는 학문이다. 영어 단어 'Science'는 지식을 뜻하는 라틴어 'Scientia'에서 파생되었는데 그중 접두사 'Scio-'는 '안다(I know)'를 의미하므로 'Scientia'는 실체가 있는 대상으로부터 얻어지는 객관적 지식이라는 의미가 강하다. 따라서 관찰과 실험을 통한 과학적 방법으로 검증한 지식은 동양이나 서양, 고대나 현대 등 장소나 시간에 상관없이 보편타당하게 인정되고 통용될 수 있는 지식이다.

이에 반하여 철학으로 번역되는 영어 단어 Philosophy는 그리스어 필로소피아(Philosophia)가 어원인데 이는 두 단어 필로스(Philos, 사랑)와 소피아(Sophia, 지혜)의 합성어이다. '지혜를 사랑하는 것'이란 어원에서 의미가 드러나듯이 철학은 실체가 없는 상태에서 논리적인 추론과 인식 과정을 거쳐 진리를 얻고자 하는 것이지만 단순히 진리만 추구하는 게 아니라 그 알아낸 진리에서 삶에 대한 지혜까지 얻고자 하는 것이다.

따라서 철학의 범주에는 논리적으로 추론하고 합리적으로 인식하여

---

210) SN 56:31

인간과 우주의 본질을 알고자 하는 지식을 넘어 올바른 삶이 무엇인지에 대한 삶의 가치 및 윤리의 문제까지 모두 포함된다. 이처럼 과학은 현실 세계를 직시하고 철학은 정신세계를 논하는 것이어서 과학은 객관적 지식이지만, 철학은 주관적 지혜라는 점에서 다른 것이다.

　과학이 발전하면서 과거 철학적 대상이었던 자연의 신비가 과학적 진리가 되어가고 있다. 신의 영역이나 주관적 견해 속에 쌓여있던 일식과 월식, 천둥과 번개와 같은 초자연적 현상이 과학적 관찰과 실험을 통하여 그 원리가 밝혀짐으로써 더 이상 철학적 견해에 머무를 수 없게 된 것이다. 이처럼 과학이 발전하면서 철학은 과학이 제공하는 순수하고 객관적인 사실을 바탕으로 삶의 의미에 대하여 새롭게 해석하며 삶의 지혜를 변화시키고 발전시켜 가는 것이다.

　일반적으로 과학과 철학은 서로 반대편에 따로 떨어져 서로 상관없는 독립적인 학문이라고 생각하는 사람들이 많은 것이 현실이다. 그렇지만 과학과 철학은 서로 이분법적으로 존재할 수는 없다. 과학은 철학적 질문으로부터 시작되고 다시 철학은 과학적 지식을 바탕으로 이루어져야 한다. 아인슈타인도 '철학이 없는 과학은 절름발이이고 과학이 없는 철학은 맹신'이라고 하면서 과학과 철학의 불가분적 관계를 설명하기도 하였다.

　철학을 시대적으로 구분하면 크게 고대와 중세 그리고 근대로 구분할 수 있다. 인도나 중국에서도 고대 철학은 있었으나 서양 철학사에서 '고대 철학'이라고 하면 그리스 철학을 말한다. 동서양을 막론하고 고대에는 다양한 신(神)들에게 의지하여 초자연적 현상을 해결하려 하였는데, B.C. 6세기 그리스 탈레스는 신들에게서 벗어나 인간의 이성으로 이러한 문제를 해결하려 시도하였다. 따라서 탈레스는 철학의 아버지로 불린다.

　중세에는 신의 섭리로 모든 게 결정된다고 믿었다. 과학도 철학도 신의 영역이 된 것이다. 신이 인간과 우주를 창조하고 관장하므로 우주의 질서는 신의 질서가 된다. 신이 인간과 우주를 창조하였고 신이 창조한 인간이 살고 있는 지구는 우주의 중심이라고 믿었다. 따라서 인간의 생노병사도 신의 섭리에 따라 결정된다고 믿었으므로 삶의 모든 기준은 신에게 있었고 인간의 생각 및 감정은 중요시되지 않았으며 나아가 부정되기까지 하였다.

밤하늘은 지구를 중심으로 회전하는 듯하다. 천동설을 주장한 옛사람들은 아주 정직한 관찰자였다. 그들은 관찰에 따라 해와 달과 행성 그리고 하늘의 모든 별이 지구를 중심으로 완벽한 원운동을 하는 초기 우주 모형을 만들었다. 정확한 관찰에 따라 모형을 만들었으므로 천동설은 그 당시의 과학적 연구의 결과였다. 과학적 진리는 새로운 과학적 진리가 발견되면 대체된다.

왜냐하면 과학은 기본적으로 진리에 대해 경험론적 방법을 취하기 때문이다. 과학적 방법을 통하여 얻은 진리는 경험적이며 귀납적인 것으로, 여기에는 반증 가능성이 언제나 존재한다. 즉 관찰과 실험장비의 발전은 과학의 발전으로 이어짐에 따라 과학적 진리는 그 범위와 내용이 확장되며 발전해 간다.

이러한 과정에서 인간의 '이성'이 핵심적인 역할을 하였으며 점점 '이성'을 깊이 신뢰하게 된다. 이성은 자연과 삶을 해석하고 이해하는데 가장 중요한 요소로 인식되었고 이성을 토대로 세상을 변화시키려 시도하게 된 것이다. 신이 아닌 과학적 이성으로 관찰하고, 관찰에 따라 새로운 모형을 만들고, 기존의 모형에 어긋나는 새로운 진리가 나타나면 수정하고, 수정한 것이 관찰과 실험을 통하여 과학적 진리로 인정되면 과감히 옛 진리를 버리고 새로운 진리로 받아들이게 된다.

과학을 통하여 인간이 스스로 밝혀낸 지동설의 과정에는 과학뿐만 아니라 종교와 과학, 과학과 이성, 이성과 철학 등 모든 인간의 요소를 포함하는 것이다. 인간은 과학을 통하여 그동안 신의 영역이라고 믿었던 신비로운 분야에 대하여도 점점 더 많이 이해하고 예측할 수 있게 되어가고 그에 따라 세계관도 변화하는 것이다.

갈릴레오가 등장하면서 더 이상 지구는 하늘의 중심이 될 수 없게 되었다. 태양이 도는 것이 아니라 지구가 태양의 주위를 돌고 있다는 게 밝혀지면서 신의 권위는 절대성을 잃기 시작한다. 지동설은 그동안 우리의 감각기관을 통해 이해할 수 있는 게 아니고 우리의 감각적 경험 너머에 있는 철학적 대상이었으나, 과학의 발전으로 이러한 철학적 대상도 신이 아닌 인간 스스로 그 원리를 이해할 수 있게 된 것이다. 과학이 신 중심의 세계관에서 인간 중심의 세계관으로 변화시킨 것이다.

과학의 발전은 인간의 이성에 무한한 힘을 부여하였고 그 결과 이성의 시대가 활짝 열린 것이다. 과학적 지식을 바탕으로 하는 이성을 통하여 인간은 신에게서 벗어나 인간 스스로 인간의 문제를 해결하며 자연의 질서를 이해하고 좀 더 행복한 세상을 만들려고 하였다.

인류의 자유와 행복을 증진 시킬 수 있는 더 나은 세상으로 발전할 수 있는 원동력은 신이 아닌 과학이 되어 과학을 통하여 인간의 뜻과 의지대로 더 좋은 세상을 만들어 갈 수 있다고 믿었다. 신의 천동설이 과학의 지동설을 죽이려 하였으나 과학의 지동설이 승리하자 과학은 신의 영역까지 넘보게 된 것이다. 뉴턴은 '만유인력의 법칙'을 토대로 달이나 지구와 같은 천체 사이의 관계를 수학적으로 정확하게 설명할 수 있었다. 우주는 신에 의해서가 아니라 우주 스스로 작동한다는 걸 밝혀냄으로써 우주와 자연의 법칙을 이해할 수 있다고 믿게 된다.

과학의 발전은 철학에도 영향을 미치게 되는데 데카르트를 기점으로 하는 근대철학의 큰 특징은 우주와 삶의 문제를 신에게 의지하지 않고 과학을 통하여 인간 스스로 해결하려 한 것이다. 데카르트가 남긴 '나는 생각한다. 고로 존재한다.'라는 단순한 한 문장이 던지는 선언은 외부의 도움 없이 인간 스스로 이성을 통해 진리를 추구하고자 한다는 것을 알 수 있다. 즉 천 년 동안 이어온 중세의 신 중심적 사고와 삶에서 탈피하여 그리스 이후 다시 인간이 중심이 되고자 한 것이다.

데카르트 이후 흄, 루소, 칸트 등을 중심으로 하는 근대철학의 계몽주의자들은 과학 기술에 대한 절대적 믿음을 갖고 인류가 종교의 그늘과 쇠사슬에서 해방되기를 간절히 원하게 되었다. 계몽이란 '미성숙한 상태에 있던 자신이 스스로 미성숙한 상태에서 벗어남'을 의미한다. 그리고 미성숙이란 '자신의 이성을 활용하지 못하고 외부에서 주어지는 것을 진리로 받아들이는 상태'라고 해석할 수 있다. 이들은 과학이 발전함에 따라 과학은 지금보다 더 나은 미래를 보장할 것이라는 생각을 한 것이다. 계몽주의는 종교의 독단성, 불합리성 등을 더 이상 맹신하지 않았고 그로 인해 종교적, 정치적 박해를 받기도 하였다.

17-18세기 유럽인들은 과학과 이성에 심취하여 기독교 신앙을 포함한 모든 주관적인 사상을 과학적 방법으로 검증하고 확인하려 하였다. 이제 성경의 권위나 진실성은 과학과 이성의 합리성에 어긋나므로 하나의 신화나 허구로 전락하게 된 것이다. 성경이나 기독교 신앙이 더 이상 인간들의 삶 속에서 객관적 사실로 자리를 차지할 수 없게 되었는데 시간이 흐른 오늘날에도 현대인들의 기본적 세계관에는 계몽주의적 사고가 상당 부분 내재 되어 있다고 볼 수 있다.

뉴턴 이후 과학은 계속 발전하여 아인슈타인의 상대성이론으로 시간과 공간 그리고 중력의 법칙을 알아냄으로써 우주의 신비를 거의 다 벗겼다고 생각하게 되었고 과학으로 삶의 풍요로움을 넘어 인류의 모든 철학적 문제까지 해결하고 행복한 미래를 보장할 수 있다고 믿었다.

과학의 발전은 양자론에 이른다. 양자론에 이르자 인류는 다시 혼란에 빠진다. 양자론이 설명하는 미시 세계는 그동안 절대적으로 믿었던 인간의 이성으로는 도저히 이해할 수도, 설명할 수도 없는 세상인 것이다. 과학이 철학을 대신할 수 있다는 믿음은 사라진다. 과학은 미시 세계 앞에서 다시 겸손해지면서 다음과 같은 말들을 한다. 과학이란 옳고 그름을 가르는 것이 아니다. 과학이란 내가 아닌 대상에 대한 궁금증을 가지고 관찰과 실험을 통해 잠정적인 앎을 찾아가는 과정이다.

즉 과학은 자연의 본질보다는 우리가 경험할 수 있는 자연의 현상에 대한 사실에만 관심을 가져야 한다고 주장했다. 그리고 손을 부들부들 떨고 머리카락을 쥐어뜯으면서 본질을 고민하는 문제는 철학자들에게 넘겨주는 것이다.[211]라고 했다. 보어는 물리학의 임무는 자연의 본질을 찾아내거나 '현상의 정수'를 알아내는 것이 아니라고 생각했다.[212]

---

211) 짐 알칼릴리(2023), 136.
212) 위의 책, 137.

이처럼 미시 세계는 그동안 과학적 지식이나 인간의 이성을 뛰어넘는 영역으로 미시 세계에 대한 이해를 구할 수 없었던 양자론 학자들은 갖가지 철학책을 뒤적이게 되고 그중에는 붓다의 연기법(緣起法), 공(空)에서 그 이해를 구하기도 한다. 특히 이태리 양자론학자 카를로 로벨리는 용수(나가르주나)의 『중론(中論)』을 만나 신비로운 양자세계에 대한 개념적 이해를 구한다. 붓다의 깨달음인 연기법은 미시세계의 현상을 설명하는 양자론과 매우 흡사하기 때문이다.

과학의 발전이 인류가 지닌 여러 철학적 문제까지 해결하고 인류에게 더 행복한 삶을 보장해 줄 것이라고 믿는 사람들이 여전히 많다. 과학이 물질적 풍요를 이루고 육체적 안락이 가능하게 한다는 것은 부정할 수 없는 사실이다. 그러나 그 이면에는 인간성 상실, 자연 파괴, 핵무기에 의한 인류의 생존 자체에 대한 위협이라는 어두운 그림자가 더욱 짙어져 가고 있어 인류는 과거 육체적 괴로움과는 다른 정신적 괴로움, 더 심하고 심각한 정신적 괴로움에 시달리는 것이다. 과학이 인류를 행복하게 하는가 하고 자문해 보아야 한다. 과학이 인류의 괴로움을 더 심화시키는 것이 아니라 인류의 괴로움을 경감시키고 행복을 가져다 줄 때 그 가치가 있는 것이다.

철학이 과학을 가치 있게 할 수 있는 것이다. 과학은 객관적 사실이지만 나는 누구인가? 왜, 어떻게 살아가야 하나?와 같은 삶의 근본적인 궁금증에 대해서는 한마디도 해주지 않는다. 과학이 아무리 발전한다고 하여도 삶의 문제는 여전히 과학적 지식이 아닌 철학적 질문이 되는 것이다. 철학은 과학적 지식을 바탕으로 나와 인류가 어떻게 괴로움에서 벗어나 행복한 삶을 살 수 있는가 하는 지혜를 찾는 것이다.

연기법은 양자론에서 나타나는 과학적 내용을 아우르면서 나 자신의 존재와 삶에 대한 철학적 내용까지 포함하고 있다. 불교는 스스로를 종교나 과학으로 정의하지 않으며, 전통적으로 종교적 진리와 과학적 진리를 구분하지 않았다.[213]

---

213) 앨런 월리스(2024), 52.

과학이 자연의 법칙을 밝혀내는 것이라면 철학은 과학이 밝혀낸 자연의 법칙을 바탕으로 어떻게 사는 게 모두가 행복하게 살 수 있는 방법일까에 대하여 고민하는 것이다. 연기법은 과학적 관점과 철학적 관점 모두를 포괄하므로 그 어떤 종교나 사상, 철학, 그리고 과학적 진리 모두를 포괄하고 포용하는 유일한 진리인 것이다. 그 유일한 진리인 연기법이 말하는 것은 독립적인 실체는 단 하나도 없다는 것이다. 우리가 살아가는 거시 세계의 바탕이 되는 양자로 이루어진 미시 세계가 연기법이 말하는 것처럼 그렇게 되어 있다.

양자론(量子論, quantum theory)은 양자역학을 기초로 원자 이하의 미시 세계를 다루는 학문의 총칭이다. 즉 양자론은 분자, 원자, 기본입자인 전자, 소립자 원자핵 등 물리계의 아주 작은 입자들의 미시적인 현상을 연구하는 물리학 분야이다. 그런데 양자론에서 말하는 미시세계의 현상은 연기법을 공(空)이나 중도(中道)로 설명하는 것과 너무나도 비슷하다. 아마도 양자역학이 탄생하지 않았더라면 현대인은 결코 불교의 중도 사상을 이해하지 못할 것이라고 말할 정도로 양자역학의 물질관은 불교의 중도 사상과 닮은 데가 많다.[214]

나. 과학의 발전과 연기법

우주 삼라만상을 이루는 근본 물질은 무엇인가. 우리는 이 세상을 대상과 사물, 실체(과학 전문용어로 '물리계'라고 부르는 것)의 측면에서 생각한다.[215] 이 세상에는 내가 있고 네가 있고, 우리가 있고 너희가 있고, 산이 있고 강이 있고, 지구가 있고 태양이 있고, 은하가 있고, 은하단이 있고 우주가 있다고 생각하고, 그것들이 존재하기 위해서는 시간과 공간이 필요하다고 생각한다.

---

214) 김성구(2021), 179.
215) 카를로 로벨리(2023), 97.

서양은 그리스 시대부터 우주의 실체가 무엇인가에 대한 궁금증을 가지고 그 실체를 찾아왔다. 그리스 시대에도 우주의 실체에 대한 여러 가지 주장이 있었고 뉴턴은 과학혁명을 통하여 우주는 '시간'과 '공간' 그리고 물질을 이루는 '입자' 세 가지로 구성되어 있다고 믿었다. 뉴턴은 우주 어디에서나 똑같은 절대적인 공간과 절대적인 시간이 있고 그 속에 입자로 구성된 물질이 존재한다고 생각한 것이다. 패러데이는 입자는 단순한 입자가 아니라 모든 입자는 장(場, field)을 가지고 있다는 사실을 밝혀냈다. 뉴턴의 우주관이 '시간'과 '공간' 그리고 '입자와 장(場, field)' 네 개로 구성되어 있다는 것으로 바뀐다.

　　아인슈타인은 1905년 뉴턴이 절대적으로 믿었던 공간과 시간이 절대적인 것이 아님을 밝힌다. 특수상대성이론에 의하여 시간과 공간이 둘이 아닌 하나로 합쳐져 우주는 '시공'과 '입자'와 '장'으로 세 개의 요소로 구성되어 있다고 믿게 된다. 다시 1915년 아인슈타인에 의해서 시공과 장이 공변장으로 합쳐져 우주는 '공변장'과 '입자' 두 개로 구성된 것으로 설명하고 양자역학이 등장하면서 우주는 '시공'과 '양자장'으로 두 개의 요소로 구성되게 된다. 2,600여 년 전 붓다는 이미 한 티끌 속에 우주가 들어 있고, 한 생각이 곧 영원한 시간[216]이라 했다.

　　과학은 그로부터 2,600여 년이 지나 양자중력 이론에 이르면 우주는 '공변양자장' 한 요소로 이루어져 있다고 한다. 붓다의 철학이 최첨단 과학인 양자론과 합치되는 것이다. 뉴턴의 고전물리학으로부터 양자론에 이르러 우주를 구성하는 시간과 공간 그리고 입자가 하나로 통일되어 가는 과정을 나타내면 아래 표와 같다. 그리고 그 과정을 좀 더 자세히 살펴보고자 한다.

---

216) 『大方廣佛華嚴經義相法師法性偈』(B32, 0822a).

시·공간 및 입자에 대한 이해의 변천 과정[217]

뉴턴	공간	시간	입자
패러데이, 맥스웰	공간	시간	장	입자
아인슈타인 1905	시공		장	입자
아인슈타인 1915		공변 장		입자
양자역학	시공		양자장	
양자중력		공변 양자장		

1) 그리스 사상

그리스에서는 신에게서 벗어나 인간 스스로 자연현상을 이해하려는 시도가 이루어졌다. 따라서 서양의 철학과 과학은 그리스로부터 시작된다. 그리스를 포함하여 고대에는 동서양 모두에서 신이 인간과 우주를 창조하였고, 일식, 월식, 번개 및 폭풍우 등 신비로운 자연현상도 신이 관장한다고 믿었다. 그리스에도 역시 수많은 신이 존재하였고 신의 영향으로 자연도 생명을 가지고 있고 신들도 인간처럼 행동한다고 생각하여 신을 통하여 자연현상을 설명하려는 경향이 강했다. 신이 창조한 우주는 실체를 가지고 존재하는 것이며 우리가 사는 땅은 움직이지 않고, 하늘은 지구를 중심으로 회전하므로 지구는 우주의 중심이라고 믿었다.

---
[217] 카를로 로벨리(2019), 193.

그러나 시간이 흐르면서 신의 뜻을 배제하고, 인간 스스로 우주의 본질은 무엇인가 하는 궁금증을 탐구하고 자연 그 자체에서 질서를 찾거나 추론하려는 사람들이 나타나기 시작했다. 바로 자연 철학자들이다. 이들은 '우주를 이루는 근본은 무엇인가'에 대해 각기 다른 의견을 제시했다. 흔히 고대 그리스에서 철학의 발생은 '미토스(Mythos)에서 로고스(Logos)로의 전환', 즉 더 이상 신화가 아니라 인간의 이성을 통하여 우주와 인간을 설명하고자 한 시도라고 할 수 있다.

그 최초의 인물은 탈레스인데 그는 '모든 것의 근본(Arche)은 물'이라고 주장한 것으로 전해진다. 탈레스는 신이 아닌 어떤 하나의 항구적이면서도 보편적인 근본을 우주의 원리로 제시했다는 점에서 그 이전과 차이가 있다고 본다. 즉 우리가 관찰하는 모든 자연현상을 더 이상 '신(神)의 뜻'이라고 하지 않은 것이다. 탈레스는 세계의 기원을 신(神)의 뜻이 아니라 자연 물질에서 찾은 그리스 최초의 사람이었기 때문에 아리스토텔레스는 탈레스에게 '철학의 아버지'라는 칭호를 붙였다.

그리스에서는 기원전 6세기부터 자연과학에 대한 관심이 높아지면서 신의 영향력은 점차 줄어들었다. 초기 자연과학의 주제는 우주를 구성하는 근본적인 물질 혹은 원리에 대한 것이었으므로 다양한 우주론들이 등장했다. 우주론은 철학과 과학의 특성을 같이 가지고 있었으므로 그리스는 서양의 철학과 과학의 출발점이 된다. 현재까지도 철학과 과학의 연구 주제가 되는 우주론, 실재론, 원자론이 이미 그리스에 존재한 것이다.

우리가 사는 지구는 우리 눈에 보이는 대로 상식적으로 생각하면 지구는 편평하며 고정되어 있다. 그렇지만 고대 그리스인들은 지구는 워낙 거대해서 곡면으로 휘어져 있어도 쉽게 알아차리지 못할 수 있으며, 지구가 둥글다는 것을 실험으로 간단히 입증할 수 있다는 사실을 이해하고 있었다.[218] 또한 아낙시만드로스는 지구가 공간 안에 자유롭게 떠 있는 것이며, 유동 상태에 있던 최초의 지구가 점차 건조해지면서 생명체를 탄생시켰고, 생명체들은 처음에 물에서 살다 나중에 땅으

---

218) 짐 알칼릴리(2023), 72.

로 옮겨왔다고 했다.[219]

파르메니데스는 '있는 것은 있고 없는 것은 없다.'라고 하여 존재의 유무를 명확히 정의했다. 그에게 무(無)란 없는 것이기에 사유의 대상조차 되지 못한다. 사유는 오직 존재하는 것만을 대상으로 하는데, 이것은 '사유와 존재'는 같은 것이라는 뜻을 담고 있다. 그에게 존재를 위한 이성적 사유는 진리를 찾는 최고의 수단이었다.

즉 진리는 순수한 이성으로 찾을 수 있으며 순수한 이성에 의한 인식은 오로지 존재만 있고 비존재란 없다는 것이다.[220] 존재가 자신이 아닌 어떤 것으로 변할 수 없고, 존재는 비존재로부터 나올 수 없으며, 존재가 비존재로 될 수 없다고 생각했기 때문이다. 그리고 존재는 항구적이고 분리될 수 없는 통일적인 실체로서 사유를 통해 존재를 인식할 수 있다고 보았다. 그런데 감각은 세계가 지속적으로 생성과 사멸을 반복하고 끝없이 운동하는 것처럼 보이게 하며, 이런 점에서 기만적이다.[221] 즉 세상은 변하지 않는 것이고, 변화는 우리의 감각에 의한 기만적인 것에 불과한 것이므로 변화란 있을 수 없다고 했다.

그리고 이런 생각은 이후 플라톤에게 이어지면서 이성을 중시하는 그리스 철학은 서양의 합리주의 철학이 탄생할 수 있는 토대가 되었다. 파르메니데스와 거의 동시대의 붓다는 파르메니데스와 근본적으로 다르게 주장했다. 붓다는 '존재란 없다. 그렇다고 존재하지 않는다고 하는 것도 아니다'라고 했다. 그리고 변하지 않는 것은 우주에 단 하나도 존재하지 않는다고 하였다.

또한 데모크리토스는 원자론을 주장하였는데 모양이나 크기 등의 양적 측면에서 서로 다른, 유한한 수의 원자가 우주를 구성하고 있다고 보았다. 데모크리토스는 '만물은 더 이상 쪼갤 수 없는 원자로 구성돼 있다.'라고 설명했다. 이는 눈에 직접 보이는 '실재' 혹은 '실체'에서 '원리' 차원으로 넘어간 것이자, 오늘날 일부 수용된 원자론의 시초이기도

---

219) 한스 요아힘 슈퇴리히(2021), 183.
220) 위의 책, 190.
221) 위의 책, 191.

하다. 데모크리토스 체계의 기본 발상은 단순하다. 우주 전체는 끝없는 공간으로 이루어져 있으며, 그 속에서 무수한 원자들이 돌아다닌다. 공간은 한계가 없고 위도 아래도 없다. 중심도 경계도 없다. 원자들은 모양 외에는 그 어떤 성질도 갖고 있지 않다. 무게도 색도 맛도 없다.[222]

그가 생각한 원자는 운동을 내재적인 속성으로 가지고 있으며, 기계적인 법칙에 종속된다. 원자는 질적으로 동일하고 유한한 크기를 가지고 있다. 원자의 운동을 원자의 내재적 속성으로 파악해 최초의 기계론적 세계관을 세웠다. 데모크리토스는 모양이나 크기 등의 양적 측면에서 서로 다른, 유한한 수의 원자가 세계를 구성하고 있다고 보았다. 데모크리토스의 원자론은 근대 자연과학으로 이어진다.

중세 시대는 다시 신 중심으로 과학과 철학이 재편된다. 단테가 훌륭하게 노래한 중세의 우주 질서는, 신의 영적이고 위계적인 조직을 바탕으로 해석된 것이었다. 우주는 지구를 중심으로 한 구형의 구조이고, 지구와 하늘 사이에는 건널 수 없는 거리가 있으며, 모든 자연현상은 목적론적이고 은유적으로 설명된다. 신(神)을 경외하고 죽음을 두려워하며, 자연에는 관심을 기울이지 않는다. 사물에 우선하는 신(神)이 세계의 구조를 결정한다고 생각하고, 지식의 원천은 오직 계시와 전통뿐이라고 생각한다.[223]

그렇지만 14세기부터 시작된 유럽의 르네상스는 기나긴 중세 시대의 막을 내리게 하였으며 고대 그리스의 자연과학에 눈을 돌리게 한다. 이를 바탕으로 뉴턴과 같은 위대한 과학자가 나타나 과학혁명의 시대를 이끈다.

2) 뉴턴 ⇨ 공간 시간 입자

17세기에 과학혁명을 이끈 뉴턴은 우주에 공간과 시간 그리고 입자가 독립적으로 존재한다고 믿었다. 인류는 뉴턴의 과학혁명을 통하여 중세

---

[222] 카를로 로벨리(2019), 24.
[223] 위의 책, 42.

시대 절대적인 신에게서 벗어나 그리스의 자연과학과 철학을 다시 들여다보게 된다. 14세기부터 시작된 유럽의 르네상스 운동은 고대 그리스 문화의 부활과 함께 과학도 부활한 것이다. 그 결과 16, 17세기를 거치는 동안 그리스 시대의 자연철학을 뛰어넘어 과학이 혁명적으로 발전한 것이다. 지구가 우주의 중심이 아니고, 태양 주위를 돌고 있는 작은 행성 중 하나에 불과하며 태양이 속한 우리 은하는 수천억 개의 은하 중 하나일 뿐이라는 걸 깨닫게 된 것이다.

우리가 사는 지구가 세상의 중심이라는 생각은 더 이상 지탱될 수 없게 되었다. 과학혁명의 중심에 서 있던 뉴턴은 우주에 무한한 공간이 있고 그 공간 속에 입자로 구성된 물질이 존재하고 있으며, 시간은 우주 어느 곳에서나 똑같이 흐르는 것이라고 믿었다. 우주를 구성하고 있는 공간과 시간, 그리고 물질을 이루는 입자는 서로 독립적으로 존재하는 것으로 서로에게 영향을 미치지 않는다고 생각하였다.

즉 뉴턴이 생각한 세계는 우주라는 무한한 공간이 있고 그 공간 속에서 물질들이 운동의 법칙에 따라 영원히 움직이며 시간은 우주 어느 곳에서나 똑같이 흐른다고 생각한 것이다. 물질의 운동이나 상태가 변화되었다는 걸 인식하려면 시간이 필요했기 때문에 우주에 대한 그의 수학적 설명에서는 시간이 근본 요소로 포함되어야 했다. 뉴턴은 공간이 존재해야만 물질과 에너지가 그 안에 담기고, 그 안에서 사건들이 일어날 수 있다고 믿었다.[224] 우주 공간에서 일어나는 사건 및 과정과는 상관없이 시간은 독립적으로 몇 초, 몇 시간, 며칠, 몇 년씩 똑딱거리며 한 치의 오차도 없이 정확히 흐른다고 생각했다.

뉴턴 물리학의 중요한 특징은 시간과 공간을 그 안에 있는 물질과 상호작용 하지 않는 독립된 실체로 본 것이다. 공간 속에 존재하는 물질은 물리법칙에 의해 지배되어 움직이고 공간은 물질이 존재하는 장소만을 제공한다고 생각한 것이다. 이 물질이 위치할 공간과 시간이 있어야 시공간의 좌표가 정해질 수 있다. 물질은 분명 공간 속 '어느 지점'에, 시간 속 '어느 순간'에 위치해야 한다.

---

224) 짐 알칼릴리(2023), 76.

뉴턴은 왜 물체가 낙하하고 행성이 공전하는지 설명하려고 했다. 그는 물체들이 서로를 향해 끌어당기는 어떤 '힘'을 상상했다. 바로 중력이다.[225] 뉴턴은 떨어지는 사과를 보면서 질량을 가진 모든 물체가 서로 끌어당기는 힘이 있다는 만유인력 법칙을 발견한 것이다. 뉴턴 이전에는 모든 물체가 본래 위치인 우주의 중심으로 향하는 성질이 있다고 믿었다. 만유인력 법칙을 지금은 당연한 것으로 받아들여지고 있지만 '과학'이라는 단어 자체가 없었던 17세기에는 받아들여지기 어려운 개념이었다.

　뉴턴은 시간과 공간 속에서 물체가 힘의 영향 아래 어떻게 움직이고 작동되는지를 정확히 기술했다. 지구와 태양 사이에서 있는 힘과 똑같은 힘을 지상의 모든 물체가 가지고 있으며 더 나아가 우주의 삼라만상이 모두 중력이라는 힘을 가지고 있다는 것은 일반 사람이 생각하기 쉽지 않은 것이었다. 이러한 뉴턴의 이론은 너무나 정교하게 물질의 움직임을 잘 설명하고 너무나 유용했기 때문에 두 세기 동안 아무도 굳이 의문을 제기하지 않았다.

　세계의 질서는 마음속으로만 그려지는 것이 아니라 수학을 통해서 증명이 가능한 질서가 된 것이다. 뉴턴은 자연을 하나의 거대한 기계, 즉 인과적이고 결정론적인 질서에 따라 움직이는 거대한 기계와 같다고 생각했다. 뉴턴은 이 우주는 신의 완벽한 창조물로서 규칙적이고 조화로운 존재자이며, 따라서 자연법칙에 의해 언제나 정확하고 완벽하게 예측할 수 있다고 믿었다.

　이처럼 뉴턴 역학의 핵심은 자연에 존재하는 모든 것은 이미 결정되어 있다는 결정론이다. 다양한 형태로 존재하는 세계의 모든 존재의 근저에는 몇 가지 힘으로 움직이는 물질 입자들만이 존재하고 몇 가지 힘에 의한 물질들의 움직임을 정확히 알 수 있다는 것이다. 3세기가 지났지만, 여전히 오늘날 우리가 다리를 짓고 기차를 만들고 마천루를 세우고 엔진과 유압장치를 만드는 것도, 비행기를 띄우고 일기예보를 하고 보이지 않는 행성의 존재를 예측하고 화성에 우주선을 보내는 법을

---

[225] 카를로 로벨리(2019), 79.

아는 것도 그 덕분이다.226) 하나의 새로운 세계관이자, 볼테르와 칸트에게 계몽의 열광을 일으킨 하나의 사고방식이며, 미래를 예측하는 효과적인 방식이기도 한 이것이야말로 뉴턴 혁명의 마지막 유산이었으며 지금도 계속되고 있다.

이렇게 해서 드디어 실재를 이해하는 열쇠가 발견된 것 같았다.227) 자연현상은 복잡해도 그 내면의 근본원리는 그다지 복잡하지 않으리라고 생각한 것이다. 그렇기 위해서는 모든 것에 적용이 가능한 보편성을 추구할 수밖에 없다. 이렇듯 과학자들은 한두 가지의 보편적인 원리로 수많은 자연현상을 설명하는 것을 좋아한다.

뉴턴 과학은 과학에 대한 하나의 이미지를 제공함으로써 과학을 넘어 18세기 유럽 사상 전반에 커다란 영향을 주었다. 뉴턴 과학이 가설이나 독단을 사용하지 않고 수학적, 합리적, 경험적, 실험적 방법을 사용하여 성공을 거두었다는 사실은 다른 분야도 그렇게 함으로써 성공을 거둘 수 있다는 믿음을 주었다.

이로부터 당시 철학자와 사상가들도 독단적인 철학적 논의를 배격하고 합리적이고 경험적인 면을 강조하게 되었는데, 이것이 18세기의 계몽주의이다. 계몽주의자들을 이전 시대의 철학자들과 구분시키는 점은, 갈릴레오, 뉴턴, 데카르트 등이 이끈 물리학 발전으로부터 큰 영향을 받았다는 점이다.

이들은 과학지식의 발전에 매료됐고, 이러한 생각을 인류 문명 전체의 진보로 확장했다. 즉 많은 계몽주의자가 근대 물리학과 같은 과학적 방법이 사회문제에도 적용될 수 있다고 생각한 것이다. 즉 사회과학이 태동하기 시작한 것이다.

예를 들어, 흄은 '가격과 돈의 비축량이 균형을 이루는 경향을 물의 자정 작용에 빗대면서 인간의 이해관계가 도덕적으로 작용할 수 있다.'라고 주장했다. 개개인의 합리적 행동이 모이면 하나의 객관적이고 바람직한 사회 유형이 형성된다는 것이다. 이런 사고를 이론적으로 정

---

226) 카를로 로벨리(2019), 55.
227) 위의 책, 56.

식화한 대표적인 인물 중 한 명이 경제학의 아버지로 불리는 애덤 스미스로, 그에 따르면 자연계의 모든 사물들이 자연의 법칙을 따르는 것과 마찬가지로 시장 역시 방해가 없다면 '보이지 않는 손'으로 작동하여 스스로 자기조절 체계를 형성할 수 있다고 주장한 것이다.

이와 같이 계몽주의자들이 주장한 내용들은 과학의 발전에 영향을 받았고 현재까지도 세계관의 바탕이 되는 것이다. 현대사회의 이념적 패러다임 내에서 큰 비중을 차지하는 자유주의만 해도, 맹목적인 전통이나 관습으로부터 개인이 해방되어 자유로워지는 것을 인류 진보의 한 측면으로 본 계몽주의가 없었다면 지금의 모습처럼 자리 잡지는 못했을 것이다. 이처럼 과학의 발전은 철학과 종교를 포함한 인류의 사고방식과 삶의 방식을 변화시켜 나가는 것이다.

뉴턴의 만유인력은 신이 아닌 단일한 힘에 근거하여 천상계의 운동과 지상계의 운동이 동일한 운동법칙으로 설명된다는 것을 보여준 것이다. 이는 인류의 세계관을 변화시키는 엄청난 발견이었지만 어떻게 중간에 아무것도 없이 이 힘이 서로 멀리 떨어져 있는 물체들을 끌어당기는지는 이해하지 못했다. 뉴턴 자신도 접촉하지 않고 멀리 떨어져 있는 두 물체 사이에 작용하는 힘이라는 생각에는 무언가 빠진 것이 있을지도 모른다고 생각했다. 그리고 지구가 달을 끌어당기기 위해서는 이 힘을 전달할 수 있는 무언가가 둘 사이에 있어야 하는 것이 아닌가 하고 생각했다.

실제로 뉴턴은 자신이 도입한 것이면서도 바로 이 떨어져 있으면서 끌어당긴다는 생각에 관해 당혹스러워했다.[228] 지구가 어떻게 그렇게 멀리 떨어져 있는 달을 끌어당길 수 있는 것일까? 태양은 어떻게 지구와 접촉하지도 않고 끌어당길 수 있는가? 뉴턴은 자신의 방정식이 자연에 존재하는 모든 힘들을 기술하지는 않는다는 것을 알았다. 중력 말고도 물체에 작용하는 다른 힘들이 있다. 물체들은 낙하할 때만 움직이는 것은 아니다.

---

[228] 카를로 로벨리(2019), 60.

> 무생물인 물체가 비물질적인 다른 어떤 것의 중재 없이 다른 물체에 작용을 가하고, 상호간의 접촉 없이 다른 물체에 영향을 미친다는 것을 상상할 수도 없네. 중력이 물질에 고유하게 내재하는 본질적인 것이어서 물체의 작용과 힘을 전달해 줄 다른 어떤 것의 중재 없이도 한 물체가 멀리 떨어져 있는 다른 물체에 진공을 통해서 작용할 수 있다는 것은 내게는 정말 터무니없는 부조리라 생각되네. 철학적인 문제를 다룰 수 있는 충분한 사고력이 있는 사람이라면 아무도 그런 생각을 받아들이지 않을 거라고 나는 믿네. 중력은 어떤 법칙에 따라 항상 작용하는 동인에 의해 야기되는 것이어야 하네. 그러나 이 동인이 물질적인지 비물질적 것인지는 독자의 생각에 맡겨 두었네.229)

뉴턴이 운동의 법칙에 대한 연구를 마무리하기 전까지만 해도, 시간의 본질에 관한 토론은 과학이 아니라 철학과 형이상학의 영역이라 여겼다.230) 뉴턴은 자신의 걸작 자체를 부조리라고 생각한 것이다.231) 그는 자신의 이론에 들어 있는 원거리 작용의 배후에 뭔가 다른 게 있어야만 한다는 것을 이해하고 있었지만 그게 무엇일지에 대해서는 알지 못했다. 문제를 독자들에게 맡긴 것이다.

3) 페러데이 · 맥스웰 ⇨ 공간   시간   장   입자

뉴턴의 우주관을 뒤바꾼 사람은 마이클 패러데이(Michael Faraday)이다. 세계는 더 이상 공간 속의 입자들만이 존재하는 것이 아니라 공간 속의 모든 입자는 '장(場, field)'을 가지고 있다는 것이다. 만유인력 이외의 힘을 설명하는 이것은 작은 변화처럼 보이지만 생각보다 엄청난 변화를 일으킨다. 그는 어떻게 물체들이 원거리에서 서로 끌어당기고 밀어낼 수 있는지를 합리적인 방식으로 이해하는 열쇠를 찾았다.

이 힘을 이해하려면 뉴턴의 세계에 중요한 수정을 해야 한다. 이 수정으로 근대 물리학이 태어났는데 이게 바로 '장(場)'의 개념이다. 뉴

---

229) 카를로 로벨리(2019), 60-61.
230) 짐 알칼릴리(2023), 77.
231) 카를로 로벨리(2019), 61.

턴이 답을 찾지 못하고 남긴 문제를 200년이 지난 뒤 패러데이가 그 답을 찾은 것이다. 뉴턴이 해결하지 못한 문제는 우리 주위에 중력과는 다른 어떤 힘의 존재였다. 우리가 일상적으로 살아가는 세상은 중력과는 다른 힘의 지배를 받는다.

오늘날 우리가 전자기력이라고 부르는 힘이다.[232] 물질을 뭉치게 하여 고체가 형성되도록 하는 것은 뉴턴의 중력이 아니라 바로 전자기력이라는 힘이다. 분자 속의 원자들을 뭉치게 하고, 원자 속의 전자들을 뭉치게 하는 것도 이 전자기력이다. 전자기력은 화학작용과 생체 작용도 일어나게 한다. 우리 뇌의 뉴런 속에서 작동하는 것도 전자기력이고, 우리가 지각하는 세계에 대한 정보처리와 우리가 생각하는 방식을 지배하는 것도 전자기력이다. 그리고 마찰을 일으켜 미끄러지는 물체를 정지시키고, 낙하산 착륙을 부드럽게 만들며, 전기 모터와 연소기관을 돌리고, 불을 켜고 라디오를 들을 수 있게 해주는 것도 이 힘이다.

패러데이는 뉴턴이 가정했던 것처럼 중력이 떨어져 있는 물체들 사이에서 직접 작용한다고 생각하지 않았다.[233] 마이클 패러데이(Michael Faraday)는 수학을 몰랐음에도, 직관적으로 '장(場)'의 존재를 알아채고 물리학 역사상 가장 훌륭한 책 가운데 하나를 쓴다. 사실 방정식도 하나도 없다. 그는 정신의 눈으로 물리학을 이해하여 입자들 주위에 어떤 힘의 실체가 존재한다는 것을 밝혀낸 것이다. 힘의 실체는 전기와 자기를 띤 물체에 의해 생겨나서 물체들을 밀거나 당기면서 작용한다.

패러데이는 이처럼 어떤 힘의 실체가 존재함을 직관적으로 파악하였는데, 이것이 바로 '장(場)'이다. 중력에 대한 것이 아니라 전기력과 자기력에 대한 것이었다. '장(場)'이라는 새로운 존재자를 도입하면서 패러데이는 뉴턴의 우아하고 단순한 존재론에서 근본적으로 벗어난다. 세계는 더 이상 시간의 흐름에 따라 공간 속에서 움직이는 입자들만으로 이루어져 있는 게 아니다. 모든 입자는 '장(場)'을 가지고 있는 것이다.

'장(場)'은 예를 들어 천으로 문지른 유리 막대기 같은 전하를 띤 물

---

[232] 카를로 로벨리(2019), 56.
[233] 위의 책, 59.

체가 주변의 전기장과 자기장을 비틀고, 그러고 나면 이 '장(場)'들이 그 '장(場)' 속에 들어 있는 대전 된 각 대상에 힘을 만들어낸다.234) 그리하여 떨어져 있는 전기를 가지게 된 두 물체는 서로 직접 끌어당기거나 밀어내거나 하는 게 아니라, 두 물체 주변에 존재하는 '장(場)'이라는 힘을 통해서만 그렇게 하는 것이다. 초등학교 때 자석 두 개를 들고서 서로 붙여도 보고 떨어뜨려도 보면서, 자석들이 끌어당기고 밀어내는 힘이 존재함을 알았을 것이다. 이러한 힘의 존재를 통해서 자석들 사이에 들어 있는 '장(場)'을 경험하고 느낄 수 있었던 것이다. 이는 떨어져 있는 물체들 사이에 작동하는 힘이라는 뉴턴의 개념과는 완전히 다른 것이다.

맥스웰은 패러데이의 아이디어가 진리임을 재빨리 알아차린다. 패러데이가 말로만 설명했던 통찰을 한 쪽 분량의 방정식들로 옮겨낸다.235) 오늘날 맥스웰의 방정식으로 알려진 것이다. 이 방정식들은 전기장과 자기장의 작용을 기술한다. 수학 버전으로 패러데이 선이다. 맥스웰 방정식은 빛이 무엇인지를 우리에게 말해준다. 맥스웰은 자신의 방정식에 따르면 페러데이의 역선들이 마치 바다의 파도처럼 물결칠 수 있음이 예측된다는 사실을 알아차렸다.236)

그는 패러데이의 역선들의 파동이 움직이는 속도를 계산한다. 그리고 그 결과는 빛의 속도와 정확히 일치한다는 것을 밝힌다. 맥스웰은 빛이란 패러데이 선들의 빠른 진동과 다르지 않다는 것을 알아낸다. 패러데이와 맥스웰은 전기와 자기가 어떻게 작용하는지를 밝혀냈을 뿐만 아니라 부수적으로 빛이 무엇인지도 동시에 알아낸 것이다. 우리를 둘러싼 세계는 색으로 가득 차 있다. 그런데 색이란 무엇인가. 간단히 말해 빛이라는 것은 전자기파의 주파수(진동의 속도)이다. 빛의 파동이 더 빨리 진동하면 빛은 더 파랗게 된다. 조금 느리게 진동하면 빛은 더 붉게 된다. 색은 서로 다른 주파수의 전자기파를 식별하는 우리 눈의 수용체가 생성해 낸 신경 신호의 심리 물리적 반응이다.237)

---

234) 카를로 로벨리(2019), 59.
235) 위의 책, 62.
236) 위의 책, 63.

오늘날 맥스웰 방정식은 모든 전기 현상과 자기 현상을 기술하고 안테나와 라디오, 전기 엔진, 컴퓨터 등을 설계하는 데에 일상적으로 사용된다.[238] 모든 원자들은 전자기력에 의하여 서로 결합 되어 있다. 돌을 구성하는 물질의 입자들은 왜 서로 붙어 있는지, 태양은 어떻게 작용하는지를 설명하기 위해서도 이 방정식들이 필요하다. 이 방정식들은 놀랍도록 다양한 범위의 수많은 현상들을 기술한다. 기껏해야 중력 정도를 제외하고는 우리가 보는 거의 모든 것들이 맥스웰 방정식으로 잘 기술된다.

맥스웰은 전하를 흔들면 파동이 발생해 전기가 흐를 수 있을 것으로 예상하고 독일의 물리학자 하인리히 헤르츠(Heinrich Hertz)는 실험을 통하여 이를 밝혀낸다. 라디오, 텔레비전, 전화, 컴퓨터, 통신위성, 와이파이 인터넷 등 현대의 모든 통신 기술은 맥스웰의 예측을 응용한 것이다.[239] 물리학은 뉴턴 역학, 전자기학, 열역학을 만들어냈고, 이 세 가지 영역이면 포탄의 궤적부터 시계, 폭풍, 증기기관, 자석, 모터, 진자, 행성까지 크기에 상관없이 모든 물체의 운동과 행동, 주변에서 접하는 거의 모든 현상을 성공적으로 설명할 수 있음을 보여줬다.[240] 19세기가 저물 무렵에는 물리학이 완성된 듯 보였다.

4) 특수상대성이론 ⇨ 시공   장   입자

뉴턴이 절대적이고 독립적으로 존재한다고 믿었던 시간과 공간이 아인슈타인의 특수상대성이론에 이르면 시간과 공간이 독립적인 게 아니고 서로에게 영향을 미치는 상대적인 게 된다. 따라서 시간과 공간이 하나로 합쳐져 우주를 구성하는 요소는 '시공', '장(場, field)', '입자' 세 가지로 바뀐다.

---

237) 카를로 로벨리(2019), 64.
238) 위의 책, 62-63.
239) 위의 책, 64-65.
240) 짐 알칼릴리(2023), 128.

붓다는 "시간은 따로 실체가 있는 것이 아니고 법(法)에 의해 생겨난다."라고 하였다. 즉 시간은 우리와 무관하게 외부에 독립적으로 있는 실체가 아니며, 시간도 다른 모든 존재와 마찬가지로 연기법[法]에 따라 가상적으로 나타나는 것일 뿐이라는 것이다. 이러한 관점은 서양철학의 시간관과는 다르다. 서양철학에서는 시간을 경험에 앞서면서 경험을 가능하게 하는 것, 이른바 선험적인 것으로 보는 경향이 강한 반면, 붓다의 시간은 선험적인 것이라기보다는 후험적인 것에 가깝다. 즉 시간은 따로 동떨어져 있는 무언가가 아니고 우리 눈앞에 나타나는 현상에 의지하여 일어나는 것이다. 결국 시간도 연기되어서 나타난 허상에 불과하다는 것이다.

> 시간이 따로 존재하는 게 아니라 법(法)에 의거 생겨나는 것이다. 법에는 원래 걸림이 없으니 시간도 마찬가지다. 과거 일체 겁을 미래와 현재에 두고, 미래와 현재의 겁을 과거의 세상으로 돌린다. 영원(무량겁)이 한 생각이고, 한 생각이 영원이다.[241]

그래서 붓다는 이를 이해시키기 위해 "시간은 별도의 실체가 있는 것이 아니고 꽃이 피니 봄이 오는 것이다."라고 한 것이다.

우리의 경험과 인식은 봄이 오니 꽃이 핀다고 믿고 그것에 따라 세계관을 형성하고 살아가고 있지만 붓다는 꽃이 피니 그것이 곧 봄이라고 하여 우리의 경험과 인식에서 벗어나 있는 것이다. 붓다는 시간을 하나의 존재로 실체가 있다고 믿을 우려가 있기 때문에 우리의 인식에 대한 오류를 지적한 것이다. 시간도 붓다의 연기법에서 예외가 될 수 없으므로 시간 또한 고정불변이 아니고 무상(無常)한 것이다. 봄이 먼저 오고 꽃은 그 후에 봄의 존재에 따라 피는 게 아니라 봄과 꽃도 상호 의존하며 끊임없이 변화한다는 것이다.

---

241) 『華嚴經文義要決問答』(X08, 425a)

> 시간은 별도로 존재하지 않는다. 꽃에 의해 생겨난다. 꽃은 원래 걸림이 없
> 으니 시간도 마찬가지다. 과거무량겁이 미래와 현재이고, 미래 무량겁이 과
> 거세로 돌아간다. 과거 중에 미래가 있고 미래 중에 현재가 있다. 무량겁이
> 한 생각이고 한 생각이 무량겁이다. 따라서 시간이 따로 떨어져 별도로 존재
> 하는 것이 아니다.242)

서양에서는 아인슈타인의 특수상대성이론에 이르러서야 시간과 공간은 따로 분리되어 독립적으로 존재하는 것으로 믿었던 우주관은 허물어진다. 특수 상대성 이론은 1905년 아인슈타인이 발표한 논문에서 제안된 것인데 '광속은 모든 관성계의 관찰자에게 같다'라는 원칙에 근거해서 시간과 공간 사이의 관계를 밝힌 것이다.

뉴턴 역학에 의하면 광원의 속도에 따라 빛의 속도는 달라지며 심지어 무한대가 될 수도 있다. 고전역학, 즉 뉴턴역학에서는 시간과 공간은 완전히 독립적이고 절대적이어서 시속 100km로 달리는 차에서 150km의 속도로 공을 던졌을 때 실제로 이 공이 날아가는 속도는 언제 어디서나 250km가 되어야 한다. 또 정지한 상태에서 날아가는 공의 속도를 측정하면 150km가 되고, 100km 속도로 달리는 차에서 같은 방향으로 날아가는 공의 속도를 측정하면 공의 속도는 50km가 된다. 빛도 그러하여야 한다.

그렇지만 아인슈타인은 광원의 속도와 상관없이 빛의 속도는 항상 불변임을 받아들인다. 특수 상대성 이론의 두 가지 대전제는 첫째, 모든 관성계에서 물리 법칙은 동일하다. 둘째, 진공에서 빛의 속도는 일정하며 광원의 움직임과 무관하다. 특수상대성이론에 의하면 정지한 상태에서나 운동하는 상태에서나 빛의 속도는 항상 일정하다는 것이다. '광속도 불변의 원리'는 빛의 속도는 측정하는 장소의 속도나 광원이 움직이는 속도와 상관없이 항상 일정하다는 것이다. 이는 우리가 일상생활에서 느끼는 속도의 상식과는 다른 것이다. 이 광속 불변의 사실에 근거하여 시간과 공간이 서로 독립적이지 않고 상호작용하고 있음을 밝힌다.

---

242) 『大方廣佛華嚴經疏』(T35, 509b)

그동안 진리로 인식되어 있던 시간과 공간이 절대적이고 독립적이라는 뉴턴의 주장이 무너져 내린 것이다. 이것은 '시간과 공간은 별개의 것이 아니며 관찰자의 운동 상태에 따라 상대적이다.'라는 결론으로 귀결된다. 이로써 절대시간과 절대 공간은 물리적으로 무의미한 것이 된다.

특수상대성이론의 가정을 따르면 시간과 공간이 상호작용하고 있다는 건 필연적이다. 즉 한 마디로 시간이 흐르는 속도나 공간의 크기는 절대적인 것이 아니라 측정자의 입장에 따라 바뀐다는 것이다. 이 이론의 토대는 상대성 원리와 광속도 불변의 원리이다.

예를 들어 빠르게 움직이는 우주선의 중앙에서 수평으로 발사된 빛은 우주선 안에 타고 있는 사람에게는 빛이 우주선 양쪽에 동시에 도달한다. 그렇지만 우주선 밖에서 보는 사람에게는 우주선 진행 방향의 빛이 늦게 도달한다. 이를 동시성의 상대성이라 한다. 아인슈타인의 광속 불변의 법칙을 반영하면 어느 한 관성 기준계에서 동시에 일어난 사건은 다른 관성 기준계에서 관찰할 때 동시에 일어난 사건으로 보이지 않는다는 것이다. 이에 따라 어느 관성 기준계가 아주 빠르게 운동할 때 시간지연과 길이수축 현상이 생기게 되는 것이다.

특수상대성이론을 위해서는 시간을 다시 정의해야 한다. 이것이야말로 아인슈타인의 가장 뛰어난 업적 중 하나로 시간이 진정한 의미에서 공간과 동등한 '좌표축'의 자격을 가지게 된다. 시간은 공간 전체에 절대적으로 존재하는 게 아니라, 관찰자마다 공간상의 각 점에서 시간을 따로 측정하고 시계를 동기화하는, 다시 말해 동시성(각각의 시간대에 관찰되는 점의 집합)을 정의하는 과정을 거쳐야 하다. 이 개념은 관찰자마다 동시성이 다르게 정의될 여지를 마련하면서 물과 기름의 관계처럼 보이는 상대성 원리와 광속 불변 원리를 조화롭게 만든 것이다.

즉 측정자에 대해 빠르게 운동하는 물체는 시간이 느려진다. 이것을 시간지연이라 한다. 시간지연(Time Dilation)은 특수상대성이론에서 가장 흥미로운 개념 중 하나로 기본적으로, 빠른 속도로 움직이는 물체의 시간은 정지해 있는 관찰자가 볼 때 더 느리게 흐른다는 것을 의미한다. 이는 아주 빠른 속도로 움직이는 우주선 내에서의 시간이 지구의 시간보다 느리게 간다는 것을 의미한다. 특수상대성이론의 시간지연 현상은 우리가 시간을 절대적인 개념이 아니라, 속도와 관찰자에 따라 달라질 수 있는 상대적인 개념으로 이해해야 한다는 사실을 깨닫게 해준다.

예를 들어 고속열차 천장과 바닥의 중앙에서 발사된 빛이 천장과 바닥에 도달하는 시간은 열차에 타고 있는 관찰자와 열차 밖에 있는 관찰자에게 다르게 보인다. 열차에 타고 있는 관찰자가 잰 시간이 고유시간이 된다. 이를 통하여 시간과 공간이 서로 긴밀히 연관되어 있음을 알 수 있다. 시간지연은 빛의 속도가 일정하다는 특수상대성이론의 원리에 의해 발생하는 현상이다. 빛의 속도는 관찰자의 상태와 관계없이 항상 일정하므로, 빠르게 이동하는 물체에서는 시간의 흐름이 느려져야만 이 원리가 성립하게 되는 것이다.

아인슈타인은 이러한 현상을 공식화하기 위해 다음과 같은 수식을 등장시켰다. $t' = t/\sqrt{(1-v^2/c^2)}$ 여기서 t'는 움직이는 기준계에서의 시간, t는 정지해 있는 기준계에서의 시간(고유시간), v는 물체의 속도, c는 빛의 속도이다. 이는 광속의 불변성과 시간과 공간의 상호작용을 바탕으로 물리학의 근본적인 이해 방식을 혁신적으로 바꾼 것이다. 이처럼 시간이 상대적이라는 개념은 현대 물리학의 기초가 되었으며, 이를 통해 우리는 우주를 더 깊이 이해할 수 있는 기반을 마련하게 된 것이다.

빠르게 이동하는 뮤온과 같은 입자들이 지구 대기에 진입할 때 시간의 흐름이 느려지는 현상 등은 특수상대성이론이 객관적으로 증명되는 사례들이다. 과학자들은 이러한 현상을 통해 특수상대성이론의 정확성을 입증하고 있고, 우주여행이나 고속으로 이동하는 물체에 대한 연구가 더욱 활발해짐에 따라, 시간지연 현상은 더 많은 실질적인 응용과 의미를 지니게 될 것이다. 이는 특수상대성이론의 시간지연 현상은 단순한 수학적 개념에 그치는 게 아니라 우리의 생활에도 긍정적 영향을 준다는 것을 보여주는 것이다. 한 예로 시간지연은 우리가 일상생활에서 감각기관을 통하여 인식할 수 없으므로 받아들이기 쉽지 않은 이론이지만 실제로 GPS 위성에서의 시간지연 보정 등에 이용되고 있다.

특수상대성이론이 밝힌 또 하나는 길이수축이라는 현상으로서 이것

역시 사고실험을 통해 유추할 수 있다. 앞에서 언급한 시간지연에 대한 사고실험에서는 열차가 수평 방향으로 이동하는 반면에 빛은 위아래로 움직이므로 길이는 영향을 받지 않는 것이다. 길이수축은 열차의 이동 방향과 평행하게 양쪽으로 발사한 뒤에 반사되어 되돌아오는 상황을 가정한다.

앞에서 살펴본 시간지연과 연결하여 두 관찰자가 잰 거리 사이의 관계식도 도출할 수 있는 것이다. 고유시간과 비슷하게 고유길이의 개념을 정의할 수 있는데 열차 내의 탑승자가 빛이 발사된 지점과 반사된 양쪽 지점까지 수평으로 잰 거리가 고유길이가 된다. 열차 내의 탑승자의 시점에서 봤을 때 빛의 발사 장치와 양쪽 표적이 정지해 있기 때문이다.

그렇지만 열차 밖의 다른 측정자가 관찰하면 빠른 속도로 운동하는 물체는 길이가 짧아진다. 이를 길이수축이라 한다. 길이수축은 특수상대성이론의 또 다른 신비로운 현상으로, 빠른 속도로 이동하는 물체의 길이는 외부 관찰자의 기준계에서 측정할 때 더욱 짧아진다는 것이다. 즉, 물체가 마치 수축한 것처럼 보이는데 이는 다음과 같은 공식으로 설명된다. $L' = L \times \sqrt{(1-v^2/c^2)}$ 여기서 L'는 움직이는 기준계에서의 길이, L는 정지해 있는 기준계에서의 길이(고유길이)이다.

이처럼 아인슈타인의 특수상대성이론에 따르면 우주 어디에도 관찰자와 전혀 상관없는 '절대공간'과 '절대시간'이란 개념은 존재하지 않으며, 시간과 공간은 각각 관찰자에 따라 정의될 뿐이라는 것이다. 아인슈타인은 시간과 공간이 절대적일 수 없다는 결론을 내렸다. 시간과 공간이 모든 사람에게 일정하지 않다는 것이다.

이처럼 특수상대성이론은 뉴턴역학을 통하여 그동안 우리가 형성하고 있던 시간과 공간의 구조에 대한 고정관념을 근본적으로 폐기하도록 한다. 즉 특수상대성이론은 뉴턴의 세계관에 뭔가가 좀 미흡하거나 어긋난다는 정도가 아니라, 세계관 자체를 근본적으로 변경해야 한다는 것을 의미한다. 시간과 공간에 대하여 우리가 가지고 있던 기존의 관념이나 상식과 완전히 어긋나는 방식이므로 이것이야말로 세계에 대한 우리의 직관적인 이해를 완전히 폐기해야 하는 진정한 첫 도약이다. 모든 건 독립적이지 않고 상호작용 한다는 붓다의 연기법은 시간과 공간에도 적용되는 것이다. 봄이 오니 꽃이 피는 것이 아니고 꽃이 피니 봄인 것이다.

그동안 따로 존재한다고 믿었던 절대시간과 절대공간이 특수상대성이론으로 하나로 합쳐지게 된 것이다. 이 새로운 역학에서는 에너지와 질량의 개념들도 마찬가지 방식으로 결합 되어 하나로 합쳐진다. 질량 보존의 법칙과 에너지 보존의 법칙이 그것이다. 아인슈타인은 에너지와 질량이 동일한 존재자의 양면이라는 것을 알아차린다. 이는 질량이 그 자체로 보존되지 않는다는 것을 의미하고 에너지도 독립적으로 보존되지 않고 에너지와 질량은 서로 전환될 수 있다는 것이다.

그러니 오직 하나의 단일한 보존법칙만이 존재하는 것이다. 보존되는 것은 질량과 에너지의 총합이지, 각각 따로따로 존재하는 것이 아니다. 달리 말해 에너지가 질량으로, 질량이 에너지로 변환되는 과정도 존재할 수밖에 없는 것이다. 아인슈타인은 간단한 계산을 통해 1그램의 질량을 변환해서 얻어지는 에너지의 양을 알아냈다 그 결과가 바로 유명한 공식 $E=mc^2$이다. 빛의 속도인 c는 매우 큰 수이고, c^2은 훨씬 더 큰 수이기에, 1그램의 질량을 전환해서 얻는 에너지는 무척 크다는 것을 직감할 수 있을 것이다.

아인슈타인의 이론적 고찰은 인류를 새로운 시대로 나아가게 만든 것이다. 원자력의 시대, 새로운 가능성의 시대, 그리고 새로운 위험의 시대. 오늘날 우리는 수십억 인구의 가정에 빛을 제공할 수도 있고, 다른 별로 우주여행을 할 수 있으며, 또 서로를 파괴하고 지구를 폐허로 만들 수도 있는 도구를 가지게 되었다. 모든 건 우리의 선택에 달려 있다. 과학이 우리의 선택까지 결정해 주지는 않는다.

$E=mc^2$는 질량이 에너지로 변환된다는 것인데 이는 질량이 있는 물체라는 존재에서 질량이 없는 에너지로의 변환을 설명하는 것이다. 마찬가지로, 육체와 영혼이 서로 변환될 수 있다는 합리적 유추가 가능할 것이다. 이 관점에서는 육체가 물리적 형태로 존재하면서 에너지를 방출하거나 에너지로 변환되는 것처럼, 영혼도 물리적 형태인 육체로 변환이 가능한 에너지로 설명할 수 있을 것이다.

붓다는 이 부분에 대하여도 설명하고 있다. 즉 명색은 식을 연(緣)하여 생겨나고 반대로 명색을 연하여 식이 생겨난다고 설명하고 있다.[243] 명색은 육체로 볼 수 있고 식은 영혼으로 볼 수 있을 것이다. 육체와 영혼은 서로 연결되어 있음을 설명하는 것이다. 현대인의 스트레스가 만병의 근원이 된다는 것은 영혼과 육체가 상호작용하고 있다는 증거가 아닌가.

아인슈타인이 제시한 시공의 구조는 오늘날까지 잘 받아들여지고 있으며 객관적으로 확립된 이론으로 여겨지고 있다. 그렇지만 특수 상대성이라는 이름은 관성계, 즉 가속 운동하지 않는 특수한 상황에만 적용된다는 의미이다. 가속운동이나 중력을 포함하는 일반적 상황에 적용하기 위해서는 일반상대성이론이 필요하다. 특수상대성이론은 중력에 관해 알려진 원리들과 들어맞지 않는다는 사실이었다.[244] 아인슈타인은 중력을 포함한 이론을 완성하는데 약 10년의 세월을 보낸다.

5) 일반상대성이론 ⇨ 공변장   입자

일반상대성이론에 이르면 세계는 입자와 공변장 두 개의 요소로만 이루어져 있다. 시간과 공간 그리고 장이 공변장 하나로 합쳐지고 거기에 입자가 존재한다. 그밖에는 아무것도 없다. 공간을 추가 성분으로 더할 필요가 없다. 특수상대성이론과 일반상대성이론의 차이는 운동 상태 또는 좌표계의 허용 범위로 알려져 있다. 특수상대성이론은 시간과 공간이 절대적이고 독립적으로 존재하는 게 아니라 상대적이고 상호작용 한다는 것은 밝혀냈으나 적용되는 범위가 등속도 운동인 관성계에 한정되므로 중력 현상은 제대로 설명하지 못하는 한계를 가지고 있다.

뉴턴에 따르면 중력은 인력이다. 질량들 사이에 보이지 않는 고무줄이 서로를 당기고 있어서 아무리 멀리 떨어져 있어도 즉각적으로 힘이 작용해야 한다. 뉴턴의 중력 법칙은 질량의 변화가 중력장을 변화시

---

243) 『雜阿含經』(T2, 81a).
244) 카를로 로벨리(2019), 79.

키는 데에 시간이 필요하지 않다. 태양이 사라진다면 태양이 사라지는 동시에 지구도 달아나야 한다. 그러나 이는 빛보다 빠르게 정보를 전달할 수 있는 것은 없다는 특수상대성이론과 양립할 수 없으므로 둘 중 하나가 수정되어야 했다. 특수상대성이론 발표 이후 약 10년 동안 각고의 노력 끝에 아인슈타인은 1915년 일반 상대성 이론이라는 거대한 중력이론을 제 손으로 완성하고야 만다.

고전역학에서는 가속하는 좌표계에서 나타나는 중력과 유사한 현상을 관성력이라고 불렀다. 일반상대성이론은 중력 질량과 관성 질량이 동등하다는 등가원리에 기초를 두고, 일정한 가속도를 가진 어떤 좌표계에 대해서도 같은 물리법칙이 적용된다는 것을 정식화한 이론이다.

아인슈타인은 '중력과 관성력은 같다'라는 것을 밝혀냈다. 균일한 중력장이 존재하는 정지계와 균일하게 가속하는 좌표계는 물리적으로 완전히 동등하므로 실험적으로 구분할 수 없다는 것으로 일반 상대성이론의 기본 개념이다. 즉 무중력 상태에서 자유낙하 하는 물체와 지구의 중력 속에서 정지해 있는 물체는 같은 물리적 행동을 보인다는 것이다. 즉 자유낙하 하는 우주선을 타고 있는 관찰자는 자신이 지구의 중력장에 있는지 우주선을 타고 있는지 알 수 없다는 것을 의미한다.

이후 아인슈타인은 패러데이의 해결책을 뉴턴의 중력이론에 적용한다. 중력에도 나름의 패러데이 선들이 있어야 한다고 분명히 알 것이다. 유추해 보면 태양과 지구 혹은 지구와 낙하하는 물체 사이의 인력이 어떤 장에서, 이 경우 중력장에 비롯된다는 것도 분명하다. 무엇이 힘을 나르는지에 관한 물음에 대해 페러데이와 맥스웰이 발견한 해답은 전기뿐만 아니라 중력에도 마땅히 적용된다. 중력장이 있어야만 하고 맥스웰 방정식과 유사하게 페러데이 중력선의 움직임을 기술할 수 있는 어떤 방정식들이 존재해야 한다.[245]

20세기 처음 몇 년 동안 이 사실은 충분히 합리적인 사람이라면 누구에게나 분명했다. 그러나 평평하고 고정된 뉴턴의 공간과는 달리 중력장은 어디까지나 장이기 때문에 맥스웰의 장이나 페러데이의 선들처

---

[245] 카를로 로벨리(2019), 80.

럼 방정식에 따라 움직이고 물결치는 어떤 것이다. 자기장과 마찬가지로 중력장은 실재하는 물리적 대상이다. 중력장은 휘어지고 늘어나고 물결칠 수 있다. 하지만 중력장은 전자기장보다 더 근본적이다. 전자기장은 중력장이 있어야 존재할 수 있다. 중력장이 없으면 시공간도 없다. 여기에 대해 아인슈타인은 더 심오하고 정확한 설명을 제공한다.

일반상대성이론은 특수상대성이론의 연장선상에 있는 기하학적 중력이론으로 뉴턴의 공간이 바로 중력장임을 밝힌 것이다. 중력장이 곧 공간이다. 일반상대성이론에 따르면 물질과 에너지가 중력장을 만들어 내는 것이며, 시공간이란 이 중력장의 '구조적 특성'에 불과하다.246) 시공간에 무언가가 들어 있지 않으면 중력장이 존재하지 않고, 따라서 시간이나 공간도 존재하지 않게 된다.

중력장을 제거한다고 상상해보면 거기에는 어떤 유형의 공간(즉 편평한 시공간)이 남는 것이 아니라 절대적인 무가 남는다. 일반상대성이론의 관점에서 판단하면 편평한 시공간은 장이 존재하지 않는 시공간이 아니라 특별한 경우다. 이것은 그 자체로는 아무런 객관적 의미가 없다. 텅 빈 공간, 즉 장이 존재하지 않는 공간이라는 것은 없다. 그리고 이렇게 결론 내린다. "시공간은 그 자체로는 존재하지 않으며, 장의 구조적 특성으로만 존재한다."

> 시공간이 꼭 실제 물리적 대상과 독립적으로 별개의 존재성을 부여할 수 있는 대상이라 할 수는 없다. 물리적 대상은 공간 속에 있는 것이 아니라 공간적으로 연장되어 있는 것이다. 이렇게 생각하면 '텅 빈 공간'이라는 개념은 그 의미를 잃게 된다.247)

일반상대성이론의 핵심 원리는 시공간과 물질이 독립적으로 존재하는 게 아니라 질량을 가진 물질이 시공간을 변형시키고, 물질은 변형된 시공간을 따라 움직인다는 것이다. 즉, 질량이 있는 물체는 주변 시공

---

246) 짐 알칼릴리(2023), 90.
247) 위의 책, 92.

간을 휘게 만들고, 이 곡률이 다른 물체의 운동 방향에 영향을 미친다는 것이다. 시공간은 시간과 공간이 하나로 결합된 4차원 구조로, 우리가 살아가는 우주를 설명하는 데 필수적인 요소이다. 우주에서 물체들은 이 시공간을 따라 움직이며, 질량이 큰 물체는 그 주변의 시공간을 더 크게 휘게 만들어 다른 물체들의 경로를 변경한다.

쉬운 이해를 위하여 거대한 비단 천위에 무거운 볼링공을 올려놓았다고 생각해 보자. 비단 천위에 볼링공을 얹어 놓으면 비단 천 표면이 아래로 움푹하게 휘어져 들어간다. 이제 작은 구슬을 비단 천 표면에 놓으면 작은 구슬은 아래로 움푹하게 파인 천의 표면을 따라 볼링공 주위를 돌게 된다. 이게 바로 아인슈타인이 뉴턴과는 달리 설명한 중력의 작용이다. 이와 같은 원리로 태양은 비단 천위에서 볼링공의 역할과 같은 것이고 작은 구슬은 지구의 역할과 같은 것이다. 이는 물체가 중력에 의해 당겨지는 이유를 새로운 관점에서 이해할 수 있게 한다.

지구는 신비로운 원거리 힘에 이끌려 태양 주위를 선회하는 것이 아니라, 그 구부러지고 경사진 공간 속에서 곧바로 나아간다. 이와 마찬가지로 행성들이 태양 주위를 돌고, 물체들이 낙하하는 것도, 그 주위의 공간이 구부러져 있기 때문이다. 다양한 실험적 결과를 바탕으로 고전역학의 만유인력을 대체하였으며, 현대 물리학에서 가장 성공적인 중력이론이다.

이러한 개념은 중력을 단순한 힘이 아닌 시공간의 구조로 이해하게 만든다. 질량에 의해 시공간의 변형이 주어졌을 때, 주변 물질들이 시공간의 결을 타면서 질량에 가까워지는 현상이 중력이기 때문이다. 한편, 작은 질량 역시 당연히 시공간을 왜곡시킨다. 대신, 질량이 클수록 시공간이 더 심하게 휘어지게 하므로 '질량이 클수록 시공간이 더 크게 왜곡된다.'라고 표현할 수 있다. 이게 전부이다.

중력은 시공간의 곡률로 정의되는데, 이것은 중력이 공간의 모양뿐만 아니라 시간의 흐름에도 영향을 미친다는 의미가 된다.[248] 중력장의 근원으로부터 멀리 떨어져 더 편평한 시공간 영역에 있는 시계에 비해

---

248) 짐 알칼릴리(2023), 88.

중력이 강한 곳에 있는 시계는 더 느리게 간다. 좀 더 정확히 말하면 구부러진 것은 공간뿐만 아니라 시간과 공간인 것이다.

우주의 이러한 단순화는 아주 큰 세계관의 변화와 의미를 가져온다. 공간은 더 이상 물질과 다르지 않다. 그것은 전자기장과 유사한 세계의 물질적 구성성분 가운데 하나이다. 공간은 물결치고 유동하고 휘고 비틀리며 존재하는 것이다. 우리는 단단하여 고정된 공간 속에서 살아가는 것이 아니다. 우리는 유연한 거대한 연체동물(아인슈타인이 직접 든 비유이다) 속에 들어있다. 그러나 아인슈타인의 상상력은 우리를 감싸고 있는 짜부라지고 펴지고 뒤틀릴 수 있는 우주적 해파리를 힘들이지 않고 파악한다.[249] 그것은 우리를 둘러싼 시공을 구성한다. 아인슈타인은 이러한 시각적 상상력 덕분에 가장 먼저 이론을 구축할 수 있었다.

아인슈타인은 해파리처럼 뒤틀리고 찌그러진 시공간의 곡률을 수학적으로 표현하는데 이를 장 방정식이라 한다. 방정식은 맥스웰 방정식과 비슷하지만 전자기가 아니라 중력에 대한 방정식이다. 이 하나의 방정식에 눈부신 우주가 들어 있다. 장 방정식의 수학식은 $G\mu\nu = 8\pi G/c^4 \cdot T\mu\nu$ 이다.

이 방정식의 오른쪽 $T\mu\nu$는 물질과 에너지를 나타내는데 $T\mu\nu$는 16개의 숫자로 이루어진 행렬이다. 이 16개의 숫자가 우주의 모든 물질과 에너지를 표현하는 것이다. $8\pi G/c^4$(G : 중력 상수, c : 빛의 속도, π : 원주율)은 우주의 변환 상수이다. 오른쪽과 왼쪽은 중력상수 $8\pi G/c^4$를 매개로 등호(=)로 연결되어 있다. 이건 마치 우주의 변환 비율 같은 것이다. 물질과 에너지가 어떻게 우주의 모양을 바꾸는지 알려주는 것이다.

왼쪽 $G\mu\nu$는 마치 우주의 지도 같다. 공간과 시간의 곡률에 대한 수학식으로 우주의 모양과 구조를 설명하는 것이다. $G\mu\nu$는 바로 이 '휘어짐'을 수학적으로 표현한 것이다. 이 곡률은 단순히 2차원이 아니라 4차원(3차원 공간+시간)에서 일어나는 일이다. 우리 눈으로 직접 볼 순 없지만, 수학적으로는 완벽하게 표현할 수 있는 것이다. 이건 우주 안에 있는 모든 물질과 에너지를 나타내는 것이다. 별, 행성, 먼지, 빛,

---

[249] 카를로 로벨리(2019), 94.

심지어 우리도 포함된다. 우주를 구성하는 모든 '재료'들의 양과 특성이 적혀있다. 얼마나 많은 별이 있는지, 암흑 물질은 얼마나 되는지, 빛은 어떻게 퍼져 있는지 등등… 모든 게 다 이 안에 들어 있다.

여기서 마법처럼 풍요로운 이론적 세계가 열린다. 1980년대 초까지만 해도 이런 환상적인 그리고 말도 안 되는 예측들을 심각하게 받아들이는 사람이 거의 없었다. 하지만 하나씩 하나씩 경험을 통해 모두 사실로 밝혀졌다.[250] 이러한 곡률의 개념은 우주가 단순한 사물의 집합이 아니라 그 자체로 동적인 구조임을 말하는 것이다.

우주가 고정된 실체가 아니라 동적인 구조라는 것을 붓다는 제행무상으로 설명하고 있다. 앞에서 설명한 것처럼 제행무상은 우주의 모든 존재는 상호 의존하여 나타나고 모든 존재는 찰나도 멈추지 않고 변한다는 것이다. 아인슈타인의 중력장 방정식이 알려주는 놀라운 사실은 바로 우주는 정적이지 않다는 것이다. 우주는 끊임없이 변화하고 진화하고 있다. 사실, 아인슈타인도 처음에는 이 사실을 받아들이기 어려워 그는 방정식에 '우주 상수'라는 걸 추가해서 정적인 우주로 이해하려 했다.

하지만 나중에 허블이 우주가 팽창하고 있다는 걸 발견하면서, 아인슈타인은 이를 자신의 가장 큰 실수라고 생각했다고 한다. 중력장 방정식을 통해 우리는 우주가 얼마나 역동적인지 알 수 있다. 뉴턴의 중력은 오직 질량이 있는 물체끼리만 작용한다. 그러나 아인슈타인의 중력은 질량이 있는 모든 물체가 시공간에 적용되는 현상이기 때문에 질량이 없는 물질도 영향을 받을 수 있다.

대표적인 것이 빛이다. 만약 질량이 없는 빛이 우주에서 중력에 의해 휘게 된다면, 시공간의 존재가 밝혀지고 중력의 관점이 뉴턴의 관점에서 아인슈타인의 관점으로 바뀌게 되는 것이다. 1919년 5월, 영국의 천문학자 에딩턴은 아프리카 근처 작은 섬에서 일어난 개기일식을 통해 빛이 휘는 현상을 발견해 냄으로써, 아인슈타인의 중력이론을 증명했다. 그리하여 아인슈타인의 방정식은 별 가까이에서 공간이 어떻게 굽어지는지를 기술한다. 이 굽음 때문에 빛도 휘어서 간다.

---

250) 카를로 로벨리(2019), 86.

그러나 휘는 것은 공간만이 아니다. 시간도 휜다. 일반상대성이론의 결론은 물질의 존재는 그 주위의 공간이나 시간에 변형을 주어 그 변형이 만유인력의 장(場)을 형성한다는 것이다. 이 결론은 중력의 본질을 해명하는 이론으로서 현재 단계에서 가장 성공한 것이고, 수성(水星)의 근일점(近日點) 이동, 별빛이 태양 부근을 지날 때 그 경로가 구부러진다는 것(아인슈타인효과), 중력장에 의한 항성 빛의 스펙트럼 적색이동(赤色移動) 등이 측정됨에 따라 이론적인 타당성이 검증되었다.

수성은 뉴턴이 예측한 궤도가 아니라 아인슈타인이 예측한 궤도를 따르는 것이다.[251] 아인슈타인은 지구의 높은 고도에서는 시간이 더 빨리 흐르고 낮은 고도에서는 더 느리게 흐를 것으로 예측했다. 측정을 해본 결과 역시 사실로 증명되었다. 오늘날 실험실에서는 정밀한 시계로 책상 위의 시간과 바닥의 시간 차이를 측정할 수 있다. 빛의 휨, 뉴턴의 힘 개념의 수정, 시간의 느려짐, 블랙홀, 중력파, 우주의 팽창, 빅뱅 등과 같은 이 많은 복잡한 현상들은, 공간이 변화 없는 고정된 용기가 아니라 그것이 담고 있는 물질과 다른 장들과 마찬가지로 변화한다는 이해에서 따라 나온 것들이다.

정말로 시공간이 아인슈타인이 주장하는 것처럼 존재한다면 그것은 우주 전체에 존재하며, 질량의 변화가 가해진다면 미세하게 진동할 것이다. 그것을 우리는 중력파라고 부른다. 아인슈타인은 바다의 표면처럼 공간에도 물결이 인다고 예측하고, 이 물결들이 텔레비전 방송을 만드는 전자기파와 유사한 파동임을 예측한다. 이러한 중력파의 효과는 쌍성에서 관찰할 수 있다. 쌍성은 중력파를 방출하면서 에너지를 잃고 천천히 서로에게 다가간다.

과학자들은 2015년 말 서로를 향해 다가가는 두 개의 블랙홀이 만들어내는 중력파를 지구의 안테나에서 직접 측정하여 세상 사람들을 다시 한번 놀라게 했다. 또다시 아인슈타인 이론의 예측이 정확히 맞는 것으로 밝혀진 것이다.[252] 중력파의 탐지는 일반상대성이론의 중요한

---

[251] 카를로 로벨리(2019), 87.
[252] 위의 책, 90.

예측 중 하나를 확인했으며 우주를 관찰하는 새로운 방법을 열었다. 중력파의 발견은 아인슈타인의 이론이 깊은 통찰력을 바탕으로 이루어진 것임을 보여주는 동시에 그 통찰력이 입증되는 중요한 사건이었다.

물질과 에너지는 이처럼 공간과 시간을 휘게 하고, 휘어진 공간과 시간은 다시 물질의 움직임에 영향을 준다. 이것이 바로 물질과 시공간의 관계이다. 우주는 시간과 공간 그리고 물질은 끊임없이 상호작용 하면서 변화하는 세계이며 연기법의 표현으로는 제행무상(諸行無常)인 것이다. 일반상대성이론은 단순히 과학적 이론을 넘어 인류의 사고방식 변화에도 큰 영향을 미쳤다. 우주의 원리에 대해 인간의 경험과 인식의 한계를 넘어서는 새로운 시각을 제공한 것이다.

6) 양자역학 ⇨ 시공   양자장

과학이 발전을 거듭하여 양자역학에 이르면 우리가 물질 혹은 존재라고 부르는 입자가 사라진다. 우주에서 시간과 공간은 합쳐져 시공이 되고 입자(물질)는 사라지고 시공과 양자장 두 가지 요소로만 구성되어 있다고 믿게 된다. 시간의 흐름에 따라 공간 속에서 움직이는 입자는 더 이상 없다. 시공 속에 양자장만 존재할 뿐이다.

앞에서 살펴본 것처럼 19세기 말 물리학은 완성되어 가는 듯이 보였다. 물리학을 통해 우주의 모든 원리를 알아낼 수 있으며 인류를 행복하게도 할 수 있다고 자신하는 사람들도 있었다. 그렇지만 20세기에 들어서 빛을 시작으로 미시세계를 들여다보기 시작하자 인과론으로 설명할 수 있는 거시세계와는 완전히 다른 세계가 열린 것이다. 기존의 물리 법칙이나 상식으로는 도저히 이해할 수 없는 현상이 나타나는 것이다.

오래전부터 과학자들은 빛이 입자인지, 아니면 파동인지를 놓고 진지한 논쟁을 벌여왔다. 입자란 빛이 하나의 물질로서 다른 물질에 충돌하면 충돌된 물질을 움직이게 하는 운동에너지를 갖고 있다는 것이고, 파동이란 빛이 에너지로서 마치 물결처럼 일정한 굴곡을 형성하고, 그 파장으로 인해 여러 가지 색깔이 나타나게 된다는 것이다.

17세기 당시 빛의 입자설과 파동설이 대립하였으나, 18세기 뉴턴을 거치면서 입자설이 굳어졌다. 그러다 1801년 토마스 영의 이중슬릿 실험을 통해 빛의 파동설이 다시 부각 되었다. 아인슈타인이 1905년 광전효과를 설명하면서, 빛이 입자처럼 행동할 수 있다는 '광양자 가설'을 제안했는데 이 가설은 양자역학의 중요한 초석이 되었으며, 아인슈타인은 상대성이론이 아니라 이를 통해 1921년 노벨 물리학상을 수상했다.

이후 빛이 파동과 입자라는 이중성을 가지고 있다는 걸 양자론을 통해 모순 없이 이해할 수 있었으며, 이에 따라 빛은 입자성과 파동성을 동시에 가지고 있다고 정의하게 된다. 이 무렵부터 보어, 하이젠베르크, 보른 등은 코펜하겐에서 함께 양자를 연구하였다. 빛을 시작으로 원자와 같은 미시세계를 들여다보기 시작하자 미시세계는 거시세계를 설명하는 고전역학의 법칙과 관념으로는 도저히 설명할 수도 없고 이해할 수도 없는 완전히 다른 세계가 펼쳐져 물리학자들이 충격에 빠지게 된 것이다.

미시세계는 뉴턴역학이 전제하는 거시세계의 인과론을 받아들이지 않는다. 미시세계는 뉴턴의 운동법칙이나 아인슈타인의 상대성이론 등을 통하여 예측이 가능한 세상이 아니고 모든 것이 불확정의 상태라서 우리는 어느 정도의 확률을 가지고 미래를 추측할 수 있을 뿐 정확히는 알 수 없는 세상인 것이다. 앞으로 어떤 상황이 펼쳐질지 전혀 예측할 수 없다는 것이 미시세계 즉 양자의 세계이다. 이처럼 양자역학은 세계의 실재가 우리가 상상했던 것과 완전히 다르다는 것을 받아들이도록 요구하고 있다.[253]

미시의 세계는 거시세계와는 완전히 다른 세계이지만 우주를 구성하는 요소는 합쳐져 단순해진다. 입자들이 어떤 의미에서는 장처럼 공간 속에 퍼져 있을 뿐만 아니라, 장들도 입자처럼 상호작용 한다. 페러데이와 맥스웰이 구분했던 장과 입자의 개념이 양자역학 속에서 마침내 합치하는 것이다. 전자기파는 페러데이 선들의 진동이지만 작은 척도로

---

253) 카를로 로벨리(2023), 13.

보면 광자들 무더기인 것이다. 광전효과에서처럼 다른 것과 상호작용할 때에는 입자처럼 보인다.

우리 눈에 빛이 개별 광자로 방울져서 떨어진다. 광자는 전자기장의 양자이다. 그리고 전자들과 세계를 구성하는 모든 입자도 장의 양자이다. 페러데이와 맥스웰의 장과 비슷한 양자장으로서 입자성을 가지고 양자 확률을 따른다. 이렇게 패러데이가 도입한 장과 입자 사이의 차이는 사라졌다.[254]

양자론은 그동안 입자라고 믿었던 전자도 입자와 파동의 성질을 동시에 지녔다는 것을 밝혀낸다. 그동안 입자와 파동은 완전히 다른 성질로 서로 양립할 수 없다고 믿었던 우리에게 믿을 수 없는 현상이 미시세계에서 나타나는 것이다. 따라서 양자론 학자들은 미시세계를 설명할 때 '이해할 수 없는', '이상한', '기이한'과 같은 표현을 많이 사용한다.

양자론은 미시세계를 성공적으로 설명하고 있다고 합의하면서도 '왜 그런 현상이 나타나는가?'에 대해서는 합의된 의견이 없다. 어떤 의미에서는 양자론이 아인슈타인으로부터 시작되었다고 볼 수 있음에도 아인슈타인은 끝까지 양자론을 받아들일 수 없었다. 아인슈타인과 같은 천재 물리학자도 미시세계에서 나타나는 현상을 이해할 수 없었던 것이다. 미시세계를 이해하지 못한 아인슈타인과 주변 고전물리학자들은 양자론은 불완전한 학문이라는 것을 증명하려고 끝까지 시도했다는 사실은 매우 역설적으로 미시세계가 얼마나 이상하고 이해할 수 없는 세계인가를 암시하는 것이다.

따라서 미시세계에 대한 해석은 학자들마다 다양하게 나타나는데 1997년에 양자역학 워크숍에서 이루어진 투표의 결과에 따르면 다양한 양자역학에 대한 해석들 가운데 코펜하겐 해석이 가장 널리 받아들여지고 있다. 코펜하겐 해석의 주요 과학자는 보어, 하이젠베르크, 보른 등이다. 보어는 '상보성의 원리'를 주장하였다. 양자는 입자와 파동의 특성을 동시에 가지고 있는데 동시에 존재할 수는 없고 서로를 배척하면서 상호 보완한다는 것이다.

---

[254] 카를로 로벨리(2019), 128.

하이젠베르크의 '불확정성의 원리'는 입자의 위치를 파악하면 그 운동량을 모르게 되고, 운동량을 파악하면 위치를 모르게 된다는 것이고, 보른은 전자가 모든 곳에서 확률적 파동으로 존재하며, 측정하는 순간 파동이 붕괴되어 입자가 나타나 존재하게 된다고 주장했다. 이처럼 미시세계는 정확하게 알 수 있는 건 없고 오로지 확률로만 존재한다는 것이 미시세계를 연구하는 양자론의 핵심 개념이다. 불확정성은 측정 장비가 아무리 정교해지고 과학이 진보한다고 하여도, 미시세계를 정확하게 측정하고 이해하는 것은 불가능하다는 것이다. 미시세계를 설명하는 코펜하겐 해석을 간단히 알아보면 다음과 같다.

① 코펜하겐 해석에서는 세계를 원자와 소립자들이 속하는 미시세계와 측정 장비가 속하는 거시세계로 나누고 다음과 같이 가정한다. 거시세계의 물리계는 고전역학의 법칙을 따르며, 미시세계의 물리계는 양자역학의 법칙을 따른다. 양자역학은 미시세계의 대상을 파동함수로 기술하며, 파동함수는 관찰자가 그 계에 관해 얻을 수 있는 모든 정보를 담고 있다.
② 관찰이란 미시적인 대상이 거시적인 대상과 상호작용하는 것을 말한다. 이런 의미에서 측정 도구는 훌륭한 관찰자라는 것이 코펜하겐 해석의 기본입장이다. 그러나 하이젠베르크는 코펜하겐 해석이 유물론이 아니라고 설명하였으며 컴퓨터를 발명한 폰 노이만은 양자역학의 관찰자는 반드시 의식을 가진 존재라야 된다고 주장하였다. 노이만의 해석도 코펜하겐 해석이라고 부른다.
③ 상태의 중첩 : 관찰이 있기 전까지 미시세계의 존재는 모든 가능한 모든 상태에 '동시에' 존재한다. 관찰은 파동함수를 붕괴시켜 관찰자는 단 하나의 고유상태만 관찰할 수 있다. 그리고 시공간의 각 점에서 파동함수가 갖는 값은 그곳에서 관찰자가 입자를 발견할 확률을 나타낸다. 많은 고유상태들 중 어느 고유상태를 관찰하게 될 것인지 또는 시공간의 어느 점에서 관찰자가 입자를 발견할 것인지에 대해서 양자이론은 단지 확률적으로만 말할 수 있다. 따라서 객관적 실재는 없다.
④ 관찰 결과의 창조 : 하이젠베르크의 불확정성원리에 의하면 위치와 운동량과 같은 비가환적 물리량들은 동시에 정확하게 측정할 수 없다. 임의로 아무 물리량이나 동시에 정확히 측정할 수 없는 것은 관찰[측정]이 계를 교란시키기 때문인데, 관찰은 계를 교란시킬 뿐만 아니라 관찰결과를

만들어낸다. 모든 물리량은 관찰자와의 관계에 의해서 그 의미를 가질 뿐 관찰과 무관하게 독립적으로 실재하는 물리량은 없다. 예를 들면 소립자는 관찰하기 전에는 위치라는 속성도 갖고 있지 않다. 소립자의 위치도 측정 과정에서 만들어지는 것이다.

⑤ 불확정성원리와 상보성원리 : 미시세계에 속하는 원자나 소립자와 같은 존재들은 파동-입자 이중성을 보인다. 이중성을 갖는 미시세계의 자연현상은 반드시 서로 상보적인 두 조(組 set)의 물리량으로 기술되며, 서로 짝이 되는 한 쌍의 상보적인 양은 동시에 정밀하게 측정할 수 없다.

⑥ 관찰[측정]이 '파동함수의 붕괴(collapse of wave function)'로 표현되는 불연속적인 양자도약(quantum jump)을 일으킨다. 이는 양자역학으로 기술되는 미시세계의 물리계가 비국소적 성질(non-local property)을 가진다는 것을 뜻한다.

⑦ 고전역학은 양자역학의 근사이론에 해당한다. 이를 대응원리(correspondence)라고 한다. 대응원리에 의하면 상태에 대한 양자역학적 기술은 그 물리적 대상의 크기가 거시세계에 가까워짐에 따라 그에 대한 고전역학의 서술과 가까워진다.255)

    코펜하겐 해석에 의하면 미시세계의 입자들은 그 자체로 존재하는 것이 아니고, 측정 대상과 측정 기구 사이의 상호작용에서 생겨난 것들이다. 즉, 미시세계에서 일어나는 양자 현상들은 모두 거시세계에 속하는 측정 장비를 통해 측정할 때만 드러난다. 그렇다면 미시세계는 거시세계로 인해 드러나고, 거시세계는 미시세계로 인해 드러나는 것이 된다. 미시세계와 거시세계는 서로가 서로의 원인이자 결과가 되는 셈이다. 거시세계가 없으면 미식세계가 없고 미시세계가 없으면 거시세계 또한 존재할 수 없는 것이다.

    즉, 양자론의 발견이란, '사물의 속성은 사물이 다른 사물에 영향을 미치는 방식에 지나지 않는다는 사실의 발견'이라고 해석할 수 있을 것이다. 사물의 속성은 스스로 독립적인 것이 아니고 다른 사물과의 상호작용 속에서만 존재하는 것이다. 양자론은 사물이 서로가 서로에게 영

---

255) 김성구(2021), 227-228.

향을 주고받는 방식에 대한 이론이다. 그리고 그것은 오늘날 우리가 가진, 자연에 대한 최선의 설명이다.[256]

이렇게 사물이 서로 상호의존적으로 존재한다는 것은 바로 불교 연기법의 핵심적인 내용이다. 이 점에서 코펜하겐 해석은 불교의 연기법과 조화를 이룬다고 할 수 있다. 그렇기 때문에 현대인에게 양자역학적 지식이 있으면 불교를 이해하는 데 큰 도움이 된다.[257]라고 한다. 연기법에 의하면 세상에 실체를 가진 존재는 없다. 세상은 사건의 집합이고 사건의 흐름일 뿐이다. 다만 인과관계로 맺어진 사건들이 일정한 시간 동안 지속되어 하나의 흐름, 즉 사건의 흐름을 형성하면 사람들은 이 '사건의 흐름'을 '존재[有]'로 인식하게 되는 것이다.

연기법에 의하면 미시세계의 존재도 거시세계의 존재도 그저 사건의 집합이고 사건의 흐름일 뿐이니 우리가 존재라고 여기는 모든 것은 환영(幻影)에 지나지 않는 것이다. 그래서 연기법에 의하여 생겨난 모든 존재는 꿈, 거품, 그림자 같은 것[一切有爲法 如夢幻泡影]이라고 하고 있다. 미시세계도 거시세계도 '공(空)'일 뿐이다.

양자역학의 미시세계는 상호작용으로만 존재하게 된다는 관계성, 모든 것은 확률로서만 존재한다는 불확정성, 입자와 파동으로 존재한다는 상보성, 서로 얽혀있다는 비국소성으로 정리하여 대략적으로 설명할 수 있을 것이다. 이는 붓다의 연기법과 똑같은 원리로 미시세계를 설명하는 것이다. 연기법과 비교하면서 미시세계의 관계성, 불확정성, 상보성, 비국소성을 좀 더 살펴보자.

(가) 관계성

아인슈타인은 코펜하겐 지지자 에이브러햄 파이스와 열띤 토론에서 측정문제의 어리석음을 지적하며, 달을 보고 있지 않을 때는 달이 존재하지 않는다고 믿는지 질문했다.[258] 코펜하겐 해석에서 사물은 측정하

---

256) 카를로 로벨리(2023), 100.
257) 김성구(2021), 179.
258) 팀 제이스(2025), 102.

기 전까지는 존재한다고 할 수 없기 때문에 아무도 달을 관찰하지 않는다면 달은 존재할 수 없는 것이다. 인류가 자연현상을 가장 잘 설명한다고 하는 강력한 이 과학 이론은 여전히 미스터리이다. 천재 물리학자 아인슈타인도 도저히 이해할 수 없고 받아들일 수 없는 사실이었다.

> 아인슈타인은 자신의 요점을 무엇과 상호작용 하는지와 상관없이 객관적인 실재는 존재한다는 생각을 포기하고 싶어 하지 않았다.[259]

내가 지구라는 조그만 별에 태어나 보니 하늘엔 태양이 있고 달이 있고 별이 있다. 그리고 땅엔 산과 나무, 꽃 등 삼라만상이 내 눈앞에 펼쳐져 있다. 세상은 사물로 이루어졌다고 생각한다. 고전역학에서는 측정 여부와 상관없이 물질이 존재한다는 개념이 기본적으로 전제되어 있다. 양자론 이전에는 모든 존재는 그 자체로 존재하는 것이며 다른 존재와의 관계는 그 대상의 존재에 영향을 미치지 않는다고 생각했다.

즉 모든 존재는 스스로 독립적으로 존재하는 것으로 생각했다. 너와 내가 있고 세상이 있고 그래서 너와 내가 그 세상을 바라본다고 생각한다. 태양과 달을 포함하여 현재 내 눈앞에 펼쳐져 있는 모든 존재는 나와 상관없이 존재하는 것으로 믿는다. 나 자신과 세상은 따로 분리된 존재이며, 내 마음은 내 몸 안에서만 존재하며 작용한다고 생각한다. 내 마음은 외부 세계에 아무런 영향을 미치지 못하므로 나의 마음과 외부 세계는 단절된 것으로 서로에게 영향을 미칠 수 없다고 생각하는 것이다.

내 눈앞에 펼쳐져 있는 모든 존재의 실체는 무엇인가? 물리학은 오랜 시간에 걸쳐 물질, 분자, 원자, 장, 소립자 등 '궁극적 실체'를 추구해왔는데, 양자이론과 일반상대성이론의 관계적 복잡성이라는 암초에 걸려 난파되었다.[260] 모든 존재의 근원이 되는 실체, 즉 제1 원인을 찾으려 노력했으나 20세기 초까지 찾지 못하고 있다가 상대성이론과 양자

---

[259] 카를로 로벨리(2019), 140.
[260] 카를로 로벨리(2023), 181.

론에 이르게 되자 존재의 근원을 관계로 이해하기 시작한다. 양자론은 모든 물질적 세계를 확정된 속성을 가진 대상들의 집합으로 보는 대신 관계의 그물망으로 보는 시각을 제공한다.261)

> 전자가 상호작용하고 있지 않은 때에는 어디에도 존재하지 않고 다른 것과의 상호작용 속에서만 존재하게 된다.262)

서양의 과학은 20세기에 이르러 미시세계를 들여다보면서 존재를 관계 혹은 사건으로 설명하기 시작한다. 미시세계를 설명하는 양자론은 한마디로 관계성이다. 관계성의 다른 표현은 상호의존이고 상호작용이고 사건이다. 어떤 경우에도 항상 다른 대상에 상대적이다. 이 세계가 속성을 지닌 실체로 이루어져 있다는 생각을 뛰어넘어, 모든 것을 관계의 관점에서 생각해야만 한다.263) 이것이 바로 양자론을 통해 우리가 세계에 관해 발견하게 된 사실이라고 믿는다.

우리가 존재라고 여기는 것 중 스스로 존재하는 것은 이 우주에 단 하나도 없고 상호작용으로 존재하게 되는 것이다. 양자론에서는 물체의 색과 상태, 특징은 다른 것과의 관계 속에서 나타난다고 한다. 양자역학은 실재성을 수용하지 않고 비실재성을 주장한다. 비실재성의 다른 이름은 관계성이다.

> 양자론은 사물을 있는 그대로 기술하지 않는다. 그것은 사물들이 어떻게 '나타나게 되는지' 그리고 어떻게 '서로 영향을 주는지'를 기술한다. 그것은 입자가 어디에 있는지 기술하지 않고 입자가 어떻게 '다른 것에게 자신을 드러내는지'를 기술한다. 존재하는 사물들의 세계는 가능한 상호작용의 세계로 환원된다. 실재는 상호작용으로 환원된다. 실재가 관계로 환원되는 것이다.264)

---

261) 카를로 로벨리(2023), 101.
262) 카를로 로벨리(2019), 138.
263) 카를로 로벨리(2023), 168.
264) 카를로 로벨리(2019), 135.

모든 상호작용에서 벗어나 고립된 존재는 존재한다고 할 수 없다. 상호작용이 없는 존재는 미래에 나타날 수 있는 확률 정도를 생각할 수 있으나 그것조차도 미래에 대한 예상이나 과거에 의한 추측일 뿐이다.

상호작용 하지 않는 존재에 대해 이야기하는 것은, 설령 그것이 존재한다고 해도 우리와 무관한 존재에 대해 이야기하는 것이다. 그런 대상이 '존재한다'라는 말의 의미조차도 규정할 수 없다. 전혀 관계가 없는 존재, 아무것에도 영향을 주지 않는 존재는 그것은 존재하지 않는 것과 같다. 인류가 전혀 관찰하지 못하는 우주 밖의 어떤 존재는 존재한다고 할 수 있겠는가? 지구의 수천M 바다 밑에서 인류에게 전혀 노출되지 않고 살아가는 생물은 인류에게는 존재한다고 할 수 없을 것이다. 이처럼 존재는 어떤 것과도 상호작용 하지 않으면 존재라고 할 수 없는 것이다.

즉 모든 존재는 각자 독립적으로 존재하는 것이 아니라 상호작용의 결과로 비로소 존재하게 되는 것이다. 그렇다고 존재는 '없다[無]'가 아니다. 모든 존재는 관계로 이루어진 그물망의 한 그물코처럼 존재하는 것이다. 존재보다 관계가 먼저인 것이다. 우리가 알고 있는 이 세계, 우리와 관계하고 우리의 관심을 끄는 세계, 우리가 '실재'라고 부르는 세계는 상호작용 하는 실체들의 광대한 네트워크이다.[265] 붓다는 이를 인드라망 혹은 중중무진연기(重重無盡緣起)라고 했다. 이처럼 모든 존재는 상호작용을 통해 서로에게 자신을 드러내며 우리의 몸도 마찬가지이다.

> 우리 몸의 원자들도 우리에게서 흘러 나간다. 우리는 파도처럼 그리고 모든 대상들처럼 사건들의 흐름이다. 우리는 과정이다. 양자역학이 기술하는 것은 대상이 아니다. 그것은 과정을 기술하고 과정들 사이의 상호작용인 사건을 기술한다. 양자역학은 세계를 이런저런 상태를 가지는 '사물'로 생각하지 말고 '과정'으로 생각하라고 가르친다. 과정은 하나의 상호작용에서 또 다른 상호작용으로 이어지는 경과이다. '사물'의 속성은 오직 상호작용의 순간에

---

265) 카르로 로벨리(2023), 98.

만, 즉 과정의 가장자리에서만 입자적인 모습으로 나타나고 그것도 오직 다른 것들과의 관계 속에서만 그러하다.266)

　나의 육체도 원자로 구성되어 있으므로 미시세계와 별개로 존재할 수 없다. 나라고 하는 존재도 다른 대상들과의 관계이며 사건이고 그 과정에서 잠시 존재하는 것이다. 붓다는 나의 육체뿐만 아니라 정신도 하나의 사건이라고 했다. 붓다에 따르면 나를 구성하는 오온 중 육체[色]만 사건이 아니라 정신작용인 수(受), 상(想), 행(行), 식(識)도 사건이다. 나의 육체가 변하지 않는 실체가 있는 것이 아니라 사건에 의하여 잠시 나타나는 현상이며, 정신인 수(受), 상(想), 행(行), 식(識)도 변하지 않는 실체가 있는 것이 아니라 사건에 의하여 잠시 나타나는 현상이다. 육체와 정신이 사건에 의하여 잠시 나타나는 현상이라는 측면에서 본다면 육체와 정신의 생멸은 같은 원리이므로 구별할 수 없는 것이다. 그래서 나를 구성하고 있는 다섯 요소인 색(色), 수(受), 상(想), 행(行), 식(識) 즉 오온(五蘊)은 무아(無我)이며 공(空)인 것이다. 이처럼 공(空)은 '없다[無]'는 의미가 아니다. 그렇다고 '있다[有]'는 의미도 아니다.

　양자론과 연기법은 존재를 설명하는 것이 아니라 존재하게 되는 관계를 밝히고 그 관계 사이의 상호작용을 밝히는 것이다. 상호작용을 하나의 사건으로 본다. 사건은 관계로 이루어진다. 홀로 이루어지는 건 사건이 아니다. 장작불이 생겨나기 위해서는 마른 장작의 마찰과 같은 상호작용이 있어야 하고, 나무가 생겨나기 위해서는 씨앗이 있어야 하고, 그 씨앗은 태양의 빛, 물, 바람, 적당한 토양이 필요하다. 아주 간단한 사건이든 아주 복잡한 사건이든 더 단순한 사건들의 조합으로 분해될 수 있다.

　이처럼 장작불이 사건으로 존재하게 되는 것처럼 바위도 사건이다. 전쟁도 스스로 존재하는 것이 아니라 사건으로 이루어진다. 번갯불도 폭풍우도 존재가 아니라 돌발적인 사건들이다. 산 위의 구름도 존재가

---

266) 카를로 로벨리(2019), 137.

아니라 사건이다. 파도도 존재가 아니라 사건이고 물이 움직이는 것도 사건이고 가족도 존재가 아니라 사건으로 이루어진다. 나도 당연히 사건의 결과이다. 훨훨 타오르는 장작불처럼 나는 음식, 생각, 언어를 비롯한 수많은 것들이 들어가고 나오는 복잡한 사건이다.

양자역학은 우리가 보지 않을 때 물질 입자가 어디에 있는지 말해주지 않는다.[267] 코펜하겐 해석에 따르면 거시세계의 물리계는 고전역학의 법칙을 따르며, 미시세계의 물리계는 양자역학의 법칙을 따른다. 양자역학은 미시세계의 존재를 파동함수로 기술하며, 파동함수는 관찰자가 그 계에 관해 얻을 수 있는 모든 정보를 담고 있다. 파동함수는 공간에서 입자의 확률 분포를 설명하는 방정식인데 파동함수는 관찰될 때까지는 중첩된 상태로 유지되다가 관찰되는 순간 파동함수가 붕괴하게 되고 존재 즉 입자가 나타나게 된다. 중첩된 상태에서 입자는 여러 상태 또는 여러 위치에 동시에 존재할 수 있으며, 파동함수는 이러한 각 상태에서 입자를 찾을 확률을 설명하는 것이다. 즉 관찰되기 전까지는 파동의 상태가 유지되다가 관찰하는 순간 파동이 붕괴되며 입자가 나타나는 것이다.

우리의 관찰 결과 전자가 있는 것이지, 관찰하기 전까지는 전자가 존재한다고 인식할 수 없는 것이다. 우리가 바라보면 입자의 모습이 나타나고, 바라보지 않으면 파동의 모습이 나타나는 현상을 '관찰자 효과'라고 한다. 이것이 바로 만물을 창조하는 우주의 가장 핵심적인 원리다. 다시 말해 미립자, 소립자, 에너지는 눈에 보이지 않는 파동 혹은 물결로 우주 공간에 존재하다가 내가 바라보는 바로 그 순간, 돌연 눈에 보이는 현실로 그 모습을 드러낸다.

그래서 양자물리학자인 울프 박사는 관찰자 효과를 '신이 부르는 요술'이라고 부르고, 미립자, 소립자, 에너지로 가득한 우주 공간을 '신의 마음'이라고 일컫는다. 신이 부리는 요술은 내가 얼마나 깊이 있게 바라보느냐에 따라 변화의 폭이 다르다. 마음에도 층이 있기 때문이다. 깊은 마음으로 바라보면 깊이 변화하고, 얕은 마음으로 바라보면 티끌

---

[267] 카를로 로벨리(2023), 55.

밖에 움직이지 못한다.

"측정하지 않으면 없는 것이다"라는 미시세계의 현상은 어떤 면에서는 일체유심조(一切唯心造)를 떠올리게 한다. '모든 것은 우리 마음이 지어내는 것'에 다름 아니라는 이 말은 '본다고 인식하지 않으면 존재하지 않는 것이다'라는 양자론과 일맥상통하는 것이다. 그래서 양자론은 자신이 불행하다고 느끼는 사람에게 이렇게 말할 수 있다. "당신이 불행한 것은 불행하다고 생각하기 때문이다. 행복하다고 생각하라. 그러면 당신은 행복해질 것이다." 이는 과학인가 철학인가.

내 마음이 우주를 만드니 나의 행복과 불행도 내 마음이 만드는 것이다. 아인슈타인이 양자역학을 이해하지 못한 것과 같이 붓다의 경지에 이르지 못한 사람은 이해할 수도, 믿을 수도 없을 것이다. 그렇지만 양자역학을 통하여 일체유심조와 같은 붓다의 경지를 엿볼 수 있다. 양자역학이 없었다면 영원히 우리는 일체유심조를 이해하지 못하고 세상과 나는 서로 독립적인 것으로 서로 상관없는 존재라고 생각하며 살았을 것이다. 그런데 여전히 의문이 생긴다. 우리가 보고 있는지 아닌지가 그 입자가 어떻게 알게 되며, 우리가 본다는 것이 도대체 무슨 상관인가?

> 양자역학 해석에 따르는 어려움의 중심에는 소위 '측정문제(measurement problem)'가 자리잡고 있다. 측정문제란 '어떻게 양자세계는 우리가 측정하는 순간 그렇듯 분명하게 드러나게 되는가?'이다. 양자세계와 고전적 세계 사이의 경계는 어디일까? 제멋대로 내버려둔 상태에서는 명확하게 정의된 속성을 가지고 있지 않는 것들이, 우리가 측정하고 바라보는 순간 명확한 실체를 가진 존재로 드러난다.[268]

보어에 의하면, 전자의 '실체'가 무엇인가 묻는 그 자체는 의미가 없다고 말한다. 보어는 하나의 원자가 두 곳에 동시에 존재할 수도 있으며, 결과가 원인보다 먼저 일어날 수도 있는 것이 양자의 세계라고 주장한다. 나아가 그는 "우주의 삼라만상이 우리가 그것을 측정했을 때

---

[268] 짐 알칼릴리(2023), 139.

비로소 존재한다."라고 하면서 심지어 달까지도 그렇다고 주장했다.

물리학자 '유진 위그너'는 "우주가 실재하기 위해서는 측정이 필요하다. 우주가 그 존재를 입증하려면 의식을 가진 생명체의 측정이 필요하다"고 했다. 측정의 정의는 무엇인가? 단순히 육안으로 그 물질을 보는 것인가? 존재라는 것은 무엇인가? 존재의 실체라는 것은 무엇인가? 하는 철학적인 문제까지 어우러진 복합적인 논쟁이 계속되었다.

양자론은 존재를 말하지 않고 존재가 어떻게 나타나게 되는지를 말한다.269) 붓다도 존재를 말하지 않았다. 존재가 어떻게 나타나는지를 말한다. 붓다의 제자가 존재[有]에 대하여 묻는다. 붓다는 감각기관이 인식할 때 모든 존재[一切有]가 생겨난다고 설명한다. 양자론에서 주장하는 관찰자 효과와 너무 일치하지 않는가. 놀랍지 아니한가. 아래 인용문을 보자.

> "세존이시여, 이른바 '일체는 존재한다'고 말했는데 '일체는 존재한다'는 것이 무엇입니까?" 세존께서 생문 바라문에게 말씀하셨다. "내가 이제 너에게 물으리니 아는 대로 나에게 대답하라. 바라문아, 네 생각은 어떠하냐? 눈은 존재하는 것이라고 생각하느냐?" 대답하였다. "존재합니다. 세존이시여." "빛깔은 존재하는가?" "그것은 존재하는 것입니다. 세존이시여." "바라문아, 빛깔[色]이 있고, 안식[眼識]이 있으며, 안촉[眼觸]이 있고, 안촉을 인연하여 생긴 느낌인, 괴롭거나 즐겁거나 괴롭지도 않고 즐겁지도 않은 느낌도 존재하는 것인가?" 대답하였다. "존재합니다. 세존이시여." "귀·코·혀·몸·뜻도 또한 그와 같으니라. … (이 사이의 자세한 내용은 위에서 설한 것과 같다) … 그것은 경계가 아니기 때문이니라."270)

붓다는 일체(一切)가 존재[有]한다는 걸 설명하지 않고 바라문에게 다시 묻는다. 불교 이외의 모든 종교나 사상은 이 세계를 구성하고 있는 근본 실체(實體)가 있다고 믿는다. 그 실체에 대한 설명을 기대하는 바라문에게 붓다는 반문을 통해 '존재(存在)'의 문제를 깨닫도록 한다.

---

269) 카를로 로벨리(2019), 135.
270) 『雜阿含經』(T2, 91b)

"눈[眼]은 있는가?" 이 물음은 우리의 얼굴에 붙어 있는 감각기관인 눈의 존재 유무(有無)를 묻는 것이 아니다. 우리가 의식을 가지고 보는 행위, 즉 관찰을 말하는 것이다. 우리가 의식을 가지고 무엇인가를 보면 본다고 생각하고 눈으로 관찰하여 인식하는 것이 안식이다. 이는 눈으로 관찰한다는 의미와 같은 것으로 양자론이 존재를 설명하는 것과 너무도 유사하다.

그렇지만 붓다는 눈뿐만 아니라 귀, 코, 혀, 몸, 마음으로 관찰하는 것까지 말한다. 눈에 의하여 안식이 생겨나는 것과 같은 원리로 귀에서 이식, 코에서 비식, 혀에서 설식, 몸에서 신식, 마음에서 의식이 생겨난다는 것이다. 즉 붓다는 존재에 대하여 우리의 여섯 개의 감각기관 모두를 통하여 그 존재가 생겨나는 과정을 설명한다. 여섯 개의 감각기관을 통하여 우리가 존재라고 인식하는 것은 경험이다. 붓다는 경험을 촉(觸)이라 하였으며 여섯 개의 감각기관에서 안촉(眼觸) 등 여섯 개의 촉이 생겨나고 의촉(意觸)이 나머지 다섯 개의 촉을 통합하여 인식하게 되는 것이다.

이와 같은 붓다의 반문이 의미하는 것은 '있음[有]', 즉 존재는 감각기관에 근거하고 있다는 것이다. '있다'는 것은 본래 있는 것이 아니고 감각기관의 활동을 통해 나타나는 현상이 '있음'이다. 따라서 감각활동이 없으면 '있다'라고 판단할 근거가 없다. 무엇이 외부에 실재하고, 그 실재하는 존재에 대하여 인식하는 것이 아니라, 보기 때문에 보이고, 그 보이는 것에 대하여 인식하는 것이다.

예를 들어보면 '새의 울음소리'가 본질적으로 존재하는 게 아니라 우리가 듣기 때문에 '새의 울음소리'가 존재한다고 인식한다는 것이다. 엄밀히 말하면 '새의 울음소리'는 공기의 떨림이고 이 공기의 떨림이 나의 귀에 전해지는 연기의 조건이 갖추어 있을 때만 존재로 인식된다는 것이기 때문에 실재한다고 볼 수 없다는 것이다.

이처럼 붓다는 반문을 통해 객관적 실체로서의 존재를 부정하고, 존재란 우리가 '있다'라고 인식한 것임을 깨닫도록 하고 있다. 붓다는 인식되는 대상을 외부에 실재하는 존재라고 보지 않았다. 왜냐하면 우리에게 인식되는 대상은, 그 자체로서 실재하는 실체가 아니라, 우리의

지각에 의지하여 나타난, 즉 연기(緣起)한 것이기 때문이다.271)

즉 붓다는 있음[有]은 무지한 중생들이 '존재'의 실체가 있다고 착각하는 것에 불과하다는 것을 깨우쳐 주는 것이다. 붓다는 '일체법(一切法)이 무엇인가?'라는 질문에는 일체유(一切有)에 대한 대답과는 달리 아래와 같이 직접적인 설명을 한다.

> 세존이시여, "이른바 일체법(一切法)이란 어떤 것을 일체법이라고 합니까?" 부처님께서 바라문에게 말씀하셨다. "눈과 빛깔·안식·안촉·안촉을 인연하여 생긴 느낌인, 괴롭거나 즐겁거나 괴롭지도 즐겁지도 않은 느낌. 귀·코·혀·몸, 그리고 뜻과 법·의식·의촉을 인연하여 생긴 느낌인, 괴롭거나 즐겁거나 괴롭지도 않고 즐겁지도 않은 느낌을 이름하여 일체법이라고 하느니라."272)

일체법(一切法)은 감각기관 활동인 촉(觸)에 연하여 생긴 느낌을 이름하여 일체법이라고 하고 있다. 법(法)은 앞에서 설명한 여섯 개의 감각기관과 감각대상 즉 십이입처에서 의(意)의 대상인데 이 법을 존재[法]라고 하는 것이다. 즉 우리가 일반적으로 존재라고 인식하는 것을 붓다는 법(法)이라 한 것이다. 붓다는 만일 연기를 보면 곧 법을 보고, 법을 보면 곧 연기를 본다.273) 라고 하였는데, 법은 내가 의지를 가진 마음인 의(意)를 통하여 인식되는 대상으로, 세상에 존재하는 모든 것, 즉 일체(一切)이다. 붓다는 우리가 존재한다고 믿는 것을 '무엇이 있다[有]'라고 하지 않고 '법(法)'이라고 한 것이다. 양자론은 미시세계를 존재가 아니라 상호작용과 관계로 설명하고 있으나 연기법은 거시세계도 미시세계와 똑같이 상호작용과 관계로 존재하는 것으로 설명하는 것이다. 미시세계와 거시시계는 양자중력이론에 이르면 하나로 통일된다.

즉 우리가 인식하는 모든 존재가 사실은 존재[有]가 아니라 감각기

---

271) 이중표(2012), 9.
272) 『雜阿含經』(T2, 91b)
273) 『中阿含經』(T1, 467a)

관이 감각대상을 관찰하거나 인식하여 잠시 나타나고 있다는 의미로 법(法)을 사용한 것이다. 연기법에 따르면 '존재하는 것[有]'은 없다. 나를 포함한 삼라만상(森羅萬象) 일체(一切)는 연기법(緣起法)에 의거 생주이멸(生住異滅) 한다. 양자론의 설명과 같이 모든 존재를 공(空)으로 설명하는 연기법(緣起法)은 심오(深奧)하다고 할 수밖에 없다. 양자역학과 연기법은 내 눈앞에 삼라만상이 이처럼 뚜렷하게 존재하고 있는데 양자역학은 파동으로 연기법은 법(法) 혹은 공(空)이라고 표현하는 것이다.

거시세계의 바탕이 되는 미시세계는 실체가 없는 것으로 아인슈타인도 받아들일 수 없을 정도로 이해하기 어렵고 받아들이기 어려운 현상인 것이다. 양자론은 중세에 천동설을 버리고 지동설을 택한 이래로 인류의 의식을 의미심장하게 변화시킬 20세기 위대한 과학의 발견으로 일컬어지고 있다. 존재의 독립적 실체는 없고 모든 존재는 다른 존재와의 관계에 불과하다는 양자론은 붓다의 연기법과 너무나 흡사하다. 붓다가 미시세계를 알았을까? 붓다는 말했다. "내가 깨달은 것은 숲과 같으나 내가 말하는 것은 손에 쥔 한 줌 가랑잎이라고" 우리는 붓다가 말한 한 줌 가랑잎도 이해하지 못하고 있지 않는가.

양자역학은 상대성이론과 함께 현대 물리학의 기둥을 이루고 있을 뿐만 아니라, 철학, 문학, 예술 등 여러 분야에 크나큰 영향을 미친 중요한 이론으로 꼽힌다. 양자론이 인류 전반에 영향을 미치고 있지만 철학적인 관점에서 바라보는 시도는 여전히 미숙하다. 양자론 학자들은 철학자들이 물리적인 세계에 대해 너무나 무지하다고 생각한다. 보어에게 배웠던 미국 물리학자 존 휠러는 심지어 "철학은 너무나 중요한 것이기 때문에 철학자들에게만 맡겨둬서는 안 된다는 생각이 든다"라고 말하기까지 했다.

그렇지만 붓다는 이미 모든 존재는 상호 의존한다고 했다. 다만 우리가 이해하지 못했을 뿐이다. 양자론과 함께 연기법을 다시 이해하고 해석하여 양자론이 인류의 물리적 삶을 풍요롭게 하듯이 연기법을 적극 활용하여 인류의 정신적 삶을 풍요롭게 해야 할 것이다.

(나) 불확정성

양자역학의 불확정성 원리에 대해 아인슈타인은 '신은 주사위 놀이를 하지 않는다'라고 말했다. 불확정성 원리는 양자론에 대한 코펜하겐 해석의 핵심 내용 중 하나이다. 하이젠베르크가 주장한 것으로 양자론의 해석 중에서 가장 많은 사람에게 알려진 내용이기도 하다.

우리는 모든 존재를 대할 때 위치를 파악한다. 위치가 있다는 것은 존재한다는 걸 의미한다. 위치가 있어야 존재로서 파악이 가능해지는 것이다. 어떤 존재는 정지해 있을 수도 있지만 움직일 수도 있다. 따라서 일반적으로 존재는 위치와 운동량으로 파악이 된다.

하지만 불확정성 원리는 미시세계의 다른 현상들과 마찬가지로 정확하게 설명하는 건 쉽지 않으며 이해하는 것은 더욱 어려운 일이다. 불확정성 원리는 말 그대로 확실하지 않다는 의미로, 위치의 측정이 운동량을 변화시키고, 반대로 운동량의 측정이 위치를 변화시켜, 동시에 위치와 운동량을 정확하게 측정하는 건 불가능하다는 것이다.

우리가 어떤 존재를 측정한다는 것은 그 대상에서 튕겨 나오는 빛, 즉 광자를 감지하는 것이다. 만약 전자의 위치를 측정하려고 한다면 전자에 빛을 쪼여 튕겨 나오는 광자를 포착해 정보를 얻으면 된다. 이때 전자의 정확한 위치를 파악하기 위해 빛의 해상도를 높이려면 빛의 파장이 짧아야 한다. 여기에서 문제가 생긴다. 파장이 짧은 빛은 에너지가 크기 때문에 측정 대상인 전자의 운동에 큰 영향을 끼친다. 그 결과 전자의 운동량에 큰 변화가 생긴다.

운동량은 고전적으로 물체의 질량과 속도의 곱으로 구한다. 전자의 위치에 대한 정확도를 높이려고 하면 전자의 운동량을 크게 변화시킨다. 달리 말해 전자 위치의 불확정성이 작아질수록 운동량의 불확정성은 커진다. 만약 운동량의 불확정성을 줄이기 위해 전자에 쏘는 빛의 파장을 길게 하면 어떻게 될까? 이때는 빛의 에너지가 작으므로 전자의 운동량에 큰 변화를 주지 않겠지만 대신 전자의 위치에 대한 불확정성이 커진다.

뉴턴은 자연을 하나의 거대한 기계, 즉 인과적이고 결정론적인 관계들에 따라 움직이는 거대한 기계와 같다고 생각했다. 뉴턴의 생각으로는 이 우주가 신의 완벽한 창조물로서 규칙적이고 조화로운 존재자이므로 자연법칙에 의해 언제나 정확하고 완벽하게 예측될 수 있는 것이었다.

그런데 20세기 초에 새로이 등장한 양자론은 이러한 믿음들을 근본부터 뒤흔들어 놓는 것이다. 이는 적어도 원칙적으로는 미래가 확실하게 예측이 가능하다는 뉴턴의 이론에서 근본적으로 벗어나는 변화이다. 양자론의 핵심은 결정론이 아닌 불확정성 또는 확률론인 것이다.

우리는 전자가 어디에 나타날지를 확실하게 알지는 못하지만, 여기 또는 저기에 나타날 확률은 계산할 수 있다.[274] 앞에서 말했듯이 양자의 세계에서 입자의 위치와 운동량 모두를 정확하게 측정하기란 불가능하다. 확실한 것만 다루는 걸로 알려진 물리학에서 '모른다.'라고 외치는 '불확정성의 원리'는 확실히 증명된 것만을 기반으로 하는 물리학의 근본을 바꾸는 것이다.

그렇지만 불확정성 원리는 입자를 측정하는 과정을 수없이 반복한 후 얻은 통계이지, 단순히 입자를 한번 측정하여 얻어지는 결과가 아니다. 즉 양자의 현상은 특정한 실험으로 그때그때 얻어지는 결과가 아니라, 수많은 실험으로부터 얻어지는 통계와 같은 것이다. 불확정성 원리는 이러한 양자 현상의 특성을 잘 보여주는 물리적인 원리이다. 불확정성 원리는 양자역학에 대한 추가적인 가정이 아니고 양자역학의 통계적 해석으로부터 얻어진 결과이며 근본적인 현상이다.

하이젠베르크는 오직 측정이 가능한 것만 이론으로 삼는다는 실증주의 신념을 과감히 깨뜨린다. 그는 불확정성 원리, 즉 위치의 오차와 운동량 오차의 곱은 일정한 값 이상일 수밖에 없다는 걸 수학적으로 증명했다. 전자는 원자가 지닌 에너지가 미치는 범위 내에서 존재해야 하며 그 범위 내에서만 운동량을 지닌 채 분포하게 된다. 전자는 불확정성의 원리에 의해 특정 위치가 아닌 존재 확률 분포의 형태로 퍼져있게 된다. 이를 파동방정식이라고 하는데 이는 입자가 어떤 상태에 있는지가 아니라

---

[274] 카를로 로벨리(2019), 124.

실험했을 때 우리가 어떤 값을 얻을 것인지 확률만 알 수 있다는 것이다.

전자의 운동량을 명확히 알면 위치의 불확정성이 높아지기 때문에 원자 내부라는 제한된 공간 내에서 전자는 정확한 지점이 아닌, 확률분포 즉, 전자구름(electron cloud) 형태로 나타나게 된다. 존재 확률에 관한 확률밀도로 나타낸 전자구름 모델에서, 전자가 해당 구름 내에 모든 위치에 동시에 같은 확률로 분포하고 있다는 뜻은 아니다. 구름의 밀도가 높은 곳은 수백 번 측정 시 해당 위치에서 발견될 확률이 높다는 것을 나타낸다. 전자의 위치를 측정하는 순간, 전자구름 속에 존재하던 전자는 한 점을 중심으로 수축하고, 다시 측정 행위를 그만두면, 전자는 또다시 전자구름 형태의 파동으로 존재하게 된다.

또한 불확정성 원리는 입자의 위치와 운동량과의 관계에만 성립하는 것만이 아니라 양자역학의 일반적인 측정에 적용될 수 있다. 즉 위치와 운동량의 이런 독특한 관계는 시간과 에너지 사이에도 적용된다. 즉, 시간의 불확정성과 에너지 불확정성의 곱은 특정 값 이하로 작아질 수 없다. 하나를 무한히 정확하게 측정하려고 하면 다른 물리량의 불확정성이 무한으로 커지게 되는 것이다.

우리에게 친숙한 거시 세계에서는 움직이는 물체의 운동량은 속도와 이동한 거리를 가지고 정확히 측정할 수 있다. 포탄이나 미사일을 발사하면, 목표물을 언제 타격할지 정확하게 알 수 있다. 고전물리학의 기본 전제는 미래 예측이 가능하다. 하지만 양자역학에서는 이러한 법칙이 통하지 않는다. 양자역학의 파격적인 주장은 당연히 적잖은 반발을 불러일으켰으며 아인슈타인과 슈뢰딩거를 비롯한 많은 고전 물리학자는 이를 도저히 받아드릴 수 없었다.

아인슈타인은 특수상대성이론을 넘어 중력에도 적용이 가능한 일반상대성이론을 수학적으로 증명하기 위하여 약 10년의 시간을 보냈다. 따라서 아인슈타인은 '알 수 없다'라는 양자론을 더욱 받아들일 수 없었을 것이다. 아인슈타인 이외에도 당시 고전 물리학자들은 우리가 결과를 정확히 알 수 없이 확률만 알 수 있는 것은 바로 노력과 정보가 부족하기 때문이라고 생각했다. 그들의 관념 속에는 우주의 운영 방식을 한 치 오차도 없이 정확하게 제시해 주는 과학만이 존재할 뿐, 여러 가지 가능한 확률을 제시하는 물리학은 그들이 노력하고 추구하던 것과는 완전히 다른 것이었다.

이렇게 생각이 다른 고전물리학과 양자론은 정면으로 충돌하게 된다. 바로 1927년 제5차 솔베이 회의에서 보어를 중심으로 한 양자론과 아인슈타인을 중심으로 한 고전물리학 간의 치열한 논쟁이 펼쳐진 것이다. 솔베이 회의는 벨기에 기업가 '에르네스트 솔베이'가 주최하는 국제 물리학, 화학 회의로 3년마다 개최된다. 과학계에서는 정말 중요한 미해결 문제 등을 토론하며, 전 세계에서 가장 권위 있는 회의였다.

1927년에 개최된 제5차 솔베이 회의에서는 전자와 광자를 주제로 회의가 열렸는데, 초청받은 29명의 과학자 중 무려 17명이 노벨상 수상자였다는 사실에서, 이 회의가 당시 얼마나 권위가 있었는지 짐작할 수 있다. 양자역학의 코펜하겐 학파는 양자역학이 더 이상의 수정이 필요 없을 정도로 완성된 이론이며, 확률과 입자와 파동의 중첩을 다루는 코펜하겐 해석은 완벽하다고 주장했다.

하지만 회의 내내 양자역학은 자신의 전문 분야가 아니라고 말을 아꼈던 아인슈타인은 곧 양자역학에 비판적인 태도를 보이기 시작했다. 고전역학에서는 우주의 모든 사건의 미래는 그 물질의 현재 상태와 위치 그리고 속도만 알면 물리법칙으로 정확히 예측될 수 있는데, 양자역학에서는 운동량과 위치를 동시에 정확하게 예측할 수 없다는 것에 대하여 아인슈타인은 측정 장비가 충분하게 정교하지 못하거나 과학이 아직 그만큼 발전하지 못했기 때문이라고 생각했다.

그래서 그는 "양자역학은 불완전한 학문이다." "정확하게 모르기 때문에 확률만 알 수 있다는 주장은 받아들일 수 없다." "신은 절대로 주사위 놀이를 하지 않는다."라고 하며 양자역학을 공격하였다. 아인슈타인은 양자론과 코펜하겐 해석을 근본부터 무너뜨리기 위해 '변형 이중슬릿 실험'이라는 정교한 사고실험을 고안했다.

아인슈타인은 변형된 이중슬릿 실험을 통해 입자와 파동을 동시에 정확하게 측정할 수 있다고 주장했다. 이 사고실험이 결점 없이 옳다면, 입자의 위치와 운동량을 동시에 정확하게 측정할 수 있다는 뜻이며, 양자역학과 코펜하겐 해석의 근간이 되는 불확정성 원리가 근본부터 뒤흔들리는 결과를 가져온다.

그렇지만 보어는 자신의 날카로운 분석으로 아인슈타인의 변형된 이중슬릿 실험의 모순을 지적함으로써 양자의 불확정성 원리와 상보성 원리가 미시세계의 근본 원리임을 밝힌 것이다. 아인슈타인은 신은 주사위 놀음 따위는 하지 않는다는 유명한 말로 불만을 나타냈으나 보어는 "신에게 이래라 저래라 하지 마세요"라며 반박했다. 5차 솔베이 회의에서는 보어가 아인슈타인에게 판정승을 거둔 것이다.

이처럼 아인슈타인의 변형 이중슬릿 사고실험의 모순점을 보어가 지적함으로서 코펜하겐 학파의 승리로 막을 내린 것이다. 천재 아인슈타인도 양자역학을 이해하지 못한 것이다. 양자역학을 이해하지 못한 아인슈타인은 포기하지 않고, 3년 후 1930년에 시작한 제6차 솔베이 회의에서 또다시 양자역학을 무너뜨릴 사고실험을 준비했다. 아인슈타인을 비롯한 고전 역학자들은 제5차 솔베이 회의가 끝난 이후에도 계속하여 양자역학의 불완전성을 입증하기 위해 연구에 매진했고, 결국 3년 후 다시 열린 제6차 솔베이 회의에서 또다시 정면승부를 펼치게 된다.

이번에도 불확정성의 원리를 무너뜨리기 위해 아인슈타인은 '상자 속의 시계'라는 사고실험을 제안했다. 아인슈타인과 보어는 함께 계산을 수행했는데 그 사고실험이 성립할 수 없다는 걸 밝힌 것 중 하나는 아인슈타인의 일반 상대성 이론에 따라 미세한 중력의 변화도 시간에 영향을 주기 때문에 정확한 시간을 측정할 수 없다는 것이었다. 시간과 무게를 재는 과정에서 하이젠베르크의 불확정성 원리가 예측하는 것과 정확하게 일치할 정도의 불확정성이 발생한다는 결론을 얻었다. 아인슈타인이 다시 패배한 것이다. 아인슈타인 자신의 광양자(光量子) 가설을 통해, 빛이 실재하는 입자로 구성되어 있음을 증명하여 양자론에 주춧돌 하나를 놓았으나 미시세계에서 나타나는 현상을 이해할 수도 받아들일 수도 없었던 것이었다.

아인슈타인 자신의 상대성이론으로 자신의 사고실험이 반박당한 결과가 된 것이었으니 아인슈타인도 적잖이 당황했겠으나 인정하지 않을 수 없었을 것이다. 그렇게 아인슈타인은 제5차-제6차 솔베이 회의에서 6년간 지속된 양자역학과 고전물리학의 싸움에서 패배한다. 그럼에도 불구하고 아인슈타인은 양자론에 반대하는 고전 물리학자들과 마지막으로 양자론을 무너뜨리기 위한 EPR 역설을 발표한다.

EPR 역설은 1935년 아인슈타인이 뜻을 같이하는 과학자들을 모아서 양자론을 반박하기 위해 공동 연구했던 이론이며, 과학자들의 이름 앞 글자를 따서 EPR(Einstein, Podolsky, Rosen) 역설이라 한다. EPR 역설은 미시세계의 비국소성 즉 양자 얽힘 현상은 사실은 우리가 모르는 변수가 존재한다는 "숨은 변수 이론(Hidden Variable Theory)"을 주장하며 양자역학은 틀렸다고 주장한 것이다. 그러나 아인슈타인의 생각과는 달리 숨은 변수는 존재하지 않는다는 게 밝혀지면서 다시 한번 아인슈타인은 고개를 숙이게 된다. 이는 뒷부분 비국소성의 원리에서 좀 더 설명하겠다.

불확정성 원리는 실험기구나 기법의 한계가 아니다. 우리 우주의 근본적인 한계이다. 실험기구와 기법이 아무리 발전한다고 하더라도 극복할 수 없는 장벽인 것이다. 하이젠베르크와 보어는 이런 설명을 논리적인 인식론의 철학적 체계 안에서 사용했다. 논리적인 인식론에서는 어떤 계의 물리적 성질은 측정이 가능한 가장 정확한 측정값에 의해 나타나는 것이라 본다. 이것을 다르게 표현하면 만약 어떤 측정값이 이론적으로 어떤 오차보다 더 작아질 수 없다면, 이러한 한계는 물리적 성질 때문이지 측정 장치나 측정 기술 때문이 아니라는 것이다. 다시 말해 불확정성 원리는 측정 때문에 생기는 것이 아니라, 측정하고자 하는 입자 자체가 가지고 있는 물리적 성질에 기인한다는 것이다.

미시세계에서 보면 우주를 지배하는 것은 결정론이 아니라 확률론인 것이다. 우리를 포함한 세계는 결국 모두 원자로 이루어져 있다. 미시세계가 모여 거시세계가 된 것이다. 세계는 '확률'로 이루어져 있다. 원자를 구성하는 전자와 같은 입자들은 한순간에 여기 있다가도 다음 순간에는 저기에서 발견되는 등 고정된 자리가 없다. 심지어 어떻게 움직이는지조차 알 수 없다. 우리가 알 수 있는 것은 확률뿐이다.

이 확률이란 전자의 위치나 이동 경로가 측정하기 전까지는 어느 한 곳에 결정되어 있다는 뜻은 아니므로, 하나의 전자는 우주 어느 곳에나 존재할 가능성이 있고 우주 어느 곳으로나 이동할 수 있다는 것이다. 이는 우리의 인식이 불완전한 게 아니라 이 세계가 '확률'로 이루어져 있다는 것으로 20세기의 새로운 과학이자 철학이다. 다만 확률이 우연은 아니다. 이를 두고 기존 '비결정론'이란 말 대신 철학적으로는 '확률론적 결정론'이라 부르기도 한다.

60년 전 수학자들은 '우연(Random)'과 '예측불가(unpredictable)'가 같은 것이 아님을 발견했다. 자연현상에 내재 된 복잡성의 원인은 우연이 아니고 예측 불가라는 것이다. 슈뢰딩거 방정식은 분명히 결정론을 따른다. 이 이론은 분명히 결정론인데 실험 결과는 확률론을 따른다고 해석함으로써 코펜하겐 해석은 결정론과 확률론의 조화를 통해 세상을 설명하는 셈이 된다.[275] 따라서 양자론의 불확정성 원리는 한마디로 '확률론적 결정론'으로 해석할 수 있다. 우리의 삶이 확률론적 결정론이라고 할 수 있다. 즉 우리의 마음이 중첩 상태로 있다가 하나를 선택하게 되는 것이다.

불확정성 원리는 인간의 사물 인식에는 원리적으로 피할 수 없는 한계가 있음을 말하며, 관찰자의 측정은 언제나 측정 대상에 영향을 미친다는 것을 뜻한다. 관찰자의 측정이 언제나 측정 대상에 영향을 미친다는 것은 측정과 무관한 존재란 없다는 뜻이며, 관찰자와 관찰대상을 분리해서 생각할 수 없다는 것을 뜻한다. 따라서 불확정성 원리는 관찰자와 관찰대상이 분리될 수 없는 하나(undivided wholeness) 또는 전체가 그대로 하나(single totality)임을 암시하고 있다.[276]

이는 붓다가 말한 감각기관과 감각대상이 연기하는 12입처 즉 일체와 같은 설명이 되는 것이다. 이처럼 연기법의 핵심도 불확정성의 원리와 일치한다고 볼 수 있다. 붓다는 연기설을 통해 인과관계를 작인 속에 내재하는 힘의 기능이 아니라 관계의 기능, 즉 원인과 결과가 범

---

[275] 김성구(2021), 209.
[276] 위의 책, 216.

주적으로 분리되거나 단일 방향으로 추적될 수 없는 다양한 요인들의 상호작용의 기능으로 나타냈다.277)

연기법에 따르면 원인 없는 결과는 없다. 그러나 상호작용 하기 전까지 결과는 결코 예정된 것이 아니다. 이처럼 연기법은 인과율의 해석을 놓고 논쟁을 벌였던 고전물리학의 결정론과 양자론의 불확정성을 아우르는 것이다. 연기법은 숙명론도 아니고 우연론도 아니다. 연기법은 한마디로 확률론적 결정론인 것이다.

이해할 수 없는 양자론이 실제 우리 생활과 무슨 관계가 있을까? 한마디로 말해 현대문명을 거의 떠받치고 있다고 해도 과언이 아니다. 확률론적 결정론은 현대 물리학의 한 축을 담당하며 최신 기술에 활용되는 것이다. 예를 들면 우리가 매일 손에 들고 사는 휴대전화, 책상위 컴퓨터 등을 작동하게 해준다. 에너지를 생산하는 원자로에서도 중요한 역할을 한다. 양자역학의 발전 이후에 미시세계에 대한 예측이 확률적으로 가능해져 반도체 등 온갖 현대 산업이 발달한 것이다.

양자론은 이외에도 레이저 및 각종 전자장비의 작동 원리에 응용되며, 이제는 DVD 플레이어나 슈퍼마켓의 계산대와 같은 이색적인 장소에서도 찾아볼 수 있다. 의사들은 자기공명영상(MRI)이라는 기술로 수술을 하지 않고 환자의 내부를 살펴보는데, 이 기술 또한 원자핵의 양자역학적 성질을 이용한다. 좀 더 난해한 분야로 들어가자면, 양자역학을 이용해 기초 단위의 입자의 성질을 계산한 결과는 실험으로 측정한 결과와 놀라울 정도로 정확하게 일치한다. 다른 말로 하자면, 양자역학은 안벽하게 검증되있으며, 놀라울 성도로 유용하고 온전히 신뢰할 수 있는 이론이라는 뜻이다.278)

(다) 상보성

제5차 솔베이 회의에서 보어는 상보성(相補性)에 대하여 강연했다.

---

277) 조애너 메이시(2020), 60.
278) 베르너 하이젠베르크(2022), 6.

상보성이란 상호 배타적인 동시에 보완적인 성질을 말한다. 양자론에서 상보성은 한마디로 입자와 파동의 이중성이다. 상보성의 원리는 코펜하겐 해석의 기본 원리이며 보어가 하이젠베르크의 불확정성 원리를 해명하기 위하여 도입한 것이다. 미시세계에서 전자는 파동으로 존재하기도 하고 입자로 존재하기도 한다.

그렇지만 파동과 입자가 동시에 존재하지는 않는다. 이를 전자의 상보성이라 한다. 빛, 즉 광자도 마찬가지이다. 빛이나 입자가 이중슬릿을 통과할 때 나타나는 파동 및 입자의 현상을 연구하는 이중슬릿 실험은 양자역학에서 가장 중요한 실험 중 하나이며 양자가 가진 근본적 특성을 보여주는 것이다. 이중슬릿 실험으로 확인할 수 있는 상보성의 원리는 보어, 하이젠베르크를 포함한 저명한 양자론 학자들과 아인슈타인과 같은 고전 역학자들 사이에서 여러 논쟁과 이견이 있었던 이론으로 이에 대한 연구들은 여러 번 노벨 물리학상의 대상이 되었다.

상보성의 원리에 대한 논쟁을 정리해 보면 첫 번째로, 이중슬릿 실험의 해석에서 양자의 파동과 입자의 중첩 현상은 양자가 파동의 성질과 입자의 성질을 모두 가지고 있다는 걸 보여준다. 미시세계에서는 측정하기 전까지는 입자는 입자로 존재하지 않고 파동함수로 존재한다는 것이다. 그런데 측정하면 파동함수가 붕괴되면서 측정자는 단 하나의 고유한 입자 상태를 확인할 수 있다는 것이다.

파동함수는 입자의 위치와 운동 상태를 나타내는 것으로 이를 통해 입자의 행동을 예측할 수는 있으나 정확히 예측할 수는 없고 단지 확률적으로만 입자의 위치와 운동 상태를 말할 수 있다. 따라서 객관적 실재는 없다. 이는 양자역학의 핵심 원리 중 하나인 파동함수의 개념을 이해하는 데 중요하다. 앞에서 언급한 바와 같이 빛도 입자와 파동의 특성을 갖는다.

빛은 거시세계에서는 엄연히 파동으로 행동한다. 똑같은 빛이라도 하나하나의 미세한 에너지가 중요한 역할을 하는 상황에서는 덩어리진 에너지를 가진 입자의 특성을 가지고 행동하지만, 그렇지 않을 때는 고전적인 전자기파인 파동일 뿐이다. 즉 빛이 입자처럼 행동할 때는 파동의 성질이 사라지고 파동처럼 행동할 때는 입자의 성질이 사라진다.

빛만 그런 것이 아니다. 파동인 빛이 입자처럼 행동하듯이, 고전적인 입자 또한 파동처럼 행동한다. 입자는 자신의 운동량에 반비례하는 파장을 가지는 일종의 물질파이다. 거시적인 물체들은 운동량이 엄청나게 크기 때문에 물질파의 파장이 너무나 짧아 파동으로서의 성질이 거의 드러나지 않는다. 그러나 미시세계에서는 입자인 전자도 파동적인 성질을 보이는 것이다.

유명한 슈뢰딩거의 고양이는 오스트리아의 물리학자 슈뢰딩거가 미시세계를 설명하기 위한 사고실험이다. 밀폐된 상자 속에 독극물과 함께 있는 고양이의 생존 여부를 이용하여 미시세계의 원리를 설명한 것이다. 상자 속 고양이의 생존 여부는 그 상자를 열어서 측정하는 여부에 의해 결정되므로 측정 행위가 결과에 영향을 미친다는 것이다. 이 사고실험을 통해 미시세계의 특성인 입자와 파동 현상을 설명하는 것으로 내용은 아래와 같다.

슈뢰딩거는 방사성물질과 치명적인 독을 담은 병이 든 상자 속에 고양이를 집어넣으면 무슨 일이 일어날지 물었다. 그 상자는 방사성물질이 입자를 방출하면 그것을 감지한 장치가 병에 든 독을 흘려보내도록 설계되어 있다. 상자 뚜껑이 닫혀 있는 동안에는 입자가 방출되어 고양이가 독으로 죽었는지 알 수 없다. 우리가 할 수 있는 것은 두 가지 가능한 결과에 확률을 부여하는 것이다. 가능한 두 가지 결과란 상자를 열었을 때 이미 입자가 방출되어 고양이가 죽어 있는 것과, 방출되지 않아 고양이가 여전히 살아있는 것이다. 하지만 양자역학의 규칙에 따르면 상자 뚜껑이 닫혀 있는 한 양자는 양자역학의 법칙을 따르기 때문에, 방출된 상태와 방출되지 않은 상태가 동시에 존재하는 양자중첩(quantum superposition)상태이다. 지금 뚜껑이 닫힌 상자 안에서 고양이의 운명은 이 양자 사건에 달려 있다. 슈뢰딩거는 고양이 자체는 엄청나게 많은 원자로 이루어져 있지만, 그 원자 하나하나는 결국 양자적인 실체이기 때문에 고양이 역시 양자중첩 상태로 존재한다고 주장했다. 살아있으면서 동시에 죽어 있는 상태에 있는 것이다. 하지만 한 시간 후 상자의 뚜껑을 여는 순간에 우리는 명확한 한 가지 결과만을 보게 된다. 고양이는 죽었으면 죽었고, 살았으면 산 것이지, 그 중간의 어중간한 상태가 아니라는 것이다.

이 실험은 양자역학에서 중요한 이론 중 하나인 측정 문제를 제기한다. 측정 문제란 양자 상태를 측정할 때, 측정 자체가 양자 상태를 바꾸는 것을 의미한다. 양자의 운동을 측정하면 파동함수가 붕괴되어 입자로서의 특정한 위치에 놓이게 되는데 이것이 측정 문제의 핵심이다. 측정문제, 미시적인 양자세계와 거시적인 고전적 세계 사이의 경계 설정 문제 같은 골치 아픈 논쟁거리는 1930년대에 에르빈 슈뢰딩거의 고양이에 의해 처음으로 유명해졌다.[279]

　　고전 물리학자들은 실재론자들이며 우리가 상자 속을 확인하거나, 확인하지 않거나 상관없이 상자 속에 있는 고양이는 죽었거나 살았거나 둘 중 하나이다. 고양이의 삶과 죽음은 우리의 측정과는 무관하다고 생각한다. 따라서 고양이는 우리가 측정하는 것과 상관없이 1시간 전에 죽었거나 살았거나 둘 중 하나로 결정되었고, 1시간 후에 우리는 고양이의 삶과 죽음을 확인만 하면 된다고 생각한다.

　　하지만 양자론은 역사 이래 우리가 가지고 있던 일반적이고 당연한 상식과 관념을 부정한다. 양자론 학자들은 고양이는 우리가 측정하기 전까지는 삶과 죽음이 결정되는 것이 아니며 우리가 측정하는 순간 삶과 죽음이 결정된다고 주장한다. 즉 상자 속 고양이는 죽었거나 살았거나 결정되지 않는 중첩 상태로 존재하다가 우리가 상자를 열어 측정하면 그때야 비로소 고양이의 삶과 죽음이 결정된다는 것이다. 이처럼 고전물리학은 결정론적 사고를 기초로 하고 있고, 양자론은 비결정론적 사고를 기초로 하는 것이다. 보어는 "어떠한 사물도 측정되기 전에는 존재하지 않으며, 따라서 존재의 특성이란 것도 없다"라고 주장하며, 이것이 양자론의 특성을 이해하는 지름길이라 주장했다.

　　이처럼 슈뢰딩거 고양이 사고실험은 양자역학에서 측정 행위가 무엇을 의미하는지를 생각하게 되는 계기가 되었다. 양자역학의 현상은 예외 없이 입자는 위치를 확인하지 않으면 동시에 여러 곳에 동시에 존재한다는 것이다. 위치를 확인하면 입자는 반드시 꼭 한 곳에만 존재하게 된다. 입자는 측정 이전에 입자로 존재하는 것이 아니라 측정하는

---

[279] 짐 알칼릴리(2023), 147.

순간 입자의 형태가 되는 것으로 측정과 무관하게 독립적으로 존재하는 입자는 있을 수 없다. 보어는 미시세계에서 입자적 성질과 파동적 성질이 혼재한 모습에 큰 혼란을 느꼈고 마침내 상보성 원리라는 개념으로 혼란을 이해하려 하였다.

앞에서 언급한 것처럼 불확정성의 원리도 상보성의 한 사례에 속한다. 위치와 운동량은 서로 짝을 이루며 상보적인 관계를 유지한다. 전자의 위치를 더욱 명확하게 하려고 하면, 이에 대하여 상보적인 관계에 있는 전자의 운동량에 대한 정보는 그만큼 불명확해진다. 이것은 전자의 위치를 명확히 말할 수 있는 정확도에 한계가 존재한다는 것을 의미한다.

만약 전자의 위치 자체를 명확히 할 수 있게 되면 그에 반하여 전자의 운동량은 정의되지 않게 되어 버린다. 보어의 상보성 원리도 결과적으로 불확정성의 원리에 이르게 되지만 기본 철학이나 결론에 이르는 과정이 미묘하게 달랐다. 보어는 하이젠베르크가 전자를 측정하는 가상의 현미경을 이용한 사고실험에 문제가 있다고 생각했고, 하이젠베르크는 파동이나 입자라는 고전적인 개념에 기대어 미세세계의 새로운 원리인 불확정성 원리를 구축하는 것에 심한 거부감을 느꼈다.

하이젠베르크와 보어는 이 문제를 두고 심각하게 논쟁을 벌였으나 결국 둘이 만족하는 결론에는 이를 수 없는 문제였다. 불확정성 원리가 측정자의 인식의 한계에 대한 정량적 표현이라면, 상보성의 원리는 인식의 한계에 대한 인식론적 고찰이라고 할 수 있다.[280] 결과적으로 상보성의 원리는 불확정성 원리에 철학적 의미를 부여하고 불확정성 원리를 이해하는 인식론적 틀을 마련한다고 볼 수 있다.

양자론의 세계를 이해하기 어려운 이유는 우리의 상식과는 다른 세상이기 때문이다. 미시세계에서 전자는 측정되기 전까지는 존재하지 않는다고 하나 이것도 정확히 맞는 말은 아니다. 왜냐하면 전자는 측정되기 전까지 입자로서는 존재하지 않으나 파동으로는 존재하기 때문이다. 파동은 중첩성을 허용한다. 즉, 파동으로 존재하는 것은 A라는 위치와 B라는 위치에 동시에 존재할 수 있다. 그런데, 우리가 보통 파악하는

---

280) 김성구(2021), 211.

물체는 A와 B라는 위치에 동시에 존재할 수 없다. A에도 있고 B에도 있는 물체를 우리는 존재한다고 봐야 하나, 아니면 존재하지 않는다고 봐야 하나. 이는 전통적인 상식과 상충하는 개념이다.

우리는 일상에서 한 존재는 단 하나의 명확한 상태를 가지고 있다고 생각한다. 즉, 미시세계를 이해하기 위해서는 거시세계를 함께 알아야만 사물을 올바르게 기술할 수 있다. 질량이나 에너지, 위치나 운동량과 같은 개념은 거시적인 세계를 설명하는 데 적합한 용어다. 그렇지만 미시적인 세계를 설명하고 이해하는 적합한 용어와 개념은 현재까지 없다고 할 수 있다. 양자의 세계도 말이나 문자로 설명할 수 없는 불립문자(不立文字)인 것이다. 따라서 거시 개념을 통해 미시 개념을 이해하기에는 인식과 언어가 불완전하고 볼 수 있다. 선종(禪宗)이 주장하는 깨달음의 세계처럼 언어와 문자로 설명할 수 없는 세상인 것이다.

상보성과 불확정성을 바탕으로 한 양자론은 물리적 세계의 성질과 운동들이 본질적으로 결정되어 있지 않다는 미결정론을 제기하면서 향후 철학적 논쟁을 이끈다. 어쩌면 양자역학을 이해하는 방법을 설명하기보다는, 양자역학을 이해하기가 왜 그렇게 어려운지를 설명하고 있는 것일지도 모른다.[281]

(라) 비국소성(양자얽힘)

우리가 존재라고 하는 것은 어느 공간의 한 곳에 하나의 물질이 위치한다는 것을 의미한다. 이를 국소성이라 한다. 국소성에 따라 하나의 존재는 두 위치에 존재할 수 없고, 두 존재는 한 곳에 동시에 존재할 수 없다. 다시 말해 서로 떨어져 있는 두 존재는 독립적인 것으로 상대의 정보가 전달되기 전까지는 서로에게 영향을 주고받을 수 없다는 것이다. 서로 영향을 주고받기 위해서는 어떤 형태로든 정보를 주고받아야 하는데 정보는 특수 상대성이론에 따라 빛보다 빠르게 전달될 수 없다.

그러나 양자론의 코펜하겐 해석은 한 입자를 측정하면 측정과 동시에 거리에 상관없이 멀리 떨어져 있는 다른 입자에도 영향을 미친다고 주장

---

281) 카를로 로벨리(2023), 12.

한다. 이를 비국소성, 즉 양자 얽힘이라고 한다. 양자 얽힘은 두 개 이상의 입자들이 서로에게 영향을 미치도록 결합 된 상태로 두 개 이상의 입자가 하나로 연결된 것처럼 움직인다는 것이다. 아인슈타인은 이 주장에도 반대했다. 천하의 아인슈타인도 틀릴 때가 있었다. 양자역학에서 내놓은 가장 심오하고 불가해한 예측 중 하나는 '얽힘(entanglement)'이라는 개념이다.[282] 양자론이 존재에 대해서 무엇을 말하는지 자문해 보는 사람은 누구나 당황하게 될 것이다.

양자론은 이 세계가 정해진 궤적을 따라 움직이는 입자들로 구성된 것이라는 세계의 이미지를 부숴버렸지만, 우리가 세계에 대해 어떻게 생각해야 하는지는 명확히 보여주지 않았다.[283] 양자론은 존재의 실체, 즉 "무엇이 있는지" 알려주지 않는다. 양자들은 멀리 떨어져 있어도 서로 마법으로 연결되어 있는 것처럼 보인다. 비국소성, 즉 양자 얽힘은 '여기서 일어나는 일'이 '저기서 일어나는 일'에 즉각적으로 영향을 미치거나, 그로부터 영향을 받을 수 있다는 말로 요약할 수 있다.

양자 얽힘은 원칙적으로 한 입자는 수백억 광년 떨어진 우주 반대편에 있는 입자와도 서로 연결된 상태일 수 있다는 것이다. 하지만 아인슈타인은 서로 멀리 떨어져 있는 두 입자는 동시에 서로 영향을 줄 수 없을 것이며 어떤 신호도 빛보다 빨리 전달될 수 없다고 주장했다. 아인슈타인은 항상 얽힘이라는 개념을 언짢게 여겼다. 그것을 "먼 거리에서 일어나는 유령 같은 작용"이라며 조롱하며, 입자들 사이에서 빛보다 빠른 속도로 소통이 일어날 수 있음을 받아들이지 않았다. 특수 상대성이론에 어긋나기 때문이다.

그렇지만 양자 얽힘은 파이온(Pion) 입자를 통한 실험 등 여러 가지 실험을 통하여 사실로 밝혀졌다. 파이온이라는 입자는 0의 스핀을 갖는다. 파이온은 극히 불안정한 입자로 매우 짧은 시간만 존재할 수 있으며 그 짧은 시간 뒤에는 1개의 전자와 그 반물질 짝인 1개의 양전자로 붕괴된다. 전자와 양전자의 스핀은 각각 ±1/2 인데, 파이온이 붕

---

[282] 짐 알칼릴리(2023), 145.
[283] 카를로 로벨리(2023), 10.

괴하기 전 스핀이 0이었으므로, 붕괴한 후의 시스템 전체의 스핀은 "각운동량 보존의 법칙"에 의해 0이어야 한다.

만약 전자의 스핀이 +1/2라면, 양전자의 스핀은 반드시 -1/2여야 한다. 또 전자의 스핀이 -1/2라면, 양전자의 스핀은 반드시 +1/2여야 한다. 이제 이런 원리에서, 두 사람 A와 B가 각각 양전자와 전자를 하나씩 가지고 A는 동쪽, B는 서쪽으로 움직인다고 가정한다. 이때 A와 B는 전자와 양전자의 스핀이 각각 어느 방향인지를 확인하지 않은 채로 그냥 멀어진다. 전자의 스핀을 확인하지 않았으므로, 전자와 양전자는 각각 스핀 +1/2 과 -1/2 상태의 중첩 상태로 존재한다.

A와 B가 각각 광속으로 이동한다고 했을 때, 1년이 지나 A가 상자를 열어 자기가 가진 양전자의 스핀 방향을 측정한다. 양자역학적으로, A가 양전자의 스핀을 측정하는 순간, 스핀 +1/2와 -1/2가 중첩된 상태로 존재하던 양전자의 파동 함수는 붕괴되며, 둘 중 하나의 측정값을 갖는다. 그런데, 우리는 파이온 입자의 스핀이 0이어야 한다고 했으므로, A는 B가 가진 상자를 열어보지 않고도 B가 가진 전자의 스핀을 정확히 알게 되는 것이다.

예를 들어, A의 양전자 스핀이 +1/2로 확인되면, B가 가진 전자의 스핀은 "바로 그 순간" -1/2가 되는 것이다. A가 상자를 여는 순간까지 B의 스핀은 ±1/2의 중첩된 상태로 있다가 A가 자신의 양전자 스핀을 확인하는 순간 B의 전자스핀도 결정되는 것이다. A와 B가 서로 반대 방향으로 광속 이동한 지 1년 만이므로, 둘 사이의 거리는 2광년이 된다. 그런데 A가 자기가 가진 상자의 양전자의 스핀을 측정하는 것이, 2광년 바깥에 존재하는 전자의 파동 함수를 붕괴하도록 만드는 것이다.

즉, 2광년 너머 전자의 스핀을 결정해 버리는 것이다. 이는 모든 것은 빛의 속도를 넘어설 수 없다는 특수상대성이론과 어긋나는 것이다. 특수상대성이론에 따르면 "여기 있는 상자를 열었더니 바로 그 순간 2광년 밖에 존재하는 전자의 파동함수가 붕괴하였다"와 같은 일은 일어날 수 없는 것이다. 이곳에 있는 사건이 2광년 밖에 있는 어떤 것에 영향을 주려면, 빛보다 빠른 것은 없으니까 최소한 2년이라는 시간이 걸려야 한다.

그렇지만 양자론의 코펜하겐 해석에 따르면 몇억 광년을 떨어져 있어도 둘의 상태는 동시에 변화된다. 이는 상대성 이론을 위반하는 것처럼 보이며, 양자역학이 상대성이론을 위반한다면 둘 중 하나는 참일 수 없다. 즉 상대성 이론이나 양자론 중 하나는 거짓이거나, 또는 불완전한 이론이 된다. 아인슈타인은 측정함과 동시에 파동 함수가 붕괴되어 입자의 스핀이 결정되는 것처럼 보이는 양자역학 뒤에, 사실은 모든 것이 처음부터 결정되어있다고 생각했다.

즉, 파동함수가 어느 쪽으로 붕괴될지를 이미 결정해 놓은 "숨은 변수"가 존재한다고 믿었다. 즉 $+1/2$인 전자와 $-1/2$인 양전자를 가지고 양쪽으로 멀어졌을 때, 한 쪽에서 스핀을 측정하는 것이 다른 쪽의 스핀을 결정하는 것이 아니라, "모든 것은 원래부터 결정되어 있으며, 단지 우리가 그것을 결정하는 숨은 변수가 무엇인지 모를 뿐이다." 이것이 바로 "숨은 변수 이론"이다.

양자론이 옳다고 주장하기 위해 상대성 이론이 틀렸다고 하는 것은 말도 되지 않는 일이었고, 따라서 상대성 이론을 깨지 않으면서도 양자역학이 참이라는 것을 밝혀내야만 하는 난제로 꽤 오랜 시간 동안 이는 풀지 못한 과제로 남아 있었다. 어느 정도의 시간이 지난 후, 물리학자 벨이 한 가지 이론을 제시한다.

그 이론은 만일 "숨은 변수"라는 것이 존재한다면 반드시 성립해야 하는 공식이었다. 실험적으로 이 공식이 성립하는 것으로 밝혀진다면 양자역학은 틀린 이론이 되며, 세상에는 "숨은 변수"가 존재하는 것이 밝혀지게 되는 것이었다. 반대로, 만약 실험했는데 이 공식이 성립하지 않는 것으로 밝혀진다면, 양자역학은 진리의 반열에 들어서며 "숨은 변수"는 없다는 것이 밝혀지게 되는 것이다.

양자론과 숨은 변수 이론의 대립을 해결해 줄 수 있는 이 공식은 바로 "벨의 부등식 (Bell's Inequality)"이었다. 벨의 부등식은 숨은 변수 이론과 양자론 중 어느 것이 옳은 이론인지를 가르는 결정적인 기준이 된 것이다. 벨이 이 부등식을 발표한 뒤 과학자들은 실험을 통해 어느 이론이 옳은지를 규명하려 했고, 실험 결과는 "숨은 변수라는 것이 어떤 형태로든 존재한다면 반드시 성립해야만 하는 식이 성립하지 않는다."라는 것이었다.

따라서 세상에는 "숨은 변수"라는 것이 아예 존재할 수가 없음을 밝혀낸 것이다. 벨의 부등식을 통하여 과학자들은 양자역학이 옳다는 것을 다시 한 번 실험을 통해 확인한 것이다. 벨을 비롯한 과학자들은 1970년대와 1980년대에 아주 짧은 거리에서 얽힘 상태를 실험을 통해 확인했다. 오스트리아 과학 아카데미의 연구자들은 1997년에 오스트리아 빈 대학과 800미터 떨어져 있는 도나우 강 반대편 실험실까지 공공 하수구를 통해 광섬유를 연결했다. 그들은 800미터 떨어져 있는 실험실에서 한 실험이 다른 실험실에 있는 입자(여기서는 광자)에 동시에 영향을 주는 것을 확인했다.

2003년 6월에는 오스트리아의 과학자들은 레이저를 바륨 붕산염 결정에 통과시켜 광자 쌍으로 분리했다. 이 얽힌 광자들은 공간을 통해 송신 망원경에서 두 개의 수신 망원경으로 보내졌다. 두 망원경은 직접 바라볼 수 있는 위치에 있지 않았다. 하나의 광자에 어떤 작용을 가하자 다른 광자에도 그 효과가 동시에 나타났다. 두 광자는 떨어져 있으면서도 얽힘 상태를 유지하고 있었던 것이다. 이런 현상을 양자 전송이라고 부른다.

아인슈타인과 보어는 이런 실험 결과를 들을 수 없었다. 아인슈타인은 1955년에, 그리고 보어는 1962년에 세상을 떠났기 때문이다. 만약 두 사람이 이런 실험 결과를 듣는다면 어떤 표정을 지었을까? 아인슈타인은 여전히 고개를 갸우뚱할지도 모른다. 하지만 보어는 이런 현상을 철학적으로 명확하게 설명하지 못한 것과는 관계없이 실험을 통해 확인한 것만으로 만족해할 것이다.

그러면서 납득할 수 없는 것은 납득하지 못한 채로 내버려두라고 충고할지도 모른다. 이로 인해 양자역학은 우주를 설명하는 이론으로 사람들에게 받아들여지게 된 것이다. 이와 같이 양자론은 원자와 같은 미시세계와 관련된 거의 모든 것을 설명할 수 있는 탁월한 이론으로 점점 더 많은 문제들을 풀어나갔다.

나의 몸의 원자도 독립적으로 존재하는 것이 아니라 우주의 원자들과 얽혀있는 것이다. 내 몸을 구성하는 원자 하나하나가 먼 과거 어느 시점의 우주에 있는 수많은 다른 원자들과 상호작용 했구나.[284] 몸 안의 각 원자는 이 은하계 곳곳에 흩어져 있는 수십억 개의 다른 원자들과 얽혀 있을 테니 우리는 우리 자신이 모두 우주와 한데 어우러져 있음을 알아야 한다. 우주의 모든 구성 요소가 이처럼 서로 연결되어 있다는 사실은 그저 놀라울 뿐이다.[285] 우리 몸을 이루는 원자들, 즉 수소, 산소, 질소 등은 기본적으로 양자역학적으로 얽힌다.

예를 들어, 당신의 몸에서 일어나는 화학 반응이나 생리적 과정들은 원자들 사이의 양자 상호작용을 포함하고 있다. 이러한 상호작용에서 원자들이 서로 얽힐 수 있으며, 그 얽힘 상태는 순간적인 상관관계를 만들어낼 수 있다. 따라서 한 대상에 일어나는 일은 다른 대상에 영향을 미친다. 인드라망으로 얽힌 상호 연기적 작용이다. 한 대상이 독립된 주체로서 존재한다면 불가능한 것이다.

하지만 일상적인 규모에서 이러한 얽힘은 매우 **빠르게 사라진다**. 양자 시스템이 외부 환경과 상호작용 하면서, 양자적인 특성(예 : 얽힘)을 잃고 고전적인 상태로 변하기 때문이다. 그래서 우주와 같은 거시적 환경에서 얽힘이 지속되는 것은 거의 불가능하다. 우리는 물리적으로는 고전적인 세계에서 살아가고 있는 것이다. 그렇지만 고전적인 물리의 세계도 앞에서 설명한 바와 같이 결국 공(空)인 것이다.

양자론에서의 양자 얽힘은 미시적으로 인간의 몸처럼 거시적인 시스템에서는 측정되지 않거나 실질적인 영향은 미치지 않는 수준이다. 그렇지만 최근에는 양자얽힘이 양자 단위를 넘어 분자 단위나 더 큰 물질에 대해서도 성립된다는 것이 과학적 실험을 통해 증명되면서, 거시 세계의 원리조차 결정론이 아니라 확률론이라는 주장이 추세가 되어가고 있다.

---

[284] 카를로 로벨리(2023), 119.
[285] 위의 책, 120.

7) 양자중력이론 ⇨ 공변 양자장

양자중력 이론에 이르면 시간도 공간도 물질도 사라진다. 우주를 구성하는 모든 요소는 공변양자장 단 하나의 요소로 통일된다. 붓다도 이미 한 티끌 속에 우주가 들어 있다고 했다. 현대물리학에 이르러 연기법의 우주관과 일치하거나 비슷하다는 불가사의를 인식하게 되는 것이다.

과학을 통하여 우리는 거시세계인 우주와 미시 세계인 양자에 대하여 많은 비밀을 밝혀내고 있다. 상대성이론으로 시간과 공간 그리고 중력이 서로 독립적인 것이 아니라 상호작용한다는 사실을 이해하였고, 양자역학으로 미시세계는 우리의 인식과는 완전히 다른 원리로 상호작용하는 세상임을 이해하고 받아들이게 되었다.

이 두 이론을 통해 사람들은 자연과 우주를 좀 더 자세하고, 세세하게 분석하고 추측하고 예측할 수 있는데 거시세계도 미시세계도 결국 독립적으로 존재하는 것은 단 하나도 없다는 것이다. 우주 속 질량이 큰 물체나 행성의 움직임, 빛의 입자운동과 관련된 현상이 종합된 거시세계에서는 뉴턴의 운동법칙이나 아인슈타인의 상대성이론으로 정확하게 결정론으로 설명할 수 있고, 전자나 원자와 같은 작은 크기의 입자와 관련된 미시세계는 양자론을 이용하여 확률론적 결정론으로 설명할 수 있다.

그러나 거시세계의 결정론과 미시세계의 확률론적 결정론은 서로 다르게 현상을 설명하고 있으므로 양립할 수 없다. 중력장은 양자역학을 고려하지 않으며 장들이 양자화 된다는 사실도 고려하지 않고서 기술된다. 그리고 양자역학은 시공이 휘며 아인슈타인의 방정식을 따른다는 사실을 고려하지 않고 공식화된다.[286] 양자역학은 시공의 곡률을 다룰 수 없고 일반상대성이론은 양자를 감안할 수가 없다.[287] 아인슈타인은 시간과 공간이 독립적이고 절대적인 게 아니라 상호 의존적이고 상대적인 것으로 고정될 수 없고 중력장에 의해 뒤틀린다는 사실을 밝혔

---

286) 카를로 로벨리(2019), 147.
287) 위의 책, 149.

다. 일반상대성이론으로 이해하게 된 시간과 공간 그리고 중력의 세계는 모든 게 연속적이고 해파리처럼 뒤틀려 있다.

반면에 양자론으로 설명하는 세계는 불연속적인 양자들이 상호작용하는 평평한 시공이다. 보어와 하이젠베르크 등 양자론 학자들은 모든 물리적 장이 양자적 특성을 갖는다는 것을 이해했다. 따라서 중력과 상호 의존하고 있는 시간과 공간도 이러한 양자의 특성을 가져야 한다고 가정할 수 있다. 즉 빛이 양자의 특성을 가지듯이, 시간도 양자 시간, 공간도 양자 공간이 되어야 한다고 생각할 수 있는 것이다.

물리학자들의 목표는 양자와 중력 사이에 존재하는 분열을 해결하는 이론을 다시 말해 방정식을 찾는 것 그러나 무엇보다도 세계를 바라보는 정합적인 시각을 찾아내는 것이다.[288] 솔베이 회의를 거친 장기간의 고전역학과 양자론의 치열한 논쟁은 더 이상의 설명이 필요 없을 것이다. 이처럼 두 이론은 서로 모순되는 것으로 보이기 때문에 이 모순이 되는 점을 해결해야 할 과제가 남아있는 것이다. 양자중력 이론은 이러한 문제를 해결하고자 시작된다.

빛과 같이 시간과 공간도 끊임없이 쪼갤 수 있을까. 과학자들은 시간과 공간도 쪼갤 수 있다고 생각한다. 쪼개고 쪼개서 극히 작은 규모가 되면 시간과 공간이 변하여 다른 특성이 나타난다는 걸 밝혀내고 있다. 양자 시간과 양자 공간이 되는 것이다. 미시 세계가 신비의 세계이듯이 이 또한 이해할 수 없는 세계인 것이다. 뉴턴상수, 빛의 속도 상수, 플랑크 상수에 의해 구해지는 플랑크 길이라는 극도로 작은 규모에서는 양자 중력이 나타난다.[289]

양자중력에 의해 펼쳐지는 세상도 양자역학과 마찬가지로 신비롭고 이해하기 어려운 세상으로 양자중력을 이해하기 위해서 다양한 주장들이 존재한다. 그 중 대표적인 것이 초끈이론과 루프양자중력이론 이다. 이 이론들에 대해서는 여전히 논란이 많으나 비교적 넓게 받아들여지는 이론이다. 이 이론들이 밝혀내고 있는 세계는 우리를 다시 한번 당황스

---

288) 카를로 로벨리(2019), 149.
289) 위의 책, 153.

럽게 한다.

초끈이론은 입자를 0차원 점이 아니라 1차원 끈으로 가정하는 이론으로 모든 것이 끈으로 이루어져 있다는 이론이다. 초끈이론에 따르면 이 세상은 11차원으로 되어 있다고 한다. 초끈이론 학자들은 우주의 4가지 힘인 전자기력, 약력, 강력, 중력이 모두 한 가지 근원에서 나온다는 것을 밝혀 대통일 이론을 구축하는 것이 물리학의 목표라고 한다.

그런데 현재까지 다른 3가지 힘은 통합에 성공한 반면에 중력을 양자장 이론의 관점에서 설명하는 것은 잘되지 않았다. 그래서 입자를 점이 아닌 끈으로 보고서 그 끈의 진동에 따라서 소립자들의 성질이 결정된다는 끈이론(string theory)이 나오게 되었다. 초끈 이론(Super-String Theory)은 17개의 상이한 기초 끈 이론을 통합하여 이루어졌다. 즉 우주를 구성하는 최소 단위를 양성자·중성자·전자 같은 소립자나 쿼크 등은 구(球)의 형태가 아니라, 이보다 훨씬 작으면서도 끊임없이 진동하는 아주 가느다란 끈으로 보는 이론인데, 현재 아무것도 계산하거나 예측하지 못하고 어떠한 실험적 증거를 찾을 수 없는 한계에 부딪히고 있는 것이다.

루프양자중력 이론은 일반상대성 이론을 양자역학과 몹시 조심스럽게 결합한다.[290] 우리는 일반상대성이론 덕분에 공간이 단단하고 고정된 상자 같은 것이 아니라 전자기장처럼 역동적인 것임을 알았다. 우리가 들어 있는 우주는 움직이는 거대한 연체동물과도 같아서 비틀리고 움직인다. 양자론은 그러한 모든 장이 양자로 이루어져 있다는 것을, 즉 섬세한 입자구조를 가지고 있다는 것을 가르쳐 준다.

우주에 대하여 이 두 가지 발견으로부터 어떤 사실이 나올까? 텅 빈 공간은 없다. 공간은 물리적 장으로 차 있다. 장은 양자이기 때문에 공간도 양자로 구성되어 있다고 생각할 수 있다. 다른 양자장들을 특징짓는 것과 똑같은 입자 구조가 양자 중력장을 특징짓고, 따라서 공간을 특정 짓는다.[291]

---

290) 카를로 로벨리(2019), 167.
291) 위의 책, 167.

그러므로 우리는 공간이 파동과 같이 연속적인 것이 아니라 입자로 구성되어 있다고 생각한다. 우리는 빛의 양자, 전자기장의 양자가 존재하고, 기본입자가 양자장의 양자로서 존재하듯이, '공간의 양자'가 존재한다고 예상한다. 그런데 공간은 중력장이므로 중력장의 양자가 '공간의 양자', 즉 공간의 입자적 구성성분이다. 따라서 루프이론의 핵심 예측은 공간이 연속적이지 않다는 것, 무한히 나눌 수 없다는 것, '공간의 원자'들로 이루어져 있다는 것이다.[292]

루프 이론은 공간의 원자적이며 입자적인 구조를 정확한 수학적 형식으로 기술한다. 이 수학적 형식은 양자역학의 일반 방정식을 아인슈타인의 중력장에 적용하면 얻을 수 있다. 특히 부피는 무한정 임의로 작을 수가 없다. 최소 부피가 존재하는 것이다. 이 최소 부피보다 더 작은 공간은 존재하지 않는다. 부피의 최소 '양자'가 존재한다. 공간의 기본 원자인 것이다.

광자는 공간 속에 존재하는 반면, 공간의 양자는 공간 자체를 구성하는 것이다. 광자는 그것이 있는 곳에 의해서 특정 지어진다. 공간의 양자는 그 자체가 공간이기 때문에 그것이 있을 장소가 없다. 이 공간의 양자들은 그것들을 공간적으로 특징짓는 오직 하나의 정보를 가지고 있다.[293] 어느 공간의 양자들과 인접해 있는지, 어느 것이 어느 것 옆에 있는지에 대한 정보이다.

양자현상은 세계가 아주 작은 규모에서는 입자적이라는 사실을 드러낸다.[294] 입자성은 에너지에만 국한된 것이 아니라 매우 일반적이다. 양자중력 이론에서는 우리가 살고 있는 물리적 공간이 매우 작은 규모에서 입자적이라는 사실을 보여준다. 그러니까 공간의 경우에도 플랑크상수가(극히 작은) 기본적인 '공간의 양자' 크기를 결정하는 것이다.[295]

전자와 광자는 공간 속에 있는 양자이지만, 양자중력은 무언가 다른 것이다.[296] 공간 속에서 움직이는 '중력자'를 기술하는 것으로는 충

---

292) 카를로 로벨리(2019), 167.
293) 위의 책, 171.
294) 카를로 로벨리(2023), 51.
295) 위의 책, 51.

분하지 않다. 양자화해야 하는 것은 공간 자체이다. 공간은 불연속적인 구조를 가지며 공간의 양자들에 의해 형성된다. 이것이 양자중력을 이해하는 첫 단계이다.

사물들을 담고 있는 무정형의 용기(用器)로서의 공간은 양자중력과 더불어 물리학에서 사라진다.297) 사물들(양자들)은 공간에 들어있는 것이 아니라 공간 자체가 양자이다. 하나의 양자가 다른 양자의 부근에 있는 것이며 공간은 양자들이 상호작용하며 구성하는 세계이다.

우리가 공간을 사물을 담고 있는 불변하는 용기로 생각하는 것을 버린다면, 시간도 끊임없이 흘러 사물들을 변화시킨다는 생각도 할 수 없게 된다. 공간이 사물을 담고 있는 연속적 공간이라는 생각이 사라지듯이, 시간도 사물의 현상들이 발생하는 흐르고 있는 연속적인 시간이라는 생각도 사라지는 것이다. 중력장의 양자는 공간 속에 있는 게 아니라 양자 자체가 공간이기 때문에 공간은 더 이상 존재하지 않는다. 마찬가지로 시간도 더 이상 존재하지 않는다. 중력장의 양자는 시간 속에서 변화하지 않는다. 그 양자들의 상호작용의 결과로 생겨나는 것이 시간이다. 붓다는 이미 "봄이 오니 꽃이 피는 게 아니라 꽃이 피니 봄"이라고 했다. 시간은 공간과 같이 양자중력장으로부터 발생하는 것이다.

루프양자중력 이론에 따르면 세계를 담고 있는 공간은 더 이상 없다.298) 사물들을 변화시키는 시간도 더 이상 없다. 공간과 시간을 생성하는 양자들의 이 미시적 무리는 우리를 둘러싼 거시적 현실의 고요한 외관의 기저에 놓여 있다.299) 양자 공간 하나하나가, 양자 시간 하나하나가 극도로 작은 양자들이 서로 춤추듯 상호작용하는 거품과 같은 결과인 것이다.

입자는 양자장의 양자이다. 빛은 장의 양자에 의해서 형성된다. 공간은 장에 지나지 않으며 이 또한 양자이다. 그리고 시간은 바로 이 장들의 과정들로부터 태어난다. 달리 말하면 세계는 오로지 양자장으로

---

296) 카를로 로벨리(2019), 154.
297) 위의 책, 175.
298) 위의 책, 183.
299) 위의 책, 192.

이루어져 있다. 이러한 장들은 시공간 속에 들어있는 것이 아니다. 그것들은 하나 위에 다른 하나가 얹혀 있는 것, 장 위에 얹혀 있는 장이다. 시공이 바탕에서 지탱할 필요가 없이, 그 자체로 존립하면서 시공 자체를 생성할 수 있는 장들을 '공변양자장(covariant quantum field)'이라고 한다.300) 세계의 실체는 최근에 극적으로 단순화 되었다. 세계, 입자, 빛, 에너지, 공간과 시간, 이 모든 것은 단 한 가지 유형의 존재자가 드러난 것이다. 바로 공변양자장이다.

아인슈타인의 일반상대성이론의 연속적인 굽은 공간과 양자역학의 평평하고 균일한 공간 속에 있는 불연속적인 양자들 사이의 분리는 이제 완전히 해소되었다. 더 이상 모순은 없다. 시·공 연속체와 공간의 양자 사이의 관계는 전자기파와 광자 사이의 관계와 같다. 전자기파는 광자를 큰 규모에서 어림하여 본 것이다. 광자는 전자기파들이 상호작용하는 방식이다. 연속적인 공간과 시간은 중력의 양자들의 역할을 큰 규모에서 어림하여 본 것이다. 중력의 양자는 공간과 시간이 상호작용하는 방식이고 동일한 수학이 일관되게 양자중력장과 다른 양자장들을 기술한다.

일반상대성이론과 양자역학은 처음에 보였던 것만큼 서로 긴장관계에 있지 않다.301) 사실은 잘 들여다보면 서로 손을 잡고 깊은 대화를 나누고 있다. 아인슈타인이 굽은 공간을 엮어내는 공간적 관계들이 양자역학의 기본 체계들 사이의 관계를 엮어내는 바로 그 상호작용이다. 공간과 시간이 하나의 양자장의 측면들이라는 것과 양자장이 외부 공간 속에 '발을 디디지' 않고서도 존재할 수 있다는 것을 깨닫자마자 일반상대성이론과 양자역학은 동전의 양면처럼 양립하여 제휴하게 된다.

공간과 시간 속에 있는 것이 아니라, 상호작용을 통해 공간과 시간을 엮어내는 불연속적인 기본 실체들을 생각한다는 것이 좀 이상하고 어렵게 보일 수도 있다.302) 그렇지만 한 편으론 공간과 시간만 불연속이 아닌 연속성을 갖는다는 것도 이해하기 힘들다.

---

300) 카를로 로벨리(2019), 192.
301) 위의 책, 194.
302) 위의 책, 195.

게임이론
(Game Theory)

1. 게임이론
2. 게임이론과 이기심(Self-Interest)
3. 게임이론의 주요 모델
4. 게임이론과 팃포탯(Tit-for-Tat, TFT)

1 게임이론

붓다의 깨달음은 연기법(緣起法)이다. 연기법은 한마디로 상호작용이다. 나를 비롯하여 우주 삼라만상에 독립적으로 존재하는 것은 단 하나도 없고 상호작용으로 존재하게 되는 것으로 존재의 본질 즉 실체는 없다는 것이다.

앞에서 살펴본 바와 같이 붓다로부터 2,600여 년이 지난 최신 물리학인 양자론에서도 스스로 존재하는 것은 없다고 하고 있다. 스스로 존재하는 것은 없고 상호 관계로 비로소 존재하게 되므로 세상을 존재보다는 관계 혹은 사건으로 설명하는 게 더 합리적이라고 하고 있다. 즉 세상은 사물이 아니라 사건으로 이루어졌다는 것이다. 관계나 사건은 홀로 일어나지 않는다. 둘 이상의 상호작용으로 발생한다. 이처럼 스스로 존재하는 게 없다는 점에서 2,600여 년 전의 연기법과 최신 물리학인 양자론의 존재에 대한 기본 개념과 설명은 같은 것이다.

이와 마찬가지로 우리의 삶도 홀로 이루어지지 않는다. 삶은 상호작용으로 이루어지는 사건의 연속이다. 똑같은 하나의 행위가 상대 행위와 어떻게 상호작용 하는가에 따라 그 결과는 다양하게 나타난다. 독립된 하나의 행위만 가지고는 행위의 결과를 알 수 없고 예측도 할 수도 없다. 행위의 상호작용 결과는 우리의 상식과 완전히 다른 방향으로 나타날 수도 있다.

> 2006년 러시아 수학자 그리고리 페렐만(Grigory Perelman)이 수학계의 노벨상으로 불리는 필즈메달(Fields Medal)의 수상을 거부했다. 그는 이렇게 말했다. "나는 돈이나 명예에 관심 없습니다." 2010년, 페렐만 교수는 수학의 난제로 꼽히는 푸앵카레 추측(Poincaré Conjecture)을 증명한 사람에게 주기로 되어 있던 100만 달러의 상금도 거부했다.[303]

사람들은 일반적으로 금전적 보상을 추구하나 금전적 보상이 주어지는 수상을 거부하는 사례도 있다. 이처럼 수여자와 수상자의 상호작용 결과도 우리가 일반적으로 생각하는 상식과 달리 다양한 결과를 가져올 수 있다.

모든 종교에서 사랑과 자비를 말하고 있으나 사랑과 자비도 상대에 따라 전혀 엉뚱한 결과가 나올 수도 있다. 사랑과 자비도 독립적인 것이 아니고 상호 작용으로 이루어지기 때문이다. 따라서 사랑과 자비도 상호 작용의 결과를 예측해 보아야 한다. 무조건적인 사랑과 자비가 항상 긍정적인 결과를 가져오는 것은 아니기 때문이다.

상호작용의 다른 표현 중 하나는 게임이라고 할 수 있다. 상호작용은 게임의 필요조건이 된다. 더불어 살아가는 우리의 삶은 사전적 의미의 게임은 아니라고 할 수 있으나 삶이 상호작용으로 이루어진다는 관점에서 보면 삶 자체가 넓은 의미에서는 게임이라고 할 수 있을 것이다.

우리가 사전적 의미로 게임이라고 할 수 있는 것은 그 게임에 맞는 고유의 규칙이 있고, 그 규칙에 따라 행위하고 그 결과로 승패(勝敗)를 가린다. 승패를 가리는 이유는 게임에서 승(勝)과 패(敗)에 따라 주어지는 보상이 달라지기 때문이다. 상금이 걸려있는 운동경기의 경우 승자(勝者)에게는 일반적으로 상금, 상패 등 보상이 뒤따른다. 상금이나 상패와 같은 유형의 보상만이 보상이 아니고 승자가 얻을 수 있는 명예와 같이 무형의 보상도 보상으로 볼 수 있다.

삶에는 고유의 규칙은 없지만 게임과 같은 상황이 펼쳐진다. 우리 삶의 대부분 행위 즉 가족관계, 친구, 경제, 정치, 국제관계 등이 상호작용으로 이루어지는 일종의 게임이라고 할 수 있을 것이고 따라서 인간 행태와 경제사회 현상을 파악하는 데 있어서 게임에 대한 이해는 그만큼 중요하다.[304]

어린 시절 엄마로부터 원하는 걸 얻어내기 위해 어리광을 부리는 것도 일종의 게임이라고 할 수 있을 것이다. 자신이 원하는 바를 얻고

---

303) 하임 샤피라(2019), 21.
304) 김영세(2022), 3.

자 어리광을 부리지만 그 결과는 알 수가 없다. 어리광이 어떤 때는 자신이 원하는 바를 얻을 수 있게 하지만 어떤 때는 반대로 꾸지람만 불러올 수 있다. 똑같은 나의 어리광 결과는 나 홀로 만드는 게 아니라 엄마와 상호작용으로 만들어지기 때문에 어리광으로 원하는 결과를 얻기 위해서는 어리광을 부리기 전 엄마의 기분이나 상황을 잘 파악하는 것이 중요하다.

또한 성장하면서 겪게 되는 친구 관계, 학교에서 시험, 직장에서 승진, 결혼 및 가정생활 등은 모두 게임과 같은 상황으로 볼 수 있다. 삶의 과정에는 개인 간 게임과 함께 집단적 게임도 있는데 기업들의 이윤추구를 위한 경제활동, 국가들이 주변국과의 다양한 관계 속에서 국민의 안녕과 평화를 지키기 위한 국가의 통치행위 등의 행위는 집단적 게임으로 볼 수 있을 것이므로 우리 삶은 개인과 개인, 개인과 집단, 집단과 집단들 간의 게임과 같은 것이다.

전쟁은 일정한 규칙은 없지만 다른 그 어느 게임보다도 승패가 분명하게 갈리는 게임이며, 다른 게임에서와 마찬가지로 전쟁이라는 게임에서도 승패는 어느 한쪽의 전략만으로 결정되는 게 아니고 상대의 전략과 상호작용한 결과로 결정된다. 따라서 전쟁에서도 이기기 위해서는 나의 전략 못지않게 상대방의 전략을 예측하거나 파악하는 것도 중요하다.

즉 상대방의 전략을 파악하여 그 전략에 가장 적절하게 대응할 수 있는 나의 전략을 갖추고 전쟁에 임하는 것이 승리확률을 높이는 길인 것이다. 이와 같은 관점에서 본다면 손자병법(孫子兵法)을 저술한 중국 오(吳)나라 손자(孫子)는 게임이론이나 연기법을 들어서 설명하지는 않았지만, 그의 병법서에는 게임이론이나 연기법의 원리가 충분히 녹아 스며들어 있다. 손자는 전쟁의 방법을 이렇게 기술하고 있다.

적군을 알고 아군을 알면 백 번 싸워도 위태하지 않다.
적군을 알지 못하고 아군을 알면 한 번은 이기고 한 번은 진다.
적군을 알지 못하고 아군도 알지 못하면 싸울 때마다 위태롭다.[305]

손자는 이처럼 적군을 먼저 알고 싸우면 백번을 싸워도 이길 수 있다고 하고 있다. 적군을 파악하여 적군이 아군보다 강하다고 파악되는 경우, 직접적인 전쟁을 피하고 타협이나 화해 등의 다른 전략을 택할 것이기 때문에 백번 싸워도 위태하지 않다고 하는 것이다. 이길 수 없는 전쟁은 피해야 하는 것이다.

즉 전쟁에서 승리는 우리 쪽의 전략만으로 이루어지는 것이 아니라는 것을 명확히 알고 병법서를 작성한 것이다. 게임이론이나 연기법의 원리인 상호작용을 바탕으로 한 병법에 따라 전쟁에 임하는 경우 승리의 확률을 높여왔기 때문에 그 병법서는 명저로 인식되고 있고 오늘날까지 읽히는 것이다.

대부분 우리의 삶도 상호작용으로 이루어지기 때문에 병법서의 전략적 내용을 일상적인 우리 삶의 과정에도 적용하여 많은 지혜와 교훈을 찾아내는 것이다. 전략 중 가장 중요한 것은 우선 상대의 전략을 파악하는 것인데 상대방의 전략을 알아내는 것은 쉽지 않은 일이다. 유명한 삼국지의 조조(曹操)와 제갈량(諸葛亮) 이야기도 게임과 같은 상황이다. 최선의 전략을 선택하는 데 피할 수 없는 논리적인 문제를 살펴보기 위해 삼국지의 유명한 적벽대전을 예로 들어보자.

적벽대전에서 조조가 대패하여 퇴각하는 도중에 갈라진 길을 만나게 된다. 한쪽은 숲이 우거진 소로이고 다른 한쪽은 평탄한 대로인데 소로의 숲에서는 복병이 있는 것처럼 연기가 피어오르고 있었다. 이에 조조는 연기는 매복을 가장한 제갈량의 계략이라고 판단하였으나 제갈량은 실제로 소로에서 매복하고 있었으므로 조조가 큰 낭패를 당하게 되었다는 이야기가 있다. 조조가 연기를 제갈량의 속임수라고 생각하고 소로를 택했으나 제갈량은 조조의 그런 생각까지 간파하여 소로에 실제 복병을 둠으로써 승리할 수 있었던 것이었다. 조조가 제갈량의 이런 이중의 계략을 간파했더라면 대로를 택하고 유유히 지나갈 수 있었을 것이란 점에서 조조의 결정은 합리적이지 못했다고 할 수 있다. 그런데 만약 조조가 이와 같은 제갈량의 생각을 간파하고 대

---

305) 손자(2023), 61.

로를 택했다면 이번에는 제갈량이 합리적이지 못한 것이 된다. 그렇다면 제갈량이 조조의 이러한 추론까지도 간파하고 대로를 택한다면 다시 조조가 이러한 제갈량의 추론을 간파하고 소로를 택한다면…

이처럼 서로의 전략을 알고 있는 상황에서는 상대방의 전략을 추론하고 상대방은 그 추론의 결과를 바탕으로 다시 추론하고, 그리고 상대방은 다시 추론하는 상황은 영원히 계속될 것이다.306) 게임과 같은 상황에서 상대방의 전략을 추론하는 건 쉽지 않고 불가능한 일일 수도 있다. 그렇지만 적벽대전에서처럼 전쟁의 승패는 나의 전략뿐만 아니라 나의 전략과 상대방 전략의 상호작용으로 결정된다. 이러한 상황을 게임이론의 보수행렬 형식을 빌려 표현하면 아래와 같다.

조조와 제갈량의 게임 상황

		제갈량	
		소로	대로
조조	소로	패, 승	승, 패
	대로	승, 패	패, 승

위의 표에서 앞의 결과가 조조의 결과이고 뒤의 결과가 제갈량의 결과이다. 즉 조조와 제갈량 둘 다 소로 또는 대로를 택하면 서로 만나게 되고, 만난다면 병력을 잃고 도망하던 조조는 무조건 패하게 된다. 반대로 서로 만나지 못한다면 다 이긴 전쟁을 놓치게 되므로 제갈량이 전략적으로 패하는 걸로 표현될 수 있다.

이처럼 끝없는 추론으로 선택된 전략의 상호작용 결과로 전쟁의 승패가 갈라지고 그 승패의 결과는 사라지는 것이 아니고 업보로 남아 향후 전쟁에 영향을 미치게 될 것이다. 조조(曹操)가 제갈량이 파놓은 함정에 걸려 관우와 만났으나 목숨을 구할 수 있었던 것은 결국 과거에

---

306) 김완진(2005), 26.

조조(曹操)가 관우(關羽)에게 베풀었던 은혜, 즉 업보 때문이라고 볼 수 있다.307) 업보는 연기법, 즉 인연의 결과물이다.

　　게임이론(Game Theory)은 게임이라는 단어가 암시하는 바와 같이 게임의 원리를 파악하여 우리의 삶에서 승리의 확률을 끌어 올릴 수 있는 방법을 찾아내고자 하는 의도에서 시작되었다. 게임의 원리로부터 탄생 된 게임이론은 인간 행동을 연구하는 독특하고 학제적인 접근방법, 전략의 합리적 선택을 연구하고 사람들 간의 상호작용을 마치 모든 사람이 규칙과 이득을 알고 '이기려고 하는' 게임인 것처럼 다루는 접근방법이다.308)

　　연기법이 붓다가 만든 것도 아니고 붓다가 연기법의 이치를 깨닫든 그렇지 않든 우리는 연기법 속에서 살아가듯이, 게임이론이 세상에 알려지기 전에도 우리는 게임과 같은 원리로 삶을 이해하고 영위해 왔다. 하지만 20세기에 들어오기 전까지 둘 사이의 관계를 명확하게, 수학적으로 규명한 사람은 아무도 없었다. 20세기에 이르러서야 인간의 경제 행위를 게임이론을 통하여 이해하려는 시도가 이루어졌다.

　　게임이론 이전에는 인간의 경제적 만족도는 주관적인 것으로 객관적으로 측정한다는 것이 어렵고 무의미한 걸로 인식되었으나 경제와 수학의 통합, 즉 현실 세계의 돈 문제를 포커나 체스 같은 게임에 수학적으로 적용한 것은 수학의 응용 분야에 일대 혁명을 가져왔다. 이러한 게임이론 발명의 공은 대부분 20세기의 가장 위대한 천재 수학자 폰 노이만(John von Neumann)의 몫이다.309)

　　폰 노이만이 오스트리아 경제학자 모르겐슈테른(Oskar Morgenstern)과 1944년 출간한 『게임이론과 경제적 행동(Theory of Games and Economic Behavior)』은 여전히 게임이론의 바이블로 여겨진다. 게임이론 신봉자들이 볼 때, 이 책이 경제학에서 차지하는 위치는 물리학에서 뉴턴의 "프린키피아(Principia)"가 차지하는 위치에 버금간다.310)

---

307) 자오융(2009), 220.
308) 로저맥케인(2021), 14.
309) 톰 지그프리드(2010), 52.

개개인의 행동이 전체 경제에 미치는 영향을 엄밀하게 수학적으로 기술했다는 점에서 애덤 스미스(Adam Smith) 이론의 수학화(數學化) 작업이라고도 할 수 있다.

애덤 스미스는 현대 경제학의 아버지로 불리고 있다. 폰 노이만과 모르겐슈테른은 우리는 전형적인 경제학 문제들이 그에 상응하는 적절한 게임 전략과 수학적으로 동일하다는 점을 보여주고 싶어 했다고[311] 한다.

이처럼 수학에서 시작된 게임이론은 경제학 연구에 더 많이 활용되어 인간들의 경제활동을 설명하는데 크게 효용가치를 인정받았다. 게임이론은 이제 경제학은 물론 경영학, 정치학, 국제관계론, 심리학 등 사회과학뿐만 아니라 생물학이나 전자공학과 같은 자연과학에서도 활발히 연구되어 응용되고 있다.[312] 나아가 이제는 게임이론을 통해 모든 걸 설명할 수 있다고까지 하고 있다. 우주는 두뇌를 만들어내고, 두뇌는 수학을 만들어낸다. 그 수학은 두뇌가 만들어내는 모든 행동 – 문명, 문화, 경제, 정치 등을 포함한 모든 집합적인 사회활동 – 을 설명해 준다.[313]

이 밖에도 게임이론은 우리 실생활에서 응용되는 분야가 무궁무진하다. 의대 레지던트들을 병원에 배치하는 문제, 전염병 확산 메커니즘 이해, 그리고 다양한 전염병에 대해 가장 효율적으로 예방 접종하는 방법, 심지어는 병원균의 항생제 내성 연구에 대한 투자 등도 게임이론이 다룰 수 있는 분야다.[314]

게임이론이 전쟁을 시뮬레이션하는 데도 많이 사용되는 만큼 테러집단을 이해하고 그들의 전략을 예측하기 위하여 사용되기도 한다. 또한 유권자들의 투표 성향 분석, 의식과 인공지능의 이해, 생태학적 문제를 해결하거나 암의 발생 메커니즘을 이해하는 문제 등도 있다. 왜 남녀 비율은 거의 똑같은지, 왜 사람들은 나이가 들면서 인색해지는지,

---

310) 톰 지그프리드(2010), 62.
311) 위의 책, 62.
312) 김영세(2022), 5.
313) 톰 지그프리드(2010), 22.
314) 위의 책 110.

그리고 사람들은 왜 다른 사람들에 대한 가십에 그렇게 관심이 많은지 등도 게임이론으로 설명할 수 있다.315)

나아가 서양에서는 '신의 존재와 믿음'에 관한 형이상학적 문제까지 게임이론으로 이해하고 합리성을 찾으려는 시도도 이루어지고 있다. 또한 성경 속 인물들의 동기를 밝히고, 그들 행동의 합리성에 대한 문제를 게임이론을 통하여 이해하려는 경향도 있다.316)

신의 존재와 믿음의 보수행렬317)

		인간	
		믿음	믿지 않음
신의 존재	드러냄	4, 4	2, 1
	드러내지 않음	3, 2	1, 3

이처럼 게임이론은 게임에서 승리의 확률을 높이기 위한 원리를 설명하기 위해서 불과 100여 년 전에 생겨난 이론이지만 현재는 모든 학문에 적용되어 삶의 과정에서 만날 수 있는 다양한 상황에서 최선의 전략을 선택할 수 있도록 도움을 주고 있다. 이렇게 다양하게 활용되는 게임이론의 기본 개념은 우리 삶의 과정은 혼자가 아니라 상대가 있다는 것, 즉 상호작용의 원리인 연기법과 같은 것이다.

그렇지만 연기법(緣起法)은 이해하기 어렵고 심오하다 보니 우리가 살아가는 삶의 과정에 직접적으로 적용되기보다는 철학적으로 생노병사(生老病死) 등 존재(存在)의 생멸(生滅) 원리를 설명하는 등에 주로 사용되고 있다. 살펴본 바와 같이 연기법은 나를 구성하고 있는 오온(五蘊)은 물론 일체(一切), 즉 우주 삼라만상이 연기법의 원리에 의해 생멸한다고 설명하고 있어 게임이론과 비교하면 연기법이 훨씬 폭넓고 심오하다고 할 수 있다.

---

315) 톰 지그프리드(2010), 110.
316) Rios Diego(2013), 224.
317) McShane Paddy Jane(2014), 8.

즉 게임이론은 상호작용하는 삶의 과정에서 나타나는 현상을 이해하고, 이를 기반으로 보다 효율적인 행위를 할 수 있게 해주는 연기법의 한 분야라고 할 수 있을 것이다. 연기법 중 삶의 과정에서 맞이하게 되는 괴로움의 원인과 소멸의 원리를 설명하는 사성제(四聖諦)와 비슷한 부분이 많다고 볼 수 있을 것이다.

우리가 살아가는 자본주의는 경제를 획기적으로 발전시켰고 게임이론은 자본주의 경제 현상을 이해하고 설명하는데 널리 그리고 유용하게 활용되고 있다. 자본주의 경제 현상을 설명하는 학문이 경제학이며 경제학은 애덤 스미스(Adam Smith)로부터 시작되었다. 그리고 애덤 스미스 이론은 현대에 들어와서 인간은 합리적으로 행동한다는 생각이 굳어지는 데 큰 기여를 했다.[318] 오늘날 대부분의 경제학자들은 현대 경제학이 애덤 스미스를 넘어섰다고 생각한다.

하지만 애덤 스미스의 경제사상은 현재까지 문화 전반에 걸쳐 지대한 영향을 끼치고 있으며, 특히 경제학에서의 위치는 확고하다.[319] 또한 애덤 스미스가 경제학에서 보여주는 통찰력은 오늘날 경제사회 각 분야에서 벌어지고 있는 인간 행동을 이해하기 위한 발판이 되고 있다. 이처럼 경제학에서는 인간을 합리적이라고 하는데, 게임이론은 합리적 행동 즉 이기심의 결과가 어떻게 나타나는지 알아보고자 하는 것이다.

---

318) 톰 지그프리드(2010), 30.
319) 위의 책, 30.

2 게임이론과 이기심(Self-Interest)

가. 애덤 스미스(Adam Smith)

붓다는 우리의 모든 괴로움의 원인은 무명으로부터 비롯되는 탐욕(貪慾), 즉 이기심이라고 하였다. 현재 우리는 개인의 자유로운 경제활동을 기반으로 하는 자본주의 속에서 살고 있다. 애덤 스미스는 인간을 '합리적이며 이기적'이라고 정의하였으며 후에 사람들은 이러한 성격을 가진 인간을 '호모 이코노미쿠스(Homo Economicus)'라고도 하였다. 우리가 살아가고 있는 자본주의 원리를 연구하는 경제학은 이기심을 바탕으로 사람들 간의 상호작용하는 과정을 연구하는 학문이다. 즉 이기심으로 가득한 인간들에게 부족한 재화와 용역을 효율적으로 배분하는 방법을 연구하는 학문이 경제학이라고 할 수 있다. 따라서 인간이 이기적이라는 대원칙은 오늘까지도 적용되고 있다.

애덤 스미스의『국부론(The wealth of nations)』부터 시작된 경제학의 역사에서 약 200년 동안 인간이 합리적이라는 가정이 깨지지 않았던 것은 그만큼 합리적 인간이 경제학의 핵심을 담당하는 철학이기 때문이다. 합리적 인간은 자기 자신의 효용이 극대화되도록 결정하고 행동한다는 것으로 결국 이기심의 다른 표현이다.

예로부터 지금까지 이처럼 '이기적 인간'이라는 개념이 유지되는 이유는 이기적 인간을 대체하기 위한 그 어떤 이론도 이기적 인간임을 가정한 이론보다 더 인간의 삶을 설명할 수 있는 실질적이고 현실적인 이론을 내놓지는 못하고 있기 때문이다. 애덤 스미스는 이기심에 대하여 일반적으로 부정적으로 인식되는 것과 달리 이기심을 긍정적으로 활용한다면 개인이 행복을 추구하면서 사회의 공동선에도 기여할 수 있다고 주장했다. 이기심은『국부론』의 핵심 개념 중 하나로 인간은 이기심을 만족시키기 위해, 즉 자기 자신의 이익을 극대화하기 위해 합리적인 선택을 한다는 것이다.

『국부론』은 이기심을 인간 본성의 특성으로 보는데, 경제활동에서 이기심을 전제로 하는 이유는 각 개인이나 기업들이 각자 자신들의 이익을 추구함으로써 경제구조가 원활하게 작동하고 나아가 경제가 발전한다고 가정하기 때문이다. 이기심은 인간에게 경제적 동기를 제공하고, 이익을 얻기 위해 경쟁하고 노력하는 삶의 바탕이 되며, 새로운 제품이나 서비스를 개발하고 혁신하는 원동력이 된다는 것이다. 즉 우리가 질 좋은 제품을 싼값에 향유 할 수 있는 건 그 제품을 생산하는 '사람들의 자비심이 아니라 그들의 이기심' 때문에 가능한 것이라고 했다.

> 우리가 성대한 만찬을 기대할 수 있는 것은 고깃간 주인, 양조업자, 빵 굽는 사람의 '자비심' 때문이 아니라 그들의 이익, 즉 그들의 '이기심' 때문이다. 그들이 가지고 있는 것은 휴머니즘이 아니고 이기심이고, 그들은 우리들의 이익에는 관심이 없고 오로지 자신들의 이익에만 관심이 있다.[320]

이 생각은 당시로서는 상당히 급진적이었는데 당시에는 이기적 행동은 비도덕적인 것으로 생각했기 때문이다. 애덤 스미스보다 1백여 년 전 활동했던 토마스 홉스(Thomas Hobbes)와 같은 영국 철학자들은 수많은 사람이 이기심을 쫓아 행동할 때 필연적으로 나타날 혼란을 피하고 질서를 유지할 수 있는 유일한 방안으로 강력한 정부가 필요하다고 주장했다.[321] 강력한 국가의 법과 규제에 의한 통치가 국가와 사회를 안정시킬 수 있다는 사상을 가졌던 당시에, 통치가 없더라도 인간들의 이기심에 의해 합리적인 질서가 스스로 생겨날 수 있다는 주장은 파격적이며 급진적인 사상으로 평가되었다.

애덤 스미스는 이기심을 쫓는 개인의 행동이 어떻게 사회에 유익한 결과를 가져올 수 있는지를 설명했다. 애덤 스미스는 농부나 이발사의 이기적인 행동이 탐욕에 기초하고 있지만 탐욕을 쫓는 것이 모두에게 유

---

320) Smith Adam(2000), 15.
321) 새뮤얼 보울스 외 2인(2013), 126.

익힐 수 있다고 주장했다. 잘 정의된 소유권과 경쟁적 시장이 사람들의 배후에서 작동한다면, 사람들이 이웃의 행복에 전혀 관심이 없는 경우에도, 각자의 이기심이 경쟁과 창의성을 촉진시켜 재화와 용역의 생산성을 높이고, 결과적으로 국가와 사회의 부를 증대시켜 사회 전체적으로 유익한 결과를 가져오게 할 수 있다는 것이다. 이처럼 이기심이 개인의 행복을 증진시키며 궁극적으로는 공동선에 기여하게 된다는 애덤 스미스의 주장은 게임이론이 등장하기 전까지는 모두에게 받아들여졌다.

애덤 스미스가 주장한 바와 같이 나는 나의 이기심만을 위해서 살아가면 자연스럽게 공동선에 보탬이 되며 나 자신도 행복해질까. 혹은 반대로 모든 종교가 가르치는 것처럼 원수를 사랑하고, 오른쪽 뺨을 맞으면 왼쪽 뺨을 내밀며 무조건적 사랑과 자비를 베풀며 무조건적인 이타심을 바탕으로 살아가면 나와 세상은 고통에서 벗어나서 모두가 행복하게 될 수 있을까. 게임이론은 나의 이기심 그리고 그 반대의 이타심의 결과도 상대와 상호작용의 결과로 나타나기 때문에 상호작용하기 전까지는 이기심이나 이타심의 결과를 알 수 없다고 한다. 즉 이기심이나 이타심의 결과는 독립적으로 정해져 있는 것이 아니라 상대의 행위와 상호작용의 결과로 나타나기 때문에 예측할 수 없다는 것이다.

나. 존 내쉬(John Nash F.)

앞에서 언급한 것처럼 애덤 스미스는 각자가 이기심을 추구하는 경우 경쟁과 상호작용이 이루어지는 시장이라는 '보이지 않는 손(Invisible Hand)'에 의하여 자신도 모르게 공동선에 기여(寄與)하게 된다고 하였다. 그렇지만 존 내쉬는 생각이 달랐다. 존 내쉬는 1949년 27쪽짜리 박사 논문 하나로 150년 동안 지속되어 온 애덤 스미스의 경제학 이론의 근본을 뒤집는다.

존 내쉬는 게임이론 중 가장 널리 쓰이며 유용한 '내쉬균형'(Nash Equilibrium)을 발견한 것이다. 내쉬균형에 대한 영감을 얻은 곳은 그의 연구실이 아니라 친구들과 함께 찾은 호프집이었다고 한다. 존 내쉬가 친구들과 호프집을 찾았을 때 여학생들을 만나게 된다. 만일 애덤 스미스의 주장이 맞는다면, 친구들 모두 자신의 이기심만을 충족시키기 위하여 가장 아름다운 여학생 한 명에게 만 데이트를 신청하게 되는 경우, 각자의 이기심 추구는 '보이지 않는 손(Invisible hand)'에 의하여 자연스럽게 균형점에 이르고 자신도 모르게 공동선에 기여(寄與)하게 될 것이다.

그렇지만 존 내쉬는 생각한다. 애덤 스미스의 주장대로 모두가 자신의 이기심 충족을 위하여 가장 아름다운 한 여학생에게만 데이트를 신청한다면 우리 친구 중 한 명은 커플을 이뤄 즐거운 저녁 시간을 보낼 수 있을 것이지만 나머지 친구들은 쓸쓸히 저녁을 보낼 것이다. 이러한 상황을 예측하고 조금씩 자신의 이기심을 양보하여 가장 아름다운 여학생이 아닌 다른 여학생에게 데이트를 신청을 한다면 모두가 커플을 이룰 수 있을 것이므로 모두가 행복한 저녁을 보낼 수 있을 것이라고 생각한다.

이처럼 존 내쉬의 결론은 집단을 이롭게 하는 건 '각자의 이기심 충족이 아니고 조금씩 양보하고 손해를 보는 것'이라고 결론을 내린다. 이유는 남학생들이 자신의 이기심에 최선이 아닌 자신의 이기심을 조금 양보하여, 차선을 택하여 다른 여학생들에게 접근한다면 결과적으로 가장 아름다운 여학생은 데이트 상대가 없어 홀로 남게 될 것이다. 그러면 못생긴 남학생도 홀로 있다가 용기를 내어 그 여학생에게 데이트를 신청하게 될 것이고 그 아름다운 여학생은 다른 친구들이 다 커플이 된 걸 보고 그냥 집으로 돌아가는 것보다는 못생긴 남학생하고라도 데이트 하는 게 낫다고 생각할 수 있다.

각자 자신의 이기심 충족만을 위하는 것이 아니라 한발 물러나 가장 아름다운 여학생을 포기하고 다른 여학생에게 데이트를 신청하는 경우 개인의 이기심 측면에서는 최선이 될 수 없다. 그렇지만 집단의 관점에서 보면 구성원 모두 최선의 효용은 아니지만 차선의 효용은 구할 수 있어 전체적인 효용은 증가할 것이므로 공동선을 개선시키고, 개인 각자도 최선은 아니지만 차선의 행복은 누릴 수 있을 수 있다는 것이다. 따라서 존 내쉬는 각자의 이기심 추구는 공동선을 달성하게 될 것이라는 '애덤 스미스의 주장은 틀렸다'라고 한 것이다. 그의 결론은 '집단을 이롭게 하는 것은, 그리고 자신을 위한 차선의 효용을 가능하게 하는 것은 각자가 조금씩 손해를 보는 것'이라는 밝혀낸 것이다.

호프집에서 영감을 얻은 존 내쉬는 논문에서 내쉬균형(Nash Equilibrium)을 발표한다. 존 내쉬가 생활 속에서 발견한 내쉬균형은 지적 혁명이라고까지 평가되고 있으며 궁극적으로 게임이론을 소일거리 유희에서 사회과학의 초석으로 발전시켰다고 평가되고 있다.322) 즉 존 내쉬는 애덤 스미스의 이론과는 다르게 개인이 본인의 이기심만 쫓는 게 그가 속한 집단에 공동선의 결과를 항상 가능하게 하는 것은 아니라고 주장하는 것이다.

존 내쉬는 나의 합리적 선택의 결과는 나의 선택뿐만 아니라 다른 사람의 합리적 선택과 상호작용에 의해서 결정된다고 주장하였고 그것을 증명한다. 내쉬균형의 핵심은 '합리적 공통지식(common knowledge of rationality)'이다. 이를 쉽게 말하면 모든 경기자들은 게임의 보수와 규칙을 인지하고 있으며, 자신에게 가장 이득이 되는 합리적인 전략을 선택한다는 것이다.

내쉬균형은 사람들이 동시에 선택해서 결정해야 하는 상황일 때 그들에게 일어나는 행동 변화를 예측할 수 있게 해준다. 동시에 선택한다는 의미는 시간적 동시성보다는 상대방의 선택을 상대방이 알 수 없는 상태를 말한다. 동시가 아닌 다른 시간에 전략을 선택한다고 하더라도 상대방이 선택한 전략을 알 수 없다면 동시에 선택한 것으로 본다. 일반적으로 동시 진행 게임에서 각 경기자는 상대방의 행동을 예측하고 이에 대해 최선의 전략을 선택한다고 볼 수 있다. 경기자들이 취할 것으로 예상되는 전략들이 존재하고 경기자들은 예상되는 전략들에 대응할 수 있는 최선의 전략을 선택하여 대응할 것이다.

내쉬균형은 선택이 가능한 전략 중 합리적 선택인가 하는 질문에 대한 해답이 아니라 어떤 상황이 지속될 수 있는 균형 상황인가에 대한

---

322) 톰 지그프리드(2010), 83.

해답이다.323) 즉 내쉬균형이란 두 명이나 그 이상의 경기자들이 하는 비협력적인 게임에서 상대방이 현재 선택을 유지한다는 전제하에 나 자신도 현재의 선택을 바꿀 유인이 없는 상태를 말하는 것으로 경쟁자의 대응에 따라 최선의 전략을 선택하면 서로가 자신의 선택을 바꾸지 않는 균형 상태를 말한다.324)

이러한 조건을 만족시키는 내쉬균형은 상대방의 전략조합에 대하여 최선의 전략으로 대응한 전략조합이 된다. 즉, 사람들이 안정을 찾고 싶다면 어떤 행동을 선택할지 예측할 수 있다.325) 보울스는 단언했다. "내쉬균형은 아마도 게임이론 역사상 가장 중요하면서도 기본적인 개념일 것이다. 말 그대로 기본 중에 기본이다."326)

존 내쉬는 경제학계의 당시 주류 이론을 의심하고 재정립하는 중요한 역할을 했는데 시장만능주의와 정부개입에 대한 논란이 끊이지 않는 오늘날에도 존 내쉬의 이론은 우리에게 주는 시사점이 크다고 할 수 있다. 존 내쉬는 애덤 스미스와는 다르게 개인의 이기적인 행동이 공동선을 개선하는 것이 아니라, 집단 전체의 상황을 고려한 합리적인 행동이 공동선을 가능하게 해준다는 것이다.

이 주장은 사회 모든 구성원이 각자의 이기심보다 사회의 이익을 먼저 생각해야 가능하겠지만 우리 삶에서는 실제로 그렇지 않기 때문에 문제가 발생하게 된다. 사람들은 개인의 이득을 사회의 이득보다 먼저 생각하고, 어떤 사람은 개인의 단기적인 이득을 위하여 사회의 장기적인 이득을 해치기도 하므로 내쉬균형은 방임주의가 완벽하지 않으며, 때로는 집단의 장기적인 이득을 위해서는 제3자의 개입이 타당하다는 이유를 제시하기 위해서 사용되기도 한다.

비록 처음에는 그다지 환영받지 못했지만, 내쉬균형은 곧 경제학자들을 사로잡았고 결국 1994년 노벨경제학상을 수상하기에 이른다. 존

---

323) Nash John F.(1950), 49.
324) Capps Donald(2011), 153.
325) 톰 지그프리드(2010), 95.
326) 위의 책, 93.

내쉬는 서로 정보교환이나 협력 없이 각자 독립적으로 행동하는 상황을 설명할 수 있는 이론을 고안해 냈다. 쉽게 말하면 일반적으로 전략적 선택이라고 하지만 그 전략적 선택의 본 의미는 철저히 이기적인 인간들의 행동을 나타내는 것이다. 존 내쉬의 게임이론은 이러한 이기적 행동을 설명하는 비협력 게임이론이다.

생각해 보면 비협력 게임이야 말로 서로 살아남기 위해 아귀다툼을 벌이는 오늘날 현실을 가장 잘 반영하고 있다고 할 수 있다.[327] 비협력 게임이론은 경쟁과 협동이 공존하는 우리의 사회 현상을 과학적으로 분석할 수 있는 이론으로 평가되는데 한 예로 인센티브(Incentive)를 실제로 계산할 수 있게 된 것이다. 나아가 정치, 경제, 사회적 행위에서 발생할 수 있는 경쟁과 협동의 원리를 이론적으로 이해할 수 있게 되어 이 이론이 주는 의미는 대단히 크다고 할 수 있다.

게임이론은 협상(協商)에서도 중요한 이론으로 자리 잡았다. 협상을 벌이는 경기자들은 서로 공통적인 이해관계를 가지고 있다. 승자가 얻으면 패자는 잃을 수밖에 없는 제로섬 게임과 달리, 협상 게임에서는 양쪽 모두가 이익을 취할 방법이 있다. 협상에서 협상의 결과에 대하여 상대방이 어떠한 생각을 하는지 수학적으로 분석하는 건 매우 어려운 것이다.

그렇지만 게임이론은 협상에서 기대되는 결과에 대하여 상호작용 원리를 통한 이해를 시도하는 경우 결과에 대한 분석이 쉬워지므로 죄수의 딜레마 모델을 협상의 표준 모델로 삼는 것이다.[328] 물론 이렇게 상호 협력적인 게임일지라도 경기자들의 최우선 목표는 각자의 이익이다. 하지만 그것이 반드시 다른 사람의 손해를 의미하는 것은 아니다. 협상만 잘하면 모두가 이익을 볼 수 있다. 현실에서 가장 전형적인 예로 노동자와 회사 간의 협상을 들 수 있다.[329]

---

327) 톰 지그프리드(2010), 94.
328) Amade S. M.(2015), 52.
329) 톰 지그프리드(2010), 89.

존 내쉬는 두 명이 상호 이익을 얻을 수 있는 여러 개 상황을 설정했다. 문제는 그중 어떤 방법이 양쪽의 이익을 최대로 만족시킬 수 있는 전략인가이다. 두 명 모두 합리적이고 (자신의 효용을 수치로 표시할 줄 알고) 똑같은 협상 능력을 지니고 있으며 서로의 목표에 대해 똑같이 알고 있다는 가정하에 말이다.[330] 사람들은 각자의 이익을 최대한 추구하다 보면 서로의 이익이 균형을 이루게 되는데 존 내쉬는 이러한 사회 현상에 대응하는 게임이론 모델을 만들고 존 내쉬의 수학을 적용하여 해결의 실마리를 찾아낸 것이다. 서로의 이익이 내쉬균형에 이른다는 것이 항상 공동선에 이른다는 것은 아니다. 오히려 왜 공동선에 이를 수 없는지를 설명하는 것이다.

---

[330] 톰 지그프리드(2010), 89.

3. 게임이론의 주요 모델

게임이론에서도 연기법과 마찬가지로 게임 참가자 전체의 최적 효율, 즉 공동선에 이르지 못하는 원인은 욕탐, 즉 이기심에 있다고 한다. 다만 게임이론에서는 '욕탐'이라는 단어 대신 '전략적 선택'이라는 용어 등을 사용한다. 게임 참가자는 이기심에 의해 자기 자신만을 위한 최선의 전략을 선택한다는 것이고, 당연히 게임 상대방도 그러할 것이라는 걸 알고 있다고 가정한다. 이러한 각자의 이기심을 바탕으로 한 최선의 전략을 선택하는 결과는 게임 참가자들에게 최선의 결과를 가져올 수 있을까. 애덤 스미스의 이론이 맞는다면 '보이지 않는 손(Invisible hand)'이 최선의 결과를 가져다주어야 하지만, 존 내쉬는 "애덤 스미스는 틀렸다"라고 한 것이다.

　게임이론은 연기법과 똑같은 상호작용의 원리로 우리의 삶을 설명하고 있는데 현재 우리가 살아가는 과정에서 왜 공동선에 도달할 수 없는가를 효율적으로 설명할 수 있다. 즉 게임이론에서 이기심은 각자 최선의 '전략적 선택'으로 또 괴로움은 '공동선에 이르지 못함'으로 표현되고 있다고 볼 수 있다. 이기심에 근거한 최선의 전략적 선택이 어떻게 공동선에 도달하지 못하여 괴로움이 되는지 게임이론의 많은 모델은 설명하고 있는 것이다.

　모델화를 하면 문제의 성격을 파악할 수 있기 때문에 전략적 선택을 할 수 있고 그 선택의 결과를 예측할 수 있다. 게임이론에서 보는 경기자들은 모두 합리적이다. 즉 모두 이기적이다. 상호작용하는 일반적인 삶에서 개인의 괴로움이 발생하고 공동선에 도달하지 못하는 것은 각 경기자가 자신에게만 가장 유리한 이기적 선택을 함으로써 생겨난다고 볼 수 있다.

　게임이론의 가장 큰 장점은 공동선에 이르지 못하는 문제 등을 간단히 모델화할 수 있다는 점이다. 모델화할 수 있다는 것은 문제의 성격을 이해했다는 것으로 볼 수 있다. 모델화를 하지 못한다는 건 그 문제를 이해하지 못했다는 것이고 그 문제의 본질 자체를 이해하지 못하고 있다면 그 문제의 해결은 기대할 수 없다. 이해도 하지 못하고 문제 해결을 무작정 시도한다면 문제는 점점 더 해결 불가능한 수렁으로 빠져들 수도 있다.

게임이론이 게임에서 승리의 확률을 높이기 위하여 시작된 이론이지만 승패에서 상대를 이기기 위한 수단을 알려 준다기보다는 자신의 실제 이익이 무엇인지를 알 수 있게 해준다. 게임이론은 단순히 상대를 제압하는 것만을 목적으로 삼지는 않고 제대로 된 게임을 하도록 돕는 것이다. 게임의 본질을 이해하지 못하는 상태에서 노력과 투혼이 발휘된다면 결과는 개인과 사회에 재앙으로 나타날 수도 있다. 게임이론은 넓은 시야 그리고 긴 안목을 강조한다. 따라서 게임에 따라서는 이기는 것이 지는 게 될 수도 있다. 예를 들어, 얻을 것이 없는 싸움은 할 필요가 없다. 상처뿐인 영광은 아무런 보상이 따르지 않고 불필요한 자만감만 가져올 뿐이다. 즉 게임의 본질을 이해하고 게임에 임한다면 패배하더라도 얻는 게 많을 수 있다. 과하지욕(袴下之辱)이라는 고사성어가 있다.

> 어느 날, 한나라 한신이 고향 회음의 시장 거리를 거닐 때였다. 칼을 찬 한신이 눈에 거슬렸던 불량배 하나가 그에게 시비를 걸었다. "이봐! 넌 늘 칼을 차고 다니지만 사실은 아무것도 없는 겁쟁이 아니냐? 네놈에게 사람을 죽일 만한 용기가 있다면 그 칼로 어디, 나를 한 번 찔러 보아라. 그렇지 못하겠다면 내 가랑이 밑으로 기어 나가라!" 그 소리에 구경꾼이 모여들어 웅성거렸다. 잠시 머뭇거리던 한신은 바닥에 엎드려 불량배의 바짓가랑이 밑을 기어 나왔다.

허리에 칼을 찬 한신이 불량배 가랑이 밑을 기어가자 온 시장 바닥 사람들이 다들 그를 겁쟁이라고 비웃었다. 시장에서 겁쟁이라는 모욕을 당한 한신은 훗날 유방이 항우를 무너뜨리고 한나라를 세우는 데 있어서 결정적 역할을 하는 대장군이 되었다.

한신은 장래에 뜻있는 삶을 위하여 이길 필요가 없는 사소한 치킨게임에서는 그 게임의 본질을 이해하고 패배하는 전략을 선택한 것이다.

불량배를 이긴다는 건 더 큰 소란만 불러올 뿐 아무 이익이 없다는 것을 한신은 파악한 것이다. 이처럼 게임의 본질을 파악하는 건 중요하다.

    게임이론은 인간들 삶의 다양한 사례들을 설명할 수 있는 수많은 모델을 만들어냈는데 그 중 대표적인 것은 죄수의 딜레마(Prisoner's dilemma)를 비롯하여 공갈 협박범의 역설(The Blackmailer's Paradox), 공유지의 비극(Tragedy of the Commons), 사슴사냥 게임(Stag Hunt Game), 치킨 게임(Chicken Game), 성 대결 게임(Battle of the Sexes Game), 매 비둘기 게임(Hawk and Pigeon Game) 등이다. 이 대표적인 게임이론 모델들에서 내쉬 균형을 찾아보고 이로부터 어떻게 인간들의 삶을 이해하고 어떻게 개선할 수 있는지 살펴보고자 한다. 이 모델들은 쉬우면서도 삶의 현장에서 응용이 가능한 것으로 생각한다.

가. 죄수의 딜레마(Prisoner's dilemma) 및 사례

1) 죄수의 딜레마

이 모델은 죄수 A와 죄수 B가 죄를 짓고 경찰서로 잡혀 온 상황을 가정한다. 죄수의 딜레마라고 명명된 것은 이 게임의 원리를 쉽게 설명하기 위해서 두 죄수가 경찰서에서 신문(訊問)을 받는 딜레마 상황을 가정했기 때문이다. 죄수의 딜레마는 게임이론이 탄생한 이래 우리가 살아가는 과정에서 나타날 수 있는 여러 가지 삶의 딜레마 현상들을 잘 설명할 수 있는 이론으로 평가되어 자주 활용되는 모델 중 하나이다.

    죄수의 딜레마는 1950년대 미국과 소련의 핵(核)무기 확산 등 군비경쟁이 한창일 때 생겨난 것으로 핵과 관련된 양국 간의 긴장 상황은 죄수의 딜레마의 고전적인 예로 자주 거론되곤 한다. 이 죄수의 딜레마가 핵전쟁의 위협에서 발견되었듯이 이 이론은 전쟁의 사례를 설명하기 위하여 자주 인용되고 있다. 죄수의 딜레마는 실제 전쟁 상황에서만 적용되는 것이 아니고 전쟁 같은 우리의 삶의 현장에서도 잘 적용되다 보니 널리 활용되고 있다. 즉 우리가 겪고 있는 여러 가지 개인이나 사회적 현상을 죄수의 딜레마 개념을 대입하여 파악하고 해결해 보려고 시도하는 것이다.

사람들은 죄수는 아니나 죄수의 딜레마 상황과 흡사한 상황을 일상의 삶의 과정에서도 많이 직면하게 된다. 그 상황에서 균형 또는 해답은 아주 상식적이나 그 상황에 놓인 사람들은 아주 상식적인 그 균형점에 도달할 수가 없다. 왜 균형점에 도달할 수 없을까. 그 상황을 설명하는 게 죄수의 딜레마이다.

죄수 A와 죄수 B가 한밤중에 무단으로 타인의 주거에 침입하여 강도 행위를 했고 며칠 후 경찰에 체포되어 연행되었다고 가정하자. 경찰서에 연행되어 온 이 둘은 주거 침입은 했으나 강도 행위는 부인하고 있다. 경찰은 CCTV로 타인의 주거에 침입한 것은 증명할 수 있으나 주거 내부에서 일어난 강도 행위에 대해서는 뚜렷한 물증이 없는 상황이다.

경찰은 그들의 강도 행위를 밝혀내지 못하면 주거침입죄 정도로 기소할 수밖에 없어 강도 행위에 대해서는 이 둘의 자백을 받아내야만 한다고 판단하고 신문(訊問)을 시작한다. 경찰이 두 죄수를 함께 신문하는 경우 상대 죄수의 진술에 따라 몸짓이나 눈빛을 교환하는 등의 방법으로 진실을 왜곡하거나 범행을 부인할 가능성이 크다고 판단하고 서로를 격리하여 개별적으로 신문하기로 한다.

경찰은 이 둘의 강도 행위가 인정된다면 죄가 무거워지리라는 걸 잘 알기 때문에 순순히 범행을 자백할 가능성이 거의 없을 것으로 생각하고 신문 과정에서 두 용의자에게 다음과 같이 각각 제안한다.

> 아무리 묵비권을 행사하며 강도 행위를 부인하더라도 무단 주거침입죄로만 기소하여도 충분히 1년 정도 감옥에 있게 할 수 있어. 강도를 한 범행을 자백한다면 잘못된 행위에 대해 반성하고 수사 협력에 대한 보수로 당신은 즉시 석방되고, 대신 묵비권을 행사한 다른 방에 있는 용의자는 범죄 행위 부인에 대한 죄를 더하여 10년형의 가중처벌을 받을 것이다. 만약 너희 둘 모두가 자백한다면 정상을 참작하여 각각 5년 형을 받게 될 것이다.

계속된 경찰의 신문에 이 둘은 어떤 합리적인 결정을 해야 할까? 경찰이 신문하면서 제시하는 내용을 보수행렬로 나타내면 아래와 같다. 숫자는 징역형의 연수를 나타내는 것이며 숫자가 클수록 부정적 결과이므로 음의 부호(-)를 사용하여 표시한다.

죄수 A와 죄수 B의 보수행렬

		죄수 B	
		자백	묵비
죄수 A	자백	-5, -5	0, -10
	묵비	-10, 0	-1, -1

위의 행렬표를 보면 누구나 알 수 있는 아주 단순하고도 쉬운 문제이다. 둘 다 묵비권을 행사하여 강도행위를 자백하지 않는다면 무거운 처벌 대신, 둘은 모두 비교적 가벼운 처벌만 받을 수 있다. 누가 보아도 아주 상식적인 것으로 위의 행렬표에서 둘 모두에게 유리한 결과를 얻을 수 있는 길이 뻔히 보인다. 그렇지만 둘은 상식적으로 유리한 결과에 도달할 수 없는 딜레마에 빠진다. 왜 그럴까? 그 이유를 내쉬균형이 알려준다.

앞에서 설명한 내쉬균형을 찾기 위해서는 우선 서로의 전략적 선택이 무엇인지 알아봐야 한다. 나의 전략적 선택의 결과는 나의 선택뿐만 아니라 상대가 어떤 전략을 선택하느냐에 따라 결정되기 때문이다.

우선 죄수 A 입장으로 생각해 보자. 죄수 A는 죄수 B가 자백하는 경우를 생각할 수 있다. 죄수 A는 죄수 B의 전략을 알고 있고, 죄수 B가 전략을 바꾸지 않는다고 했을 때 나는 전략을 바꿈으로써 이득을 얻을 수 있는가? 라고 묻는다고 가정하자. 죄수 B가 자백하는 경우 죄수 A는 자백하면 5년형, 묵비를 하면 10년형이므로 자백에서 묵비로 전략을 바꿀 이유가 없다. 즉 죄수 B가 자백하는 경우 죄수 A의 형량은 자백 (5)년, 묵비 10년이다. 따라서 죄수 B가 자백하는 경우 죄수 A의 전략적 선택은 자백이 된다.

죄수 B가 자백하는 경우

		죄수 B	
		자백	묵비
죄수 A	자백	(-5), -5	0, -10
	묵비	-10, 0	-1, -1

　이제 죄수 B가 묵비하는 경우를 생각해보자. 죄수 B가 묵비하는 경우에도 자백의 경우와 똑같이 죄수 A는 죄수 B가 전략을 바꾸지 않는다고 했을 때 자백하면 바로 석방(0)이 되고 묵비하면 1년 형이 되므로 죄수 A는 자백에서 묵비로 전략을 바꿀 이유가 없다. 즉 죄수 B가 묵비하는 경우에도 죄수 A의 전략적 선택은 자백이다.

죄수 B가 묵비하는 경우

		죄수 B	
		자백	묵비
죄수 A	자백	(-5), -5	(0), -10
	묵비	-10, 0	-1, -1

　다른 방에서 신문을 받는 죄수 B의 경우에도 죄수 A와 똑같은 상황이다. 즉 죄수 A가 자백하는 경우 죄수 B는 자백하면 (5)년 형, 묵비를 하면 10년 형이므로 자백에서 묵비로 전략을 바꿀 이유가 없다. 따라서 죄수 A가 자백하는 경우 죄수 B의 전략적 선택은 자백이 된다.

죄수 A가 자백하는 경우

		죄수 B	
		자백	묵비
죄수 A	자백	(-5), (-5)	(0), -10
	묵비	-10, 0	-1, -1

죄수 A가 묵비하는 경우 죄수 B가 자백을 하면 바로 석방(0)이 되고 묵비를 하면 1년형을 받게 되므로 죄수 A가 묵비를 한 경우에도 죄수 B의 전략적 선택은 자백이다.

죄수 A가 묵비하는 경우

		죄수 B	
		자백	묵비
죄수 A	자백	(−5), (−5)	(0), −10
	묵비	−10, (0)	−1, −1

죄수 A와 죄수 B 모두 상대방이 자백하는 경우와 묵비하는 경우 죄수 두 명 모두 자백을 선택하므로 이 경우 내쉬균형은 두 숫자가 모두 괄호 속에 있는 왼쪽 위의 칸 (−5), (−5)가 된다. 즉 내쉬균형에서는 두 죄수 모두 다른 선택으로 이동할 이유가 없는 것이다. 이러한 상황이 발생하므로 존 내쉬는 애덤 스미스의 "개인의 이익 추구가 집단을 이롭게 한다"라는 경제이론이 틀렸다고 주장한 것이다. 그는 "개인의 이윤추구 행위가 반드시 전체의 부와 이익을 최대로 증가시키는 것은 아니다"라고 주장한다.

내쉬균형은 때때로 제3 자의 눈에는 비이성적으로 보이기도 한다. 그 이유는 내시균형이 공동선이 아닐 수도 있기 때문이다. 죄수의 딜레마 상황의 내쉬균형을 보면서 생각할 수 있는 것은 우선 서로에게 더 좋은 결과가 너무 쉽고 명백하게 보임에도 불구하고 더 좋은 결과에 도달할 수 없는 딜레마에 빠진다는 것이다. 왜 게임 당사자들은 더 높은 공동의 효율이 가능한 선택을 제쳐두고 열등한 결과가 나오도록 선택하는 것일까?

죄수의 딜레마의 가정은 합리적인 경기자는 공동선을 고려하며 합리적으로 선택하는 게 아니고 자신만의 입장에서 이기적으로 선택하기 때문이다. 묵비를 서로 협력하는 것이라 하고 자백을 서로 배반하는 것이라고 표현하면 상대가 어떠한 전략을 선택하든지 항상 자신에게 유리한 전략적 선택은 배반하는 것이다. 결과적으로 게임 참가자들은 공동선을 위한 전략이 아닌 자신만을 위한 전략을 선택하게 된다는 게 명확한 결론이다.

이처럼 죄수의 딜레마 게임은 각 참가자 개인적으로는 합리적인 선택이 전체에는 비효율적인 결과를 초래한다는 점에서, 개인의 이기심과 집단의 효율성이 극명하게 상충되는 게임이다. 그렇다면 어떻게 하면 개선할 수 있는가. 그 해답은 무엇인가 하는 생각이 들 것이다. 서로 배반하지 않는다는 믿음이 강하다면, 또 서로 의견을 교환할 수 있는 상황이라면, 또 게임 당사자 이외의 제3자가 중재한다면 모두에게 최선인 결과를 얻을 수 있을까 하는 의문이 생길 것이다.

비협력적 게임은 경기자 사이에 이루어진 어떠한 약속도 그 실현을 강제할 수 없는 게임 상황이라는 것이고 전략형 게임에서 서로 배반하지 않기로 약속했다고 하더라도 막상 전략을 선택하는 상황에서는 상대가 협력하든 배반하든, 자신은 배반하는 게 유리하기 때문에 배반하게 된다는 것이다. 죄수의 딜레마 현상이 신뢰가 부족하거나 서로를 믿지 못하기 때문에 나타나는 것은 아니다.[331]

이기적이고 '합리적인 것'처럼 보이는 행동이 각자 자기의 이익을 추구한다는 목적의 관점에서 보면 열등한 결과를 초래한다는 이 놀라운 관찰은 현대의 사회과학에 폭넓게 영향을 미쳐 왔다.[332] 이것이 죄수의 딜레마가 가진 영향력의 원천이다. 죄수의 딜레마는 죄수들 사이에서만 발생하는 딜레마일까. 우리의 선량한 삶에서도 죄수의 딜레마는 일상적으로 나타난다.

2) 죄수의 딜레마 사례

가) 뻔뻔한 저녁 식사의 딜레마

죄수의 딜레마는 죄수들 사이에서뿐만 아니라 우리 일상에서 흔히 볼 수 있는 현상이다. 어느 날 친구들과 모임이 있어 저녁을 먹으러 갔고 저녁 메뉴로 무엇을 먹을지 고민하고 있는데, 모임의 총무가 오늘 저녁

---

[331] 조인성(2017), 134.
[332] 로저멕케인(2021), 11.

은 회비로 계산하겠다고 한다. 원래는 평소 먹던 적당한 가격대의 음식을 주문하려고 했는데, 총무의 얘기를 듣고 나니 어떤 걸 주문하든 회비로 낼 거니까 음식값의 평균보다 싼 음식을 먹으면 나만 손해 본다는 생각이 든다.

손해를 보지 않으려면 평균 가격 이상의 음식을 먹어야 한다. 평소에 비싸서 먹지 못했던 음식을 회비로 계산하는 이번 기회에 먹어 보는 것이 좋겠다는 생각이 든다. 다른 친구도 마찬가지로 '나만 싼 거 고르면 손해니까 오늘은 특별한 걸 먹어 볼까?'라고 생각할 것이다. 모두가 이런 생각을 하면서 주문하다 보니, 결국 평소보다 음식값이 훨씬 더 많이 나오는 것은 당연하다. 이를 '뻔뻔한 저녁 식사의 딜레마(Unscrupulous Diner's Dilemma)'라고 부르는데 자신의 입장만 생각한다는 관점에서 죄수의 딜레마 게임과 동일한 상황으로 본다.

혼자 밥을 먹었다면 자신이 쓸 수 있는 예산안에서 가능한 한 취향에 맞는 음식을 골랐을 것이다. 그런데 무엇을 주문하든 모두 동일한 비용을 내게 되므로 각 개인의 입장에서는 굳이 저렴한 메뉴를 선택할 이유가 없어진 것이다. 결과적으로 모두가 비싼 메뉴를 주문해 각자가 계산하는 것보다 더 많은 회비를 지출하여 낭비하게 되고 결과적으로 회원 전체의 불이익을 초래하게 되는 것이다. 이처럼 우리는 살아가면서 의식적이든 무의식적이든 매 순간 죄수의 딜레마 상황에 놓이게 되고 자신의 이기심에 따라 의사결정을 하게 된다. 이는 개인의 이기심과 공동선이 상충 되는 것으로 각자의 이기심에 따른 전략적 선택이 공동선에 이르지 못하게 하는 것이다. 그래서 애덤 스미스는 틀렸다.

나) 공갈 협박범의 역설

아주 단순하고 상식적이고 쉬운 문제도 자신만의 이기심에 따라 욕심을 부린다면 어려워진다. 우리의 삶에서 나타날 수 있는 갈등과 협력을 극명하게 설명하는 것 중에는 '공갈 협박범의 역설(The Blackmailer's Paradox)'이 있다. 이 모델의 핵심 내용은 단순히 주어진 재화를 합의하여 나누는 것이다. 아주 상식적이며 단순하고 쉽다.

그 이론을 좀 각색해서 예를 들어보자. 어느 독지가가 석방되는 죄수 A와 죄수 B에게 단 하나의 조건을 제시하며 100을 주었다고 하자. 단 하나의 조건은 둘이 한 시간 안에 100을 어떻게 나눌지 합의하면 되는 것이다. 한 시간 안에 어떻게 나눌지 합의만 하면 둘에게 100을 다 줄 것이지만, 만일 합의하지 못한다면 한 푼도 주지 않는다는 것이다. 둘이 반씩 나누는 데 합의하면 그걸로 게임은 종료되고 둘은 50 : 50을 받을 수 있다. 반반씩 나누면 된다. 아주 쉽다. 고민할 일도 아니고 이론도 될 수 없다.

우리는 공평함을 뒤로 하고 언제나 자신의 이익을 최대로 하고 싶어 한다. 죄수 A도 마찬가지로 공평함을 뒤로하고 막무가내로 자신이 100중에서 70을 갖겠다고 한다. 죄수 B가 받아들이지 않으면 죄수 B는 그나마 30마저도 얻지 못한다. 죄수 B는 고민한다. 30이라도 얻으려면 받아들여야 한다. 그렇지만 받아들이자니 불공평하고 억울하다. 죄수 B가 고민하면서 30분이 지나자, 죄수 A는 오히려 "난 한 푼 못 챙겨도 아쉬울 게 없으니 잘 생각하라."라고 협박한다. 나아가 죄수 A는 오히려 자기 몫을 80으로 올리겠다고 강하게 협박한다.

즉 반씩 나누는 것이 상식이겠지만 우리 삶의 현장은 그렇지 않다. 개인 사이의 일반적인 협상은 물론 비즈니스 세계에서도 비일비재하게 일어나는 상황이다. 솔깃한 기업 인수 제안을 받고도 변변히 논의조차 해보지 못하고 협상 테이블에서 밀린 기업들이 한둘이 아니다.[333] 국가들 간의 핵무기 위협도 일종의 공갈 협박의 일종이다. 이처럼 우리 삶은 끝없는 공갈 협박의 연속이다. 협박을 당한 사람도 협박을 한 사람도 괴로워지는 것이다. 협박을 한 사람은 좀 더 협박하여 더 많은 것을 얻을 수 있었다는 아쉬움이 생길 것이고 협박을 당한 사람은 정당한 자기 몫을 강탈당했다고 분노할 것이다. 불합리한 요구에 굴복하면서까지 자신의 조그만 이익을 추구해야 하는가 하고 괴로워할 것이다.

테러리스트나 유괴범들의 요구를 들어주어야 하는지에 대한 고민도

---

[333] 하임 샤피라(2019), 19.

이와 비슷한 상황이 된다. 보통 우리는 인질이 무사히 돌아온다는 조건으로 몸값을 내는 편을 선호한다. 인질을 구출하기 위하여 몸값을 내어준다고 도덕적으로 비난할 수는 없을 것이다. 그러나 몸값을 내어주고 인질들을 구출하는 경우가 잦아지면 다른 유괴범들을 고무시켜 테러나 유괴 사건이 증가할 것이고 이에 따라 사회적 비용은 크게 증가할 것이다.

이러한 이유로 절대로 인질의 몸값을 내어주지 않는다는 인식이 확고하고 이 인식이 사회 전체에 공유된다면 유괴는 사라질 수 있을 것이다. 그렇지만 지금 유괴 사건이 발생했다면 무고한 사람의 생명은 구해야만 할 것이다. 이러한 딜레마는 어떻게 해결해야 하는가. 이러한 비상식적인 상황은 우리의 삶에서 자주 나타날 수 있는 상황이다.

게임이론은 상식을 벗어난 이러한 비이성적 상대에 대한 대응 전략도 제시한다. '공갈 협박범의 역설'과 같은 상황에서 지나치게 비이성적인 상대를 만나게 되면 똑같이 비이성적으로 상대해야 자신의 이익을 증가시킬 가능성이 높아진다는 것이다. 게임이론에 따르면 무조건적인 사랑과 자비가 항상 옳은 것은 아니다. 오히려 파국적 상황도 받아들이겠다고 작심하고 덤벼야만 비이성적 상대에 맞설 수 있고 공동선에도 다다를 수 있다는 의미다. 비이성적인 상대에게 이성적으로 대하는 것은 오히려 더 비이성적인 결과를 가져올 수 있는 것이다. 또한 상대에게 손쉬운 이익을 안겨줌으로써 상대는 더욱 비이성적인 사회 구성원이 될 수 있고 결과적으로 많은 사회적 비용을 초래하게 된다. 우리 실생활에서 비슷한 현상이 자주 일어나는 중고차 시장으로 가보자.

다) 중고차 거래

중고차 시장에서 중고차를 판매할 수 있는 가격이 500만 원이라고 하고 매수 할 수 있는 가격이 800만 원이라고 하면 매도와 매수 가격 차이는 300만 원이다. 따라서 시장의 평균 가격은 650만 원이 되므로 매수자와 매도자는 650만 원에 거래하면 된다. 그렇지만 대부분의 실제 거래에서는 이렇게 단순하게 거래가 이뤄지지 않는다. 차량 구매자는 차량의 상태를 모르기 때문에 시장 평균 가격인 650만 원 이상을 지불하려 하지 않을 것이다. 이를 알고 있는 차량의 소유자는 자신의 차량이 시장 평균 가격인 650원 이상의 가치가 있다고 판단된다면 중고차 시장에서 차량을 매각하지 않을 것이다.

그렇게 되면 중고차 시장에는 평균 가격 650만 원 이하의 가치가 있는 차만 등장할 것이고, 차량 구매자는 650만 원 이하의 가격만 지불하려 할 것이다. 그러면 다시 중고차 시장에는 더 낮은 품질의 중고차만 등장할 것이고 이러한 악순환은 계속되어 결국 중고차 시장은 쓸모없는 차들만 남게 될 것이다. 이기심을 바탕으로 한 우리의 일상은 애덤 스미스가 주장한 '보이지 않는 손'인 시장의 기능도 왜곡시킨다. 이는 결국 매수자와 매도자 모두에게 부정적 결과를 초래하게 될 것이므로 죄수의 딜레마에서와 같이 공동선에 도달할 수 없는 것이다.

라) 공유지의 비극

죄수의 딜레마를 개인 간의 상호작용이 아닌 사회집단에 적용하면 똑같은 원리로 공유지의 비극(The Tragedy of the Commons)이 발생한다. 공유지의 비극은 미국의 생태학자 개릿 하딘이 1968년 사이언스지에 기고한 짤막한 에세이에서 공유지의 비극이라는 용어를 사용하였는데 공유지의 비극이라는 표현은 학자들은 물론 일반인들도 이해하기 쉽고 명쾌한 비유였으며, 여러 학문에 적용될 수 있는 훌륭한 예시였다.[334]

그리하여 공유지의 비극은 생태학은 물론 경제학, 사회학 등 온갖 학문의 논문에서 수시로 인용되었다. 원래 하딘이 '생태학자'라는 점을 생각해 보면, 본래 이 에세이는 생태학적인 관점에서 쓰인 것으로, 본래 저자가 의도한 주제는 "개인의 죄의식 없는 행동이 환경에 피해를 입힐 수 있다."라는 것이었다. 하지만 경제학자들이 워낙 많이 인용하다 보니, 경제학적 관점으로 풀이하는 사례가 매우 많다.

특히 경제학의 경우 공유지의 비극 게임도 애덤 스미스가 『국부론』에서 주장한 "사람들은 자신의 이익을 열심히 추구하는 가운데서 사회

---

334) Hardin Garrett(1968), 1244.

나 국가 전체의 이익을 증대한다"라는 주장을 근본적으로 깨버리는 이론이다. 즉 개인의 이기심이 그 사회의 공동선을 보장하지 못한다는 점에서 죄수의 딜레마와도 연관이 있다.

좀 더 자세히 설명하면 공유지를 쓰는 개인은 분명히 자신의 이익을 열심히 추구했는데 그 결과는 공동 사회의 이익 증대가 아닌 이익의 축소와 파멸을 가져온다는 게 확인되었기 때문이다. 공유지의 비극을 설명하기 위하여 자주 인용되는 예는 소를 키우는 마을 근처에 공동 목초지가 있다면, 그 목초지는 어떻게 되겠는가라는 의문이다.

간단하게 말해서 사용의 제한이 없는 공유지의 목초를 마을 주민들은 말 그대로 누구나 마구마구 사용하게 된다. 그 목초지의 풀이 무한하다면 언제나 소가 먹을 풀을 구할 수 있을 테지만 현실은 그렇지 못하기 때문에 목초지의 풀을 무분별하게 사용한 결과 나중에 가면 소를 먹일 목초가 고갈되어 목초지는 목초지로의 기능을 상실하게 되고 거기에서 소를 키울 수 없는 사람들은 거기를 떠나게 될 것이다. 따라서 개인들이 이기심으로 공유지를 사용하는 경우 결국 황폐화가 될 것이라는 게 공유지의 비극이다.

개별 주체의 이기심 추종의 결과가 효율적 사회에 도달하지 못한다는 것은 죄수의 딜레마와 같은 상황이다. 이러한 예는 고래, 코끼리의 남획으로 인한 멸종위기를 비롯하여 대기 오염, 오존 고갈, 지구 온난화, 프라스틱 과다사용, 수질 오염, 지하수 과다 추출, 산림벌목 등 우리 삶의 전반에서 나타나는 현상이다. 이는 온 인류의 터전인 지구가 공유지의 비극에 직면하고 있는 상황으로 온 인류가 공멸의 위험을 느낄 수 있는 것이다.

제한된 양의 재화를 한 단위라도 더 소비하는 쪽이 자신에게 혹은 자신이 속한 집단에 눈앞의 이득이 된다는 것을 알게 되고, 결국 시장참여자 모두 이와 똑같이 알게 된다. 즉, 이런 상황과 비슷한 처지에 놓여 있는 공유지의 재화들은 결국 목초지의 비극과 같은 고갈과 황폐화의 결말을 맞이하게 된다는 것이다.

공유지의 비극 보수 행렬 및 내쉬균형

		마을 주민 A	
		이기심	이타심
마을 주민 B	이기심	(1), (1)	(3), 0
	이타심	0, (3)	2, 2

 공유지의 비극도 보수행렬로 나타내고 내쉬균형을 찾아보면 죄수의 딜레마 모델에서처럼 (이기심, 이기심)이 된다. 죄수의 딜레마는 우리 시대의 문제를 이해하고 해결하려는 철학적, 과학적 쟁점 가운데 하나가 되었다. 즉 죄수의 딜레마에서 공동선을 촉진하는 방법이 있는가? 이 질문에 답하려는 시도는 우리 시대의 꼭 필요한 탐구 중 하나일 것이다. 오늘날 게임이론을 실천하는 사람들은 일종의 윤리적 진보를 이루어 내려 애쓰고 있고 나아가 우리의 생존 자체와 얽혀있는 문제들에 대한 해법을 찾기 위하여 노력하는 것이다.

 공유지의 비극을 극복하는 방법을 연구해 온 엘리너 오스트롬은 인간이 사회적 딜레마를 해결하려 하는 데는 더 복잡한 동기 구조와 더 많은 능력을 가지고 있다.[335]라고 하고 있다. 그녀의 연구에 따르면 중앙 정부가 개입해서 공유지 관련 지방정부의 소유권을 강화하거나 아니면 정부가 시장적 방식으로 개입해서 공유지 자원을 이용하게 하는 것이 오히려 공유지 구성원들한테 자연스럽게 알아서 분배하라고 소유권을 맡겼을 때의 효율성보다 떨어질 수 있다고 한다.

 일례로 소유권 관련 구성원들이 자율적으로 규제하며 공유지의 자원을 쓸 때 그 자원이 1000년 이상 지속되는 경우가 있고, 반대로 자율적으로 잘 유지되던 공유지의 자원이 정부의 개입으로 고갈되는 경우도 있음을 지적했다. 실제로 오래된 몽골 부락이나 시골 공동체의 경우, 교육이나 문화적 특성 때문에 공익과 사익을 구별하지 않고 동일시하는 곳이 있다. 이러한 공동체 의식에 근거하여 주민 스스로 자율적인 규제

---

[335] Ostrom Elinor(2010), 24.

를 바탕으로 공유자원을 활용함으로써 공유지의 비극이 일어나지 않는 사례가 존재하고 있는 것이다.

공유지의 비극은 대부분의 경우 죄수의 딜레마에 빗대어 설명한다. 이러한 관점은 개인, 기업, 시민사회, 행정, 정부 등의 의사 결정 과정에서 공동선을 높이기 위해 필요한 여러 가지 시사점을 제공하고 있다. 인간사회 비극의 근본적인 원인은 자연으로부터 발생하는 자연적 재앙이 아니라, 인간으로부터 발생하는 인위적 재앙이 대부분인 것이다. 공동선에 반대되는 행동을 개인이나 집단이 취함으로써 구성원 모두에게 재앙 같은 부정적 결과가 일어난다.[336]

이 공유지의 비극은 아주 일반적인 상식인 것이지 어려운 이론이 아니다. 모두가 상식을 지켜야만 그 공동체는 공유지의 비극을 피할 수 있을 것이다. 공동선을 이루기 위해서는 경쟁을 통한 개인의 능력 향상도 필요할 것이나 그보다 우선시 되어야 할 것은 윤리와 도덕을 바탕으로 신뢰와 협력과 같은 사회자본의 확충이다. 공동선에 대한 개념 없이 개인만의 능력을 향상한다면 그러한 개인은 공유지의 비극을 더욱 가속화시키는 인물이 될 뿐이다. 따라서 공동선을 위해서는 개인의 능력보다는 윤리와 도덕이 우선되어야 한다. 개인적 능력만 있고 윤리와 도덕이 없는 사람은 공유지의 목초를 더 빨리 고갈시킬 뿐인 것이다. 고갈의 결과는 개인적 능력이 우수한 사람에게도 공평하게 그리고 모두에게 더 빨리 돌아갈 것이다. 그렇지만 우리 모두는 개인 능력 향상에만 혈안이 되어 있다.

공유지의 비극과 반대로 공유지의 희극도 있다. 공유지의 비극과 같은 공공재로 사람들은 사용의 제한이 없는 공공재를 말 그대로 마구마구 사용하게 된다. 그런데 그 수량에 한계가 있는 일반적인 공공재가 아닌, 지식이나 정보와 같은 몇몇 특수한 공공재는 누구나 마구마구 쓴다고 해도 사라질 일이 없는 재화다.

이런 재화의 경우를 공유지의 비극이 아니라 공유지의 희극이라 한

---

[336] 윌리암 파운드스톤(2004), 189.

다. 쉬운 예로 공공 도서관을 들 수 있는데, 도서관에서 책을 읽는다고 해서 그 책이 사라지는 것이 아니기 때문에, 많은 사람이 방문할수록 사람들의 지식은 지속적으로 늘어나게 된다.

마) 무기경쟁

죄수의 딜레마 게임 상황은 세계사에서도 찾아볼 수 있다. 무기 경쟁이 죄수의 딜레마를 제기한다는 인식은 현실에 어두운 그림자를 드리울 수 있지만, 그것은 우리 시대의 패러다임 중 하나가 되었다.[337] 갑옷을 꿰뚫을 수 있었던 중세의 격발식 활은 너무나 가공할 무기로 판단되어 중세 왕국들은 교회에 사용 금지를 탄원했다.[338]

문명의 발달은 인간들에게 여러 가지 편익을 제공하는 것은 사실이나 부수적으로 무기의 발달은 서로 살상 능력을 극대화할 수 있게 되었다. 활조차 가공할 무기로 인식되던 과거와 달리 인간은 점점 흉포해져 총, 대포, 미사일, 생화학무기 등 끔찍한 무기도 계속적으로 진화시켜 왔고 스스럼없이 사용하고 있다. 최첨단 무기에 의한 무자비한 대량 살상이 지금 이 시각에도 지구촌 곳곳에서 일어나고 있는 것이다.

기껏해야 몇 명을 살상할 수 있던 활조차 잔인한 무기로 인식되어 사용을 자제하려 노력했던 과거와 달리 문명이 발달한 지금은 대량살상 무기도 스스럼없이 사용하고 있는 것이다. 문명의 발달과 함께 인간의 잔인함도 거기에 비례하여 자라난 것인가. 문명의 발달이 인간의 행복을 증진시키는가.

제2차 세계 대전이 끝난 냉전 시기에 미국과 소련은 인류 전체를 멸망시킬 가능성이 있는 핵무기 경쟁도 시작했다. 미국 입장에서 보면 소련이 군비를 늘린다면 미국도 군비를 늘려야 한다. 소련과 동일한 군사력을 갖춰야 혹시 전쟁이 다시 일어나더라도 바로 대응할 수 있고, 국제 사회에서 정치적 영향력도 유지할 수 있기 때문이다. 또한 소련이 군비를 줄이더라도 미국 입장에서는 같이 군비를 줄이는 것이 아니라 늘리는

---

337) 윌리엄 파운드스톤(2004), 194.
338) 위의 책, 377.

것이 최선의 전략이라는 것을 죄수의 딜레마는 말해주고 있는 것이다.

이러한 상황은 소련에도 마찬가지로 적용된다. 따라서 소련과 미국 모두에게 군비를 늘리는 것이 최선의 전략이 된다. 즉, 미국과 소련 양국의 입장에서는 군비를 늘리는 게 합리적 선택이다. 미국과 소련은 합리적인 선택을 통하여 인류를 멸망시킬 수 있는 핵전쟁의 위협을 감소시킬까? 죄수의 딜레마에 의하면 그렇지 않다. 미국과 소련의 핵 균형이 무너지면 핵전쟁이 발생할 가능성은 커진다. 이것은 무기의 규모가 얼마나 되는지와 상관없이 참이다.[339] 무기가 발달한 현재도 전쟁은 끊이지 않고 있는 것이다.

핵무기의 규모가 아무리 커진다 해도 핵전쟁의 가능성은 줄어들지 않고 핵전쟁 발발 시 인류가 공멸할 위험성만 증가하게 되는 것이다. 양국이 정확한 세력 균형을 유지한다는 것은 오뚜기를 세우는 게 아니라 달걀 세우는 것과 같아 언제든 쓰러질 위험이 있는 것이다. 즉 두 나라가 군비를 늘려 더 많은 무기를 보유할수록 전쟁의 위협은 더 커지고, 다른 곳에 생산적으로 사용될 수 있었던 많은 자금이 군사력을 높이는 데 집중적으로 사용되는 비합리적인 상황에 놓이게 되는 것이다. 자국의 안전이 전 인류의 생존과 상충 될 때 한 국가는 어떻게 해야 하는가?

핵 시대의 위험은 종종 '윤리적 진보를 앞서 나가는 기술적 진보'에 돌려진다.[340] 이 진단은 윤리적 진보 같은 것은 없고, 문명이 발달함에 따라 가공할 무기들만 점점 더 흉포해 진다는 것이다. 이처럼 죄수의 딜레마를 통한 우리 삶의 이해는 우리 시대의 으뜸가는 철학적, 과학적 쟁점 가운데 하나가 되었다. 그것은 우리의 삶은 물론 생존 자체의 문제이기도 하다. 오늘날 게임이론을 실천하는 사람들은 일종의 윤리적 진보를 이루어 내려 애쓰고 있다. 죄수의 딜레마를 통하여 공동선을 이룰 수 있는 수 있는 방법은 있는가? 그 해법을 찾아야만 한다.

---

339) 윌리암 파운드스톤(2004), 204.
340) 위의 책, 20.

나. 사슴사냥 게임(Stag Hunt Game)

게임이론에서 사슴사냥 게임은 사회 계약의 원형으로 여겨진다. 이 게임에서도 각자는 자기 자신만의 이기심 충족을 위하여 최선의 전략을 선택할 것이다. 그러나 그 결과는 죄수의 딜레마의 결과와 다르게 나타난다. 이 사회 계약 이야기는 루소의 불평등에 관한 담론(A Discourse on Inequality)에서 시작되었는데 보증 게임, 신뢰 딜레마, 공익 게임이라고도 불린다. 사슴사냥 딜레마는 자신의 안전과 사회적 협력 사이의 갈등을 설명하는 이론으로 딜레마 상황을 간략히 나타내면 아래와 같다.

> 사냥꾼 여러 명이 사슴사냥에 나섰다. 모두 사슴 한 마리만 잡으면 풍족하게 나눠 먹을 수 있다. 이에 동의한 사냥꾼들은 협력하기로 하고 사슴 한 마리를 몰아 산 위로 포위망을 점점 좁혀갔다. 그런데 그때 지나가는 토끼를 본 사냥꾼은 '사슴을 잡지 못하더라도 토끼 한 마리면 내 배를 채우기에 충분하다.'고 생각했다. 그는 토끼를 쫓아 포위망을 이탈했고 사슴은 그 틈을 타 도망쳤다. 루소는 개별 국가를 사냥꾼에 비유하며 경쟁 관계에 있는 국가 간 협력이 얼마나 어려운 일인지 설파한다. 눈앞의 이익을 포기하고 서로 협력한다면 더 큰 이익을 얻을 수 있다는 가르침도 선사한다.

위에서는 여러 명이 사슴사냥에 나섰다고 되어 있는데 게임이론 모델의 단순화를 위하여 두 명의 사냥꾼이 토끼와 사슴 중 어느 걸 사냥할지 결정해야 한다고 가정한다. 토끼와 사슴의 다른 점은 토끼는 혼자서도 사냥할 수 있어 토끼를 사냥하면 상대방의 협력 여부와 상관없이 적지만 확실한 보수가 보장되는 것에 반하여, 사슴은 몸집이 커서 혼자서는 잡을 수 없고 반드시 둘이 협력하여 잡아야 한다.

사슴이 토끼보다 훨씬 크므로 사냥꾼들은 각자 토끼를 사냥할 때보다 둘이 협력해서 사슴을 사냥한 다음 서로 나눈다면 둘 모두는 더 큰 보수를 얻을 수 있다. 그러나 한 사냥꾼이 토끼를 사냥한다면, 다른 사냥꾼 혼자서는 사슴사냥을 할 수 없다. 따라서 토끼 사냥을 한 사냥꾼은 적은 보수라도 얻을 수 있지만 사슴사냥을 한 사냥꾼은 아무것도 얻을 수 없다. 사슴사냥 게임의 보수행렬을 나타내면 아래와 같다.

사슴사냥게임 보수행렬

		사냥꾼 B	
		토끼	사슴
사냥꾼 A	토끼	1, 1	1, 0
	사슴	0, 1	3, 3

보수를 보면 각 사냥꾼은 토끼를 사냥하는 경우 상대방의 선택에 상관없이 항상 확실하게 1의 보수를 얻는다. 반면 사슴을 택하는 경우는 상대방도 사슴을 택하면 3을 얻을 수 있지만 상대방이 토끼를 사냥하는데 혼자서 사슴을 사냥하면 0의 보수를 얻게 된다. 이 경우에도 최적 대응을 찾아가며 내쉬균형을 찾아낼 수가 있다. 먼저 사냥꾼 A의 최적 대응을 살펴보면 사냥꾼 B가 토끼를 택하는 경우 A의 보수는 토끼 1, 사슴 0을 갖게 되므로 최적 대응은 토끼를 잡아 1을 얻는 것이다. B가 사슴을 사냥하는 경우는 A의 보수는 토끼가 1, 사슴이 3이 되므로 사슴을 사냥하여 보수 3을 얻게 되는 게 최선의 전략이 된다.

다음으로 B의 최적 대응을 살펴보면 마찬가지의 결과가 나타나는데 A가 토끼를 사냥하는 경우 토끼 1, 사슴 0의 보수가 가능하므로 A가 토끼를 사냥할 때 B의 최적 대응 전략은 토끼를 사냥하는 것이다. A가 사슴을 사냥하면 토끼 1, 사슴 3의 보수를 얻게 되므로 사슴사냥이 최적 대응이 된다. 따라서 사냥꾼 A와 B가 최적 대응 전략으로 택한 전략의 보수는 괄호 안에 나타낸 숫자와 같다.

사슴사냥게임 내쉬균형

		사냥꾼 B	
		토끼	사슴
사냥꾼 A	토끼	(1), (1)	1, 0
	사슴	0, 1	(3), (3)

위의 보수행렬에서 볼 수 있듯이 이 게임에는 (토끼, 토끼), (사슴, 사슴)이라는 2개의 내쉬균형이 존재함을 알 수 있다. 두 균형을 비교해 보면 (사슴, 사슴)이 (토끼, 토끼)보다 명백하게 더 많은 보수가 확보된다. 내쉬균형 중 (토끼, 토끼)는 위험 지배적 균형, 그리고 (사슴, 사슴)은 보상 지배적 균형이라 한다.

사슴사냥 게임은 개인의 안전과 사회적 협력 간에 갈등이 존재하는 상황을 나타낸다. 이 게임에서 사슴사냥은 서로 협력하여 큰 보수를 얻는 상황이며, 토끼사냥은 큰 보수보다는 개인의 안전을 확보하는 상황이 된다. 사슴사냥 게임에서는 상대가 협력하는 경우 나도 협력하는 게 최선이므로, 상대가 협력적 선택을 할 것이라는 신뢰만 있다면 나도 그렇게 할 것이다. 따라서 둘 다 협력적 선택을 하는 것이 내쉬균형이 된다.

만일 상대가 비협력적으로 행동한다면 나도 비협력적으로 행동해야 한다. 상대가 비협력적으로 행동하는데 나만 협력적으로 행동을 하게 되면 나만 손해를 볼 위험에 처하게 되기 때문이다. 따라서 둘 다 비협력적 선택을 하는 것 역시 내쉬균형이 된다. 이처럼 이 게임에는 상반된 이해관계의 2개의 내쉬균형이 존재한다.

즉 사슴사냥 게임은 내쉬균형이 한 개 이상이 존재할 수 있음을 보여준다. 2개의 내쉬균형이 존재하고 둘 중 하나가 더 바람직할 경우, 바람직한 균형으로 유도하는 문제가 매우 중요해진다. 만약 사람들이 상대가 협력을 선택할 것으로 기대하고 나도 협력을 선택한다면 '좋은' 균형이 달성되고, 반대로 상대가 비협력적 선택을 할 것이라 기대하면 나도 비협력을 선택하게 되어 '나쁜' 균형에 이르게 된다.

사슴사냥 게임과 같은 상황에서는 죄수의 딜레마와는 달리 서로의 협력관계가 형성되면 공동선에 도달할 수 있는 것이다. 사슴사냥 게임에서는 이기심을 바탕으로 한 각자의 선택이 항상 공동선에 이를 수 없게 하는 것이 아니라 서로 신뢰관계가 형성된 상태에서는 공동선도 가져올 수도 있다는 것이다. 이처럼 두 개의 내쉬균형이 존재하고 그중 하나가 바람직한 균형일 경우 어떻게 그 방향으로 이끌 수 있겠는가 하는 것은 '조정'의 문제이다.

위와 같은 조정게임은 내쉬균형이 바람직한 상태에 놓여 있는 경우와 그렇지 않은 경우로 구분할 수 있다. 일반적으로 조직이나 사회에 존재하는 관행은 법으로 강제한 것이 아니라 대부분 조정게임의 결과로 생긴 것이다. 관행이란 암묵적인 약속을 의미하기 때문에 관행이 만들어져 있으면 그 구성원들의 행동을 예측하기 쉬워진다.341)

조직이나 사회의 비효율을 근본적으로 개선하기 위해서는 그 조직이나 사회의 습관이나 관행이 사슴사냥게임 모델과 같은 상황에서 좋은 결과로 이어지는지 검토해 볼 필요가 있다. 개인의 나쁜 습관이라면 주위 사람들과 비교해 보는 것만으로도 간단히 알아챌 수가 있지만 우리 사회 속에 오래전부터 이어져 오고 있는 잘못된 관행이나 악습은 좀처럼 인식하기 쉽지 않다.

오래된 관행이나 악습에 의한 폐해는 잘 파악되지 않고 파악되었다 할지라도 나 혼자서는 바꿀 수가 없다. 왜냐하면 관행이나 악습 또한 나 혼자만의 결정이나 행동으로 이루어지는 게 아니고 구성원 간의 상호작용으로 이루어지기 때문이다. 상호작용으로 이루어지고 있는 관행이나 악습을 그 구성원들의 동의나 공감을 끌어내지 못하고 나 혼자 바꾸겠다고 한다면 주위의 지원을 받기는커녕 조롱이나 비웃음거리로 전락할 수 있다. 심한 경우 그 조직에서 따돌림을 당하거나 퇴출이 될 수도 있다.

물론 솔선수범도 중요하지만 다른 구성원들을 설득하지 못하면 그 균형은 절대 바뀌지 않는다는 것이 게임이론이다. 즉 혼자서 최선을 다한다고 하여도 바람직한 균형으로 옮겨갈 수 없기에 지혜가 필요하다. 균형을 옮겨갈 때 가장 중요하고 필요한 사항은 전략을 수정할 때 조직이나 사회의 다른 구성원들도 손해 보는 사람 없이 구성원 모두 더 큰 이익을 얻을 수 있음을 알려야 한다. 그러한 환경이 조성되었을 때 진정한 상호 간 신뢰 회복이 가능하게 되는 것이다.

신뢰 회복이 되지 않은 상태에서 한 사람의 시도는 무모한 시도로

---

341) 이양승(2021), 125.

보일 것이고 결국 실패로 귀결될 가능성이 높다. 이러한 조정게임의 모델을 이해하는 것은 조정의 성공률을 높일 수 있는 전제가 될 것이다. 즉 여러 개의 내쉬균형이 존재할 때 추가적인 검토를 통하여 더 바람직한 균형을 알아내고, 그 균형이 선택되도록 이끄는 조정 방법을 고민하는 것은 게임이론에서 매우 중요한 주제이다.

효율성이 높은 사회가 되기 위해서는 전반적인 상호 신뢰를 바탕으로 하는 사회자본 확충이 필요하다. 이를 위해서는 정치적 역량, 효율적 행정, 사법 질서의 확립 등을 통한 사회 전반의 상호 신뢰를 조성하는 것이 필요하다. 사회자본 확충은 사슴사냥 게임에서 알 수 있듯이 한 사람 혹은 한 부문의 노력이나 능력으로 이루어지는 것이 아니기 때문에 한 부문이 아닌 다양한 부문에서 동시다발적으로 신뢰 증진을 위한 정책과 노력이 필요하다. 또한 구성원 전체의 윤리와 도덕성 제고도 필요한 것이다. 각 개인의 능력 향상보다는 윤리와 도덕을 바탕으로 개인의 사회 참여 기회를 확충하여 공동선에 도달하는 방법 및 실천을 공유하는 등 사회 전반의 신뢰 회복이 필요한 것이다.

사슴사냥 게임의 딜레마는 한 사회나 국가의 문제를 해결하는 것뿐만 아니라 인류 전체의 문제를 해결하는 데도 활용되어야 한다. 한 예로 지구 온난화에 대비하기 위한 국제 협약과 같은 다양한 종류의 상호 협력이 필요한 경우에 활용할 수 있는 유용한 모델로 여겨지고 있다. 기후 변화에 대응하기 위하여 각 국가가 탄소 배출을 억제하는 방법을 논의하여 탄소 배출을 줄이기 위한 특정한 전략을 도출할 수 있다.

합의된 특정 전략을 따르는 것과 관련된 일련의 비용과 이점을 분석한 후 각 국가는 "협력" 전략과 "배반" 전략 중 하나를 결정할 수 있다. 한 예로 2016년 유엔 기후 변화 회의에서는 온실가스 배출을 줄여 지구의 기온 상승을 억제하기 위하여 법적 구속력이 있는 국제 조약인 파리 협정을 채택한 바 있다. 이 협정에 따르면 국가들은 5개년 국가 기후 행동 계획을 수립해야 하며, 이에 동의하는 국가들은 보고서를 제출해야 했다.

2024년부터 시작된 장기 기후 목표를 달성하기 위해 행한 노력,

진행 상황 및 조치에 대해 국제 기후 담당자들에게 보고한다. 이 보고서를 바탕으로 향후 5년 주기로 각 국가에 대한 권장 사항을 마련한다. 그러나 많은 국가가 협약에 서명하더라도 일부 국가는 기후 비용을 지불하지 않고도 그 혜택을 받을 수 있기 때문에 협력하지 않을 수 있다. 그리고 한 국가는 다른 국가들이 배출량을 충분히 줄일 것이라고 믿지 않으면 스스로 "토끼 사냥"을 선택할 수도 있다.

실제로 파리 협정은 지금까지 제한적인 성공을 거두었다. 기후 행동 추적기(Climate Action Tracker) 연구 그룹이 발표한 데이터에 따르면 이들 국가 중 다수는 탄소 배출량을 줄이기 위한 조치를 취했지만 시간이 지남에 따라 감소 목표를 달성하지 못했다. 세계 최대 배출국 중 어느 국가도 원래의 목표를 달성할 만큼 탄소 배출량을 줄이지 못한 것이다. 다른 나라를 신뢰하지 못한다면 이 협약은 실패할 수밖에 없다.

또한 사슴사냥 게임 참여자 간에 상호 신뢰를 한 번 잃으면 다시 회복하기 어렵다는 사실에 놀라서는 안 될 것이며 이러한 사실이 바로 사슴사냥 게임이 그토록 중요한 이유이며, 행복하고 효율적인 사회를 조성하기 위해서는 게임 당사자들의 윤리와 도덕을 바탕으로 하는 상호 신뢰와 협력이 필요하다는 것을 강조하는 게임의 모델이라고 할 수 있다.

인간 사회는 상호 신뢰와 협력이 이루어지는 경우 사슴사냥 게임과 같은 상황에서 풍요롭고 행복으로 가득한 사회가 될 테지만, 어떻게 신뢰와 협력을 형성해 갈 수 있는가의 문제이다. 사회 구성원 모두 우리의 삶은 혼자서 이루어지는 게 아니라 상호작용으로 이루어지는 것이고 자신의 이기심만을 쫓는 행위가 항상 자기 자신에게 이로운 것만은 아니라는 사실을 새겨야 한다. 그러한 믿음을 바탕으로 혼자가 아니라 사회 구성원 모두가 공동선을 이루고자 실천할 때 사회자본이 확충되어 모두가 더 많은 효용을 향유 할 수 있는 사회가 되는 것이다. 사회자본이 확충된 사회에서는 각 개인의 이기심도 공동선에 이바지할 수 있는 것이다.

다. 성 대결 게임(Battle of the Sex Game)

성 대결(Battle of the Sex)게임으로 불리는 이 게임은 남녀를 비롯하여 다양한 사람들의 다양한 성향과 선호의 차이에서 발생할 수 있는 문제와 관련된다. 영희와 철수는 다음 날 데이트 하기로 약속하고 헤어졌는데 오페라 극장과 야구장 중 어디로 갈지 정하지 못하고 그 전날 저녁에 헤어졌다. 밤에 둘이 서로 연락할 방법은 없다. 그렇지만 이 둘은 다음날 오페라 극장과 야구장 중 한 장소를 택하여야 하고 둘이 같은 장소를 택하면 데이트를 할 수 있게 된다.

만일 서로 다른 장소로 간다면 둘은 만날 수 없고 데이트도 할 수 없다. 둘은 서로 만나지 못하는 것보다는 어느 장소든 만나서 데이트하는 걸 원한다. 다만 영희는 오페라를 좋아하고 철수는 야구를 좋아한다. 이 경우 보수행렬은 아래와 같다.

성대결 게임 보수행렬

		영희	
		야구장	오페라
철수	야구장	2, 1	0, 0
	오페라	0, 0	1, 2

오페라를 보면서 데이트하게 되면 영희의 보수가 더 높고, 야구장에서 데이트하게 되면 철수의 보수가 더 높다. 둘이 서로 다른 장소로 가서 만나지 못한다면 각자가 얻는 보수는 없다.

성대결 게임 내쉬균형

		영희	
		야구장	오페라
철수	야구장	(2), (1)	0, 0
	오페라	0, 0	(1), (2)

이 경우에도 내쉬균형을 구해보면 (야구장, 야구장), (오페라, 오페라) 두 개의 내쉬균형이 존재한다. 이러한 게임에서 어떤 전략이 합리적인 선택인가? 성대결게임 모델에서도 본인의 합리적 선택은 상대방이 어떤 선택을 하는가에 따라 결정된다. 영희가 오페라를 선택한다면 철수도 오페라를 선택하는 것이 합리적인 행동이고, 철수가 야구장을 선택한다면 영희도 야구장을 선택하는 것이 합리적인 선택이 된다.

영희가 합리적인 선택을 하기 위해서는 철수의 선택을 먼저 예측해야 한다. 그런데 철수의 입장에 서서 합리적인 행동을 선택하기 위해서는 다시 영희의 합리적인 행동을 예측해야 하는 순환논법에 빠지게 된다. 따라서 이러한 순환논법 논리로는 어떤 선택이 합리적인 행동인지 결정할 수 없다.

성대결게임도 두 개의 내쉬균형이 있다는 점에서는 사슴사냥게임과 유사하다. 그렇지만 사슴사냥 게임은 바람직한 상황과 그렇지 않은 상황으로 나뉘는데, 즉 두 개의 내쉬균형에서 보수의 합이 다르지만, 성대결 게임에서는 두 개의 내쉬균형에서 보수의 합은 동일하다. 이러한 경우에 내쉬균형은 보수보다는 성향에 따라 결정될 것이다. 그렇다면 둘은 어떻게 해야 내쉬균형을 찾아낼 수 있을까.

가령 생일날 상대방을 배려하는 문화가 있는 상황에서는, 영희의 생일이 가깝게 다가온다면 영희가 좋아하는 오페라로, 철수의 생일이 가깝게 다가온다면 철수가 좋아하는 야구장으로 가게 될 확률이 높을 것이다. 이렇게 둘은 '서로의 선호', '문화적 배경' 등에 의해 두 개의 내쉬균형 중 하나를 선택하게 된다.

우리 각자는 각자의 선호와 문화를 바탕으로 형성된 의식과 가치관이 있기 때문에 그에 따라 합리적 판단을 하게 된다. 이렇듯 선호 혹은 문화 등의 배경이 전략적 선택에 영향을 미치는 게임이론의 모델이 '성 대결 게임'이다. 이는 '옳고 그름'의 문제가 아니라 서로 다른 게임 참가자들의 서로 다른 선호나 문화 체계가 상충되는 상황을 나타내는 게임이론이다.

남성과 여성의 선호가 다르듯이 우리의 삶에서도 '옳고, 그름'의 문제보다는 서로의 다양한 배경에서 발생하는 '다름의 문제'가 늘 함께하므로 서로의 선호와 문화 체계를 이해하고 그를 바탕으로 합리적인 균형을 찾는 노력이 필요할 것이다. 일반적으로 나는, 그리고 우리는 옳다고 생각하며 살아간다. 내가 그리고 우리만 옳다는 관점을 견지하며 나와 다른 것을 '다름'으로 보지 않고 '틀림'으로 보며 갈등을 일으킨다.

우리 모두는 제한된 생활환경 속에서 제한된 경험을 하며 살아가고 있어 제한된 판단을 할 수밖에 없다. 어느 누구도 모두가 합의할 수 있는 '옳음'에는 다다를 수 없다. 따라서 나와 '다름'을 '틀림'으로 받아들이는 것이 아니라 사회공동체의 일원으로서 다양한 의견을 받아들이고 존중하여 다양성이 꽃피는 아름다운 사회를 만들어 가는 데 동참해야 한다. 조화롭고 행복한 사회를 이루어 가기 위해서는 사회 구성원들의 선호나 문화의 다름을 인정하고 수용하는 타협과 협력이 필요한 것이다. 서로 다른 의견과 이해관계를 가지고 있는 상황에서 한 개인이나 집단이 그들의 주장만 옳고 합리적이라고 한다면 상황은 어려워진다. 내 것이 옳기 위해서는 다른 것은 틀려야 하는 것이다.

우리는 사회적 존재로 너와 나의 합리적 판단은 독립적인 게 아니라 다른 사람의 합리적 판단과 상호 의존하는 관계에 있는 것이다. 다른 사람들의 가치관이나 의견이 자신의 것과 다르면 인정 자체를 거부하고 다른 사람들에게 자신의 의견을 주장하고 이해시키기 위하여 여러 가지 객관적 사실들을 동원한다. 합리적 확신을 표방하는 사람들은 비합리적 의견을 신봉하는 사람들을 얕보며, 비합리적 의견을 신봉하는 사람들은 스스로를 합리적이라고 생각하는 사람들을 얕본다.[342]

우리는 자신의 확신을 되돌아보는 대신 확신에 찬 자신의 합리성을 의심하거나 부정하는 사람들을 정상이 아니라고 생각한다. 우리는 정상적인 것과 비정상적인 것, 합리와 비합리 등 이분법적으로 판단하고 행동한다. 이러한 이분법적 구별은 불확실하고 혼란스러운 세상에서 삶의 방향을 잡을 수 있도록 해주는 역할을 할 수도 있겠으나 정상과 비정상은 자신만의 가치관이나 경험을 바탕으로 하는 주관적 판단으로 객관화

---

[342] 필리프 슈테르처(2024), 18.

할 수 있는 진리가 될 수 없다. 따라서 이러한 이분법적인 분류는 이론적으로나 경험적으로도 타당하지 않고 정당화될 수도 없다. 더욱이 이분법적인 생각은 나와 다른 생각을 하는 사람들을 배제하게 하고 사회분열을 초래하기 때문에 위험하다. 자신의 신념과 다른 생각을 모두 배제하고 보는 것이다.343)

이와 같이 자신의 신념과 다른 생각을 배제하고 나만 옳다고 고집하며 전략적 선택을 한다면 성대결 게임과 같은 상황에서 나는 영원히 상대와 내쉬균형에 이를 수 없게 되는 것이다. 즉 다름이 존재하는 상황에서 항상 내가 좋아하는 것만을 선택하는 게 아니라 상대의 선호를 파악하고 상대가 선택할 것을 선택하는 것이 내쉬균형에 이르게 하여 자신에게도 유리한 선택이 되는 것이다.

가장 친밀한 부부생활 중에도 성대결 게임의 양상은 쉽게 나타날 수 있다. 이는 남성과 여성의 근본적인 다름과 함께 살아온 환경이 달라서 자연스럽고 필연적이다. 따라서 부부생활 중에도 의견 차이를 인정하며 의사결정을 할 때, 나의 합리성을 양보하여 상대방의 합리성과 만날 때 내쉬균형을 이룬다는 점에 주목해야 한다. 결혼생활의 상황에서도 명백하게 존재하지만 종종 간과되는 사실은 바로 나 말고 나와는 다른 사람이 존재한다는 점이다. 즉 내가 하고 싶은 것을 원할 때 모두 내 뜻대로 할 수 없다는 것을 받아들여야 한다. 그렇지 않으면 부부생활 중에도 내쉬균형에 이를 수 없는 것이다. 내쉬균형에 이르지 않으면 아무것도 할 수 없다. 이는 결혼생활에서 반드시 명심해야 사안이라고 생각한다.

게임이론에 근거해 부부생활뿐만 아니라 삶의 과정에서도 다른 사람들과 내쉬균형에 이를 수 있는 전략을 찾고자 한다면 서로 다른 상대방의 입장에서 생각해 보는 것이다. 성대결 게임은 남녀 간의 문제를 넘어 게임 당사자들이 협상을 시도할 때 일종의 합의에 도달하는 것이 내쉬균형이지만 그 균형의 효용가치는 서로에게 동일하지 않고 다르다는 것이다.

---

343) 필리프 슈테르처(2024), 18.

자본주의가 발전하고 문명이 발달할수록 사람들은 더 다양한 의견과 이해관계가 얽힌 사람들과 함께 살아가게 된다. 한 예로 새로운 노동계약을 두고 회사 경영진과 노동조합 사이에 두 사람 모두 파업이나 직장폐쇄를 피하고 싶다는 데 동의할 수도 있지만, 각자는 자신의 이익에 더 유리한 내쉬균형을 추구할 것이다. 노조는 더 높은 임금과 더 짧은 근무 시간을 원할 것이고, 경영진은 그 반대의 균형을 추구할 것이다. 이러한 상황에서 성대결 게임은 '틀림'이 아니라 '다름'을 인정해야 갈등이 발생하는 걸 줄여 줄 수 있다는 것에 대한 모델이라 할 수 있을 것이다.

라. 매 비둘기 게임(Hawk-Dove Game)

매 비둘기 게임은 진화 게임이론에 대한 해법으로 제시된다. 이는 진화적으로 안정된 전략이라고 불리며 번식과 생존 등 자연계에 문제가 발생했을 때 생물이 대응하는 방법을 진화학적으로 분석한 개념이다. 이 이론의 핵심은 어떤 개체의 생존 전략이 최상인지 아닌지는, 다른 모델들과 같이 다른 개체들이 어떤 전략을 쓰는가에 따라 달라진다는 것이다. 많은 동물 중 매와 비둘기를 예로 든 것은, 미국과 소련의 냉전시대에 강경파와 온건파를 각각 매파(The hawk)와 비둘기파(The dove)라 부른 것에서 비롯되었기 때문이다.

먼저 간단하게 게임을 설명하면 모든 상황에서 전력을 다해 싸우는 매와, 최대한 싸움을 피하거나 타협하는 비둘기가 있다고 치자. 얼핏 보면 항상 적극적인 매가 더 유리하고 좋아 보인다. 하지만 집단 내에서 매의 수가 많아지는 경우 매끼리 만날 확률이 증가할 것이고, 항상 싸우는 전략을 추구하는 특성 때문에 싸움이 잦아지게 되고 그 결과 큰 손해를 보기 쉽게 된다. 이처럼 매가 많은 상황에서는 매 전략을 선택하면 손해가 많아지는 반면, 비둘기 전략은 싸움을 회피하면서 타협으로 큰 손해를 보지 않고 적지만 이득을 취할 수 있게 된다. 따라서 비둘기의 수가 증가하게 된다.

싸움을 회피하는 소극적인 비둘기의 수가 균형을 넘어서서 증가하게 되면 그들 사이에서 적극적인 매가 손쉽게 큰 이익을 획득할 수 있기 때문에 다시 매가 증가하게 된다. 결과적으로 매와 비둘기는 항상 일정한 비율을 오르내리게 된다. 즉 매와 비둘기 중 어느 쪽이 생존에 도움이 되는지는 주변에 매와 비둘기가 얼마나 많은지에 따라 달라진다.

매 비둘기 게임 보수행렬

	매	비둘기
매	-1, -1	2, 0
비둘기	0, 2	1, 1

위의 보수행렬 표에서 보듯이 매 전략을 많이 쓰는 개체들로 구성된 집단에서 매 전략을 쓰면 서로 격렬히 싸우게 되고 둘은 서로 본전도 찾지 못하고 큰 손해만 보게 된다. 이러한 상황에서 비둘기 전략을 쓰는 개체가 나타난다면 격렬히 싸우는 매들 속에서 손해는 보지 않게 되어 점점 더 비둘기 수는 늘어나게 된다.

결국 매의 수가 많이 줄어들고 비둘기 수가 늘어난다면 매는 주변의 많은 비둘기들 사이에서 손쉽게 이득을 취할 수 있기 때문에 다시 매의 개체수가 늘어날 것이고 매들 간의 싸움이 다시 빈번해진다. 그러면 다시 비둘기 수가 늘게 된다. 따라서 매 혹은 비둘기만 100%인 경우는 둘 다 진화적으로 안정된 전략이 아니다. 위에서 설명한 것처럼 매와 비둘기가 적절하게 섞여야만 진화적으로 안정된 전략이라고 볼 수 있다. 매 비둘기 게임의 내쉬균형을 찾아보면 아래와 같다.

매 비둘기 게임 내쉬균형

	매	비둘기
매	-1, -1	(2), (0)
비둘기	(0), (2)	1, 1

우리는 살아가면서 선(善)도 있고, 악(惡)도 있다고 믿는다. 그래서 악행을 금하고 선행을 권장한다. 그리하여 '선인선과(善因善果) 악인악과(惡因惡果)' 즉 인과응보(因果應報)를 가르친다. 매 비둘기 게임에서 싸움을 피하는 걸 선(善), 싸움하는 걸 악(惡)이라 한다면 선만 존재하는 것이 내쉬균형이 아니고 그렇다고 싸움만 하는 악만 존재하는 것도 내쉬균형이 아니다. 선과 악이 균형을 이루어야 진화적으로는 안정된 상태가 된다. 그리고 선도 악도 상호작용의 결과로 나타나게 되므로 상호작용 전까지는 선을 선이라 할 수 없고 악을 악이라 할 수 없는 것이다. 그중 하나의 예를 살펴보자.

> 와신상담이라는 고사성어를 만들어낸 중국 춘추전국시대 오(吳)나라 부차(夫差)왕과 월(越)나라 구천(勾踐) 왕의 이야기다. 오왕 합려는 손무와 오자서의 도움으로 춘추시대 최강국 중 하나였던 초나라를 공격해 큰 타격을 입혔다. 이 기세를 몰아 이웃 나라인 월나라까지 침입했지만, 월나라 왕 구천에게 패해 오왕 합려는 전사하고 만다. 합려의 아들인 부차는 아버지의 원수를 갚기 위해 장작 위에 자리를 펴고 자며 아버지의 원수를 갚고자 치열하게 준비한다. 부차는 결국 월나라를 공격해 월왕 구천을 사로잡는 데 성공했다. 구천은 오나라 왕 부차의 하인이 되어 마구간 똥을 치우는 등 수모를 겪는다. 이후 구천은 부차의 환심을 사게 되고 오나라 신하들이 구천을 죽이라고 간청을 하였음에도 불구하고 부차는 구천을 풀어주는 선행을 한다. 월나라로 돌아온 구천은 오왕 부차에게 재물과 미녀 서시를 보내 부차를 방심시켰고, 기회를 보다가 오나라를 공격해 부차를 사로잡고 오나라를 멸망시켰다. 구천은 부차를 가차 없이 죽인다.

부차가 구천을 죽일 수 있었음에도 살려 월나라로 보낸 것은 일반적으로 선행으로 볼 수 있다. 그렇지만 선행의 결과가 항상 긍정적인 결과를 가져오는 것은 아니라는 것을 부차와 구천의 사례에서 확인할 수 있다. 구천을 살려 보낸 선(善)이 오나라를 망하게 하는 악(惡)의 결과를 초래한 것이다. 선이 선과가 아닌 악과로 나타난 경우로 볼 수 있다.

이 경우가 아니라도 전쟁 중에 어린 아이들이라고 살려 보냈다가 아군이 큰 피해를 보는 경우는 종종 보고되고 있다. 전쟁 중에 우리의 위치를 알고 있는 어린이를 살려 보내야 하는가 하는 문제에 대한 답도 쉽지 않다. 어떻게 상호작용이 발생할지 알 수 없기 때문이다. 그리하여 혜능은 옳은 것도 그른 것도 없고, 선한 것도 없고 악한 것도 없다고 했다.

> 옳은 것도 그른 것도 없고, 선한 것도 악한 것도 없으며, 머리나 꼬리가 있는 것도 아님이라.344)

옳고 그름도 없다. 선도 없고 악도 없다. 머리도 없고 꼬리도 없다. 선으로 칭찬만을 받을 사람도 악으로 비난만을 받을 사람도 이 세상에는 없다. 비난과 칭찬이라는 서로 상반되는 개념 안에는 모순이 담겨있다. 우리가 흔히 경험하는 일이지만, 어떤 사안에 대하여 상반된 가치평가를 내리는 수가 많다. 옳고 그름, 선과 악의 판단 기준은 매우 모호하고 자의적인 것이며 순간의 판단에 불과할 수도 있다. 우리들의 경험을 통해서 볼 때 상황에 따라 선과 악이 뒤바뀐 경우는 얼마든지 있다. 이분법적 판단으로 선악을 구별하고 선을 위하여 악을 척결한다는 생각은 위험할 수 있는 것이다.

이처럼 선악은 실체가 없다. 선이 없으면 악이 있을 수 없고, 악이 없으면 선이 있을 수 없다. 그렇지만 우리는 남의 선·악을 너무 쉽게 판단하고 칭찬보다는 비난하기 바쁘다. 그러기 전에 먼저 나 자신의 내면을 들여다보는 것이 필요할 것이다. 마찬가지로 붓다가 없으면 중생(衆生)도 없다. 중생이 있기 때문에 붓다가 있는 것이다. 다시 말하면, 선과 악, 붓다와 중생은 손의 안팎과 같은 것으로 결국 둘이 아니라는 뜻이다.

우리는 살아가면서 선(善)만 행하며 산다고 해도 그럴 수 없다. 그 상황에서 연기법에 따라 상호작용하기 전까지 선은 선이 아니기 때문이다. 상호작용에 따라 내가 행한 선이 악이 될 수도 있는 것이다. 즉 선과 악은 상대와의 상호작용의 결과에 따라 다르게 나타나므로 우리는

---

344) 『六祖大師法寶壇經』(T48, 350a)

선과 악을 미리 말할 수 없는 것이다.

선과 악의 실체는 없는 것이다. 즉 상호작용의 결과가 나의 의도와는 다르게 또는 반대로도 나타날 수도 있으므로 선과 악을 미리 예단하지 말고 주변의 상황을 파악하는 게 중요하다. 내가 선이나 악을 행하는 것이 아니라 연기법에 따라 상호작용한 결과가 선이나 악이 되는 것이다. 따라서 게임이론에 따라 결과를 예측하는 것은 그만큼 중요한 것이다. 나 홀로 선(善)일 수 없다. 당신 홀로 악(惡)일 수도 없다.

마. 치킨게임(Chicken Game)

치킨게임(chicken game)에서 '치킨'은 겁쟁이를 의미한다. 이 게임은 제임스딘이 살았던 1950년대 미국 젊은이들 사이에서 크게 유행했고 여러 영화에 등장했다.[345] 다음과 같은 상황을 생각해 보자. 자신의 용맹을 과시하고 싶어 하는 혈기 넘치는 두 청년이 차를 타고 외길에서 서로 마주하고 있다. 게임이 시작되면 둘은 상대를 향해 계속 직진하거나 도중에 옆으로 핸들을 꺾을 수 있다.

각자에게 최선의 상황은 자신은 용감하게 직진하고 상대는 겁을 먹고 핸들을 꺾는 것이다. 둘 다 핸들을 꺾는다면 조금 창피하기는 하지만 상대방도 겁을 먹었으므로 비기게 되는 본전으로 그렇게 나쁜 상황은 아니다. 그런데 나는 겁을 먹고 회피했는데 상대가 직진한다면 나는 망신을 당하게 되어 안 좋은 상황이다.

최악의 상황은 둘 다 끝까지 직진을 고수하는 경우이다. 이 경우 큰 사고가 발생해 둘 다 사망하거나 중상을 입게 된다. 실제로 혈기 넘치는 젊은이 둘이 여자 친구와의 문제 등으로 오토바이를 타고 직진하다가 끝까지 서로 회피하지 않고 두 명 모두 사망한 사례가 있다. 이 치킨 게임의 보수행렬은 다음과 같다.

---

345) 하임샤피라(2019), 156.

치킨게임 보수행렬

		청년 B	
		회피	직진
청년 A	회피	0, 0	-1, 1
	직진	1, -1	-100, -100

치킨게임은 배반이 명백한 우월전략으로 존재하는 죄수의 딜레마와는 달리 명백한 우월전략이 존재하지 않는다. 즉 상대방의 행동에 따라 나의 합리적인 선택도 달라진다. 따라서 사슴사냥 게임, 매 비둘기 게임 등과 같이 치킨게임에서도 2개의 내쉬 균형이 존재한다. 치킨게임에서 내쉬균형의 첫째는 나는 직진하고 상대방은 회피하는 것이고 둘째는 나는 회피하고 상대방은 직진하는 것이다. 즉 서로 만나지 않는 것이다. 보통 치킨 게임의 결말도 죄수의 딜레마와 마찬가지로 서로 직진해서 둘 다 죽는다는 식으로 이해하는 사람들이 적지 않은데, 치킨 게임의 균형은 한 명은 직진하고 한 명은 회피하는 것이다.

한쪽은 회피, 상대 쪽은 직진을 선택한 상황에서는 양쪽 모두 선택을 바꿔서 보는 이득이 없다. 즉 한쪽이 회피하는 데 상대 쪽이 직진에서 회피로 선택을 바꾸면 승리 대신 무승부를 하게 된다. 반대로 상대 쪽이 직진하는데, 회피에서 직진으로 선택을 바꾸면 패배 대신 사망을 얻기 때문에 한쪽이 직진하면 상대 쪽이 회피하는 상태가 모든 경기자가 선택을 바꿀 요인이 존재하지 않는 상태, 즉 내쉬균형이 된다. 보수행렬에서 내쉬균형을 나타내면 아래와 같다.

치킨게임 내쉬균형

		청년 B	
		회피	직진
청년 A	회피	0, 0	(-1), (1)
	직진	(1), (-1)	-100, -100

기본적인 상식이 있다면 이런 치킨 게임은 보통 하지 않는다고 볼 수 있다. 아주 약간만 생각해 봐도 돌아오는 것에 비해 위험이 너무 크기 때문이다. 내가 직진하고 상대가 회피하는 승리라고 해봤자 얻는 것은 상대방을 꺾었다는 자존심뿐이고, 또 상대가 직진하고 내가 회피한다면 내가 패배하여 잃는 것 또한 자존심뿐이다. 이에 비하여 둘 다 직진에 대한 보상은 '사망' 내지 '중상'이다. 즉 자신의 목숨을 걸어서 얻을 수 있는 건 자존심뿐이고 이 자존심을 지키기 위한 보상은 사망이 될 수도 있다는 것이다.

그렇다면 이러한 불합리한 게임은 우리의 실제 삶의 현장에서 일어나지 않을까. 일어난다고 해도 혈기 왕성한 청년들 사이에서만 발생하는 게임일까. 불행히도 이러한 치킨 게임과 같은 상황은 우리 삶에서 자주 발생한다. 그것도 다른 게임들과 달리 가족이나 친구 같은 친밀한 관계에서 발생하고 친밀할수록 둘 다 회피보다는 직진을 택하여 최악의 상황을 맞이하게 된다. 이러한 상황이 치킨게임의 특징이다.

죄수의 딜레마나 사슴사냥 게임과 같은 모델에서는 친밀할수록 신뢰와 협력을 이끌어 최적의 효율에 도달하기 쉬워진다. 이에 반해 치킨게임은 친밀할수록 일단 발생하면 치열해지며 쉽게 해결점을 찾기 어렵다는 것이다. 길에서 처음 만난 사람과 치킨 게임을 벌일 이유는 거의 없다. 설사 그런 치킨게임 상황에 맞닥치더라도 앞에 한신의 예처럼 회피하면 그만이다. 다시 볼 사람도 아닌데 그 사람 앞에서 굳이 목숨을 걸고 자존심을 지킬 필요가 없는 것이다. 즉 한신이 시장 불량배의 가랑이 사이로 기어나간 예도 치킨게임에서 회피의 예로 볼 수 있을 것이다. 이처럼 친밀하지 않은 사람과의 치킨 게임에서는 회피가 정답이다. 잃을 것은 사소한 자존심뿐이기 때문이다.

그렇지만 치킨게임에서는 친밀한 관계가 오히려 게임의 양상을 최악의 상황으로 몰고 갈 수 있다. 친밀한 관계에서도 둘 중 하나가 회피하는 것이 내쉬균형이다. 그러나 다른 게임에서와 달리 친밀한 관계에서 오히려 내쉬균형에 도달하기 어렵다. 가장 친밀한 부부관계도 상호작용으로 이루어지기 때문에 게임과 같은 상황의 연속이다. 따라서 행복한 부부생활을 위해서도 게임이론의 이해는 필요하다.

즉 부부도 서로 상대가 있고 전략적 선택을 통하여 상대로부터 자신에게 좀 더 유리한 결과를 만들려 애쓸 것이지만 상대방도 마찬가지이다. 부부간에 신뢰가 쌓이고 협력적 상황이 되면 죄수의 딜레마, 사슴사냥 게임 등과 같은 게임에서는 부부 모두에게 많은 보상이 뒤따르는 전략적 선택을 할 수 있을 것이다.

그러나 가장 친밀한 부부 사이에 치킨 게임과 같은 상황이 되면 부부는 서로 회피가 쉽지 않다. 부부관계에서 회피는 패배로 인식되며 한 번의 패배는 한 번으로 끝나는 것이 아니다. 회피하면 잃는 건 한 번의 자존심뿐만 아니라 패배의 결과가 향후 가장 친밀한 부부생활에 지속적으로 영향을 미칠 수 있기 때문이다. 이러한 이유 등으로 부부 사이의 치킨게임은 둘 다 회피하지 않아 극한적 상황으로 치닫는 경우가 자주 발생한다. 아주 사소한 문제로 시작된 부부싸움은 치킨 게임과 같은 상황에 놓이게 되는데 서로 회피하지 않고 직진함으로써 최악의 결과를 초래할 수 있는 것이다.

부부관계에서도 이긴다 해도 부부 사이의 자존심 이외의 이득은 거의 없는 경우가 대부분이다. 따라서 치킨게임은 흔히들 생각하듯이 배짱과 담력으로 게임에 임한다는 생각보다는 치킨게임에 빠지지 않도록 해야 하고 만일 치킨게임과 같은 상황이 발생하더라도 회피 전략을 선택하여 공멸은 피해야 하는 것이다. 현실적으로는 쉽지 않다. 그렇지만 조조는 회피 전략을 택하여 성공을 거두었다. 삼국지에서 치킨게임의 예로 조조의 사례를 찾아보자.

> 조조가 군사 만 명으로 원소의 십만 대군을 괴멸시킨다. 싸움에서 승리한 후 조조는 원소의 막사에서 그동안 원소와 내통한 반역자들의 편지를 많이 발견하였다. 이는 부인할 수 없는 결정적 반역 증거자료이다. 이러한 상황에서는 반역자들을 모조리 찾아내어 모두 처단하는 게 우리의 일반적 상식이다. 반역의 죄에 대한 정당한 책임을 묻고 향후 재발 방지를 위해서이다. 그렇지만 조조는 모든 장수들이 보는 앞에서 그 편지들을 모조리 불살라 버린다.

조조는 원소의 십만 대군을 괴멸시킨 후 적장 원소와 내통한 반역자들의 명단을 손에 넣었다. 반역의 증거는 너무나 명백했다. 과거 전쟁터에서의 반역은 일반적으로 참수형이다. 다시는 반역을 도모할 수 없게 하고, 살아있는 자들에게도 반역은 곧 참수라는 교훈을 주기 위함일 것이다. 그렇지만 조조는 장수들이 적과 내통한 편지를 모두 불태운다.

왜 그랬을까. 조조는 치킨게임을 알았을까. 만일 적과 내통한 편지를 불살라 버리지 않았다면 그 반역에 가담한 장수들은 치킨 게임과 같은 상황에 놓이게 되고 무조건 직진 전략을 취할 수밖에 없게 된다. 즉 장수들은 이렇게 죽으나 저렇게 죽으나 죽을 운명이므로 무조건 조조에게 죽고 살기로 덤벼들 수밖에 없는 것이다.

상대가 무조건 직진 전략을 선택하는 상황이 예상되므로 교묘한 전략가 조조는 회피 전략을 선택할 수밖에 없었을 것이다. 조조는 치킨게임 상황이 만들어지기 전에 그 상황 자체를 모면하면서 반역한 부하의 충성심까지 거두게 되었고 관대하고 포용력 있는 군주라는 평판까지 얻게 된 것이다.

이처럼 치킨게임에서 승률을 높일 수 있는 전략은 반역한 장수들처럼 나는 절대 회피하지 않을 것임을 명백히 보임으로써 상대방의 회피를 유도할 수 있다. 치킨게임에서 중요한 것은, 내가 죽어도 직진할 작정임을 상대방이 안다면 상대방은 회피 전략을 써야 한다는 것이다.346) 상대가 직진하는 경우 회피가 내쉬균형이 되기 때문이다.

국가 사이에 발생하는 치킨게임은 핵무기 게임이 대표적인 예이다. 국가 간 전쟁 상황은 치킨 게임 요소를 내포한다. 게임이론을 다루는 책마다 빠지지 않고 등장하는 사건이 있는데 바로 쿠바 미사일 위기다.347) 실제로 미국은 소련과의 대결에서 이 전략을 사용했다. 미소 냉전 시절인 1962년 소련은 미국 해안에서 겨우 200Km 떨어진 쿠바 해안에 핵탄두 미사일을 배치한다는 계획을 세우고 건설에 들어갔다. 이에 미국은 죽어도 직진할 것이라는 즉 전쟁도 불사한다는 초강수를 두

---

346) 하임샤피라(2019), 157.
347) 위의 책, 160.

었다. 미국이 초강수 전략을 선택한 것이 소련에 먹혀들어 소련은 쿠바에 핵미사일 배치를 철회하였고 이 문제는 평화적으로 해결되었다. 핵무기에 대한 미국과 북한의 게임도 치킨게임이며 서로 벼랑 끝 전술을 통하여 자국의 이익 극대화를 추구하고 있다.

게임이론에서는 참가자가 같은 조건으로 치킨게임에 참가한다고 가정한다. 그렇지만 현실에서는 조건이 같을 수 없다. 예를 들어 차량으로 치킨게임을 벌이는 경우 승률을 높이기 위하여 상대보다 튼튼한 대형차량을 몰고 올 수 있다. 대형차량은 1차적으로 상대방에게 위압감을 주어 회피를 유도할 수 있고, 2차적으로 상호 충돌한다고 하여도 상대보다 피해가 적을 것이다. 국가 간의 치킨게임에서 대형 차량과 비교되는 것은 군사력이 될 것이다. 한 국가의 군사력이 상대방 국가보다 막강하다면 치킨게임과 같은 여러 협상에서 상당히 유리할 것이다. 따라서 각국은 군사력 강화라는 경쟁을 멈출 수 없는 것이다.

4 게임이론과 팃포탯(Tit-for-Tat, TFT)

지금까지 살펴본 바와 같이 게임이론의 기본 개념은 연기법과 같은 상호작용이다. 우주의 생성원리가 상호작용이고 우리의 삶이 상호작용이다. 상대방의 전략이 나에게 영향을 미치고 나의 전략이 상대방에게 영향을 미치기 때문에 서로 협력관계를 형성하고 유지하여야 나와 상대방 모두 이로운 상태에 도달할 수 있게 되는 것이다. 협력관계가 나타날 수 없는 죄수의 딜레마 게임에서도 게임 참가들이 부모와 자식과 같은 친족관계라면 협력관계가 나타날 수 있을 것이다. 동물 세계에서는 친족관계가 아닌데도 협력관계가 발생하는 경우가 많이 관찰된다. 다윈의 진화론으로는 이러한 사회적 행동의 출현을 설명할 수 없었다. 왜 동물들은 서로 협력하는가? 각자의 생존만이 목적이라면 이기적으로 행동하는 게 맞지 않을까?

    인간도 사회적 동물로 이기적인 것만 아니고 상황에 따라 협력한다. 인간들이 모두 이기적으로 행동만 하고 협력이 없다면 인간의 문명은 절대 이루어질 수 없었을 것이다. 따라서 인간의 사회적 행동을 지배하는 자연의 코드를 찾기 위해서는 먼저 협력이 어떻게 형성되었는지부터 밝혀내야 한다. 그리고 그 열쇠는 바로 게임이론이 쥐고 있다.[348]

    앞의 죄수의 딜레마를 떠올려 보자. 상식적으로 보아도 공동선에 이르는 방법을 쉽게 찾을 수 있는데도 불구하고 각자의 이기심을 바탕으로 선택하게 되면 공동선에 도달하지 못하는 딜레마에 빠지게 되는 것이다. 그렇지만 이는 일회성 게임의 결과이다. 만일 죄수의 딜레마 게임을 계속하여 반복한다면 어떻게 될까? 게임을 일회성 게임으로 끝나는 경우와 반복되는 상황을 구분하면 새로운 결과가 도출될 수 있다. 반복되는 게임의 경우 연기법의 업보(業報) 개념이 적용된다고 볼 수 있다.

    일회적으로 끝나는 상황에서는 자백하는 것이 합리적인 선택이지만

---

[348] 톰 지그프리드(2010), 117.

이러한 게임이 반복되는 상황이라면 묵비 즉 협력하는 것도 다음과 같은 논리에 의해 합리적인 선택이 될 수 있다. 즉 묵비하기로 약속하였는데 만일 어느 한 명이 이 약속을 어기고 자백을 택하는 경우가 발생하면 상대방도 다음에는 묵비가 아니라 자백을 택하게 될 것이다. 즉 자백을 한번 택하면 한 번은 이익을 얻게 되지만 그 이후부터 장기적으로는 손해 본다는 걸 알고 있다면 자백을 택하지 않을 것이다.

한 번의 자백은 배반이라는 업보가 남아있어 다음 게임에 영향을 미치게 된다. 다음 게임부터 상대가 배반이라는 업보를 근거로 상대방도 배반한다면 장기적으로 자기 자신도 손해를 보게 될 것이다. 따라서 장기적으로 보면 자백보다는 묵비를 택하고 상대도 묵비를 택하는 게 유리한 전략이 되는 것이다. 달리 말하면 반복되는 죄수의 딜레마 상황에서는 서로 협력하는 전략도 균형이 될 수 있다. 즉 개인의 이익만을 추구하는 전략이 계속되면 장기적으로는 사회 전체에 불이익을 가져오게 되고 그 불이익은 그 개인에게도 불이익이 되어 돌아오기 때문에 배반은 협력보다 열등하게 되는 것이다. 사회 진화 과정에서 이기적인 개인들이 자신의 이익을 희생하면서 협력적인 행동을 하게 되는 현상을 설명하게 되는데 이런 경우 죄수의 딜레마 게임을 인용하기도 한다.

이러한 분석을 통해서 장기적인 관계로 이루어지는 우리 사회에서 왜 윤리와 도덕적인 행동이 필요하고 강조되고 장려되어야 하는지 설명할 수 있는 것이다. 즉 장기적으로 상호작용이 계속되는 경우에는 배반하지 않고 협력하는 윤리와 도덕적인 행동이 너와 나의 공동선을 극대화할 수 있는 행동 원칙이라는 것이다. 그렇지만 반복되는 상황이 유한할 때와 무한할 때의 결과는 다르게 나타난다.

가. 유한 반복게임

반복되는 상황이 유한하다면 그 반복 횟수가 아무리 많더라도 협력이 유발될 수 없다는 게 게임이론이다. 예를 들어 죄수의 딜레마 게임을

100번 반복된다고 하자. 그러면 마지막 회인 100번째 게임에서는 다음인 101번째 게임이 없으므로 일회성 게임과 같게 된다. 따라서 합리적인 전략은 배반을 선택하는 것이다. 100번째에서 상대가 배반할 것이라는 걸 알면 99번째 게임에서도 배반을 택하는 게 합리적 선택이 된다.

역진 귀납적 추론을 적용하면 유한 게임에서는 언제나 비협력적인 행동인 배반 전략을 선택하는 것이 합리적인 결정이다. 이는 횟수가 아무리 많아도 이론적으로는 같은 결과를 가져온다. 이처럼 역진 귀납의 추론은 합리적인 의사결정을 위한 매우 설득력 있는 방법으로 쓰이지만 유한 반복 게임인 상황에서는 역설적인 결과를 가져오게 된다. 이러한 게임 상황을 명확하게 설명하는 것이 '지네게임(Centipede Game)'이다. 이는 보수표를 나타내었을 때 지네 모양을 닮아서 붙여진 이름이다.

게임의 방식은 게임 참가자가 교대로 의사결정을 하는 것이다. 예를 들면 부모님이 형제 A와 B에게 용돈을 준다고 가정하자. 부모님이 용돈 100을 내놓는다. 형제 중 A는 용돈 100을 가져가거나 남겨놓을 수 있다. 만일 A가 100을 가져가면 게임은 종료되고, 가져가지 않고 남겨두면 부모님은 두 배인 200을 내놓는다. 이번에는 형제 중 B가 의사결정 할 차례이다. 형제 B도 A와 똑같이 가져갈 수도 있고 남겨놓을 수도 있다. B가 200을 가져가면 게임은 종료되고 남겨놓으면 부모님은 다시 두 배인 400을 내놓고 형제 A는 가져가거나 남겨놓을 수 있다. 이런 방식으로 게임이 진행되는 것으로 만일 둘 다 가져가지 않고 계속하여 남겨놓는 경우 용돈은 급격히 증가하게 된다. 이를 표로 나타내면 아래와 같다.

지네게임 보수표

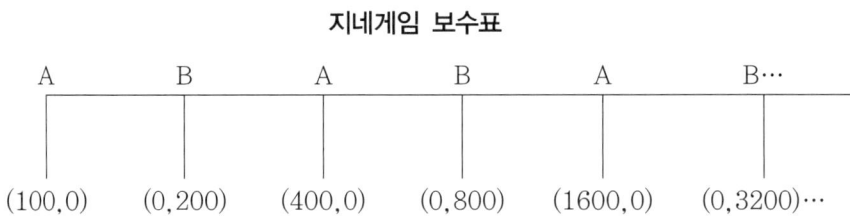

이 게임이 종료되지 않고 10회까지만 유지된다고 하여도 형제 A와 B에게는 천문학적인 숫자의 용돈이 생겨날 것이다. 그렇지만 A는 9회째 게임에서 생각한다. 10회째 게임에서 B가 천문학적 금액을 가져가고 게임이 종료되면 자신은 용돈을 하나도 받을 수 없게 된다는 걸 알고 있다. 따라서 10번째 게임 전인 9번째 게임에서 자신의 용돈을 챙기고 게임을 종료하는 게 전략적 선택이다. 8번째 게임에서 B는 생각한다. 10번째 게임의 결과를 추론한 A가 9번째 게임에서 용돈을 가져갈 것이고 이렇게 되면 9번째 마디에서 게임은 종료되고 B는 용돈을 받을 수 없게 된다. 따라서 B는 9번째 게임 전인 8번째 게임에서 게임을 종료하는 게 전략적 선택이 된다.

이처럼 역진 귀납법으로 추론해 가면 첫 번째 게임에서 더 이상 진행되지 못하고 형제 중 A가 용돈 100을 가져가게 되고 게임은 종료된다는 것이다. 따라서 게임의 횟수가 정해진 유한 반복게임에서는 그 횟수에 상관없이 협력관계가 형성될 수 없다는 것이다. 이러한 이론은 위에서 언급한 바와 같이 죄수의 딜레마에도 그대로 적용되는 것이다.

즉 유한한 횟수로 반복되는 죄수의 딜레마에서도 협력관계가 형성될 수 없다는 것이다. 그렇지만 만일 양측이 그들 앞에 얼마나 많은 죄수의 딜레마가 놓여 있는지 알지 못한다면, 그들은 위와 같은 추론을 적용할 수 없다.[349] 즉 끝을 알 수 없다면 무한 반복게임의 개념 적용이 가능하다는 것이다. 우리는 무한반복 게임과 같은 상황에서 살고 있다. 왜냐하면 삶이 언제 종료될지 알 수 없어 배반할 시점을 찾을 수 없기 때문이다.

우리의 삶은 유한하여 끝이 있다. 그러나 그 끝을 알 수는 없다. 그러므로 우리는 무한히 반복되는 게임을 하고 있다. 그래서 협력관계를 형성한다.

---

[349] 윌리엄 파운드스톤(2004), 333.

나. 무한 반복게임

게임이 유한하게 반복될 때는 그 반복 회수가 아무리 많더라도 협력이 불가함을 앞에서 살펴보았다. 우리는 유한하나 영원히 살 것처럼 생각하고 행동한다. 따라서 삶의 과정에서 만나게 되는 게임은 무한 반복게임과 비슷한 상황이 되는 것이다. 무한반복 게임의 경우는 배반할 시점을 특정할 수 없어 역진 귀납법이 적용되지 않는다. 즉 배반할 시점을 알 수 없어 협력이 가능할 수 있다는 것이다. 삶에서 게임은 무한히 반복된다. 모든 게임은 종료되나, 모든 게임은 결과를 남긴다. 그 결과는 다음 게임에 영향을 미치게 된다. 게임이 남기는 결과가 향후 게임에서 협력이나 배반 전략의 근거가 되는 것이다.

다. 팃포탯(Tit-for-Tat, TFT)

1) 죄수의 딜레마 해결 방안

죄수의 딜레마 같은 상황이 연속되는 우리 삶에서 우리는 어떻게 협력하여 게임 참여자 모두에게 유익한 공동선에 도달할 수 있을까? 홉스는 '국가가 존재하기 전, 삶은 외롭고, 누추하고, 역겹고, 거칠고, 궁핍하다'라고 표현했는데 이를 자연상태(State of nature)라 하였다. 자연 상태에서는 이기적 본성을 지닌 개인들은 자신의 이익을 한없이 추구하며 '만인에 의한 만인에 대한 투쟁'을 전개하게 된다. 따라서 중앙권위체(central authority)가 없는 한 협력은 절대로 나타날 수 없으므로 강력한 정부가 필요하다는 게 그의 관점이었다.

그렇지만 미시간 대학 정치학과 교수인 로버트 액설로드(Robert Axelrod)는 중앙권위체가 없는 상황에서 이기적 인간들이 어떻게 하면 서로 협력할 수 있는지 알아내고자 하였다. 즉 그는 다른 사람과 앞으로 계속해서 영향을 주고받아야 하는 상황이라면 과연 '언제 협력하고 또 언제 이기적으로 행동해야 하는가?'라는 의문을 해결하고 유용한 협력 이론을 만들어 내고자 죄수의 딜레마 모델을 이용했다.

1984년 그는 전 세계 게임이론가, 컴퓨터 공학자, 경제학자, 그리고 심리학자 등으로부터 죄수의 딜레마 게임에서 가장 높은 보수를 획득할 수 있는 전략 프로그램을 공모했다. 어떻게 하면 죄수의 딜레마에서 벗어날 수 있을까? 즉 공동선에 이를 수 있는 방법을 찾아내 보고자 한 것이다. 그가 제시하는 협력 이론은 사회 구성원들에게 강제적으로 협력을 강요하는 중앙권위체가 없는 상태에서 이익을 추구하는 이기적 개인들에 대한 연구와 조사를 바탕으로 이루어졌다.350) 그가 전 세계 전문가들에게 제시한 죄수의 딜레마 모델은 아래와 같다.

로버트 액설로드가 제시한 죄수의 딜레마 보수행렬

		A	
		협력	배반
B	협력	3, 3	0, 5
	배반	5, 0	1, 1

위의 보수행렬을 제시하였고 전 세계에서 15개의 전략 프로그램이 제출되었다. 전략 프로그램 제출자들은 자신이 제출한 전략 프로그램을 가지고 각각의 상대방과 리그전 형식의 게임을 진행했다. 각각의 게임은 정확히 200번의 죄수의 딜레마 게임으로 이루어졌다. 각 게임의 보수는, 위의 표가 나타내는 것처럼 상호 협력에는 양 경기자에게 3점씩, 상호배반에는 1점씩 주었다. 한 경기자가 협력하는데 다른 경기자가 배반하면 배반한 경기자는 5점, 협력한 경기자는 0점을 획득하게 했다.

위에서 언급한 바와 같이 참가자들은 심리학, 경제학, 수학, 사회학 등의 분야에서 게임이론 또는 죄수의 딜레마에 관한 연구 업적이 있는 사람들이었다. 이러한 전문가들 사이에서 이 대회 우승자는 캐나다

---

350) 로버트 액설로드(2020), 29.

토론토 대학의 심리학 교수인 아나톨 라포트(Anatol Rapport) 교수가 제출한 팃포탯(Tit For Tat)이었다.[351]

팃포탯은 이름이 다소 특이한데, 유래를 찾자면 1,500년대의 옛 표현 중 보복을 의미하는 'tip for tap'이라는 게 있었고, 여기서 따와서 "Tit-for-Tat" 이론이라고 이름을 붙였다 한다.

팃포탯은 맨 처음에는 일단 협력으로 시작하고 그다음부터는 상대방이 전번의 게임에서 선택한 전략을 자신도 똑같이 선택한다는 전략이다. 즉 첫 회 이후부터는 상대방이 바로 이전 게임에서 협력을 선택했으면 자신도 협력을 선택하고, 상대가 배반을 선택했으면 자신도 배반을 선택한다는 것이다. 즉 첫 번째는 협력하고 다음부터는 상대를 그대로 따라서 한다는 것이다. 이것은 이해하기도 쉽고, 또 프로그램을 짜기도 쉽다. 하지만 놀랍게도 이 단순한 프로그램이 컴퓨터를 이용한 복잡하고 정교한 모든 프로그램을 능가하는 결과를 얻었다.

로버트 액설로드는 1차 실험의 신뢰성을 높이기 위하여 2차 대회를 개최했다. 2차 대회는 1차 대회에 참가했던 게임 이론가들을 비롯해 6개 국가에서 총 62개의 프로그램이 참가했다. 2차 대회 참가자들은 컴퓨터, 과학, 경제학, 심리학, 수학, 사회학, 정치학, 진화생물학 교수에 이르기까지 1차 대회보다 다양해졌다. 이들에게는 1차 대회 결과에 대한 상세한 분석 자료가 전달되었다. 따라서 참가자들은 1차 대회의 결과뿐 아니라 성공을 분석하는 데 사용된 개념, 생각지 못했던 전략적 약점들까지 잘 알게 되었다.

따라서 2차 대회는 1차 대회보다 훨씬 더 정교한 수준에서 시작될 수 있었다. 즉 참가자들은 1차 대회에서 얻은 교훈을 분석하고 해석하여 1차 대회보다 발전된 다양한 전략을 가지고 2차 대회에 참가할 수 있었다. 그리고 최대한 다양한 아이디어를 찾아내기 위해 누구든지, 어떤 전략 프로그램이든지, 남이 만든 것이라도 상관없이 제출해도 됨도 명확히 했다. 따라서 1차 대회 우승전략인 팃포탯보다 훨씬 다양하고 향상된 전

---

351) 로버트 액설로드(2020), 55.

략 프로그램들이 제안될 환경은 조성되었고 또 그렇게 기대되었다.

이러한 분위기 속에서 열린 2차 대회 우승은 모두의 예상과 달리 바로 1차 대회 우승전략인 아나톨 라포트(Anatol Rapport) 교수의 팃포탯 전략이었다. 전 세계 각 분야의 전문가들에 의해서 정교하게 설계된 컴퓨터 프로그램도 1차 대회 우승전략인 팃포탯을 넘어서지 못한 것이다. 각 분야의 전문가나 컴퓨터도 단순한 팃포탯보다 더 나은 것을 개발해 내지 못한 것이다.

팃포탯이 주는 교훈은 먼저 협력하라는 것이다. 그리고 다음에는 게임 상대방이 협력하면 나도 협력하고, 반대로 배반하면 나도 배반한다는 것이다. 무조건적인 사랑이나 자비가 아니다. 팃포탯은 어떤 환경에서도 가장 우수한 전략일까? 이 의문에 답하고자 즉 팃포탯이 얼마나 우월한 전략인지 증명하기 위해 2차 대회 이후 추가로 가상의 대회를 치렀다. 2차 대회에 출전한 전략들을 몇 개의 규칙으로 유형화할 수 있다는 사실이 밝혀졌다. 즉 각각의 가상 대회는 한 가지 전략의 유형에 가중치를 부여하여 각각의 전략적 환경을 대표할 수 있도록 했다.

결과적으로 팃포탯은 여섯 개의 가상 대회 가운데 다섯 개의 대회에서 1등을 차지했다. 이는 아무리 환경이 바뀐다 해도, 대회에 참가한 모든 프로그램 중에서 팃포탯이 최고의 전략임을 입증하는 강력한 결과였다. 팃포탯은 모든 환경에서 우월함이 입증된 것이다.

> 이러한 팃포탯 전략이 성립하기 위해서는 가장 중요한 조건은 과거에 상호작용 했던 상대를 알아보고, 그 상호작용이 어땠는지 관련된 특성을 기억해야 한다는 것이다. 이런 능력이 없다면 어떤 형태의 호혜주의도 실천할 수 없고, 나아가 상대방에게서 협력을 이끌어 낼 수도 없다.[352]

즉 협력할 수 있게 하는 중요한 방법은 두 사람이 나중에 다시 만날 수 있어야 하고, 다시 만났을 때 서로 알아볼 수 있게 하고, 또 과거에

---

352) 로버트 액설로드(2020), 169.

서로에게 어떤 행동을 했는지 기억할 수 있어야 한다는 것이다. 이처럼 계속 이어지는 상호작용은 호혜주의에 입각한 협력이 안정적으로 자리잡게 해준다. 즉 배반 행위가 일어났을 때 그것을 인식하는 능력은 협력이 생겨날 수 있는 유일한 조건은 아니지만 중요한 조건임에는 분명하다. 그러므로 사람들이 과거에 상호작용 했던 사람을 인식하고 그가 어떤 행동을 취했었는지 확신할 수 있는 능력을 개선할 수 있다면 협력의 지속 가능성은 보다 확장될 수 있다.[353] 팃포탯 원리는 아주 단순하지만 이보다 더 효과적으로 공동선을 추구할 수 있는 방법은 없는 것이다.

    자본주의의 경제 발전은 문명의 이기를 급속도로 발전시켜 사람들의 상호작용 내용이나 과거에 어떤 행동을 했는지를 보다 손쉽게 알아낼 수 있게 되었다. 컴퓨터에 저장된 정보를 통하여 과거의 행위를 알아낼 수 있으며 현재의 행위도 컴퓨터를 통하여 거의 실시간으로 알 수 있게 되었다. 따라서 팃포탯 이론에 의하면 과거에 비해 사람들이 협력할 수 있는 환경은 조정되었다고 볼 수 있다.

    반면에 우리가 살아가는 사회는 더 커지고 더 복잡하게 되어 익명성(匿名性)이 심화되므로 협력의 가능성을 감소시킨다. 이렇게 협력의 가능성이 교차(交叉)되는 자본주의 상황에서 컴퓨터 등 문명의 이기를 활용하여 익명성을 엷어지게 하면, 팃포탯이 주는 교훈이 실제로 우리의 삶에 적용되어 협력관계를 형성시킬 수 있을 것이다. 우리 삶의 현실과 자연환경에서 팃포탯은 일상적으로 관찰되고 있다. 이 때문에 그 이론적 범용성이 엄청나게 넓어 경제학, 정치학은 물론 생물학 및 진화론에서도 크게 관심을 기울이고 있는 방대한 주제이다.

    살펴본 바와 같이 팃포탯 이론에 의하면 상호작용 하는 관계에서 협력을 이끌어낼 수 있는 조건은 '게임의 계속'과 저번 게임의 결과에 따라 대응하는 '보복의 개념'이다. 이는 연기법의 무시무종의 무한성의 개념과 자신의 업보(業報)는 사라질 수 없어 분명히 자신에게 되돌아온다는 개념과 같은 것이다. 따라서 연기법을 이해하고 삶에 적용시킨다면 공동선을 자연스럽게 추구하게 되는 것이다.

---

353) 로버트 액설로드(2020), 170.

2) 다른 전략과의 비교

툇포탯의 개념과 비슷한 도덕률은 우리가 잘 알고 있는 황금률(Golden Rule)이다. 즉 "남에게 대접받고자 하는 대로 남을 대접하라." 황금률에 따라 내가 언제나 대접받고 싶다면 나도 언제나 대접해야 한다. 이는 죄수의 딜레마의 맥락에서 보면 언제나 협력하라는 말과 같다. 이런 관점에서 해석한다면 가장 훌륭한 전략은 툇포탯이 아니라 무조건 협력하는 전략이 될 것이다. 무조건 협력하고 상대도 무조건 협력하는 경우 보수는 아래와 같다.

무조건 협력 전략의 보수(상대도 협력시)

	1회	2회	3회	4회	5회	6회	...
A	3	3	3	3	3	3	...
B	3	3	3	3	3	3	...

A가 무조건 협력 전략을 택하는 경우 B도 협력 전략을 택하면 위에서처럼 우리가 원하는 전체가 최대의 효율이 되는 상태이며 이상적인 경우이다. 이런 경우 게임 참가자는 모두 최고의 보수를 획득할 수 있다. 그렇지만 내가 무조건 협력의 전략을 선택하는 데 상대가 무조건 배반 전략을 택한다면 상황은 완전히 달라진다. 내가 협력 전략을 무조건 택한다는 것을 알면 상대는 쉽게 배반할 수 있다.

무조건 협력 전략의 보수(상대의 배반시)

	1회	2회	3회	4회	5회	6회	...
A	0	0	0	0	0	0	...
B	5	5	5	5	5	5	...

무조건 협력 전략이 안고 있는 문제는, 상대에게 오른뺨을 맞고 왼뺨을 내밀면 상대가 나를 배반만 하는 데 익숙해지고 나와 협력할 동기

는 부여할 수 없다는 데 있다. 즉 무조건 협력은 게임 당사자는 무조건 손해를 보는 데 반하여 게임 상대방은 지속적으로 엄청난 보수를 챙겨가게 된다는 것이다.

이는 게임 당사자는 물론이고 장기적으로 다른 무고한 사람들에게까지 피해를 줄 수 있는 전략이다. 왜냐하면 다른 사람들도 이 무조건 배반자와 죄수의 딜레마 게임을 할 수 있기 때문이다. 나아가 무조건 협력 전략은 장기적으로는 게임 상대방도 결국에는 망치게 된다. 나로부터 배반의 유혹에 빠진 배반자는 계속하여 배반 전략을 택하게 될 것이고 그렇게 되면 상대방도 같은 배반 전략을 택하기 쉽게 될 것이다. 그러면 무조건 배반자는 최악의 상황을 피하지 못할 것이기 때문이다.

그 배반자는 계속하여 공동선에 방해가 되는 전략을 선택하는 존재가 될 것이며 그러한 배반자를 다시 협력하는 인간으로 만들기 위해서는 사회적 비용이 필요하게 될 것이고, 이는 사회적 비용의 증가를 초래하게 될 것이다. 이러한 논리는 무조건적인 협력보다는 호혜주의가 더 든든하게 자리 잡을 수 있는 근거가 되고 있다.

팃포탯은 일단 상대가 배반을 택하면 영원히 서로 배반 전략을 택하게 된다. 즉 한 번만 배반하게 된다면 함부라비 법전에 기록되어 있는 '눈에는 눈, 이에는 이'라는 탈리오법칙(Lex Talionis)과 유사하게 되는 것이다. 즉 한 번의 배반으로 돌이킬 수 없는 상황에 빠질 수 있는 것이다.

이러한 전략에서는 상대방이 의도와 다르게 단 한 번의 실수만 한다고 할지라도 이를 회복할 기회를 갖지 못한다. 즉 딱 한 번의 배반이나 실수가 돌이킬 수 없는 상황이 되는 것이고 이러한 상황에서는 영원히 공동선에 도달할 수 없다. 이러한 상황의 보수를 나타내면 아래와 같다.

시작 협력·상대 배반시 보수

	1회	2회	3회	4회	5회	6회	...
A	0	1	1	1	1	1	...
B	5	1	1	1	1	1	...

게임 참가자 전체의 보수를 고려해 볼 때 상호 협력은 6의 보수를, 한쪽 배반 시는 5의 보수를 획득하나 상호배반 시 둘의 보수는 2가 되므로 게임이 진행될수록 게임 참가자 모두는 최악의 상황을 맞이하게 된다.

　이 팃포탯 전략에서는 오랫동안 유지해 왔던 협력관계도 단 한 번의 배반이나 실수로 완전히 무너질 수 있는 것이다. 따라서 실제로 계산해 보면 '관대한 팃포탯(Generous tit for tat, GTFT)' 전략이 '단순 팃포탯(TFT)'보다 더 우월한 것으로 나타났다. 관대한 팃포탯 전략은 팃포탯과 모든 점에서 똑같다. 다만 상대방이 배반이나 실수하는 경우에도 팃포탯과 달리 일정한 확률로 협력을 택하는 것만 다르다. 이러한 관대한 팃포탯에 대하여 노박은 이렇게 설명한다. 이러면 우연한 실수를 만회할 수 있는 기회가 생긴다.[354]

　팃포탯 이론에서는 게임 참가자가 협력하기 위해서는 향후 계속적 상호작용이 필수조건이라 했다. 그렇지만 미래는 불확실하여 담보할 수 없는 것이므로 가능성을 따져봐야 한다. 즉 향후 다시 만나 상호작용할 가능성에 따라 협력관계가 달라진다. 즉 다시 만날 확률이 높으면 높을수록 협력관계의 가능성도 높아지고 반대로 확률이 낮으면 낮을수록 협력관계의 가능성도 낮아진다. 향후 상호작용할 확률이 80%라고 가정하면 주어진 죄수의 딜레마 게임의 보수는 다음과 같다.

향후 상호작용 확률 80%시 보수

	1회	2회	3회	4회	5회	6회	⋯
A	3	3×0.8	3×0.8^2	3×0.8^3	3×0.8^4	3×0.8^5	⋯
B	3	3×0.8	3×0.8^2	3×0.8^3	3×0.8^4	3×0.8^5	⋯

　따라서 이 게임이 영원히 계속된다고 가정하고 총보수를 계산하면 무한급수의 합이 되므로 $3/(1-0.8)=15$가 된다. 만날 확률이 80%인 경우 게임 참가자들은 협력하는 게 월등히 유리하다. 이처럼 영원히 계

---

354) 톰 지그프리드(2010), 134.

속되는 게임에서 다시 상호작용하게 될 확률을 δ로 표시하면 보수는 아래와 같다.

무한 반복 게임의 보수

		B	
		협력	배반
A	협력	$3/(1-\delta)$, $3/(1-\delta)$	0, 5
	배반	5, 0	1, 1

위의 표에서 δ가 0.5, 즉 향후 게임을 다시 하게 될 확률이 반반이라면 $3/(1-0.5)=6$이 되므로 여전히 협력관계가 유지될 것이나 위의 80% 확률보다는 보수가 낮아졌다. 따라서 그만큼 협력관계에 대한 유인도 낮아진 것이다. 향후 상호작용 확률이 40%가 되면 무한 반복 게임에서 협력 전략으로 얻는 보수는 5가 된다. 즉 향후 만날 확률이 40%가 되면 한 번 배반하여 5의 보수를 얻는 것과 같게 된다. 따라서 향후 만날 확률이 40% 미만이 된다면 협력할 이유도 사라진다. 즉 배반하는 것이 내쉬균형이 되는 것이다. 이처럼 다시 만날 가능성이 낮은 익명(匿名)의 사회에서는 협력관계가 형성되기 쉽지 않은 것이다.

3) 시사점

팃포탯 전략의 기본 원칙은 호혜주의다. 호혜주의는 '공평한 것, 그 이상을 원하지 않는다는 것'이다. 즉 과욕을 부리지 않는다는 것이다. 이런 사실은 두 차례에 걸친 죄수의 딜레마 대회에서 팃포탯 전략이 거둔 성과를 통해 확인할 수 있다.

팃포탯 전략이 주는 가장 중요한 시사점은 상대와의 일대일 게임에서는 상대를 이길 수 없다는 것이다. 팃포탯은 두 대회에서 모두 우승했지만, 맞붙었던 상대보다 더 많은 점수를 얻은 적은 단 한 번도 없었다.[355] 사실상 팃포탯은 근본적으로 게임에서 상대보다 더 높은 점수를 얻을 수 없다. 왜냐하면 내가 먼저 협력을 선택해야 하는데 이 경우 상대는 협력만 선택하는 게 아니라 배반도 선택할 수 있기 때문에 내가 상대를 더 많이 배반하여 상대보다 더 높은 점수를 받는 것은 구조적으로 불가능하기 때문이다.

다시 말하면 티포탯은 각각의 상대보다는 필연적으로 적은 점수를 획득하게 되어 모든 게임에서 패배하게 되나 게임의 횟수가 많아지면서 게임 전체의 총점이 높은 것이다. 즉 내가 먼저 양보하여 상대에게 패배함으로써 좋은 성적을 낸 것이지 상대에게 승리를 거둠으로써 좋은 결과를 얻은 게 아니었다. 도덕적인 전략은 이보다 더 나은 성적을 올리지 못했다.[356]

또 팃포탯보다 우월한 전략은 팃포탯에 '용서함'을 더한 '관대한 팃포탯(Generous Tit for Tat, GTFT)'이다. 즉 관대한 팃포탯은 상대방이 배반하는 경우에도 일정한 비율로 협력, 즉 용서하는 것이다. 즉 호혜주의를 바탕으로 하면서도 팃포탯보다 약간 더 관용적으로 되는 것이다.

게임을 계속하다 보면 더 놀라운 결과가 생겨난다. 즉 시간이 지나면서 무조건 배반 전략에서 단순 팃포탯으로, 단순 팃포탯은 관대한 팃포탯 전략으로, 관대한 팃포탯 전략은 무조건 협력 전략으로 진화해 간다.[357] 모든 사람이 무조건 협력 전략을 선택하면 우리가 추구하는 이상적인 사회에 도달하는 것이다. 모두가 협력자가 된 것이다. 드디어 아름다운 세상이 왔다. 하지만 아름다운 세상은 영원히 지속되지는 않는다.

왜냐하면 매와 비둘기 게임에서 비둘기만 존재하는 상황이 진화의 안정성을 보장하는 것이 아닌 것처럼 무조건 협력 전략은 안정적인 전략이 아니기 때문에 유지될 수 없는 것이다. 모두가 협력하는 세상은 배반 전략의 등장에 너무도 취약할 수밖에 없다. 비둘기만의 세상에 매가 나타나 먹이를 싹쓸이하게 되는 것과 같다.

따라서 처음에 모두 배반 전략으로 시작하는 경우 게임 참가자 모

---

355) 로버트 액설로드(2020), 166.
356) 위의 책, 167.
357) 마틴노왁·로저하이필드(2022), 95.

두 높은 보수를 획득할 수 없기 때문에 점점 팃포탯 전략이 유행하고, 다음에는 관대한 팃포탯이 지배하다가, 결국 무조건 협력 전략이 되나, 이 전략은 유지될 수 없어 다시 배반 전략으로 돌아가는 순환이 계속되게 된다는 것이다. 노박의 결론을 들어보면 이것이야말로 인간사에서 전쟁과 평화가 반복되는 이유를 설명해 주는 것이라고 하고 있다.358)

모든 것은 연기법에 따라 순환하는 것이다. 연기법에 따르면 거대한 천체로부터 티끌에 이르기까지 이 세계 안의 모든 존재는 생하고(生), 머물고(住), 달라지고(異), 사라지는(滅) 순환을 계속한다. 우리가 살아가는 사회도 이처럼 흥망성쇠(興亡盛衰), 생주이멸(生住異滅)의 제행무상(諸行無常)의 진리가 적용되는 것이다. 따라서 선사(禪師)들은 '바로 지금, 바로 이 자리'에서 진리를 찾으라고 한 것은 아닐까 하는 생각이 든다.

보살행을 실천해야 하지만 무조건적인 보살행은 긍정적인 업(業)을 남기지 못할 수도 있다. 즉 보살행도 상호작용에서 예외가 될 수 없으며 상호작용의 결과가 긍정적인 보살행이 되도록 하여야 할 것이다. 무조건적인 보살행은 장기적으로 자신은 물론 상대방 그리고 사회에도 부정적 결과를 가져올 수 있으므로 무조건적인 사랑 혹은 자비는 바람직하지 않을 수도 있다.

한 예로 유대교와 기독교 전통에서는 소득의 10%를 기부하는 것을 옹호하고 있으나 그 기부금이 정당하게 사용되지 않는 경우 비효율적이고 부패한 기부금 납부가 계속되게 하는 결과에 이르게 한다.359)라고 하므로 사랑과 자비도 한 방향이 아닌 중생과의 상호작용 속에서 이루어져야 할 것이다. 사랑과 자비가 원하는 결과를 실현하기 위해서는 게임이론에 대한 이해가 필요한 것이다.

게임이론의 관점에서 보면 무조건적인 사랑이 항상 옳은 게 아니고, 이기심이 무조건 나쁜 것이 아니다. 이기심을 바탕으로 하는 게임이론이 윤리와 상충된다고 생각할 수 있으나 게임이론은 윤리의 핵심

---

358) 톰 지그프리드(2010), 134.
359) Joyce Richard(2007), 289.

문제에 대한 질문에 깊은 통찰력을 제공하고 다시 새로운 질문을 일으키며 윤리적 질문에 실증적 검증이 가능하도록 하는 것이다.360)

죄수의 딜레마에서 벗어나기 위한 방법 중 팃포탯(Tit-for-Tat, TFT)은 가장 단순한 이론이지만 지금까지 발견된 이론 중 가장 긍정적인 결과를 도출할 수 있는 이론임이 증명되었다. 즉 팃포탯(Tit-for-Tat, TFT)의 단순함이 다양한 전문 학자들이 컴퓨터를 이용하여 만들어낸 어떠한 정교하고 복잡하고 세련된 전략보다 우월한 것으로 나타난 것이다.

팃포탯 전략에서 우리가 얻을 수 있는 교훈은 살아가면서 상대방에게 '먼저 져주고 먼저 보살행을 실천'하라는 것이다. 연기법의 무시무종(無始無終), 중중무진(重重無盡), 인드라망 속 우리의 삶이 복잡하고 알 수 없는 것 같으나 의외로 단순하다는 진리에 대한 논리적이고 실증적인 암시를 팃포탯이 주고 있는지도 모를 일이다. 과욕만 부리지 않는다면 마조가 말 한대로 도는 닦는 것이 아닐 수 있고 닦을 필요도 없는 것일 수 있을 것이다.

경쟁사회에서 '무조건 이겨야만 한다'라는 오도된 신념이 가득한 현대인들은 '먼저 져주고, 먼저 보살행을 실천'하는 걸 손해라고 인식할 수 있을 것이다. 그렇지만 게임이론으로 실증된 팃포탯 결과에 대한 이해와 믿음을 바탕으로 많은 사람들이 '먼저 져주고 먼저 보살행을 실천'한다면 사회가 좀 온화해지지 않을까 하는 생각도 해본다. 연기법, 양자론, 그리고 게임이론은 결국 사랑이고 자비이다.

---

360) Alfano Mark(2018), 2.

참고문헌

1. 원전류(原典類)

『大華嚴一乘法界圖』(B32)
『大方廣佛華嚴經義相法師法性偈』(B32)
『中阿含經』(T1)
『雜阿含經』(T2)
『佛說鴦掘摩經』(T2)
『法句經』(T4)
『增一阿含經』(T20)
『金色王經』(T3)
『維摩詰所說經』(T14)
『楞伽阿跋多羅寶經』(T16)
『中論』(T30)
『大方廣佛華嚴經疏』(T35)
『大慧普覺禪師語錄』(T47)
『無門關』(T48)
『六祖大師法寶壇經』(T48)
『景德傳燈錄』(T51)
『楞伽師資記』(T85)
『華嚴經文義要決問答』(X08)
AN(Aṅguttara Nikāya)
MN(Majjhima Nikāya)
DN(Dīgha Nikāya)
SN(Saṃyutta Nikāya)
Dhp(Dhammapada)

2. 국내문헌

가. 단행본

고익진, 『불교의 체계적 이해』, 서울 : 광륵사, 2015.
관 정, 『반야심경 정해』, 부산 : 알아차림, 2022.
권오민, 『인도철학과 불교』, 서울 : 민족사, 2022.
김성구, 『아인슈타인의 우주적 종교와 불교』, 서울 : 불광출판사, 2021.
김영세, 『게임이론』, 서울 : 박영사, 2022.
김정빈, 『근본불교의 가르침』, 서울 : 불광출판부, 1997.
김태완, 『대혜서장』, 경기 고양 : 침묵의 향기, 2018.
김태완, 『마조어록』, 경기 고양 : 침묵의 향기, 2022.
달라이라마, 삼묵·이해심 역, 『한 원자 속의 우주』, 서울 : 하늘북, 2007.
데이비드 무어, 정지인 역, 『경험은 어떻게 유전자에 새겨지는가』, 경기 고양 : 아몬드, 2023.
로버트 액설로드, 이경식 역, 『협력의 진화』, 서울 : 마루벌, 2020.
로저멕케인, 이규억 역, 『게임이론』, 서울 : Σ시그마프레스, 2021.
루이자 길더, 노태복 역, 『얽힘의 시대』, 서울 : 부키(주), 2016.
리 스몰린, 김낙우 역, 『양자 중력의 세가지 길』, 서울 : (주)사이언스북스, 2007.
리처드 도킨스, 홍영남·이상임 역, 『이기적 유전자』, 서울 : 을유문화사, 2023.
린 마굴리스·도리언 세이건, 황현숙 역, 『생명이란 무엇인가』, 서울 : 지호, 1999.
마틴노왁·로저하이필드, 허준석 역, 『초협력자』, 서울 : (주)사이언스북스, 2022.
문일수, 『오온과 전오식』, 부산 : 무량수, 2020.
미 산, 『미산스님 초기경전 강의』, 서울 : 명진출판(주), 2010.
밍군사야도, 최봉수 역주, 『大佛傳經 Ⅳ』, 서울 : (주)한언, 2009.
박재현, 『깨달음의 신화』, 서울 : 푸른역사, 2002.
박찬욱 외, 『깨달음, 궁극인가 과정인가』, 서울 : 운주사, 2015.
베르너 하이젠베르크, 조호근 역, 『물리와 철학』, 서울 : 서커스출판상회, 2022.
사나트 나나약까라, 이순주 역, 『불교와 합리주의』, 서울 : 고요한 소리, 2019.
새뮤얼 보울스 외 2인, 최정규 외 2인 역, 『자본주의 이해하기』, 서울 : 후마니타스(주), 2013.
손 자, 백점기 역, 『손자병법』, 서울 : 지식공감, 2023.
아리스토텔레스, 이종훈 역, 『형이상학』, 서울 : 동서문화사, 2021.

앨런 월리스, 박재용 역, 『불교와 과학』, 서울 : 운주사, 2024.
윌리엄 파운드 스톤, 박우석 역, 『죄수의 딜레마』, 서울 : (주)양문, 2004.
유선경 외 1인, 『생명과학과 불교는 어떻게 만나는가』, 서울 : 운주사, 2020.
이양승, 『와일드 게임이론』, 서울 : (주)박영사, 2021.
이중표, 『붓다의 철학』, 서울 : 불광출판사, 2020.
이중표, 『붓다가 깨달은 연기법』, 서울 : 불광출판사, 2021.
자오융, 허유영 역, 『삼국지와 게임이론』, 서울 : 한스미디어, 2009.
전재성 역주, 『우다나』, 서울 : 한국빠알리성전협회, 2021.
조애너 메이시, 이중표 역, 『붓다의 연기법과 인공지능』, 서울 : 불광출판사, 2020.
종광 강설, 『임제록』, 서울 : 모과나무, 2021.
짐 알칼릴리, 김성훈 역, 『어떻게 물리학을 사랑하지 않을 수 있을까?』, 경기 : (주)월북, 2023.
최봉수역, 『마하박가 Ⅰ』, 서울 : (주)시공사, 1998.
카를로 로벨리, 김정훈 역, 『보이는 세상은 실재가 아니다』, 경기 파주 : 쌤앤파커스, 2019.
카를로 로벨리, 김정훈 역, 『나 없이는 존재하지 않는 세상』, 서울 : 쌤앤파커스, 2023.
톰 지그프리드, 이정국 역, 『게임하는 인간 호모루두스』, 서울 : 자음과 모음, 2010.
팀 제이스, 김주희 역, 『양자역학 이야기』, 서울 : 한빛비즈(주), 2025.
프리초프 카프라, 김용정·김동광 역, 『생명의 그물』, 서울 : (주)범양사, 1998.
필리프 슈테르처, 유영미 역, 『제정신이라는 착각』, 경기 파주 : 김영사, 2024.
하임샤피라, 이재경 역, 『N분의 1의 함정』, 서울 : 반니, 2019.
한스 요아힘 슈퇴리히, 박민수 역, 『세계 철학사』, 서울 : (주)자음과 모음, 2021.
현 건, 『선의 발자취를 따라서』, 서울 : 담엔북스, 2022.
현 응, 『깨달음과 역사』, 서울 : 불광출판사, 2017.

나. 연구논문

강혜원, 「達摩禪에 나타난, 維摩의 不二思想」, 『불교학연구』 20호, 불교학연구회, 1995.
권오민, 「四聖諦와 12緣起」, 『한국불교학』 제47집, 한국불교학회, 2007.
김완진, 「합리성과 게임이론」, 『철학사상』 20호, 철학사상연구소, 2005.

김용강, 「촉의 생성 및 작용」, 『동서철학연구』 108호, 한국동서철학회, 2023.
김호귀, 「『이종입』과 『금강삼매경』의 이입과 사행의 관계」, 『선학』 23호, 한국선학회, 2009.
이중표, 「중론의 팔불과 연기」, 『불교학연구』 제22호, 불교학연구회, 2009.
이중표, 「근본불교에서 '일체(一切 ; sabba)'의 의미」, 『한국교수불자연합학회지』 1호, 한국교수불자연합회, 2012.
정 운, 「대승경전에 나타난 무주열반(無住涅槃) 사상」, 『禪學』 제61호, 2022.
조인성, 「죄수의 딜레마의 개념과 적용」, 『전문경영인 연구』 49호, 한국전문경영인학회, 2017.

3. 외국문헌

Alfano Mark, Hannes Rusch and Matthias, *Games*, (Basel : MDPI, 2018).

Amade S. M., *Prisoners of Reason : Game Theory and Neoliberal Political Economy* (Cambridge University, 2015).

Capps Donald, "John Nash, Game Theory, and the Schizophrenic Brain", *J Relig Health*, (Vol. 50, 2011), pp.145-162.

Hardin Garrett, "The Tragedy of the Commons", *Science*, (Vol. 163, 1968), pp.1243-1248

Joyce Richard, *The evolution of morality* (MIT Press, 2007).

McShane Paddy Jane, "Game theory and belief in God", *Int J Philos Relig*, (Vol. 75, 2014), pp.3-12.

Nash John F., "Equilibrium Points in n-Person Games", *Proceedings of the National Academy of Science* (Vol. 36, 1950), pp.48-49.

Ostrom Elinor, "Beyond Markets and States : Polycentric Governance of Complex Economic Systems", *American Economic Review*, (Vol. 100, 2010), pp.1-33.

Rios Diego, "Models and Modeling in the Social Sciences" *Perspectives on Science* (Vol. 21, 2013), pp.221-225.

Smith Adam, *The wealth of nations*, Modern Library Paperback Edition Printed in U.S.A. 2000.

인연 그리고
게임이론

초판 1쇄 발행 2025. 9. 5.

지은이 김용강
펴낸이 김병호
펴낸곳 주식회사 바른북스

책임편집 주식회사 바른북스 편집부

등록 2019년 4월 3일 제2019-000040호
주소 서울시 성동구 연무장5길 9-16, 301호 (성수동2가, 블루스톤타워)
대표전화 070-7857-9719 | **경영지원** 02-3409-9719 | **팩스** 070-7610-9820

•바른북스는 여러분의 다양한 아이디어와 원고 투고를 설레는 마음으로 기다리고 있습니다.

이메일 barunbooks21@naver.com | **원고투고** barunbooks21@naver.com
홈페이지 www.barunbooks.com | **공식 블로그** blog.naver.com/barunbooks7
공식 포스트 post.naver.com/barunbooks7 | **페이스북** facebook.com/barunbooks7

ⓒ 김용강, 2025
ISBN 979-11-7263-563-3 03190

•파본이나 잘못된 책은 구입하신 곳에서 교환해드립니다.
•이 책은 저작권법에 따라 보호를 받는 저작물이므로 무단전재 및 복제를 금지하며,
이 책 내용의 전부 및 일부를 이용하려면 반드시 저작권자와 도서출판 바른북스의 서면동의를 받아야 합니다.